LE SOUCI DE L'ALLEMAGNE CHEZ HABERMAS: L'INCESSANTE PEUR D'UNE "RECHUTE"

La collection **CONVERGENCES**, publiée avec l'appui d'un comité de lecture franco-allemand, réserve une place privilégiée à des ouvrages relatifs aux périodiques culturels et politiques considérés comme expressions de l'opinion publique, des mouvements d'idées, des mentalités ainsi que des phénomènes culturels et sociaux pris dans leur ensemble.

CONVERGENCES est une collection d'esprit plura- liste et interdisciplinaire. Elle est vouée à la fois à la rencontre des méthodologies et des champs discipli- naires en lettres et sciences humaines ainsi qu'à l'étude des phénomènes d'interculturalité envisagés sous leurs formes les plus diverses.

La collection est ouverte à des travaux qui concernent de manière prioritaire — mais non exclusive — l'aire culturelle germanique, les relations franco- allemandes et les transferts culturels.

Collection publiée sous la direction de Michel Grunewald

Vol. 111

LE SOUCI DE L'ALLEMAGNE CHEZ HABERMAS: L'INCESSANTE PEUR D'UNE "RECHUTE"

CULTURE ET POLITIQUE DANS LES "PETITS ECRITS POLITIQUES" (*KLEINE POLITISCHE SCHRIFTEN* 1957-2012)

Denis Goeldel

PETER LANG

Bruxelles - Berlin - Chennai - Lausanne - New York - Oxford

Information bibliographique publiée par « Die Deutsche Bibliothek »
« Die Deutsche Bibliothek » répertorie cette publication dans la « Deutsche National-bibliografie » ; les données bibliographiques détaillées sont disponibles sur le site <http://dnb.ddb.de>.

Image de couverture : Jürgen Habermas during a discussion in the Munich School of Philosophy, 2008.
Auteur: Wolfram Huke.

ISSN 1421-2854
ISBN 978-3-0343-5054-9
ISBN 978-3-0343-5056-3 ePUB

DOI 10.3726/ b22143
ISBN 978-3-0343-5055-6 eBook
D/2024/5678/37

© 2024 Peter Lang Group AG, Lausanne
Publié par Peter Lang Éditions Scientifiques Internationales - P.I.E., Bruxelles, Belgique

info@peterlang.com http://www.peterlang.com/

Table des matières

1. Le « professeur-citoyen » Habermas : un « intellectuel
   engagé » 17

2. Aux origines de l'Allemagne contemporaine : la césure de 1945 23
   2.1. Les années d'élève et de lycéen de Habermas dans l'Allemagne
        de l'après-guerre : rencontre enthousiaste avec la littérature,
        les arts et le cinéma contemporains (la « modernité radicale ») 23
   2.2. La confrontation de Habermas avec « l'après-Auschwitz » /
        « l'héritage du passé national-socialiste » : un thème majeur des
        Petits écrits politiques 28

3. L'« Ère Adenauer » : les années 1950 et 1960 37
   3.1. Une « succession de déceptions » pour Habermas : critique de la
        « politique de restauration » d'Adenauer 37
   3.2. Critique par Habermas de la « restauration des mentalités et des
        politiques » 37
   3.3. Le retour des intellectuels émigrés et l'émergence d'une division
        du travail entre la politique et la culture : une « dyarchie »
        (Doppelherrschaft) s'installe 43
   3.4. La Réforme de l'École élémentaire *(Schulreform)* : élever le niveau
        culturel de la « démocratie de masse » 48
   3.5. La Réforme de l'Université *(Hochschulreform)* : plaidoyer en
        faveur d'une « politisation des étudiants » dans une « université
        démocratisée » 50
        3.5.1. Le « rôle politico-éducatif » assigné par Habermas à la
               « nouvelle Université » 50
        3.5.2. « Façonner la conscience politique » des « citoyens d'une
               Université démocratisée » 53
        3.5.3. Démocratisation de l'Université – Politisation de la science ?
               *(Demokratisierung der Hochschule – Politisierung der
               Wissenschaft ?)* 58

4. Le mouvement de protestation étudiante *(Protestbewegung)* 61
   4.1. Habermas face aux étudiants 61

4.2. Après le 2 juin 1967 : Le « nouvel activisme » étudiant et la querelle autour du « fascisme de gauche » (Habermas face à Rudi Dutschke) 63

4.3. Les mouvements de protestation universitaires allemands et américains 69

4.3.1. La situation de l'université allemande après les « événements » 69

4.3.2. Comparaison entre les mouvements de protestation étudiants américains et ouest-allemands vers la fin des années 1960 72

4.4. Après l'affrontement, la réconciliation ! 77

4.5. La tendance au basculement sur des « actions révolutionnaires » sous l'influence des événements de mai 1968 en France : le « nouveau mouvement de protestation » récusé par Habermas 81

5. Les années 1970 : le retournement de tendance (*Tendenzwende*). Interviews avec Gad Freudenthal (Jérusalem), Angelo Bolaffi (Rome), Detlev Horster et Willem van Reijen (Amsterdam) 85

5.1. « Une période confuse » 85

5.2. Les « interdictions professionnelles » et le terrorisme (*Berufsverbote ; deutscher Herbst*) 87

5.3. L'émergence de l'idéologie néo-conservatrice (*Tendenzwende*) 89

5.4. La controverse entre Habermas et Kurt Sontheimer sur les origines du terrorisme 93

5.5. Le « nouveau populisme » (*der neue Populismus*) 97

5.6. Interview avec Angelo Bolaffi (1978) 104

5.7. Interview avec Detlev Horster et Willem van Reijen (1979) 109

6. Les années 1980 : la nouvelle complexité (*Die Neue Unübersichtlichkeit*) 111

6.1. « Les deux camps » : les néo-conservateurs et les adversaires de la croissance 111

6.1.1. Les idéologues néo-conservateurs 112

6.1.2. Les nouveaux mouvements de protestation : « *die neue Protestbewegung / die Wachstumskritiker* » 121

6.1.3. La « crise de l'État-providence et l'épuisement des énergies utopiques » 136

6.1.4. L'avenir des partis politiques : les « contre-espaces publics » ; l'exemple des Verts 149

6.2. La « gestion du sinistre » *(Eine Art Schadensabwicklung, 1987) :* la quête identitaire de la RFA des années 1980 152

    6.2.1. Le refus par Habermas de la « normalisation du passé » *(keine Rückkehr zur Normalität)* 153

    6.2.2. Le « révisionnisme » des historiens conservateurs et la réplique de Habermas 155

    6.2.3. « De l'usage public de l'histoire » *(Vom öffentlichen Gebrauch der Historie,* 1986) 160

    6.2.4. Conscience historique et identité post-traditionnelle. L'orientation vers l'Ouest de la RFA. « *Geschichtsbewusstsein und posttraditionale Identität. Die Westorientierung der Bundesrepublik* » 161

7. Les années 1990 : l'Allemagne (ré)unifiée 165

    7.1. « La révolution de rattrapage » *(Die nachholende Revolution,* 1990) 165

        7.1.1. La « nouvelle intimité entre la culture et la politique » par temps de crise 165

        7.1.2. Interviews avec Angelo Bolaffi et Robert Maggiori (1988) sur la culture politique allemande 20 ans après 1968 (parues dans *L'Espresso* et dans *Libération*) 170

        7.1.3. Interview avec Hans-Peter Krüger (1989) : l'« unification politique » ou l'« unification culturelle » ? 172

        7.1.4. Interview avec Barbara Freitag (1969) : un bilan politico-culturel apaisé des 40 années de République fédérale 178

        7.1.5. « Le moment du sentiment national. Conviction républicaine ou conscience nationale ?» *(Die Stunde der nationalen Empfindung. Republikanische Gesinnung oder Nationalbewusstsein ?)* 180

        7.1.6. La « révolution de rattrapage » et la nécessité d'une révision à gauche. Que veut dire « socialisme » aujourd'hui ? 187

        7.1.7. Le rejet par Habermas de la notion de « révolution de rattrapage » 188

        7.1.8. Le devenir de la tradition marxiste universitaire 192

        7.1.9. La solidarité générée par la communication 192

        7.1.10. Habermas aux intellectuels est-allemands : passer du socialisme au « réformisme radical d'une société capitaliste » 194

        7.1.11. L'identité allemande aujourd'hui 197

7.2. « Le passé comme avenir » (*Vergangenheit als Zukunft*, 1993) 200

7.2.1. « Les déficits normatifs de l'unification » : une rétrospective critique de l'« Anschluss » selon Kohl *(die kohlsche Anschlusspolitik)* 200

7.2.2. Discussion autour d'une nouvelle Constitution 201

7.2.3. La société allemande après 1989 : les dégâts sociaux et psycho-politiques collatéraux de l'unification 203

7.2.4. Critique par Habermas des élections de décembre 1990 205

7.2.5. Le nouveau « paysage intellectuel » 206

7.2.6. L'Allemagne dans l'Europe au début des années 1990 : « les problèmes allemands sont de moins en moins allemands » *(die deutschen Probleme werden weniger deutsch)* 209

7.2.7. L'Allemagne confrontée à une situation internationale « confuse » et « explosive » au début des années 1990 211

7.2.8. Les intellectuels de « Osteuropa / Mitteleuropa » comme modèles pour les « démocrates-radicaux » occidentaux ; les « Grünen » s'affirment, mais le « Neues Forum » échoue 212

7.2.9. « La terreur de droite » *(der rechte Terror)* et le « deuxième automne allemand » *(der zweite deutsche Herbst)* 218

7.2.10. Le débat sur l'asile *(Asyldebatte)* 221

7.2.11. Le retour d'un « particularisme allemand » à la faveur de l'unification *(das alte deutsche Sonderbewusstsein)* 224

7.2.12. Retournement de la situation intérieure en RFA fin 1992 : la « culture de protestation de gauche » se manifeste *(die Bevölkerung ist besser als ihre Politiker und ihre Wortführer)* ... 231

7.3. « La normalité d'une République de Berlin » (*Die Normalität einer Berliner Republik*, 1995) 232

7.3.1. Que signifie le « travail de mémoire » aujourd'hui ? *(Was bedeutet "Aufarbeitung der Vergangenheit" heute?)* 232

7.3.2. « Le double passé » : le « passé Stasi » et le « passé nazi » *(Die doppelte Vergangenheit: die Stasi-Vergangenheit und die Nazi-Vergangenheit)* 234

7.3.3. Le « travail de mémoire » sur le second passé *(Die Aufarbeitung der zweiten Vergangenheit: der Stasi-Vergangenheit)* 236

7.3.4. Réponses aux questions d'une commission d'enquête *(Antworten auf Fragen einer Enquête-Kommission)* 241

7.3.5. Incertitudes allemandes *(deutsche Ungewissheiten)* 243

7.3.6. Le besoin de « continuités allemandes » *(das Bedüfniss nach deutschen Kontinuitäten)* 246

7.3.7. « Droit et démocratie : entre faits et normes » *(Faktizität und Geltung. Ein Gespräch über Fragen der politischen Theorie, 1993-1994)* 253

7.3.8. « Apprendre de quelle histoire ? » *(Aus welcher Geschichte lernen?)* 256

7.4. La « constellation postnationale » *(Die postnationale Konstellation, 1998)* 260

7.4.1. Tirer la leçon des catastrophes *(Aus Katastrophen lernen? Ein zeitdiagnostischer Rückblick auf das kurze 20. Jahrhundert)* 261

7.4.2. La constellation postnationale et l'avenir de la démocratie *(Die postnationale Konstellation und die Zukunft der Demokratie*, 1998*)* 264

7.4.3. Une démocratie cosmopolitique *(Eine kosmopolitische Demokratie)* 267

8. Le XXᵉ siècle *(Das zwanzigste Jahrhundert 2001-2011)* 271

8.1. « Une époque de transition » *(Zeit der Übergänge, 2001)* 271

8.1.1. La coalition « rouge-verte » *(Die rot-grüne Koalition)* 271

8.1.2. Le conflit du Kosovo : de la politique de puissance à la société de « citoyens du monde » *(Von der Machtpolitik zur Weltbürgergesellschaft)* 274

8.1.3. Pointer du doigt ! Les Allemands et leur mémorial *(Der Zeigefinger. Die Deutschen und ihr Denkmal)* 276

8.2. « L'Occident divisé » *(Der gespaltene Westen, 2004)* 280

8.2.1. Le 15 février, ou : ce qui unit les Européens *(Der 15. Februar – oder: Was die Europäer verbindet)* 280

8.2.2. L'Allemagne « à l'avant-garde » dans le « noyau dur européen » *(Kerneuropa)*, dans la « locomotive » 281

8.2.3. Forger une « identité européenne » à partir des citoyens *(eine europäische Identität der Bürger ersinnen)* 285

8.2.4. Assurer une présence de l'Europe dans les instances internationales politiques, militaires et économiques *(Europa in den internationalen Gremien)* / L'Europe dans « l'espace public mondial » 285

8.2.5. Le tournant politico-culturel du 8 mai 1995 avec le discours du président Richard von Weizsäcker : « *die Wende vom 8. Mai 1995* » 286

8.2.6. Susceptibilités germano-polonaises *(Deutsch-polnische Empfindlichkeiten)* 286

8.3. Oh, l'Europe ! (*Ach, Europa*, 2008) 289

    8.3.1. L'Europe « déchirée » par la guerre en Irak et par la
          « Constitution pour l'Europe » *(Europa durch den
          Irakkrieg und die « Verfassung für Europa » gespalten)* 289

    8.3.2. Portraits 289

    8.3.3. Le rôle des intellectuels dans le débat sur l'Europe après
          2005 *(die Rolle der Intellektuellen in der Europa-Debatte
          nach 2005)* 293

    8.3.4. La question de l'intégration des immigrants 296

    8.3.5. La politique européenne dans l'impasse à la fin de la
          décennie 298

    8.3.6. La « raison de la sphère publique » *(Zur Vernunft der
          Öffentlichkeit)* 299

8.4. « L'état d'esprit de l'Europe en crise » (*Zur Verfassung Europas*,
    2011) 302

    8.4.1. L'Europe en crise : l'« échec » / la « défaite » de la
          « chancelière » 302

    8.4.2. Retour sur la crise et propositions de réformes : quel rôle
          pour l'Europe ? 306

    8.4.3. L'Europe face aux États-Unis dans un « monde dangereux
          et chaotique » : vers un « Occident bipolaire » ?
          (ein bipolarer Westen) 308

    8.4.4. La gravité de la crise « évacuée » par les gouvernements
          et les partis politiques *(Das entschärfte Krisenbewusstsein)* 311

    8.4.5. La redécouverte de l'État national allemand et l'émergence
          d'une « mentalité néo-allemande » *(Die Wiederentdeckung
          des deutschen Nationalstaates: « zum neudeutschen
          Mentalitätswandel »)* 312

    8.4.6. La démocratie selon Merkel : un opportunisme fondé sur
          la démoscopie *(demoskopiegeleiteter Opportunismus)* 313

8.5. Dans le sillage de la technocratie (*Im Sog der Technokratie*, 2013) ... 316

    8.5.1. Le retour d'émigration de philosophes et de
          sociologues juifs 316

    8.5.2. « Le retour de ceux qui ne sont pas revenus » 316

    8.5.3. « Notre contemporain Heine : il n'existe plus de nations
          en Europe » 318

    8.5.4. Plaidoyer pour une « solidarité européenne » 318

    8.5.5. Hommage à Ralf Dahrendorf pour son 80e anniversaire 323

9. Conclusion : l'Allemagne de Habermas 325

Les *Petits écrits politiques* en 12 volumes totalisent plus de 2500 pages ; on peut ajouter quelques autres volumes d'interviews (*Vergangenheit als Zukunft*, 1993) ou d'essais politiques (*Die postnationale Konstellation*, 1998). L'ensemble forme un corpus singulier dans l'œuvre de Habermas. S'y trouvent rassemblées ce qu'il appelle des « prises de position » sur des thèmes d'actualité *(Stellungnahmen zu Themen des Tages)*, des « interventions » *(Interventionen)*, terme employé absolument qui signifie que leur auteur quitte son champ d'activité universitaire, celui du philosophe ou du sociologue, pour s'engager dans l'espace public *(sich einmischen)*. Il lui arrive aussi de puiser dans le registre de l'analyse médicale en posant des « diagnostics du temps présent » *(Zeitdiagnosen)* – c'est le titre d'une réédition de douze de ses essais socio – et philosophico-politiques (*Zeitdiagnosen, Zwölf Essays, 1980-2001*, Suhrkamp, 2003).

KPS I-IV :	*Kleine Politische Schriften*, Suhrkamp, 1981	
I.	Schul-und Hochschulreform (1957-196I)	
II.	Protestbewegung (1962-1980)	
III.	Tendenzwende (1970-1980)	
IV.	Interviews (1977-1979)	
KPS V :	Die Neue Unübersichtlichkeit (1985)	
KPS VI :	Eine Art Schadensabwicklung (1987)	
KPS VII :	Die nachholende Revolution (1990)	
KPS VIII :	Die Normalität einer Berliner Republik (1995)	
KPS IX :	Zeit der Übergänge (2001)	
KPS X :	Der gespaltene Westen (2004)	
KPS XI :	Ach, Europa (2008)	
KPS XII :	Im Sog der Technokratie (2013)	

Les douze volumes ont été publiés chez Suhrkamp.

Les tomes V, VI et VII ont été – partiellement – traduits par Christian Bouchindhomme et Rainer Rochlitz dans : *Jürgen Habermas, Écrits politiques : culture, droit, histoire*, Paris, Flammarion, coll. « Champs », 1999 (édition utilisée).

Le tome IX a été traduit par Christian Bouchindhomme dans : *Jürgen Habermas, Une époque de transitions. Écrits politiques 1998-2003*, Paris, Fayard, 2005, avec des extraits d'autres tomes non KPS, indiqués dans le corps de notre ouvrage.

Deux recueils de traduction se sont rajoutés : *Parcours. Tome premier : 1971-1989*, Paris, Gallimard, coll. « NRF Essais », 2018, et *Parcours. Tome second : 1990-2017*, Paris, Gallimard, coll. « NRF Essais », 2018. Le premier, à tendance philosophico-politique, revient sur l'activité communicationnelle comme fondement de la société, et ce en définissant les procédures de la politique délibérative. Le second traite des conditions de possibilité de la souveraineté populaire et des problèmes identitaires politico-religieux.

Nous pensons pouvoir rajouter à la liste des *Kleine politische Schriften* quelques ouvrages de Habermas qui, pour des raisons diverses (changement d'éditeur…), ne figurent pas dans la série des KPS, mais qui rejoignent notre problématique politico-culturelle :

FuG : *Faktizität und Geltung*, Suhrkamp Taschenbuch (1992) : cf. chapitre « Staatsbürgerschaft und nationale Identität » (p. 632-660)

VaZ : *Vergangenheit als Zukunft. Das alte Deutschland im neuen Europa? Ein Gespräch mit Michael Haller*, München Zürich, Piper (1993)

DEdA : *Die Einbeziehung des Anderen. Studien zur politischen Theorie*, Suhrkamp Taschenbuch (1996)

DpK : *Die postnationale Konstellation. Politische Essays*, Edition Suhrkamp (1998)

ZNuR : *Zwischen Naturalismus und Religion. Philosophische Aufsätze*, Suhrkamp Taschenbuchwissenschaft (2005)

ZVE : *Zur Verfassung Europas, Ein Essay*, Suhrkamp (2011)

Deux ouvrages de référence ont été utilisés :

SMD : Stefan Müller-Doohm, *Jürgen Habermas: Eine Biographie*, Suhrkamp (2014), comme source complémentaire aux KPS. Traduction française de Frédéric Joly : *Jürgen Habermas : une biographie*, Paris, Gallimard, 2018.

HAWW : Heinrich August Winkler, *Der lange Weg nach Westen. Deutsche Geschichte II, Vom Dritten Reich bis zur Wiedervereinigung*, München, C.H. Beck, 2000, comme arrière-plan historique.

Cette occupation para-universitaire, qualifiée par Habermas d'« occasionnelle » *(Nebenberuf)*, se présente sous la forme de discours prononcés lors de remises de prix – en tant que récipiendaire ou laudateur –, d'interviews, d'articles de journaux ou de revues, d'inédits ou encore de recensions d'ouvrages récents (cf. l'imposante préface au tome 1000 de l'édition Suhrkamp – *Stichworte zur*

« Geistigen Situation der Zeit » (1997)). Pour Habermas, ces écrits d'un nouveau type ne relèvent plus de la philosophie ou de la sociologie *stricto sensu*.

1.

Le « professeur-citoyen » Habermas :
un « intellectuel engagé »

Rappelons que Habermas est par sa spécialité universitaire « philosophe-sociologue » : en 1964, il prend la succession de Horkheimer sur la « double chaire » *(Doppellehrstuhl für Philosophie und Soziologie)* à l'Université de Francfort (KPS I-IV, 487).

Dans un article de 1985 publié dans la *Süddeutsche Zeitung* (« *Heinrich Heine und die Rolle des Intellektuellen in Deutschland* » (EAS, 27-54) ; traduction dans : *Écrits politiques : culture, droit, histoire*, 33-68), Habermas note que l'intellectuel a changé de rôle à partir du moment où il a pu s'adresser à une opinion publique « formée » *(geformt)* au préalable par la presse et par le combat que se livrent les partis politiques. C'est là seulement, dit-il, qu'il commence à jouer son rôle *spécifique* et que l'espace public politique devient le médium d'une formation démocratique de la volonté.

> « *Richtig ist gewiss die Beobachtung, dass der Intellektuelle mit der Ausbildung eines parlamentarischen Betriebs eine andere Rolle übernimmt [als zur Zeit Heines]. Ja, er gewinnt seine spezifische Rolle sogar erst mit dem Adressaten einer durch die Presse und den Kampf politischer Parteien geformten öffentlichen Meinung. Die politische Öffentlichkeit wird erst im Verfassungsstaat zum Medium und Verstärker einer demokratischen Willensbildung. Hier findet der Intellektuelle seinen Platz.* » (EAS, 28)

Pour préciser son analyse, Habermas propose une typologie des « intellectuels » de la République de Weimar en distinguant 4 groupes :

Un premier, composé d'écrivains et de « mandarins apolitiques » – Hermann Hesse, le premier Thomas Mann, Ernst Robert Curtius, ainsi que Karl Jaspers –, pour lesquels les sphères de l'esprit et du pouvoir diffèrent à ce point qu'une « politisation de l'esprit leur apparaît comme une trahison ».

Un second groupe est constitué par les théoriciens partisans de la *Realpolitik* comme Max Weber et le jeune (Theodor) Heuss, qui redoutent la politisation des écrivains et des philosophes, supposée provoquer un mélange des genres.

> « *Sie hegen den Argwohn, dass im Zuge einer Politisierung von Schriftstellern und Philosophen ein unernstes, inkompetentes, schwankendes Element in einen Bereich eindringen würde, der der fachlichen Rationalität des Berufspolitikers vorbehalten bleiben müsse. Beide Seiten fürchten von Intellektuellen eine Vermischung der Kategorien, die besser getrennt bleiben sollten, weil sonst [...] das normale Funktionieren des Betriebs durch gesinnungsethische Schwärmgeisterei ruiniert würde.* » (EAS, 33)

Les « activistes » autour de Kurt Hiller et de la mouvance expressionniste, comme René Schickele, Carl Einstein, Ernst Bloch, qui « se pressent à l'entrée dans l'arène politique » *(sie drängen in die Arena)*, constituent le troisième groupe. Selon Habermas, ils confondent l'influence intellectuelle et le fait de disposer d'un pouvoir politique : ils veulent réunir « l'esprit et l'action » *(Geist und Tat)* et conquérir une position de pouvoir ou encore occuper eux-mêmes un poste politique.

Un quatrième groupe est constitué par des intellectuels comme Georg Lukacs ou Johannes R. Becher, qui ont franchi le pas pour devenir des professionnels de la politique ou de la révolution *(Berufspolitiker oder Berufsrevolutionäre)*, se sont intégrés à l'appareil d'un parti et disposent effectivement d'un pouvoir.

Habermas ne s'identifie à aucun de ces types d'intellectuels qui, tous les quatre, apparaissent comme des contre-exemples qui lui permettent de présenter l'intellectuel Heine comme un modèle d'équilibre *(eine balancierte Einschätzung der Intellektuellenrolle)*.

Cette position, qualifiée de « spécifique » par Habermas est celle d'un « écrivain engagé » *(engagierter Schriftsteller)*, engagé non pas dans le cadre d'une organisation politique où il se bat avec « des armes qui sont celles du révolutionnaire professionnel, du professionnel de la politique », mais dans le cadre de « l'espace public politique » où il se bat avec des « armes à lui » – dans le cas de Heine, « avec les armes du poète ».

> « *Das andere Missverständnis betrifft die Art des Engagements, das der Intellektuelle eingeht: man verwechselt Einflussnahme auf die politische Öffentlichkeit mit der Eingliederung in den Bereich des politischen Machtkampfes.* » (EAS, 35)

L'objectif de l'intellectuel « engagé » est donc d'un autre ordre que le combat politique mené par les « hommes de partis » *(Parteileute)*. Ce que lui, Habermas, vise, c'est agir sur la culture politique : il parle de « l'influence politique qu'il peut exercer sur l'opinion publique » *(Einflussnahme auf die politische Öffentlichkeit)* (EAS, 35).

Cette distinction se retrouve dans l'évocation par Habermas du différend qui oppose sur le concept de politique deux poètes, Heine et Börne. Face à Börne, Heine insiste sur le fait que les armes du poète ne peuvent pas être celles du révolutionnaire professionnel ni celles du professionnel de la politique. C'est que Heine n'a jamais admis un rapport purement instrumental entre la parole et l'action : il s'est toujours méfié de la transformation de l'art en tribunal et du savoir en doctrine. Habermas parle à ce sujet de la réserve observée par l'intellectuel (Heine) qui agit sur des opinions et non sur des cerveaux et des mains : aussi rejette-t-il la fameuse image d'un Robespierre qui aurait été la main sanglante des pensées de Rousseau, et avance l'idée d'un jeu combiné de la pensée poétique et du mouvement politique.

> « *Gegen Börne beharrt er darauf, dass die Waffen des Dichters nicht die des Berufsrevolutionärs – oder des Berufspolitikers – sein können.* » (EAS, 44)

« Ganz anders aber stellt sich Heine das Zusammenspiel des politischen Gedankens und der politischen Bewegung vor. Denn jenes Bild von Robespierre als der blutigen Hand der Rousseauschen Gedanken ruft bei ihm nichts als Abwehr hervor. » (EAS, 45)

En conclusion, Habermas fait sienne cette conception de Heine selon laquelle la fonction de l'intellectuel consiste à « sauver *(erlösen)* le présent au moyen de la seule force réflexive de la pensée ».

« Der Intellktuelle soll also die Gegenwart allein mit der reflexiven Kraft des Gedankens […] erlösen. » (EAS, 45)

En prenant pour exemple Heinrich Böll et Alexander Mitscherlich, Habermas montre comment les intellectuels peuvent agir sur l'espace public « en transformant les attitudes par des arguments ».

« Die Intellektuellen (wie Heinrich Böll oder Alexander Mitscherlich) hatten sich auch das normative Selbstverständnis der demokratischen Willensbildung zu eigen gemacht: selbst gegen die Tatsachen vertrauten sie auf die sozialintegrative Kraft einer Öffentlichkeit, in der Einstellungen durch Argumente verändert werden sollten. » (EAS, 48)

Dans l'ouvrage postérieur *Zwischen Naturalismus und Religion* de 2005 (partie non traduite), Habermas propose un code de bonne conduite aux intellectuels de toutes provenances en leur demandant de respecter les standards scientifiques, de faire un « usage public » de leur savoir, et ce en séparant soigneusement leur rôle professionnel de leur rôle politique, et de trouver les bons arguments.

« Der Intellektuelle soll ungefragt, also ohne Auftrag von irgendeiner Seite, von dem professionellen Wissen, über das er beispielsweise als Philosoph oder Schriftsteller, als Sozialwissenschaftler oder als Physiker verfügt, einen öffentlichen Gebrauch machen. Ohne unparteiisch zu sein, soll er sich im Bewusstsein seiner Fallibilität äussern. Er soll sich auf relevante Themen beschränken, sachliche Informationen und möglichst gute Argumente beisteuern, er soll sich also bemühen, das beklagenswerte diskursive Niveau öffentlicher Auseinandersetzungen zu verbessern. Auch in anderen Hinsichten wird dem Intellektuellen eine schwierige Gratwanderung zugemutet. Er verrät seine Autorität nach beiden Seiten, wenn er nicht sorgfältig seine professionelle von seiner öffentlichen Rolle trennt. Und er darf den Einfluss, den er mit Worten erlangt, nicht als Mittel zum Machterwerb benutzen, also "Einfluss" nicht mit "Macht" verwechseln. In öffentlichen Ämtern hören Intellektuelle auf, Intellektuelle zu sein. » (ZNuR, 26)

Dans une interview de 1977, Habermas avait déjà relevé un trait essentiel de l'engagement de l'intellectuel dans l'espace public : contrairement au politique, l'intellectuel, en s'engageant dans la cité, le fait en gardant une distance. Habermas dit avoir été marqué très tôt, comme étudiant, par la démarche scientifique de ses maîtres revenus de l'émigration et en particulier de l'anthropologue Helmut Plessner à son retour des États-Unis, dont il a retenu la leçon : il ne peut y avoir de compréhension sans prise de distance *(ohne Befremdung kein Verständnis)*. Habermas dit avoir appris de ces « ré-migrés » comment s'identifier aux traditions allemandes tout en gardant une distance suffisante par rapport à celles-ci, pour pouvoir les poursuivre avec la suspicion et la clairvoyance de quelqu'un qui a été induit en erreur !

> *« Wir Jungen, die wir nicht durch Verdienst, sondern durch den Jahrgang allein privile-*
> *giert waren, konnten von den aus der Emigration zurückgekehrten Lehrern vor allem eine*
> *bestimmte Optik lernen. H. Plessner hat diese Optik einmal auf die Formel gebracht: ohne*
> *Befremdung kein Verständnis. Wir haben also von denen, die schon lange dazugehörten,*
> *ohne dazuzugehören, gelernt, wie man sich mit eigenen, mit deutschen Überlieferungen*
> *identifiziert und doch in ihnen stehend, eine Distanz zu ihnen hält, die hinreicht, um*
> *diese Traditionen nur noch mit dem Argwohn und der Hellsicht des einmal Verführten,*
> *selbstkritisch also fortzusetzen. » (KPS I-IV, 471)*

Pour Habermas, Heine n'a pas été, sous la République de Weimar, un intellectuel reconnu. Il a fallu attendre, dit-il, la période d'après 1945 pour que l'intellectuel selon Heine « devienne une tradition en Allemagne » et que l'on assiste à une « normalisation de l'engagement public des intellectuels », laquelle est intervenue en France dès l'affaire Dreyfus. Il a fallu que la bourgeoisie cultivée prenne conscience du fait que le mode de pensée encore dominant sous Weimar s'est trouvé corrompu, pour que puisse se développer une « distance historique » favorisant une relation réfléchie aux traditions et aux formations intellectuelles constitutives de « notre » identité. Dès lors, selon Habermas, même ce qui nous est le plus propre n'est plus à l'abri d'un regard intellectuel distancié.

> *« Den jüdischen Emigranten in Paris hat ein politisch-geographischer, auch ein kul-*
> *tureller Abstand von seiner so ambivalent wie leidenschaftlich geliebten Heimat – und*
> *damit von ihm selbst – getrennt. Erst nach 1945 konnten wir diese räumliche Distanz,*
> *die zwischen Heine und der Arena seiner eigentlichen Wirkungsabsichten gelegen hat,*
> *umformen in eine geschichtliche Distanz – in unser reflexiv gebrochenes Verhältnis zu den*
> *identitätsbildenden Überlieferungen und geistigen Formationen. Nun braucht auch das*
> *Eigenste, wenn es denn problematisch wird, den intellektuell verfremdenden Blicken nicht*
> *länger entzogen zu bleiben. » (EAS, 47)*

Pour ce qui est de lui-même, il cite les « interventions » marquantes du « professeur-citoyen Habermas », sa participation, dans les années 1950, au débat sur la réforme de l'école et de l'université et au mouvement de protestation pacifiste des « marches de Pâques », sa controverse avec les leaders du mouvement étudiant des années 1960. Ensuite, dans les années 1980 et 1990, quand il s'est mêlé aux débats sur le travail de mémoire par rapport au passé nazi et sur la désobéissance civile, sur les conditions de l'unification allemande, la première guerre d'Irak, les modalités du « droit d'asile », etc. Puis, au cours des dix dernières années, en intervenant sur les questions relatives à l'unité européenne et à la bioéthique. Plus récemment, depuis l'intervention en Irak, il dit s'être intéressé au « postnational » – c'est-à-dire aux formes de dépassement de l'État-nation – et il s'est demandé si l'on peut envisager un avenir au projet cosmopolitique kantien.

Il évoque plus particulièrement sa démarche en tant qu'intellectuel dans la préface de *Die Neue Unübersichtlichkeit* (DNU, 7), en renvoyant le lecteur à ses travaux philosophiques sur la modernité – au *Philosophische Diskurs der*

Moderne – publié la même année, pour ce qui est de l'arrière-plan théorique des thèmes traités.

Pour Michaël Foessel, les « incursions » de Habermas dans l'espace public sont des « exercices de philosophie appliquée à la politique ». Mais, ajoute-t-il, il peut arriver que l'événement politique dans lequel est impliqué l'intellectuel féconde sa réflexion philosophique (*Esprit*, août-septembre 2015, p. 9).

Ce rôle de l'intellectuel intervenant dans la « sphère publique politique » *(politische Öffentlichkeit)* paraît ainsi essentiel au bon fonctionnement de la démocratie. En 1986, dans une communication qu'il fait à un colloque sur *« Das Junge Deutschland: Literatur und Zensur im Vormärz »*, publiée sous le titre *« Heinrich Heine und die Rolle des Intellektuelllen in Deutschland »*, Habermas revient sur le thème en prenant Heinrich Heine comme modèle. Il y définit longuement le rôle de l'intellectuel en relation avec l'avènement de l'espace public à l'époque du *Vormärz* :

> *« […] die Intellektuellen wenden sich, wenn sie sich mit rhetorisch zugespitzten Argumenten für verletzte Rechte und unterdrückte Wahrheiten, für fällige Neuerungen und verzögerte Fortschritte einsetzen, an eine resonanzfähige, wache und informierte Öffentlichkeit. Sie rechnen mit der Anerkennung universalistischer Werte, sie verlassen sich auf einen halbwegs funktionierenden Rechtsstaat und auf eine Demokratie, die ihrerseits nur durch das Engagement der ebenso misstrauischen wie streitbaren Bürger am Leben bleibt. Nach seinem normativen Selbstverständnis gehört dieser Typus in eine Welt, in der Politik nicht auf Staatstätigkeit zusammenschrumpft; in der Welt des Intellektuellen ergänzt eine politische Kultur des Widerspruchs die Institutionen des Staates. Dieser Welt steht Heinrich Heine nah und fern zugleich. »* (EAS, 29)

Ce rôle d'« accoucheur » d'une culture politique de la contradiction de l'intellectuel Heine semble préfigurer celui, également critique, que s'assigne Habermas dans l'Allemagne depuis les origines de la RFA.

Dans un texte de 1989 intitulé *Grenzen des Neohistorismus*, Habermas se réfère à une prise de position de caractère mystico-philosophique de Walter Benjamin évoquant la force d'une « remémoration expiatoire » *(sühnende Erinnerung)* qui génère « une distance réflexive » par rapport à nos propres traditions, lesquelles sont passées dès lors au filtre de la critique.

> *« Nun dehnt sich unsere Verantwortung auch noch auf die Vergangenheit aus. Diese wird nicht einfach als etwas Faktisches und Fertiges hingenommen. Walter Benjamin hat wohl am präzisesten den Anspruch bestimmt, den die Toten auf die anamnestische Kraft der lebenden Generationen erheben. Wir können vergangenes Leid und geschehenes Unrecht gewiss nicht wieder gutmachen; aber wir haben die schwache Kraft einer sühnenden Erinnerung. Erst die Sensibilität gegenüber den unschuldig Gemarterten, von deren Erbe wir leben, erzeugt auch eine reflexive Distanz zu eigenen Überlieferungen, eine Empfindlichkeit gegenüber den abgründigen Ambivalenzen der Überlieferungen, die unsere eigene Identität geformt haben. Aber unsere Identität ist nicht nur etwas Vorgefundenes, sondern eben auch und gleichzeitig unser eigenes Projekt. Wir können uns unsere Traditionen nicht aussuchen, aber wir können wissen, dass es an uns liegt, wie wir sie fortsetzen.*

[…] Jede Traditionsfortsetzung ist nämlich selektiv, und genau diese Selektivität muss heute durch den Filter der Kritik, einer willentlichen Aneignung der Geschichte, wenn Sie wollen: des Sündenbewusstseins, hindurch. » (DnR, 155-156)

Ainsi donc, pour Habermas, la sphère publique politique est le cœur de la démocratie et c'est en l'auscultant, en tâtant son pouls, qu'on peut juger de son état – en l'occurrence de « l'état mental » de l'Allemagne de la fin des années 1950 – et tenter de « transformer celui-ci par des arguments ».

« Die Intellektuellen hatten sich auch das normative Selbstverständnis der demokratischen Willensbildung zu eigen gemacht: selbst gegen die Tatsachen vertrauten sie auf die sozia-lintegrative Kraft einer Öffentlichkeit, in der Einstellungen durch Argumente verändert werden sollten. » (EAS, 48)

2.
Aux origines de l'Allemagne contemporaine : la césure de 1945

2.1. Les années d'élève et de lycéen de Habermas dans l'Allemagne de l'après-guerre : rencontre enthousiaste avec la littérature, les arts et le cinéma contemporains (la « modernité radicale »)

Dans deux interviews données, l'une à Jérusalem en 1977, l'autre à Amsterdam en 1979, Habermas évoque brièvement ses années d'élève dans sa ville natale de Gummersbach (Oberbergisches Land), sa famille – appartenance au monde de l'entreprise et de l'Église protestante –, le positionnement politique de celle-ci face au nazisme : pas de véritable suivisme, pas d'identification forte au régime, mais pas de critique sérieuse non plus. Ils font partie, dit-il, de ceux qui se sont laissé berner à l'époque et se sont accommodés du nazisme *(die einmal Verführten)* (KPS I–IV, 471).

> *« Ich bin in Gummersbach, also in einem kleinstädtischen Milieu aufgewachsen. Mein Vater war dort Leiter der Industrie- und Handelskammer. Mein Großvater war dort Seminardirektor und Pfarrer. Das politische Klima in meinem Elternhaus war wahrscheinlich unauffällig für die damalige Zeit, nämlich geprägt durch eine bürgerliche Anpassung an eine politische Umgebung, mit der man sich nicht voll identifizierte, die man aber auch nicht ernsthaft kritisierte. » (KPS I–IV, 511)*

Concernant son propre itinéraire, il met en avant l'année 1945 :

> *« Was meine politischen Motive bestimmt hat, das war eher das Jahr 1945. Damals sind persönlicher Lebensrhythmus und historische Grossereignisse zusammengetroffen. Ich war 15 Jahre alt. Im Radio wurde über die Nürnberger Verhandlungen berichtet. Im Kino wurden die ersten Dokumentarfilme gezeigt, die Filme über die Konzentrationslager, die wir heute wieder zu sehen bekommen. Bei diesen Erlebnissen haben sich sicher Motive herausgebildet, die dann mein Denken weiter bestimmt haben. » (KPS I-IV, 511)*

Après ce rapide retour sur la période nazie, Habermas, dans l'interview de 1977, en arrive à une présentation approfondie de l'« après 1945 » à travers les classiques – littéraires et cinématographiques – de l'Allemagne « en ruines » et de sa *« Trümmerliteratur »* : Andersch, Richter, Böll sont le plus souvent cités, sans oublier *Les Mouches* de Sartre. Il mentionne aussi la présence des écrits antifascistes (Kogon, Weisenborn…), ainsi que les propositions de « troisième voie », présentes dans tous les partis politiques, alors que la reconstruction démarre et que le capitalisme se met en place.

> « *Obwohl die Kleinstadt, in der ich im Herbst 1945 wieder zur Schule ging, nicht sehr zerstört war, empfanden wir unsere Welt schon so, wie sie im Spiegel der kargen Prosa von Andersch, Richter, später Böll, in den sogenannten Trümmerfilmen, in der antifaschistischen Memoirenliteratur – ich erinnere mich an Kogons "SS-Staat" und an Weisenborns "Memorial" – erschien, und wie sie in den Dramen von Sartre, in den "Fliegen", in der "Geschlossenen Gesellschaft" usw., interpretiert wurde. […] Was wir uns in großen anthropologischen Begriffen zurechtlegten, stand natürlich in einem ridikülen Missverhältnis zu den ökonomischen und gesellschaftlichen Problemen eines Wiederaufbaus, für den die kapitalistischen Weichen, wie sich bald zeigte, irreversibel gestellt wurden – dies übrigens, so habe ich das erlebt, vor dem Hintergrund kriegssozialistischer Stimmungslagen und einer alle Parteien übergreifenden Programmatik des "Dritten Weges".* » (KPS I-IV, 468)

Mais c'est le renouveau culturel qui le marque le plus. Il met ainsi en avant la « découverte » de la peinture contemporaine, favorisée par la présence, dans la ville voisine de Cologne, de la prestigieuse « collection Haubrich », qui lui a fait découvrir la peinture expressionniste des années 1920, frappée d'ostracisme par le nazisme. Par ailleurs, il s'est familiarisé avec la poésie, de Trakl à Benn ; avec l'architecture du *Bauhaus* et le fonctionnalisme ; avec Sartre et l'existentialisme, ce qui le fait remonter jusqu'à Kafka, Rilke et Hermann Hesse… Il mentionne les succès de librairie de l'époque – le *Glasperlenspiel* de ce dernier –, ainsi que le film anglo-américain sur Vienne occupée – *Der dritte Mann* –, qui ont marqué sa génération !

> « *Wir Jüngeren waren vor allem ausgefüllt von einer schrittweise nachvollzogenen Rezeption der unterdrückten Moderne, d. h. zunächst der Jahre nach dem ersten Weltkrieg: die Sammlung Haubrich öffnete uns den Blick für die expressionistische Malerei; wir lasen Gedichte von Trakl bis Benn, machten Bekanntschaft mit Bauhaus und Funktionalismus ; von Sartres Romanen und O. F. Bollnows Darstellung des Existentialismus, führte der Weg zu Kafka und Rilke zurück. Den zeitgenössischen Kulturbetrieb beherrschten Romane wie der "Dr. Faustus" und das "Glasperlenspiel"; Filme wie der "Dritte Mann" wurden zum Generationserlebnis.* » (KpS, I-IV, 468)

Parallèlement à cette « explosion » culturelle, il prend connaissance, progressivement, à travers la succession des procès retransmis par la radio et le cinéma, des atrocités commises par le national-socialisme.

Quelques années plus tard, comme étudiant à l'Université de Bonn, au début des années 1950, sa rétrospective est contrastée : le « monde nouveau » qu'on a fait miroiter au sortir de la guerre à sa génération lui est finalement apparu comme « provincial », voire « allemand » – au mauvais sens du terme. Dans les sciences humaines, les traditions dominantes des années 1920 sont reprises sans bruit, alors que Marx, la philosophie analytique, Freud, la sociologie et les théories sociales, y sont quasi ignorés – Habermas rappelle que les brochures est-allemandes sur

Marx et Engels ont été « distribuées » par la librairie communiste de Gummers-bach, à un moment de disette en matière d'édition !

> « *Rückblickend stelle ich mit einem gewissen Erstaunen fest, wie provinziell, wie deutsch diese Perspektiven, die für uns eine neue Welt bedeuteten, gewesen sind. Noch während meiner Bonner Studienzeit, also bis 1954, habe ich mich in einer Universität bewegt, für die, in den Geisteswissenschaften, die dreißiger und vierziger Jahre keinen Kontinuitäts-bruch bedeutet haben, in der Traditionslinien der zwanziger Jahre geräuschlos wieder aufgenommen wurden. Gewiss, neben Gehlen las man jetzt wieder Plessner, wenn man sich mit philosophischer Anthropologie, neben Oskar Becker wieder Eugen Fink und Lud-wig Landgrebe, wenn man sich mit Phänomenologie beschäftigte; auch Löwiths in der Emigration entstandenen Bücher wurden benutzt, aber von Marx war eben so wenig die Rede wie von analytischer Philosophie, von Freud, von Soziologie und Gesellschaftstheorie. Ich hatte als Schüler die Ostberliner Broschüren von Marx und Engels gelesen, die 1945 von der kommunistischen Buchhandlung in Gummersbach verteilt worden waren, als es außer Rowohlts Zeitungsdrucken noch nicht viel anderes zu lesen gab.* » (KPS I-IV, 468-469)

Dans son interview de 1979, il se montre encore plus sévère en ce qui concerne le corps professoral de son université de Bonn : la quasi-totalité des professeurs qu'il a connus, qui étaient déjà en poste avant 1933, notamment en philosophie, en histoire et en psychologie, ont réussi à faire de celle-ci une université « alle-mande, apolitique, quasi ethnocentrique, avec une conscience politique datée de 1910 ». Et de rappeler que les courants anglo-saxons, tout comme la philosophie analytique – qu'on doit aux émigrés allemands –, ou encore la théorie critique, y ont été inexistants.

> « *Sie müssen diese beschränkte Perspektive berücksichtigen, die man hatte, erzogen auf einer Universität, die im Wesentlichen ungebrochen war in ihrer Kontinuität seit den 20er Jahren. Alle Professoren, die irgendeine Bedeutung für mich bekommen haben, waren bereits Professor vor 1933 und sind es auch anschließend – mit einer Ausnahme, nämlich Litt –, geblieben. Das war in mehreren Fächern (in Philosophie, in Geschichte, in Psychologie) eine unpolitische und fast schon ethnozentrische, deutsche Universität, mit einem Bewusstsein, das 1910 legitim war, als große wissenschaftliche Leistungen an deutschen Universitäten entstanden sind. In der Philosophie z. B. waren damals in Bonn angelsächsische Strömungen, ferner die analytische Philosophie, die von deutschen Emi-granten gemacht worden ist, zu schweigen von so etwas wie kritischer Theorie, inexistent.* » (KPS I-IV, 514)

Mais une « percée » *(Durchbruch)* s'opère à la fin des années 1950, mettant fin à la « provincialisation culturelle et intellectuelle » (KPS I-IV, 470).

Il s'agit du retour d'émigration des philosophes et des sociologues : les retours de König à Cologne, de Plessner à Göttingen, de Horkheimer à Francfort, qui ont permis le rétablissement de la sociologie en tant que discipline capable d'agir sur les modes de pensée. Et de citer l'étonnant succès des écrits de Bloch et d'Adorno qui ont réussi à relancer l'intérêt pour la pensée marxiste.

Il cite encore la série de conférences sur Freud, impulsées en 1956 par Horkheimer et Mitscherlich, lesquelles, dit-il, ont constitué un socle théorique pour la recherche psychanalytique. Et d'ajouter l'apport de la philosophie anglo-saxonne avec les écrits de Carnap, de Wittgenstein et de Popper qui, par l'apport des analyses du langage, sont à l'origine d'une méthodologie qui manquait à l'Europe.

Tout comme la critique littéraire et musicale d'Adorno, et à travers lui les écrits de Benjamin, ont été à la fin des années 1950 les initiateurs d'une « modernité artistique radicale ».

> « *Diese Szene änderte sich freilich im Laufe der fünfziger Jahre gründlich. Mit der Rückkehr von René Koenig nach Köln, von Plessner nach Göttingen, […] von Horkheimer nach Frankfurt, wurde Soziologie wieder als Fach etabliert. Auch ins öffentliche Bewusstsein drangen soziologische Denkansätze ein. Durch die Schriften von Bloch und Adorno nahmen wir mit einem gewissen Staunen wahr, dass Marx kein toter Hund war, dass die marxistische Denktradition nicht nur ein historisch-philologisches Interesse verdiente, sondern für systematische Fragen relevant sein konnte […]. Durch die Freud-Vorlesungen, die 1956 auf Initiative von Horkheimer und Alexander Mitscherlich zustande gekommen sind, habe ich begriffen, dass Freud eine ernstzunehmende wissenschaftliche Theorie geschaffen und eine folgenreiche psychoanalytische Forschung begründet hatte.*
>
> *Schließlich lernten wir auch über Carnaps, Wittgensteins und Poppers Schriften, die in der angelsächsischen Welt herrschende Philosophie kennen; wir sahen, dass mit Wissenschaftstheorie und Sprachanalyse Maßstäbe für methodische Disziplin gesetzt worden waren, denen die kontinentale Philosophie nicht mehr genügte.*
>
> *Auch in Literatur, Musik und Kunst, in Kunstkritik und Kunsttheorie begann eine breitere Rezeption der eigentlichen, von einem radikal avantgardistischen Bewusstsein getragene Moderne […] erst in der zweiten Hälfte der 50er Jahre; als Interpreten dieser Moderne spielten Adorno, und durch ihn vermittelt, Benjamin eine wichtige Rolle.* » (KPS I-IV, 469-470)

À la question sur l'influence de l'hitlérisme sur son itinéraire intellectuel, Habermas n'apporte pas de réponse, mais affirme que la « provincialisation culturelle » que les nazis ont imposée à l'Allemagne a été peu à peu surmontée. Il ajoute que les traditions des Lumières et de la modernité radicale ne se sont imposées véritablement qu'à la fin des années 1950, autour de 1956, mais alors sans réserve, comme jamais dans l'histoire allemande !

> « *Die Traditionen der Aufklärung und der radikalen Moderne sind in ganzer Breite doch erst bis zum Ende der 50er Jahre rezipiert worden, dann allerdings vorbehaltsloser als je in der deutschen Geschichte.* » (KPS I-IV, 470)

Or cette percée est inconcevable, dit-il, sans l'impulsion donnée par les émigrés, sans « l'énergie créatrice » qui s'est accumulée dans l'émigration et qui s'est libérée à leur retour en Allemagne. Pour Habermas, il s'agit de la dernière génération de savants, de philosophes et d'artistes judéo-allemands qui, dès que tout cela fut passé, sont revenus, soit en personne ou à travers leurs écrits.

> *« Übrigens ist dieser Durchbruch kaum vorstellbar, ohne die Initiative, ohne die in der Emigration gestaute und nun umso lebhafter sprudelnde Produktivität, ohne den überragenden intellektuellen Einfluss einer letzten Generation deutsch-jüdischer Gelehrter, Philosophen, Künstler die, nachdem alles vorüber war, zurückgekehrt sind, sei es in persona oder durch ihre Schriften und Werke. » (KPS, I-IV, 470).*

Au final, Habermas apparaît moins marqué par l'hitlérisme que par les deux ruptures majeures : celle historico-politique de 1945 et celle intellectuelle et culturelle autour de 1956.

D'ailleurs à la question de son interviewer néerlandais sur l'influence éventuelle que le « pouvoir fasciste » a pu exercer sur son évolution politique, il répond par une esquive : il est trop tôt pour en parler !

> *« "Welchen Einfluss hat das (die faschistische Herrschaft) auf Ihre politische Entwicklung gehabt ?" – "Ich möchte nicht so schrecklich viel über meine Jugend sagen. So eine richtige Retrospektive macht man erst mit 70, nicht mit 50!" » (KPS I-IV, 511)*

De l'année 1945, il dit que c'est elle qui l'a le plus marqué politiquement : il avait 15 ans et était réceptif à tous les modes d'information, en particulier aux documentaires diffusés à la radio et au cinéma : il reconnaît avoir été marqué par les révélations du procès de Nuremberg, par les premiers reportages et les films documentaires sur les camps de concentration.

> *« Was meine politischen Motive bestimmt hat, das war eher das Jahr 1945. Damals sind persönlicher Lebensrhythmus und historische Grossereignisse zusammengetroffen. Ich war 15 Jahre alt. Im Radio wurde über die Nürnberger Verhandlungen berichtet, im Kino wurden die ersten Dokumentarfilme gezeigt, die Filme über die Konzentrationslager [...]. Bei diesen Erlebnissen haben sich sicher Motive herausgebildet, die dann mein Denken weiter bestimmt haben. »* (KPS, 511)

Dans tous les textes relatifs à ce moment historique, les mots « *Bruch* » et « *Zäsur* » sont omniprésents.

Dans *Eine Art Schadensabwicklung* de 1987 – écrit suite au *Historikerstreit* de 1986 –, Habermas parle du « choc » provoqué par la découverte des camps d'extermination, choc présenté comme ayant été salutaire pour l'Allemagne : c'est que Auschwitz a discrédité le *Sonderweg* allemand et a provoqué un changement de mentalité – ce qui a contribué à lever les préventions des Allemands envers la culture politique occidentale. On n'est donc pas ici dans l'émotion, mais dans l'analyse politico-culturelle, dans l'« effet Auschwitz » !

> *« Das Bewusstsein, einen Sonderweg eingeschlagen zu haben, der Deutschland vom Westen trenne und ihm gegenüber privilegiere, ist erst durch Auschwitz diskreditiert worden; es hat jedenfalls nach Auschwitz seine mythenbildende Kraft verloren. Womit wir Deutschen uns damals von der westlichen Zivilisation losgesagt haben, hat einen Schock ausgelöst; obgleich viele Bürger der Bundesrepublik den Schock zunächst abgewehrt haben, standen sie auch unter diesem Einfluss, als sie nach und nach ihre Vorbehalte gegenüber*

der politischen Kultur und den gesellschaftlichen Verkehrsformen des Westens aufgegeben haben. Eine Mentalität hat sich geändert. » (EAS, 161-162)

2.2. La confrontation de Habermas avec « l'après-Auschwitz » / « l'héritage du passé national-socialiste » : un thème majeur des *Petits écrits politiques*

Habermas se dit certes marqué par le « choc » provoqué par la découverte des camps d'extermination. Mais c'est la confrontation avec « l'après-Auschwitz » / « l'héritage du passé national-socialiste », qui devient pour lui un thème majeur.

Dans un discours prononcé le 7 mai 1995 dans la *Paulskirche* à l'occasion du 50ᵉ anniversaire du 8 mai 1945, discours intitulé « *Rede zur 50. Wiederkehr des 8.Mai 1945: 1989 im Schatten von 1945. Zur Normalität einer künftigen Berliner Republik* » – dans *Die Normalität einer Berliner Republik* (DN 167-188) –, Habermas rappelle que, le 8 mai 1945, l'Allemagne a certes été « libérée du fascisme », mais précise toutefois qu'il ne s'est pas agi d'une « libération au sens politique ». Il n'y a pas eu en Allemagne une résistance capable de venir à bout du régime. Le « coup d'État manqué » d'une élite contre Hitler n'a pas été une guerre civile dont un parti serait sorti victorieux, dit-il. Selon lui, les Allemands dans leur ensemble se sont trouvés dans un tel état d'abattement qu'ils n'ont pas vécu ce jour comme une libération ; il pouvait s'agir tout au plus d'une libération au sens psychologique, ajoute-t-il, comme si « une fin terrifiante était préférable à une frayeur sans fin » ! Cela étant, il rappelle également que le 8 mai 1945 n'a été reconnu officiellement en tant que « libération » qu'en 1985, par le président Richard von Weizsäcker. Pour Habermas, cette reconnaissance constitue une inflexion politico-culturelle majeure, saluée comme le point de départ d'une prise de conscience politique, d'une autocompréhension *(Selbstverständigung, Selbstvergewisserung)* (DNeBR, 167-168 ; traduit dans *De l'usage public des idées : écrits politiques, 1990-2000*, Paris, Fayard, 2005).

En 2005, dans *Zwischen Naturalismus und Religion*, il revient sur la césure de 1945 qu'il présente comme une « rupture civilisationnelle ». Il avoue que sa génération, « sans avoir rien fait pour le mériter, a eu la chance de pouvoir tirer la leçon, sans réserve, du procès de Nuremberg, qu'elle a suivi à la radio » *(die Chance aus dem Kriegsverbrecherprozess von Nürnberg zu lernen)*. C'est que l'effondrement du national-socialisme et la révélation de son caractère pathologique et criminel ont fait de la confrontation avec l'héritage du passé nazi *(die Konfrontation mit dem Erbe der NS-Vergangenheit)* un thème majeur de sa vie d'adulte (ZNuR, 21).

On peut s'interroger sur la signification de la formule « confrontation avec l'héritage du passé » par rapport à l'expression classique de « confrontation avec le passé » *(Aufarbeitung der Vergangenheit)*, pour reprendre la célèbre formule d'Adorno, que Habermas réemploie aussi (ZNuR, 26), et qui pourrait s'expliquer ainsi : alors que l'analyse critique, l'élucidation, le traitement du passé nazi, tout ce qu'on entend par « *Aufarbeiten* », désigne un processus ponctuel forcément limité dans le temps, et donc susceptible de s'arrêter, le mot « héritage » *(das Erbe)*, ici employé par Habermas, fait que le processus se trouve inscrit dans la durée, qu'il détermine l'avenir : ce qui lui fait dire que ce regard porté sur le passé a suscité en lui un intérêt pour les « formes de vie à venir » et constitue un thème central de ses recherches.

> *« [...] erst die Zäsur von 1945 hat meine Generation um die Erfahrung bereichert, ohne die ich wohl kaum zur Philosophie und Gesellschaftstheorie gelangt wäre. Die Gesellschaft und das Regime eines als halbwegs normal durchlebten Alltags waren gleichsam über Nacht als pathologisch und verbrecherisch entlarvt worden.*
>
> *Dadurch ist die Konfrontation mit dem Erbe der NS-Vergangenheit zu einem Grundthema meines erwachsenen politischen Lebens geworden. Das in die Zukunft gerichtete Interesse, das diesem Blick auf die Vergangenheit entspringt, gilt Lebensverhältnissen, die sich der falschen Alternative von "Gemeinschaft" und "Gesellschaft" entziehen. Mir schweben, wie Brecht sagt "freundliche Formen des Zusammenlebens" vor [...]. » (ZNuR, 21)*

Dans son discours de remerciement pour le prix Kyoto, publié à Zurich en 2004 sous le titre *« Öffentlicher Raum und politische Öffentlichkeit »*, repris dans *Zwischen Naturalismus und Religion* (ZNuR, 15-26) – traduction française de Christian Bouchindhomme, dans *Esprit* sous le titre « Espace public et sphère publique politique » (août-septembre 2015, p. 12-25) –, Habermas revient sur la signification que prennent chez lui la « césure de 1945 » et la « confrontation avec l'héritage laissé par le passé nazi », devenue une question fondamentale pour sa vie politique d'adulte : en d'autres termes pour « ses préoccupations d'intellectuel tournées vers l'avenir ». C'est donc bien l'époque qui s'ouvre avec la « césure du 8 mai 1945 » – et non la défaite du national-socialisme, ou encore le national-socialisme comme tel –, qui est devenue un sujet d'étude pour Habermas.

Dans la longue liste fournie par son biographe S. Müller-Doohm (p. 692-710) des cours et des séminaires proposés par Habermas dans les universités de Heidelberg (1962-1964), puis de Francfort (1964-1995) en tant que sociologue-philosophe ou philosophe tout court, on ne rencontre aucun sujet portant sur l'Allemagne nationale-socialiste, ou de façon plus théorique sur la « question du fascisme » ou encore sur ce que A. Wellmer appelle la « tradition allemande ».

De fait, Habermas ne figure dans aucun *Index nominum* des très nombreuses études sur le « fascisme » – la fameuse « Faschismus-Diskussion » des années 1960 et 1970 – cf. R. Kühnl (1971…), R. Opitz (1971-1972), G. Schultz (1974), P. Ayçoberry (1974), D. Goeldel (2006)[1]. C'est là un champ où l'on retrouve la plupart des ténors de l'École de Francfort. Y figurent Ernst Bloch, Erich Fromm, Siegfried Kracauer, Herbert Marcuse, Friedrich Neumann, Wilhelm Reich à côté d'Adorno et de Horkheimer. Chacun présente son interprétation de la montée

---

[1] Cf. Denis Goeldel, « Les débats autour du totalitarisme et du fascisme : deux moments d'intégration politico-culturelle occidentale de la RFA », *Revue d'Allemagne et des pays de langue allemande*, tome 38, 2006/4, p. 595-609.

d'Hitler, qui se trouve expliquée soit par le conformisme et la passivité du proléta-
riat (Horkheimer), la vulnérabilité des employés, la « personnalité autoritaire » des
citoyens (Erich Fromm). Habermas ne fait pas écho à cette abondante littérature.

Cette attitude de retenue de Habermas dans la problématique du fascisme – sa
non-thématisation – se trouve explicitée dans *Zeit der Übergänge*, dans l'article
« *Der Zeigefinger. Die Deutschen und ihr Denkmal* » de 1999. Habermas y met en
garde ses compatriotes contre une focalisation sur « l'unique » – c'est-à-dire sur la
rampe d'Auschwitz – qui risque de bloquer la mémoire culturelle et de l'empêcher
de remonter jusqu'à la période prénazie (ZdÜ 52-53).

> « *Diese traurige Tatsache (von Auschwitz) ist keine "Obsession", sondern eine Tatsache.
> Sie soll uns keineswegs derart auf die Rampe von Auschwitz fixieren, dass das kulturelle
> Gedächtnis blockiert wird und nicht mehr hinter die Nazizeit zurückreicht […]. Aber der
> historische Rückbezug auf Auschwitz soll und kann den Blick der Bürger (und nur um
> deren politisches Selbstverständnis geht es, nicht um die historische Forschung!) nicht auf
> "das Eine" fixieren, das alles andere ausblendet. Jede halbwegs vernünftige Traditionsa-
> neignung setzt eine perspektivenreiche Traditionsaneignung voraus.* » (ZdÜ, 52-53)

Cette volonté de Habermas de ne pas se focaliser sur Auschwitz ne signifie pas
pour autant qu'il veut tirer un trait sur ce passé funeste. Au contraire, s'il veut
se libérer de la focalisation sur Auschwitz, c'est pour se concentrer sur « l'après-
Auschwitz ».

C'est que, pour Habermas, les problèmes auxquels la politique se trouve
« aujourd'hui », en 1999, confrontée, les défis à relever, sont corrélés à la façon
dont nous, Allemands, nous nous sommes confrontés à Auschwitz : il existe une
interrelation entre la manière dont nous concevons « l'héritage » d'Auschwitz et
des deux dictatures, dit-il, et les réponses qu'il nous faut apporter aux problèmes
d'aujourd'hui, les deux processus sont communicants et se corrigent mutuellement. À titre d'exemples Habermas cite la cohabitation avec les minorités, la politique d'immigration, la politique européenne, les relations de l'Allemagne avec
les pays d'Europe centrale et orientale, la place de l'Allemagne dans l'ONU, les
missions de la « Bundeswehr », entre autres.

Il conclut que ces options éclairent d'un jour nouveau le passé allemand et
relient l'interprétation du passé aux orientations prises ou à prendre à l'avenir,
comme deux vases communicants.

> « *Eine retrospektiv gerichtete Aufarbeitung der Vergangenheit empfängt nämlich ihre
> Orientierungen auch aus dem zeitgenössischen Horizont zukunftsgerichteter Interessen
> und Erwartungen. Deshalb kommuniziert die Aufarbeitung der Vergangenheit mit
> politischen Fragen der Gegenwart. Die Selbstverständigung lässt sich nicht in abstracto
> auf "Werte" beziehen, sondern steht in einem hermeneutischen Zusammenhang mit der
> Verständigung über aktuelle Herausforderungen. Beides korrigiert sich wechselseitig. Die
> Lehren, die wir aus unseren Erfahrungen mit zwei Diktaturen ziehen – die Traditionen,
> die wir uns aneignen, und die, die wir revidieren-, haben heute Bedeutung etwa für die
> Frage, wie wir unser Zusammenleben mit Minderheiten regeln, welche Einwanderungspo-
> litik wir betreiben, welches Europa wir anstreben sollen, wie wir unsere Interessen*

gegenüber Mittel- und Osteuropa, wie die neue Rolle der UNO und, in deren Rahmen, die Aufgabe der Bundeswehr definieren wollen. Diese Optionen werfen auch ihrerseits neues Licht auf die Vergangenheit; sie haben Einfluss auf die Entscheidung, ob wir uns auf einen Aufarbeitungsprozess, mit welchem Ausgang auch immer, überhaupt einlassen oder ob wir ihm von vornherein jeden Sinn bestreiten, damit wir endlich, wie es immer wieder heißt eise verbinden sich im Selbstverständigungsdiskurs die Deutung der Herkunft und die Orientierung an der Zukunft wie zwei kommunizierende Röhre. » (DNeBR, 60-61)

En 2005, dans *Zwischen Naturalismus und Religion*, il revient sur ce problème et évoque la « chance de la naissance tardive » : sa génération n'a pas eu à se poser la question de la culpabilité et pouvait ainsi se tourner vers l'avenir et « tirer la leçon », sans réserve, du procès de Nuremberg. Pour ce faire, il fait référence à l'opposition établie par Karl Jaspers entre la « culpabilité collective » et la « responsabilité collective », sa génération n'étant concernée que par cette dernière.

« Ich hatte das "Glück der späten Geburt", war alt genug, um den historischen Umbruch in einem moralisch empfindlichen Alter mitzuvollziehen, aber zu jung, um von den politischen Umständen belastet werden zu können. Wir waren nicht einmal mehr Soldaten gewesen. Und mussten uns nicht für falsche Parteinahme oder folgenlose politische Irrtümer verantworten. Nach den Enthüllungen über Auschwitz hatte alles einen doppelten Boden bekommen. Was wir vorher als mehr oder weniger normale Kindheit und Jugend erlebt hatten, war nun ein Alltag im Schatten des Zivilisationsbruchs. Meine Jahrgänge erhielten ganz ohne eigenes Verdienst die Chance, aus den Kriegsverbrecherprozessen von Nürnberg, die wir am Radio verfolgten, ohne Vorbehalte zu lernen. Wir machten uns Karl Jaspers Unterscheidung zwischen Kollektivschuld und kollektiver Haftung zu Eigen. » (ZNuR, 22)

Notons la façon dédramatisée, non problématique, dont Habermas aborde la question de la « rupture civilisationnelle ». Ce qu'il explique par son appartenance à cette génération qu'Alfred Wahl appelle la « génération intermédiaire », ceux qui sont nés entre 1927 et 1930-1935 : Habermas, né en 1929, a 15 ans en 1945 !

Or cette génération a une conception propre de la confrontation au passé, que Habermas a développée dans « *Was bedeutet Aufarbeitung der Vergangenheit heute* »[2]. Il s'agit, pour Habermas, qui se réfère à Adorno, de parvenir à une interprétation cohérente et véridique de soi, ce qui suppose que nous nous appropriions notre propre biographie de manière critique, afin de parvenir à une compréhension éthique de nous-mêmes.

Mais il ne suffit pas d'élucider rationnellement *(aufklären)* notre propre existence, il nous faut encore parvenir par la discussion critique à une claire vision éthico-politique de notre réalité collective en tant que membres d'une communauté, surtout si cette communauté est obérée par un passé criminel.

---

[2]   Sous le titre : « Que signifie aujourd'hui le "travail de mémoire" ? Remarques sur un "passé dédoublé" » (p. 57-92).

Cette discussion susceptible de nous permettre l'accès critique à une vision claire, éthico-politique, de nous-mêmes *(Selbstverständigung)*, menée sur la place publique, est une dimension centrale du « travail de mémoire » *(Aufarbeitung der Vergangenheit)* d'Adorno.

> *« Adornos Bekenntnis zur Aufarbeitung der eigenen Vergangenheit verrät keineswegs blauäugiges Vertrauen in die Dynamik des Bewusstmachens, sondern nur die Einsicht, dass es heute, unter Bedingungen nachmetaphysischen Denkens, keine Alternative mehr gibt zur Selbstreflexion, wenn es um Fragen der Selbstverständigung geht [...]. Jeder muss auf andere Weise er selbst sein. [...] Eine kohärente und wahrhaftige Selbstdeutung soll uns dadurch gelingen können, dass wir uns die eigene Lebensgeschichte kritisch aneignen und verantwortlich übernehmen [...].Solche Probleme stellen sich freilich nicht nur aus der Perspektive der ersten Person Singular, aus der wir uns über unsere eigene Existenz aufzuklären versuchen; sie stellen sich auch in Zusammenhängen einer ethisch-politischen Selbstverständigung, die wir als Bürger eines Gemeinwesens aus der Perspektive der ersten Person Plural vornehmen – vor allem dann, wenn dieses Gemeinwesen mit einer politisch kriminellen Vergangenheit belastet ist. Die unvoreingenommene historische Erforschung der Tatsachen und der Ursachen einer fehlgeschlagenen politischen Entwicklung ist eines; ein anderes ist die kritische Aufarbeitung der eigenen Geschichte, aus der Sicht der in sie verstrickten Generationen.*
>
> *Aus der Sicht von Beteiligten geht es um Identitätsfragen, um die Artikulation eines aufrichtigen kollektiven Selbstverständnisses, das gleichzeitig Maßstäben politischer Gerechtigkeit genügt und die tieferen Aspirationen einer durch die Geschichte geprägten politischen Gemeinschaft zum Ausdruck bringt. »* (DNeBR, 22-23)

Encore faut-il que la discussion soit déployée dans l'espace public à travers les canaux de la presse, de l'éducation, etc., afin de contribuer au développement d'une « culture politique de la liberté ».

> *« Sie mag sich in Kanäle von Publizistik und Massenmedien, von Volks- und Schulpädagogik, von wissenschaftlicher und literarischer Öffentlichkeit, von Bürgerforen und staatlichen Enquetekommissionen verzweigen. Aber sie darf nicht verwechselt werden mit der existenziellen Aufarbeitung persönlicher Schuld und der juristischen Verfolgung strafbarer Handlungen. Schuld im moralischen wie im rechtlichen Sinne wird einzelnen Personen zugerechnet, während die Bürger eines politischen Gemeinwesens für die darin praktizierten oder gar legalisierten Verletzungen menschlicher Würde haften [...].*
>
> *Damit die ethisch-politische Aufarbeitung der Vergangenheit eine mentalitätsbildende Kraft erlangen und für eine freiheitliche politische Kultur Anstöße geben kann, muss sie allerdings durch juristische Verfahren und die Unterstellung einer gewissen Bereitschaft zur existenziellen Selbstprüfung ergänzt werden. So ist die Aufarbeitung der Vergangenheit ein mehrdimensionales und arbeitsteiliges Unternehmen. »* (DNeBR, 23-25)

Cette disposition de la génération des « *Nachgeborenen* » est reprise et théorisée par Habermas en 1998 dans *Die postnationale Konstellation* qui revient sur le « privilège » d'être « né-après » *(Nachfahren)*, autre terme pour désigner sa génération à lui et les devoirs qui résultent de ce statut. C'est qu'il ne s'agit pas pour eux de faire le procès des parents et grands-parents qui ont failli : cela reste une affaire privée, dit-il. En revanche, il revient aux « descendants » de s'intéresser aux chapitres sombres de leur histoire nationale et aux conséquences qui en résultent quant à leur responsabilité à eux *(gemeinsam haften)*, qui consiste à mettre au jour la matrice culturelle de cet héritage, et ce en s'interrogeant sur la persistance des traditions qui ont mené au désastre et sur la nécessité de les réviser.

> « *Hier geht es nicht primär um Schuld oder Entschuldigung der Vorfahren, sondern um eine kritische Selbstvergewisserung der Nachkommen. Das öffentliche Interesse der später Geborenen, die nicht wissen können, wie sie selbst sich damals verhalten hätten, richtet sich auf ein anderes Ziel als der Eifer moralisch urteilender Zeitgenossen, die sich in demselben Interaktionszusammenhang vorfinden und einander zur Rede stellen. Schmerzliche Enthüllungen über das Verhalten der eigenen Eltern und Großeltern, die ja nur Trauer auslösen könnten, bleiben eine private Angelegenheit zwischen den unmittelbaren Beteiligten. Als Bürger nehmen hingegen die Nachfahren ein öffentliches Interesse am dunkelsten Kapitel ihrer nationalen Geschichte im Hinblick auf sich selbst. Dabei zeigen sie nicht auf andere. Sie wollen sich über die kulturelle Matrix eines belastenden Erbes Klarheit verschaffen, um zu erkennen, wofür sie gemeinsam haften und was gegebenenfalls von den Traditionen, die damals einen verhängnisvollen Motivationshintergrund gebildet haben, noch fortwirkt und der Revision bedarf. Aus einem weit verbreiteten individuell schuldhaften Verhalten in der Vergangenheit entsteht das Bewusstsein kollektiver Haftung; mit der Zuschreibung kollektiver Schuld, die schon aus begrifflichen Gründen ein Unding ist, hat das nichts zu tun.* » (DpK, 53-54)

Trois ans plus tard, dans *Die postnationale Konstellation* de 1998, il se demande comment « tirer la leçon des catastrophes » (« *Aus Katastrophen lernen ? Ein zeitdiagnostischer Rückblick auf das kurze 20. Jahrhundert* »[3] *(DpK, 65-90))*. Il y affirme que, pour l'ensemble des peuples qui, après 1939, ont été confrontés aux crimes de masse engendrés par une lutte d'anéantissement sans bornes, l'année 1945, avec la défaite du fascisme, marque aussi un tournant – un changement vers le mieux, vers la domestication des forces barbares qui, en Allemagne, sont nées du sol même de la civilisation. C'est que la victoire et la défaite de 1945 ont durablement déprécié les mythes – qui ont été mobilisés à une large échelle pour dénoncer l'héritage de 1789, l'esprit universaliste des Lumières politiques –, et par là même ouvert la voie à une évolution démocratique en Allemagne de l'Ouest, au Japon et en Italie, mais aussi finalement au Portugal et en Espagne.

> « *[…] für die Völker, die nach 1939 mit den Massenverbrechen eines ideologisch entgrenzten Vernichtungskampfes konfrontiert waren, markiert das Jahr 1945 auch einen Wendepunkt – eine Wende zum Besseren, zur Zähmung jener barbarischen Kräfte, die in Deutschland aus dem Boden der Zivilisation selbst hervorgekrochen sind. Sollten wir aus den Katastrophen der ersten Hälfte des Jahrhunderts doch etwas gelernt haben?* » (DpK, 74)

> « *Durch die Konstellation des kalten Krieges ist die ideologische Bedeutung der bald als « unnatürlich » erscheinenden Allianz der Westmächte mit der Sowjetunion gegen das Deutsche Reich in Vergessenheit geraten. Aber Sieg und Niederlage von 1945 haben jene*

---

[3]   Traduit par Rainer Rochlitz dans *Après l'État-nation*, Paris, Fayard, 2000, p. 11-40.

Mythen, die seit dem Ende des 19. Jahrhunderts auf breiter Front gegen das Erbe von 1789 mobilisiert worden sind, auf Dauer entwertet. Der Sieg der Alliierten hat nicht nur die Weichen für eine demokratische Entwicklung in der Bundesrepublik Deutschland, in Japan und Italien, schließlich auch in Portugal und Spanien gestellt. Allen Legitimationen, die nicht wenigstens verbal, wenigstens dem Wortlaut nach, dem universalistischen Geist der politischen Aufklärung huldigten, ist damit der Boden entzogen worden. » (DpK, 75)

Après 1945, dit-il, la « serre chaude des idées » a connu un changement de climat, sans lequel l'« unique innovation culturelle du siècle » n'aurait guère pu faire son chemin. Il s'agit de la révolution des arts plastiques, de l'architecture et de la musique, intervenue avant la Première Guerre mondiale, mais qui n'a acquis une valeur universelle qu'après 1945 ; ce sera la victoire de l'art, conclut-il, sous la forme de l'art d'avant-garde.

« Immerhin hat sich nach 1945 im Treibhaus der Ideen ein Klimawechsel vollzogen, ohne den sich auch die einzige unzweifelhafte kulturelle Innovation des Jahrhunderts nicht hätte durchsetzen können. Die vor und während des Ersten Weltkriegs vollzogene, aus dessen Erfahrungen gespeiste Revolutionierung der bildenden Kunst, der Architektur und der Musik hat erst nach 1945, sozusagen in der Vergangenheitsform der "klassischen Moderne" weltweit Geltung erreicht. Die avantgardistische Kunst hat bis in die frühen dreißiger Jahre hinein ein Repertoire an völlig neuen Formen und Techniken erzeugt, mit dem die internationale Kunst in der zweiten Jahrhunderthälfte experimentiert, ohne den damals erschlossenen Horizont von Möglichkeiten zu überschreiten. » (DpK, 75-76)

Changeant de registre, il cite trois évolutions politiques consécutives au changement culturel : la guerre froide, toutefois modérée grâce à « l'empêchement de la guerre chaude » par « l'accord raisonnable » entre Reagan et Gorbatchev ; la décolonisation et la construction de l'État social en Europe – où, pour le première fois, le capitalisme a été « maîtrisé » *(gebändigt)* –, et tout particulièrement sa réussite en Allemagne de l'Ouest.

« Wie dem auch sei, der 1945 eingetretene Wechsel des kulturellen Klimas bildet auch den Hintergrund für drei politische Entwicklungen, die – auch in der Darstellung von Hobsbawm – der Nachkriegsperiode bis in die achtziger Jahre hinein ein anderes Gesicht gegeben haben. Der kalte Krieg, die Dekolonialisierung und der Aufbau des Sozialstaates in Europa.

[…] die Regierungen der OECD-Länder […] hatten aus den katastrophalen Erfahrungen der Zwischenkriegszeit immerhin so viel gelernt, dass sie eine intelligente, auf innere Stabilität bedachte Wirtschaftspolitik verfolgten und bei relativ hohen Wachstumsraten umfassende soziale Sicherheitssysteme auf- und ausbauten. In der Gestalt sozialstaatlicher Massendemokratien ist hier die hochproduktive Wirtschaftsform des Kapitalismus zum ersten Mal sozial gebändigt und mit dem normativen Selbstverständnis demokratischer Verfassungsstaaten mehr oder weniger in Einklang gebracht worden.

Diese drei Entwicklungen sind für einen marxistischen Historiker wie Eric Hobsbawn Grund genug, um die Nachkriegsjahrzehnte als "Golden Age" zu feiern. » (DpK, 77-78)

En 2005, dans *Zwischen Naturalismus und Religion*, Habermas explicite davantage ces bouleversements et ne peut s'empêcher de se montrer enthousiaste face au surgissement de la « modernité » (ZNuR, 15-26). Habermas y parle de l'avènement brutal, en 1945, d'une « révolution des modes de pensée *(Denkungsart)* provoquée par l'ouverture culturelle à l'Ouest, notamment. Pendant l'époque nazie, dit-il, nous, qui n'avons pas connu l'époque de Weimar, nous avons grandi dans le climat lourd chargé de ressentiments du kitsch patriotique, du monumentalisme et du culte de la mort. Et d'un coup, après 1945, les portes se sont ouvertes sur l'expressionnisme, Kafka, Thomas Mann, Hermann Hesse, sur la littérature mondiale de langue anglaise, sur la philosophie contemporaine de Sartre et des catholiques de gauche français, sur Freud, sur Marx, et même sur le pragmatisme d'un John Dewey, dont les disciples eurent une influence décisive sur la *"re-education"* en Allemagne. Le cinéma contemporain faisait également souffler un vent nouveau qui nous stimulait. Dans le constructivisme d'un Mondrian, dans les formes architecturales, géométriques et froides du *Bauhaus*, dans le design industriel sans compromis, l'esprit révolutionnaire et libérateur de la modernité trouvait son expression visuelle la plus convaincante.

Il s'agit donc pour lui d'un moment de révolution culturelle, marqué par l'enthousiasme juvénile d'un jeune homme intellectuellement frustré, par un retour à la politique : « la formule magique pour moi, dit-il, […] consistait en un seul mot : "démocratie", exprimant tout à la fois un nouvel ordre politico-juridique – la "tradition du droit rationnel", l'"esprit de transformation" et les "promesses d'émancipation de la modernité" ».

Ainsi donc, la césure de 1945 est perçue par Habermas comme un moment qui éclipse le passé nazi : sa confrontation au passé ne le fait pas se retourner vers le passé nazi pour comprendre, rendre intelligible l'indicible. Au contraire, il s'est tourné vers ce qui se passe après. Tel nous paraît être le sens de l'expression ; confrontation avec la rémanence du fascisme, le post-fascisme *(das Nachleben des Faschismus)*, devenu son projet d'adulte pour l'Allemagne : lutter contre les « fausses alternatives » dans l'Allemagne de l'après-guerre et en République fédérale.

3.

L'« Ère Adenauer » : les années 1950 et 1960

3.1. Une « succession de déceptions » pour Habermas : critique de la « politique de restauration » d'Adenauer

L'« Ère Adenauer », comme l'appellent les historiens, et que Habermas désigne parfois avec des expressions inhabituelles : *« Adenauer Periode »* ou encore *« Adenauer-Erhard Regime »*, expression employée à propos de la majorité absolue obtenue par la CDU-CSU lors des élections de 1956 ! La période s'étend *stricto sensu* jusqu'en 1966, jusqu'à l'arrivée de la « Grande Coalition CDU-CSU/SPD » (1966-1969), et aura duré plus de 15 ans. Pour Habermas, elle ne s'achève définitivement qu'avec l'arrivée au pouvoir de la coalition SPD- FDP en 1969.

Notons toutefois que les *Kleine Politische Schriften* ne contiennent pas le moindre chapitre dédié spécifiquement à Adenauer et à sa politique, qui ne sont donc traités que de façon allusive, non systématique, disséminés tout au long des KPS.

Pour Habermas, les événements qui ont ponctué cette période confirment la crainte d'un naufrage de la démocratie, comme l'ont confirmé les lois d'urgence *(Notverfassungsgesetze)* de 1968, qualifiées de liberticides. Ce n'est donc qu'en 1969 que l'ère Adenauer s'achève véritablement, mettant un terme à ce que, dans un article de 1961, il a appelé une « monarchie élective » *(Wahlmonarchie)* (cité par Müller-Doohm, p. 151).

Cette « ère Adenauer », jugée « interminable », est présentée par Habermas comme une succession de déceptions.

3.2. Critique par Habermas de la « restauration des mentalités et des politiques »

Dans ses souvenirs d'étudiants, Habermas déplore d'entrée de jeu l'absence de renouvellement du personnel politique. Dans une interview donnée à Jérusalem en 1977, il dit se souvenir d'une réunion électorale du parti national-conservateur dont le président, ancien nazi, allait devenir ministre du premier gouvernement Adenauer, réunion d'où il s'est enfui en entendant chanter la première strophe du *Deutschlandlied* !

> *« Ich erinnere mich, dass ich 1949 aus einer schwarz-weiss-rot dekorierten Wahlversammlung des Vorsitzenden der nationalkonservativen Deutschen Partei spontan*

herausgelaufen bin, als die erste Strophe des Deutschlandliedes abgesungen wurde; Monate später wurde dieser Herr Seebohm Minister der ersten Bundesregierung unter Adenauer. Kurzum, die Hoffnungen, die ich damals hatte, waren so unrealistisch, dass ich sie auf die Gegenwart nicht beziehen kann. » (KPS I-IV, 467)

Il déplore ensuite le « calme plat politique » qui a régné, surtout après l'obten-tion de la majorité absolue en 1953, l'« absence de « rupture », d'un « événement marquant », et ce, jusqu'à l'élection de Heinemann comme président et l'arrivée du premier gouvernement Brandt.

« Innenpolitisch war das Adenauer-Ehrhard-Regime nach dem (mit absoluter Mehrheit errungenen) Wahlsieg von 1953 dauerhaft etabliert, auch wenn es dann noch einmal scharfe Konflikte um die atomare Ausrüstung der Bundeswehr gegeben hat. Vor diesem Hintergrund einer langanhaltenden politischen Flaute waren die Wahl Heinemanns zum Bundesprä-sidenten und die Bildung der ersten Regierung Brandt 1969 Ereignisse, die mich bewegt haben. » (KPS I-IV, 471)

[…] während meines Studiums war das politisch Beherrschende für mich zum einen die moralisch stark besetzte Reaktion auf die Nazizeit, und zum anderen die Befürchtung, dass ein wirklicher Bruch nicht stattgefunden hatte.

Ich habe damals gedacht […]. Wenn doch wenigstens ein Aufräumen stattgefunden hätte, irgendein explosiver Akt, der dann auch für die Bildung einer politischen Iden-tität ein Anfang hätte sein können. Nach einer solchen Eruption hätte man wenigstens gewusst, wohin man nicht mehr zurückfallen kann. Es hat keinen Kampf gegeben. » (KPS I-IV, 467)

Habermas est déçu par l'absence d'un moment fort, d'une « éruption », d'une « explosion ». Or c'est l'inverse qui s'est passé : la majorité absolue obtenue en 1953 confirme l'impression d'une sorte de « fin de l'histoire ».

« Nach einem Interregnum von wenigen Jahren haben mit der Währungsreform im Jahre 1948 der Wiederaufbau der kapitalistischen Wirtschaft und eine gesellschaftliche Res-tauration eingesetzt, von deren Dynamik ich mir nach Kriegsende nichts habe träumen lassen. Die Erwartungen, die meine Freunde und ich tatsächlich hatten, waren ziemlich idealistisch. Wir lebten unter dem Schock der Nazigreuel, die vor dem Nürnberger Tribu-nal und bald darauf in Dokumentarfilmen enthüllt wurden. Wir haben eine geistig-mo-ralische Erneuerung für notwendig, für selbstverständlich gehalten. Daraus ist nicht viel geworden. » (KPS I-IV, 467)

Au lieu de la régénération, du renouveau moral et spirituel espéré, on assiste à une « restauration des mentalités et du politique », comme le montrent le retour d'anciens nazis à des postes politiques et le suivisme d'Adenauer par rapport aux Alliés occidentaux dans la question de la remilitarisation, que Habermas rejette.

C'est ce que Habermas appelle la « restauration des mentalités » : le terme est employé dans une interview accordée au journaliste suisse Michael Haller en 1991. Il regrette certes de n'avoir pas reconnu en son temps la réalisation par

Adenauer de l'« intégration énergique de la RFA dans l'Alliance atlantique et dans le type de société du monde occidental », mais rajoute, dans la foulée, qu'Adenauer est non seulement resté sans contact et totalement sourd face aux attentes de la jeune génération, mais qu'il a été totalement insensible aux « dégâts mentaux » de la « restauration des mentalités » advenue sous sa coupe.

> *« Aus der Retrospektive erkenne ich beispielsweise, dass ich seiner Zeit als Student und in den Jahren nach dem Studium Adenauers große Leistung – die energische Einbindung der Bundesrepublik in die westliche Allianz und das westliche Gesellschaftssystem – in seiner historischen Tragweite nicht richtig eingeschätzt habe. […] Er war nicht nur ohne jeden Kontakt zu den Erfahrungen und Erwartungen der jüngeren Generationen, sondern vollständig unempfindlich gegenüber den mentalen Schäden einer unter seinen Fittichen gedeihenden Restauration der Gesinnungen und nicht nur der Gesinnungen. Vielleicht hat er die politisch-moralischen Kosten einer kühl berechneten Integration der alten Pg's und seines vorauseilenden Gehorsams in der Remilitarisierungsfrage nur in Kauf genommen. »* (VaZ, 64-65)

Il y parle aussi de « restaurative Politik » (VaZ, 65).

En 1995, dans *Die Normalität einer Berliner Republik*, il revient sur « les hypothèques morales désastreuses » de la « Adenauersche Restauration », sur tout ce qu'Adenauer a manqué de faire : le remplacement des anciennes élites et la rupture culturelle avec les mentalités qui ont marqué le wilhelminisme et le nazisme, en passant par Weimar, et qui ont perduré jusqu'au début des années 1960. C'est en quelque sorte une restauration par omission. Mais cette restauration par immobilisme, par refus d'agir, a retardé la nécessaire rupture dans les mentalités. C'est donc la rupture culturelle qui a longtemps fait défaut à la RFA, et qui a dû être conquise de haute lutte contre l'obscurantisme, le renfermement *(der Mief)* de la Période Adenauer. Habermas en conclut qu'il est important aujourd'hui de ne pas réduire l'ancrage à l'Ouest de la RFA à un coup diplomatique réussi d'Adenauer, mais que cet « ancrage » passe nécessairement par le renoncement aux « fausses continuités » de la culture politique allemande. D'où une redéfinition, par Habermas, de l'ancrage à l'Ouest de la RFA, qu'il ne faut pas réduire à un choix stratégique intelligent.

> *« In den 50er Jahren war ich empört über die verheerenden moralischen Hypotheken der Adenauerschen Restauration im Inneren, über die zynische Unempfindlichkeit gegenüber allen Belastungen, denen Adenauer unsere politische Kultur bedenkenlos ausgesetzt hat. Damals hat ein Elitenwechsel der Art, wie er in der ehemaligen DDR mit großem Eifer betrieben wird, nicht stattgefunden. Im Klima der Sieburgschen Gartenzwerge kam es gerade nicht zu dem für die geistige Hygiene des Landes notwendigen kulturellen Bruch mit jenen Mentalitäten, die vom Wilhelminismus durch die Weimarer- und die Nazizeit hindurch bis in den Anfang der sechziger Jahre hineinreichten. Die kulturelle Öffnung nach Westen musste gegen den Mief der Adenauer-Periode mühsam genug durchgesetzt werden. Entgegen der absichtsvollen Gleichsetzung von kultureller und politischer Westbindung ist es heute wichtig, die "Westbindung" der Bundesrepublik nicht als clevere außenpolitische Weichenstellung zu begreifen, sondern als eine Absage an falsche Kontinuitäten unserer politischen Kultur. »* (KPS VIII, 93-94)

Notons encore l'emploi – mais plus rare dans ce contexte et non explicité – d'un autre équivalent de « restauration », à savoir la « normalisation » pratiquée par Adenauer.

> *« Alle meine Haare sträubten sich damals gegen Adenauer, gegen die Politik der Normalisierung eines alten Mannes mit beschränktem Wortschatz. » (VaZ, 64)*

L'ensemble de ces critiques peuvent apparaître comme outrancières. Habermas reconnaît cependant à la RFA un certain nombre de mérites, dont le rétablissement de l'État de droit démocratique, l'intégration dans l'alliance occidentale, ainsi qu'une amélioration notable de la situation économique qu'il considère comme des choix stratégiques *(zentrale Weichenstellungen)* (DNeBR, 168). Il avoue d'ailleurs avoir été injuste à l'égard de la politique extérieure d'Adenauer, dont il reconnaît rétrospectivement, dans un texte de 1995, le mérite d'avoir ancré la RFA dans le monde occidental.

> *« Rückblickend sehe ich die wirkliche Bedeutung der von Adenauer außenpolitisch betriebenen Westbindung der Bundesrepublik klarer als damals. In den fünfziger Jahren war ich empört über die verheerenden moralischen Hypotheken der Adenauerschen Restauration im Innern... » (KPS VIII, 93)*

Tout comme il reconnaît que, lors de la fondation de la RFA en 1949, les hypothèques qui ont pesé sur la République de Weimar ont été levées : le centralisme prussien, l'antagonisme entre confessions religieuses, la prééminence des militaires dans la société, le rôle politique des élites traditionnelles !

Ce qui nous amène à relativiser la portée de son emploi de « restauration » dans l'article de 1994 au titre « accrocheur : *« Die Hypotheken der Adenauerschen Restauration. Interview mit dem "Kölner Stadtanzeiger" »* (KPS VIII, 88).

En fait, la restauration n'est pas à entendre ici au sens institutionnel de rétablissement d'un régime politique et politico-social antérieur. C'est pourquoi l'emploi de « restauration » dans son titre accusateur de 1995, ainsi que de « continuités » – et de façon moindre de « normalisation » – pour désigner un phénomène global, apparaît comme surjoué et polémique.

Ni le politique ni l'économique et le social adénaueriens en tant que tels ne sont globalement récusés par Habermas qui n'évoque que des aspects particuliers, d'ailleurs sans le développer davantage, comme « les forces qui agissent en faveur d'une restauration économique et sociale » *(die Kräfte der ökonomischen und sozialen Restauration)*. Il parle aussi d'un « climat politique restauré » *(im restaurativen Klima der 50er Jahre)* (DNeBR 31-33). Mais c'est principalement de « restauration sociétale » *(gesellschaftliche Restauration)* (KPS 467), de « restauration des mentalités (« Restauration der Gesinnungen »)* qu'il est question (VaZ 65 ; DNeBR, 94).

Cette expression, que Habermas emploie dans les années 1990, s'éclaire par la comparaison qu'il fait entre la « déstasification » après 1990 et la dénazification en RFA après 1949. Alors que dans le cas de la RDA le remplacement des élites *(Elitenwechsel)* a été mené à la hussarde, il n'a pas été pleinement réalisé en

Allemagne de l'Ouest, dit-il, où la « rupture culturelle » *(der kulturelle Bruch)* avec les mentalités « wilhelminienne, weimarienne et nazie » – lesquelles ont survécu jusque dans les années 1960 – n'a pas été faite[4] !

> « *Er [Adenauer] war […] vollständig unempfindlich gegenüber den mentalen Schäden einer unter seinen Fittichen gedeihenden Restauration der Gesinnungen.* » (VaZ, 65).

> « *Im Klima der Sieburgschen Gartenzwerge kam es gerade nicht zum kulturellen Bruch mit jenen Mentalitäten, die vom Wilhelminismus durch die Weimarer und die Nazi-Zeit hindurch bis in den Anfang der 60er Jahre hineinreichten.* » (KPS VIII, 94)

Notons que Habermas rend hommage à la dénazification opérée par les vainqueurs après 1945, tout particulièrement pour les procès de Nuremberg. En revanche, il juge désastreuse la politique de « déstasification » menée par la RFA, laquelle hypothèque l'avenir politique de cette dernière. Il en conclut que l'ancrage à l'Ouest *(die Westbindung)* – qu'il approuve – demeure inachevé tant que la rupture avec les « fausses continuités » n'est pas consommée.

Pour ce qu'il appelle les « fausses continuités », ou les « continuités néfastes » – le terme de « continuité » fonctionnant comme un homonyme de restauration –, Habermas y revient en 2004 dans un témoignage sur sa vie d'étudiant de philosophie dans les années 1950. Il y évoque une université dont le corps enseignant est resté intact – toujours fortement marqué par un nationalisme teinté d'antisémitisme –, dans une société restée autoritaire, dominée par les anciennes élites et aux structures mentales inchangées.

> « *Umso mehr fühlten wir Studenten uns in der unverändert autoritären Umgebung einer Nachkriegsgesellschaft isoliert. Die Kontinuität der gesellschaftlichen Eliten und der Vorurteilsstrukturen, mit der sich Adenauer die Zustimmung zu seiner Politik erkaufte, war lähmend. Es hatte keinen Bruch gegeben, keinen personellen Neuanfang und keinen Mentalitätswandel – weder eine moralische Erneuerung noch eine Umkehr der politischen Gesinnung. […] Noch in den 50er Jahren begegnete uns das elitäre und zugleich unpolitische Selbstverständnis der deutschen Universität, auch jene unselige Verbindung von Nationalismus und bürgerlich-hoffähigem Antisemitismus, die unsere akademischen Lehrer 1933 geistig entwaffnet oder den Nazis geradewegs in die Arme getrieben hatte.* » (ZNuR, 23)

Le philosophe Martin Heidegger est un cas d'école pour ce qui est des « continuités néfastes ». Habermas évoque le moment bouleversant quand en 1953 son ami Karl-Otto Appel lui a remis un exemplaire de l'*Introduction à la métaphysique* de Heidegger. Or voilà que Heidegger, qu'il a considéré jusqu'alors comme « le maître par excellence », dans ce nouvel ouvrage, ne fait que republier « sans révision ni commentaire » des cours universitaires de 1935 ! Un exemple parfait de continuité !

---

[4] Cf. Jürgen Habermas, « Espace public et sphère publique politique. Les racines biographiques de deux thèmes de pensée », *Esprit*, n° 8-9, août-septembre 2015, p. 23.

« Nun veröffentlichte dieser selbe Heidegger eine nicht revidierte und unkommentierte Vorlesung aus dem Jahre 1935. Das Vokabular dieser Vorlesung spiegelte die Vergötzung des völkischen Geistes, den Schlageter-Trotz und den Kollektivismus des feierlichen Wir-Sagens. Unvermutet hatte das "Dasein des Volkes" den Platz des je einzelnen "Daseins" eingenommen. » (ZNuR, 23-24)

Habermas y relève l'appel héroïque à la « violence créatrice » et au culte du sacrifice, les préjugés du mandarin allemand dépréciant l'« intelligence » au profit de l'esprit ; le rejet de l'universalisme égalitaire des Lumières et le refus de répondre moralement et politiquement de la criminalité de masse nazie.

Or, pour Habermas, on a à faire ici à la pensée *« jung konservativ »* dans laquelle il classe, aux côtés de Heidegger : Carl Schmitt, Ernst Jünger et Arnold Gehlen. Il s'agit d'une mouvance qui tranche fortement, dit-il, avec l'élan démocratique qui a animé sa génération depuis 1945, une mouvance dans laquelle il détecte ce qu'il appelle le « syndrome de Weimar », devenu pour lui le point de référence négatif dans ses études ultérieures qui ont précisément porté, ajoute-t-il, sur les difficultés et les menaces qui n'ont cessé de peser sur le processus de démocratisation dans l'Allemagne d'après-guerre, à l'origine de sa crainte d'une rechute politique.

En tout cas, ce « syndrome » ne semble pas vouloir le quitter. En 1988, dans une interview avec le journaliste de *Libération* Robert Maggiori consacrée au « cas Heidegger » – suite à la publication du livre de Victor Farias –, Habermas évoque l'« Allemagne d'Adenauer », qu'il qualifie d'« étouffante » !

« Das war ein langer Lernprozess, der im stickigen Adenauer-Deutschland bis zum Ende der fünfziger Jahre dauerte. » (KPS VII, 30-31)

Dans *Zeit der Übergänge*, il revient sur les « continuités néfastes » : il dit avoir vécu l'ère Adenauer « comme une période empoisonnée par les continuités, de personnes ou de mentalités, continuités qu'il a ressenties comme une fatalité ! ».

« Politisch-moralisch hatte ich die vorangegangene Zeit als eine durch fatale personelle und mentale Kontinuitäten vergiftete Periode erlebt. » (KPS IX, 12)

On peut conclure de ces multiples accusations que les critiques à l'endroit de la « Adenauer Ära » sont effectivement moins d'ordre politique que culturel : il s'agit d'un rejet « culturel » qu'illustre parfaitement la lettre que Habermas a adressée, pour son anniversaire, à Margarete Mitscherlich – co-auteure avec son mari Alexander Mitscherlich de l'ouvrage *Le deuil impossible*. La conclusion de cette lettre constitue une charge des plus féroces contenant tous les griefs possibles à l'adresse de l'Allemagne : il est vrai que Margarete Mitscherlich, de père danois et de mère allemande, a plus que d'autres souffert de l'étroitesse, du « renfermement » allemands *(deutscher Mief)*, et a été l'objet de la hargne de la presse nationale-conservatrice à l'endroit des intellectuel(le)s critiques.

« Du bist, liebe Margarete eine streitbare Intellektuelle, das sehen heute alle; wenige sehen die massiven Kränkungen, die Du dafür in Kauf nehmen musst. Die Häme von

"Nationalzeitung" und "Bild" gereicht Dir zur Ehre. Du bist mit einer deutschen Mutter und einem dänischen Vater aufgewachsen, mal jenseits, mal diesseits der dänisch-deutschen Grenze. Das hat Dich vor dem deutschen Mief bewahrt, vor einem Milieu, dessen vorurteilsbeladene Enge unsere Blicke arretiert und die Gefühle lähmt. Nichts regt Dich mehr auf als Deutsch-Provinzielles, mangelnder Kosmopolitismus, bodenständige Bornierung, fehlende Zivilisation. » (KPS VII, 46)

Autre image négative en octobre 1989, dans sa Laudatio pour Ralf Dahrendorf, Habermas évoque la « provincialité » propre à l'Allemagne *(die Provinzialität dieses Landes, dem er (Dahrendorf) den Rücken gekehrt hat)*, ainsi que le « déficit démocratique des traditions allemandes » *(das Demokratiedefizit deutscher Traditionen)* (KPS VII, 65).

3.3. Le retour des intellectuels émigrés et l'émergence d'une division du travail entre la politique et la culture : une « dyarchie » *(Doppelherrschaft)* s'installe

Ironie du sort ! Dans le tome VII des KPS – « *Die nachholende Revolution* » –, il rend hommage aux intellectuels qui, dit-il, tout au long des années 1950 et jusqu'au début des années 1960, ont réussi à imposer dans l'Allemagne adenauerienne « une certaine occidentalisation de la culture allemande ». Il fait remarquer que ce n'est que dans les années 1950 – et au début des années 1960 – que les traditions des Lumières ont été reçues, et ce, pour la première fois dans leur intégralité, sur le sol allemand. Et de rappeler que les intellectuels de cette période ont redonné leur « vraie » place dans l'*Aufklärung* à Herder et à Kant ; ils ont réhabilité les écrivains « proscrits », Börne, Heine et Tucholsky, et ont pris au sérieux Freud et la psychanalyse, le marxisme occidental, le positivisme viennois et berlinois. C'est bien d'une réhabilitation qu'il s'est agi : les éléments amputés, dénigrés, de l'intelligentsia allemande, et plus particulièrement judéo-allemande, ont ainsi pu prendre racine chez nous pour la première fois. Leur appropriation par nos universités, ajoute-t-il, n'a pu se faire que grâce au retour des émigrés, lesquels ont transmis aux étudiants des « continuités restées intactes » et un « héritage non corrompu », sauvé dans l'exil (DnR12-13).

« In Deutschland sind erst nach 1945, erst auf dem Boden der Bundesrepublik die Traditionen der Aufklärung in ganzer Breite zu einem mehr oder weniger selbstverständlichen Besitz geworden. Bis zum Ende der lähmenden Latenzperiode Anfang der sechziger Jahre haben die Intellektuellen eine gewisse Verwestlichung der deutschen Kultur durchgesetzt. Sie haben Herder und Kant nicht mehr als Überwinder der Aufklärung, sondern als deren Exponenten begriffen; sie haben Freud und die Psychoanalyse, den westlichen Marxismus, den Wiener und Berliner Positivismus als grosse intellektuelle Bewegungen ernst genommen. Das war mehr als eine Rehabilitierung. Denn jene unterdrückten, abgespaltenen, verächtlichgemachten Elemente der Deutschen, zumal der deutsch-jüdischen Intelligenz, sind bei uns zum ersten Mal ansässig geworden. [...] In den Augen der Studenten damals hatten sich nämlich vor

allem im Exil unbeschädigte Kontinuitäten und ein nicht-korrumpiertes Erbe erhalten können. » (DnR, 12-13).

Habermas en arrive ainsi à définir ce qu'il appelle le « concept d'ancrage occidental » de l'Allemagne *(ein Konzept der Westbindung)*, qui implique le lien avec la culture des Lumières occidentales *(die Bindung an die Aufklärungskultur des Westens)*. Il fait référence à son collègue philosophe Albrecht Wellmer qui parle du « rôle catalytique » exercé par les *« Frankfurter »* à leur retour d'exil : ils ont radicalement rompu avec le fascisme, sans avoir rompu tout aussi radicalement avec la tradition culturelle allemande – c'est-à-dire avec leur propre identité culturelle –, ce qui explique l'effet non seulement destructeur et critique de leur influence, mais aussi son effet libérateur (EAS 162). D'où l'effet intellectuellement salutaire des nombreux « rémigrés » allemands sur les étudiants au sortir de la guerre.

> *« Das mag erklären, warum damals für uns die deutschen Emigranten, die aus alledem moralisch unversehrt hervorgegangen waren, etwas intellektuell Rettendes hatten – zuerst Plessner und Löwith, dann Benjamin, Adorno und Horkheimer, schliesslich Hannah Arendt und Scholem. Viele von ihnen habe ich noch kennen gelernt, mit einigen, so Marcuse, war ich befreundet. Aber auch Freud, Wittgenstein, Popper und die logischen Positivisten hatten nach dem Kriege in Deutschland zum ersten Mal die Chance einer unvoreingenommenen Rezeption. Aus solchen biographischen Konstellationen bildet sich die Perspektive, aus der man sich Traditionen aneignet. Das war ein langer Lernprozess, der im stickigen Adenauer-Deutschland bis zum Ende der fünfziger Jahre dauerte. Vielleicht erklären sich daraus auch Vorbehalte – zum Beispiel gegenüber Nietzsche, den sich ja nicht nur Heidegger, sondern auch die offizielle NS-Ideologie zum Hausphilosophen erkoren hatte. » (DnR, 30-31)*

En 1995, il revient sur l'ancrage politico-culturel occidental et dit que les citoyens concernés ont dû revisiter leurs propres traditions pour y redécouvrir l'héritage mutilé de l'humanisme et des Lumières (DNeBR, 168-169).

> *« Die Bürger mussten sich von der normativen Substanz der im Westen ausgebildeten politischen Traditionen überzeugen und in den eigenen Traditionen das verstümmelte Erbe von Humanismus und Aufklärung wiederentdecken. » (KPS VIII, 169)*

Ainsi donc, cette ouverture sans réserve de la République fédérale à la culture politique occidentale est considérée par Habermas comme la grande réalisation de « notre après-guerre », comme il dit, dont « sa génération » peut, à juste titre, être fière. De surcroît, cette ouverture vient justement d'être obtenue par la victoire sur les « révisionnistes », laquelle constitue un démenti apporté aux tenants de l'« idéologie du milieu » (Stürmer, Hillgruber) – on est en pleine « querelle des historiens » !

> *« Die vorbehaltlose Öffnung der Bundesrepublik gegenüber der politischen Kultur des Westens ist die grosse intellektuelle Leistung unserer Nachkriegszeit, auf die gerade meine Generation stolz sein könnte. Stabilisiert wird das Ergebnis nicht durch eine deutsch-national eingefärbte Natophilosophie. Jene Öffnung ist ja vollzogen worden durch die Überwindung der Ideologie der Mitte, die unsere Revisionisten mit ihrem geopolitischen Tamtam von "der alten europäischen Mittellage der Deutschen" (Stürmer) und der*

"Rekonstruktion der zerstörten europäischen Mitte" (Hillgruber) wieder aufwärmen. » (EAS, 135)

Après voir chaudement salué la réussite de l'ancrage politico-culturel de la RFA réalisée par les intellectuels, Habermas ne peut s'empêcher de minimiser l'importance du concept, présenté comme concurrent, de l'ancrage purement politique *(machtpolitisches Konzept der Westbindung)* réalisé par Adenauer, qui se trouve systématiquement dénigré. Habermas parle à son sujet d'une conception « militaro-politique » inspirée par une « philosophie de l'OTAN » avec une coloration « nationale-allemande » *(deutsch-national)* ou encore « politico-stratégique » liée à la « politique de puissance ».

Cela étant, concernant cette problématique, les deux recueils parus à la fin des années 1980 – *Eine Art Schadensabwicklung* (EAS 1987) et *Die nachholende Revolution* (DnR 1990), suivis par *Vergangenheit als Zukunft* (VaZ 1993) – vont dans le même sens : ils nous livrent rétrospectivement – on est dans « l'Allemagne d'Helmut Kohl » – une image de l'ère d'Adenauer plus nuancée, plus équilibrée.

Dans l'article terminal du recueil *Eine Art Schadensabwicklung*, intitulé « *Geschichtsbewusstsein und posttraditionale Identität; Die Westorientierung der Bundesrepublik* », Habermas revient sur les débuts de l'intégration occidentale. Par-delà les tendances restauratrices à l'œuvre depuis 1949, dit-il, des avancées incontestables par rapport à l'État weimarien ont eu lieu, en particulier dans la réforme institutionnelle, dans la politique d'alliances et pour ce qui est de la culture politique. Des controverses ont certes éclaté sur les questions de l'unification et sur la politique vers l'Est ; concernant la culture politique, les discussions ont porté sur les tendances autoritaires. Mais, au bout du compte, les positions ont fini par converger vers un accord sur l'option occidentale !

« Während die frühen politischen Weichenstellungen im Wesentlichen eine Restauration vorübergehend beeinträchtigter Verhältnisse bedeutet hatten, während die politisch-institutionelle Neuordnung immerhin als eine Reform des Weimarer Staates verstanden werden konnte, gab es nach aussen, in der Politik der Bündnisse, und nach innen in der politischen Kultur, neue Anfänge.

An den Themen aus diesen beiden Bereichen haben sich dann auch die grossen mentalitätsprägenden Kontroversen entzündet. Die Politik der Wiederaufrüstung und später die Ostpolitik waren strittig zwischen Regierung und Opposition, zeitweise vor dem Hintergrund ausserparlamentarischer Bewegungen. Streitfragen der politischen Kultur entzündeten sich an dem, was eine erstmals etablierte Schicht von Intellektuellen, später auch die revoltierenden Studenten und die neuen sozialen Bewegungen als autoritäre Tendenzen wahrnahmen […]. Natürlich kann man die Mentalitätsgeschichte der Bundesrepublik nicht in wenigen Sätzen kennzeichnen. Ich will nur eines hervorheben: jene beiden anhaltenden Kontroversen wurden, wenn man von marginalen Gruppen absieht, auf der Basis einer nicht ernstlich in Frage gestellten Option für den Westen ausgetragen. » (EAS, 176-177)

Dans « *Die nachholende Revolution* », une interview avec Angelo Bolaffi, journaliste de *L'Espresso*, met en lumière un aspect qui modifie fortement l'image que le lecteur de Habermas a pu se faire jusqu'à présent de l'Allemagne d'Adenauer. Il nous révèle, à partir de l'exemple du « climat » qui règne à l'Université de Francfort, une période qui présente toujours des « tendances restauratrices massives » et « une volonté de reconstruction agressive ». Cependant, dit-il, la période est déjà marquée *(doch schon)* par une sorte de division du travail entre la politique et la culture. Celle-ci s'est opérée au profit de l'intelligentsia littéraire, de tendance libérale de gauche, qui, à la faveur de l'affaiblissement des conservateurs, a réussi à s'imposer et qui constitue désormais l'opposition.

> « *Horkheimers Briefe und Tagebuchaufzeichnungen aus jener Zeit schildern das Klima an der Frankfurter Universität, die vorbehaltlose Lernbereitschaft der (gar nicht mehr so jungen) Studenten ganz gut. Als nächstes dann die von massiven Ruhe- und Restaurationswünschen, einem ins private gekehrten aggressiven Aufbauwillen getragene Adenauerperiode bis Anfang der sechziger Jahre […] und doch schon gekennzeichnet durch eine Art Arbeitsteilung zwischen Politik und Kultur. Damals wurde allmählich klar, dass der Geist links stand. Die literarische Intelligenz, die sich Einfluss verschaffte, war in Opposition […].* »

> « *Mit dem Abbröckeln des konservativen Lacks im Regierungslager nimmt die Aussenseiterstellung von Intellektuellen, die ja allenfalls linksliberal waren, ein Ende – neben der politischer gewordenen Gruppe 47 gewinnen Professoren wie Adorno und Mitscherlich Einfluss, während sich Jaspers und Kogon […] radikalisierten. Vor allem aber gerät in den Universitäten und Schulen der Resonanzboden für die kritische Intelligenz in Schwingung – der Sozialkundeunterricht wird reformiert, die Edition Suhrkamp gewinnt ihr Profil. Kurz vorher hatte der Hessische Generalstaatsanwalt Bauer den ersten grossen Auschwitzprozess zustande gebracht, die erste Verjährungsdebatte im Bundestag hatte Erfolg.* » (DnR, 21-22)

Ainsi donc, Habermas finit par présenter les années entre 1960 et 1967 comme ayant été une période d'incubation culturelle qui a ouvert la voie à un espace public politique non institutionnalisé, juste avant les deux, trois années d'« explosion » que « personne n'avait prévues » !

> « *Diese Jahre zwischen 1960 und 1967 sind die Inkubationszeit in der Kulturelles, in der geistige Impulse, nicht institutionalisierte öffentliche Meinungen, ein politisches Gewicht gewonnen haben. Die Studentenbewegung war dann die von niemandem vorausgesehene Explosion von ein, zwei Jahren […].* » (DnR, 22)

Cette image plus équilibrée du spectre politico-culturel se trouve renforcée par le texte d'un entretien réalisé en 1993 avec le journaliste suisse Michael Haller dans « *Vergangenheit als Zukunft* ». Habermas commence par reconnaître qu'en tant qu'étudiant, et dans les années qui ont suivi ses études, il n'a pas jugé à sa juste valeur la portée historique de l'« inclusion énergique » de la République fédérale dans l'« Alliance » et dans la société occidentales. Il rappelle la présentation parfois désobligeante qu'il en a faite. Avec le recul, l'opposition radicale menée contre Adenauer lui paraît cependant avoir été nécessaire. En tout cas, elle a eu un effet salutaire : l'intelligentsia libérale de gauche (ou de gauche non libérale) a réussi à susciter une « division du travail » entre les gouvernants et leurs « pinschers » – le chancelier Ludwig Erhard affectionnait ce terme canin pour désigner les hommes de lettres et les intellectuels ! Plus sérieusement, Habermas affirme que seule la « division du travail » ainsi réalisée entre la « politique restaurative » et l'« opposition des intellectuels » a généré une sorte de dyarchie *(Doppelherrschaft)*, sans laquelle il n'y aurait pas eu de changement de mentalité : Habermas parle d'une « nouvelle mentalité » qui a ainsi émergé : une « mentalité civile », fondée sur des principes universalistes et une démarche critique, qui a évité à l'Allemagne de se complaire dans la seule réussite économique – « *eine erfolgreiche Wirtschaftsgesellschaft* ».

> « *Ohne die Opposition der linksliberalen und manchmal sogar linken Intelligenz, die sich damals formierte und die erst seit dem Anfang der 60er Jahre, also in der Inkubationszeit der Studentenbewegung, eine gewisse Ansteckungskraft entfaltete – ohne diese Arbeitsteilung zwischen den Regierenden und ihren « Pinschern » – hätte sich ein zivilisierter Bürgersinn in der Bundesrepublik, überhaupt eine zivile Mentalität wohl kaum ausgeprägt. Nach meinem Empfinden ist diese neue Mentalität innerhalb des Staatsapparats zum ersten Mal in der Gestalt des Bundespräsidenten Heinemann verkörpert worden. Ohne jene "Doppelherrschaft" von restaurativer Politik und oppositioneller Intelligenz wäre es beim blossen "Systemvertrauen" einer erfolgreichen Wirtschaftsgesellschaft geblieben. Aus neokonservativem Mief plus Gelsenkirchener Barock wäre niemals eine tiefergehende Identifikation mit einer Ordnung hervorgegangen, in deren universalistischen Grundsätzen doch auch ein Potential der Selbstkritik und der Selbsttransformation verankert ist.* » (VaZ, 65-66)

La figure politique qui, à l'époque, a incarné cette nouvelle mentalité est le président Heinemann, élu en 1969.

En fin de compte, l'« Ère Adenauer » ne se trouve pas systématiquement traitée, en tant que telle, dans le tome I-IV : le chapitre 1 est consacré à la réforme de l'École et de l'Université avec des contributions allant de 1957 à 1969 ; suit un chapitre consacré au mouvement de protestation avec des contributions allant de 1962 à 1969, avant le dernier chapitre consacré à la « *Tendenzwende* » allant de 1970 à 1980 : on est dans les années 1970 ! La « Adenauer Ära » ne possède donc pas pour Habermas une identité politico-culturelle propre.

Cela étant, le choix de mettre en avant la question des réformes de l'École et de l'Université n'est pas tout à fait fortuit dans cette période postérieure à 1949. N'oublions pas que les Alliés en ont fait une priorité – le « rapport bleu » *(Blaues Gutachten)* de l'administration militaire de la zone d'occupation anglaise au sujet de la nécessaire démocratisation de l'enseignement joue un rôle important dans le texte de Habermas, tout comme le « Conseil scientifique de l'Éducation » *(Wissenschaftsrat)*, créé en 1957, qui est une instance de propositions généralement approuvées par Habermas. Se rajoute à cela le fait que l'enseignement est l'un des thèmes de recherche de l'*Institut für Sozialwissenschaften* (IfS), où Habermas vient d'être recruté (par Adorno). Tous ces facteurs montrent l'importance de l'enjeu éducatif dans cette période.

3.4. La Réforme de l'École élémentaire *(Schulreform)* : élever le niveau culturel de la « démocratie de masse »[5]

On peut s'interroger sur la place importante prise dans les *Kleine politische Schriften* par la problématique de la réforme de l'école et de l'université *(Schul- und Hochschulreform)*, dont les textes qui couvrent la fin des années 1950 et les années 1960, de 1957 à 1969, comportent 200 pages, soit le tiers du volume I-IV, le second tiers étant consacré à la révolte étudiante *(Studentenprotest)* et le troisième aux années 1970-1980 *(Tendenzwende)*.

C'est que la question de la réforme de l'Université et de l'enseignement en général constitue depuis le milieu des années 1950 un axe de travail de l'IfS *(Institut für Sozialforschung Frankfurt)* – où Habermas est l'assistant d'Adorno – qui travaille sur le thème « *Universität und Gesellschaft* ». La thèse des « Francfortois », c'est que la démocratie de masse est un objet fragile, qu'elle est exposée à une manipulation systématique : pour l'IfS, l'élévation du niveau culturel est donc nécessaire pour que la démocratie puisse se « reproduire ».

> « *Die labilen Strukturen der parteienstaatlichen Massendemokratie machen nämlich die Hebung des allgemeinen Bildungsstandards zur gesellschaftlichen Notwendigkeit. Auf der Basis der Dummheit, jenes Zustandes, den die herrschende Praxis der wissenschaftlich angeleiteten Manipulation sogenannter öffentlicher Meinung erzeugt und erhält, wird sich eine Demokratie jedenfalls als Demokratie nicht dauerhaft reproduzieren können.* » (KPS I-IV, 54)

Notons que ce débat se situe dans le droit fil de la « *Kontrollratsdirekive 54* » de 1947 des Alliés, qui porte sur la démocratisation de l'enseignement : « *Grundprinzipien für die Demokratisierung des Bildungssystems in Deutschland* ».

L'article de Habermas « *Konservativer Geist – und die modernistischen Folgen* » de 1959 établit un bilan critique de l'enseignement scolaire en RFA : seuls 12 % d'une classe d'âge entrent au lycée. Or la société contemporaine, y est-il dit, a besoin de davantage de « travailleurs » disposant de compétences, de savoir-faire et de capacités de jugement, différents de ceux fournis jusque-là par la *Volksschule* », l'« École du peuple ».

> « *Einstmals hatte es einen guten Sinn, der polytechnisch ausgerichteten bereits an die unanschaulichen Prinzipien und Resultate von Natur- und Gesellschaftswissenschaften heranführenden Realbildung eine mehr heimatkundlich orientierte Volksschulbildung gegenüberzustellen, die die Proportionen des anschaulichen Lebensumkreises festhält. Heute ist jedoch dieser Kreis selber vielfältig aufgesprengt: an seine Stelle sind Verhältnisse getreten, die ein ihrer Größenordnung und ihrem Abstraktionsgrad angemessenes Bewusstsein, Urteilsvermögen gegenüber formalisierten gesellschaftlichen Prozessen auch in den breiten Schichten der Bevölkerung verlangen.* » (KPS I-IV, 54)

---

[5]   KPS I-IV 4, 1959-1963.

Sans oublier l'autre mission de l'école : faire que la « masse de la population » soit capable par elle-même de se cultiver tout au long de la vie, par exemple en puisant dans l'abondante offre de « livres de poche », et, dit-il avec un brin d'humour, de réaliser ainsi une « seconde *Aufklärung* » !

> *« Und schließlich: Wer im Sinne der Reformer Bildung nicht ganz mit Ausbildung glaubt identifizieren zu dürfen, wer vom Bildungsgrad nicht nur Chancen der Lebenserhaltung, sondern auch der Erfüllung des Lebens in gewissem Umfang abhängig sieht (darin humanistisch der Idee des in der Bewährung seiner Fähigkeiten sich entfaltenden und verwirklichenden Individuums verbunden), der wird schwerlich eine ganze Kategorie Menschen von einem Teil ihres möglichen Lebens und von der "Erfüllung" dieses Lebens auf dem Gesetzgebungswege abschneiden wollen. Sollte nicht, um ein Beispiel zu geben, die Masse der Bevölkerung auf lange Sicht imstande gesetzt werden, etwa aus den in Massenauflagen erscheinenden Taschenbüchern selbständig zu wählen und sich das, was jeweils gemäss ist, auch anzueignen? Wir wissen heute nicht mehr so naiv wie die Aufklärer des 18. Jahrhunderts, dass das von Erziehung allein nicht abhängt; doch wird darum eine zweite Aufklärung nicht vergessen dürfen, dass es auch von ihr abhängt. » (KPS I- IV, 54-55)*

Le débat autour de la « *Förderstufe* » – un cycle d'orientation de deux ans après les quatre années de l'école élémentaire –, supposé promouvoir une plus grande mobilité sociale, pour que moins d'enfants soient catégorisés « *Volksschüler* » *per se*, prend ici tout son sens. Il s'agit de réaliser une « orientation par la pédagogie *(Leistungsauslese)* et non par l'origine sociale ».

Habermas se prononce pour ce type de sélection qu'il juge plus progressif, plus équitable, moins traumatisant :

> *« Wenn der Plan gelingt, kann die Auslese für die endgültigen Bildungswege gerechter, verlässlicher und überzeugender werden: die Bildungsfähigkeit der Kinder wird an anspruchsvolleren Aufgaben allmählich und wiederholt erprobt; dabei bleiben die Chancen so lange wie möglich offen. Ob die Fähigkeiten für weiterreichende Anforderungen genügen, wird für die Kinder selbst eindrücklich erlebbar und auch für die Eltern sichtbar; die Schwächeren brauchen nicht vorzeitig auszuscheiden, die Gefahr der Entmutigung wird geringer. » (KPS I-V, 43)*

Habermas fait siennes ces propositions. Il trouve même que le « *Rahmenplan* » ne va pas assez loin et vole à son secours, en s'attaquant aux opposants à la réforme, aux « sociologues et philologues », emmenés par Helmut Schelsky, qui prétendent que la « réserve des élèves doués » est épuisée *(erschöpfte Begabungsreserve)*. Autre argument avancé : la « massification » va faire baisser le niveau ! Il va jusqu'à détecter dans l'attitude trop timorée du « *Ausschuss* » des traces de pessimisme culturel grand-bourgeois, redoutant, à la manière de Ortega y Gasset, les « masses avides de promotion sociale » !

Ces propositions vont dans le sens d'une plus grande justice sociale, dit-il, et, de surcroît, elles répondent à un besoin socio-économique, « si nous ne voulons pas être dépassés par le bloc soviétique » *(Schritthalten mit dem Ostblock)* (KPS I-IV, 45).

Cela étant, pour lui, le problème est plus vaste et il est politique.

« Selbst wenn sich der Anteil der Kinder, die heute weitergehende Schulen besuchen – fantastische Perspektive – verdreifachen würde, erreichte er kaum die Hälfte der Schüler: die Mehrheit würde dann noch mit Volksschulbildung sich begnügen müssen. Eine Reform der Auslese betrifft vor allem auch die, die nicht ausgelesen werden. Darum darf die Sorgfalt mit der der Ausschuss die Erweiterung und die Erneuerung der Volks- zur Hauptschule überdacht hat, vielleicht gar als sein eigenes Verdienst erscheinen. » (KPS I-IV, 53)

Ce propos met en lumière l'engagement de Habermas dans cette importante réforme scolaire qui occupera les débuts de la RFA : la tonalité de son discours n'est pas seulement « libérale », mais également « sociale-démocrate » au sens fort du terme : s'intéresser au sort de ceux qui n'ont pas été « retenus » lors de la sélection !

3.5. La Réforme de l'Université *(Hochschulreform)* : plaidoyer en faveur d'une « politisation des étudiants » dans une « université démocratisée »[6]

Une série de textes est consacrée à la réforme de l'Université à laquelle Habermas travaille dans le cadre de l'*Institut für Sozialforschung.*

« Das chronische Leiden der Hochschulreform » (1957) ; *« Diskutieren- was sonst? »* (1962) ; *« Zwangsjacke für die Studienreform »* (1966) ; *« Universität in der Demokratie – Demokratisierung der Universität »* (1967) ; *« Demokratisierung der Hochschule – Politisierung der Wissenschaft »* (1969).

Dans *« Das chronische Leiden der Hochschulreform »*, de 1957, étude basée sur les recherches de l'IfS, écrite en collaboration avec Adorno, co-directeur de l'Institut, Habermas commence par évoquer la « défaillance politique » de l'université allemande avant et pendant la dictature d'Hitler. D'où l'idée d'une nécessaire réforme de celle-ci, afin qu'elle puisse jouer un rôle dans la reconstruction de l'Allemagne, et ce, en prenant le contre-pied du rôle néfaste qu'elle a joué précédemment, « avant et pendant la dictature d'Hitler ».

« Die unbestrittene Tatsache des politischen Versagens der deutschen Universitäten vor und während der Hitler-Diktatur war es, die 1945 die Geister der Reform auf den Plan rief. » (KPS I-IV, 13)

3.5.1. Le « rôle politico-éducatif » assigné par Habermas à la « nouvelle Université »

De ce passé universitaire néfaste, il résulte la nécessité de définir le « rôle politique » qui revient à l'Université nouvelle, et de préciser ce que Habermas appelle

---

[6]   KPS I-IV 120-199.

sa « responsabilité politique dans l'édification d'une société démocratique ». Mais la résistance aux réformes se manifeste aussitôt : tout en souhaitant adapter l'Université aux nouvelles conditions économico-politiques, nombreux sont ceux qui veulent préserver les anciennes structures qui datent d'il y a plus d'un siècle, dont le pouvoir discrétionnaire des professeurs d'Université. C'est pourquoi, à la fin des années 1950, les réformes marquent le pas.

Dans *« Diskutieren – was sonst? »* de 1962 (KPS I-IV, p. 199-204), Habermas précise les objectifs de la réforme qui s'imposent. D'entrée de jeu, il met en avant l'exigence d'une responsabilité « politique » de l'université, d'ordre politico-éducatif : il s'agit de réaliser une réforme qui assure l'unité de celle-ci – en tant que communauté éducative –, de préserver sa nécessaire liberté et d'éduquer à la démocratie les « citoyens de l'université » *(die Bürger der Universität).*

Il faut ainsi amener tous les membres de l'université à la politique, les encourager à faire de la politique », à discuter sans cesse des événements en cours ou des problèmes occultés – tout en les mettant en garde contre l'activisme.

> *« [Es geht darum] der Universität die Bildungsfähigkeit und die politische Verantwortung zurückzugeben, mit der sie ihre Freiheit wahren und ihre Mitglieder zur Einrichtung einer demokratisch organisierten Gesellschaft erziehen sollte. »* (KPS, I-IV, 16)

> *« Mut machen zur Politik kann nicht heissen, ihren Aktivismus herausfordern. Es kann nur heissen: sie ermutigen zu diskutieren und wiederum zu diskutieren, was politisch geschieht, was nicht geschieht. Nur stete Reflexion kann die gelegentliche Demonstration im Ernstfall rechtfertigen. »* (KPS I-IV, 199, 203)

Notons que, dans ce texte de 1962, Habermas fait référence aux propositions de « réformes démocratiques de l'Université » contenues dans le « Mémorandum » du SDS, l'Union socialiste allemande des étudiants *(Sozialistischer Deutscher Studentenbund).*

> *« Wenn ich es recht sehe, zielen in den letzten Jahren alle diese von den Studenten vorgetragenen Reformvorschläge auf eine "Demokratisierung" der Hochschule – eine Konzeption übrigens, die in einer wissenschaftlich fundierten Denkschrift des SDS ohne Scheu bis in ihre Konsequenzen verfolgt ist. »* (KPS I-IV, 20)

Habermas fait remarquer que la direction du SPD, destinataire de ce texte, n'en a pas pris connaissance. Il critique à cette occasion le fonctionnement du SPD qui se montre imperméable à tout apport de « la sphère intellectuelle ». Il est à noter que le SDS, à l'origine proche du SPD, s'en est peu à peu éloigné : depuis le programme de Godesberg, les relations se sont tendues jusqu'à ce que les membres du SDS soient exclus du SPD !

La lutte des étudiants pour la reconnaissance a donc commencé dès la fin des années 1950. Habermas se réfère à Helmut Becker, conseiller juridique à l'*Institut für Sozialforschung*, qui rend compte de la manière dont on traite les étudiants en Allemagne. Ils sont infantilisés par les autorités, dit-il : comme des Indiens, on les parque dans des réserves et on les exhibe de temps en temps, au lieu de les considérer comme des « minorités actives ».

« Auf jenem Studententag in Berlin hat Helmut Becker die innere Spannungslosigkeit unserer Demokratie als ihre eigentliche Gefahr diagnostiziert. Studenten halten sie wie Indianer in Reservaten mit dem Recht dann und wann politische Kriegstänze aufzufüh-ren – aber diese Indianer werden nicht wie aktive Minderheiten behandelt. » (KPS I-IV, 203).

Habermas déplore qu'on ne respecte pas les étudiants, qu'on ne les considère pas comme des personnes majeures, qu'on ne les incite pas à se mêler de politique. Au contraire, il faut les encourager à discuter, à discuter sans arrêt de ce que font les politiques et de ce qu'ils ne font pas. Et de rajouter, déjà en 1962, que seule une réflexion permanente peut justifier, en dernier recours, une manifestation !

« Wenn wir die Mündigkeit der Studenten nicht respektieren, sie nur als Fiktion sorgfäl-tig bewahren, kann sie auch nicht gedeihen. Erst vorgeschossene Mündigkeit weckt diese selbst. Den Studenten Mut machen zur Politik kann nicht heissen : ihren Aktivismus herausfordern. Es kann nur heissen: sie ermutigen, zu diskutieren und wiederum zu diskutieren, was politsch geschieht, was nicht geschieht. Nur stete Reflexion kann die gele-gentliche Demonstration im Ernstfall rechtfertigen. » (KPS I-IV, 203).

Concernant cette « politisation » de l'université qu'il appelle de ses vœux, Habermas dresse un état des lieux de l'Université « dépolitisée » des années 1950 dans le texte « *Zwangsjacke für die Studienreform* » de 1966 (KPS I-IV, 120-133), qu'il a écrit en réaction aux propositions de réformes faites par le *Wissenschafts-rat* – dont il approuve généralement les prises de position. Mais, cette fois-ci, l'organe consultatif du gouvernement central et des Länder créé en 1957 vient de concevoir une « camisole de force », dit-il, en proposant de limiter à quatre ans la durée maximale permise pour les études. Habermas est révolté par cette proposition qui, selon lui, constitue une « mise au pas » *(ein Disziplinierungsins-trument)* de l'université, qui se trouve ainsi engagée dans la voie d'une « réforme technocratique », réduite à former une « élite de technocrates » *(Leistungselite)*. Cette proposition constitue à ses yeux un *casus belli* : c'est un « carcan » pour les étudiants, une atteinte à leur « liberté universitaire » *(Studienfreiheit)*, parce qu'elle les empêche de participer aux processus de recherche, qu'elle entrave leur « réflexion », leur « créativité », leur « esprit critique », provoquant, à terme, une « dépolitisation » de l'université. C'est tout le contraire de la « liberté universi-taire » *(Studienfreiheit)*.

Mais c'est finalement un autre aspect de la « liberté universitaire » qu'il met en évidence : la connexion des processus cognitifs d'apprentissage avec des processus psycho-politico-culturels, à travers lesquels des attitudes qui s'étaient coagulées, solidifiées, sont susceptibles de se modifier, de se fluidifier, et ce, à travers une « réflexion critique ». La « réflexion », déclenchée dans le cadre de la recherche universitaire, alimente ainsi la « critique » et l'« autocritique » qui, à leur tour, entrent en jeu et ont une incidence sur la vie en société, aboutissant finalement à la « politique ».

« Eine andere Auswirkung der Studienfreiheit verdient nach wie vor unser Interesse: offen-sichtlich stimuliert sie eine eigentümliche Verknüpfung von kognitiven Lernvorgängen

und solchen Bildungsprozessen, in denen sich [...] verfestigte Einstellungen ändern. Im Sprachgebrauch des deutschen Idealismus nannte man es Reflexion. [...] Das Bildungspotential der Wissenschaften braucht nicht auf der kognitiven Ebene allein wirksam zu sein. Soweit es durch Reflexion auch in den lebensgeschichtlichen Zusammenhang des einzelnen eingeht, bewirkt es Verunsicherung und Revision gefrorener Traditionsmuster und führt zur kritischen Auflösung dogmatisch bindender Gewalten. Diese Form der Kritik und Selbstkritik eröffnet eine Dimension, die sich nicht mit der freilich unabdingbaren Rationalität der Beherrschung technisch verwertbaren Wissens deckt. Sie ist nicht nur ein Medium persönlicher Bildungsprozesse, auf die jeder, der den Kriterien der Eignung zum wissenschaftlichen Studium genügt, ein Recht haben sollte. Heute ist vielmehr jene Form der Kritik, weil wir uns eine unreflektierte Umsetzung der wissenschaftlichen Informationen in den Kontext der gesellschaftlichen Lebenspraxis nicht länger leisten können, auch ein politisches Erfordernis ersten Ranges. » (KPS, I-IV, 130-131)

3.5.2. « Façonner la conscience politique » des « citoyens d'une université démocratisée »

Dans *Universität in der Demokratie – Demokratisierung der Universität »* (KPS I-IV 134-156) – un texte issu d'une conférence faite à la « Freie Universität Berlin » en janvier 1967 –, Habermas s'attache à préciser le « rôle politique de l'Université » dans le temps présent, l'idée centrale étant que l'Université se doit de fournir à l'étudiant, en plus des connaissances et des aptitudes en vue de l'exercice d'une profession, un minimum de capacités « extra-fonctionnelles », comme la capacité à diriger *(Führungsfähigkeiten)*. Elle doit lui transmettre les traditions culturelles de la société et, surtout, « façonner sa conscience politique » *(das politische Bewusstsein der Studenten prägen)* – ce qui, ajoute-t-il, n'est pas facile à définir (KpS I-IV, 142). Notons que c'est le terme le plus fort employé par un partisan de l'argumentation, de la discussion respectueuse de l'autre.

Habermas fait remarquer ironiquement que l'université allemande n'a finalement jamais cessé de façonner la conscience politique de ses étudiants, mais c'est d'une conscience *sui generis* qu'il s'est agi : une « conscience apolitique », faite d'un mélange d'humanisme culturel et d'intériorité, ainsi que de soumission à l'autorité de l'État, qui a ainsi façonné une élite homogène, sans aucune incidence du monde politico-culturel extérieur. Cet état d'esprit a même réussi à survivre dans certains corps à l'effondrement de 1945, mais n'a pas réussi à se perpétuer dans l'université de l'après-guerre.

« Auf deutschen Hochschulen war es lange genug ein unpolitisches Bewusstsein, eine eigentümliche Legierung aus bildungshumanistisch bestimmter Innerlichkeit und staatstreuer Autoritätsbereitschaft, die weniger unmittelbar Einstellungen hervorgebracht hat als vielmehr eine politisch folgenreiche Mentalität bestimmt hat. Ohne deklarierte Veranstaltungen, ohne den Lehrbetrieb einer politischen Wissenschaft und ohne politische Bildungsarbeit, ohne ein Mandat der Studentenschaft für Fragen der Tagespolitik, ohne politische Vereinigungen von Studenten [...] sind Generationen nicht nur wissenschaftlich ausgebildet, sondern zugleich politisch wirksam erzogen worden. Hier hat sich der Geist eines Akademikerstandes reproduziert, für den freilich die Gesellschaft damals noch einen

relativ einheitlichen Status vorsah. Jene Mentalität hat, [...] immerhin die Homogenität der wissenschaftlich ausgebildeten Eliten in dem Masse verbürgt, dass die akademische Ausbildung sogar ausgereicht hat in bestimmten Führungsgruppen eine Kontinuität über den Bruch von 1945 hinweg zu sichern. Gleichwohl hat diese Tradition auf den Hochschulen selbst den Faschismus nicht überlebt. Im Zusammenhang mit langfristigen strukturellen Wandlungen der Gesellschaft hat sich, wie wir wissen, der durch eine einheitliche Mentalität geprägte Stand von Akademikern aufgelöst. Bedeutet das aber, dass die heutigen Universitäten die Aufgabe der politischen Bildung nicht mehr erfüllen oder, soweit sie diese Funktion in anderer Weise nach wie vor wahrnehmen, eigentlich nicht mehr zu erfüllen brauchen ? » (KPS 142-143)

Les choses ont cependant changé après 1945 : on a commencé par faire des acteurs de l'Université – Habermas les appelle « citoyens de l'Université » *(Bürger der Universität)* – des citoyens fiables du nouvel ordre démocratique. Il cite les avancées politico-culturelles : on s'est servi du *Studium generale* pour promouvoir l'instruction civique ; on a créé généreusement des chaires de science politique et de sociologie. Mais, regrette-t-il, tout cela a été réalisé dans l'Université, telle qu'elle a toujours été, sans qu'on touche à sa structure.

« Nach 1945 hat man sich zunächst bemüht die [...] Dimension der allgemeinen Bildung zu nutzen mit dem Ziel, die Bürger der Universität zu zuverlässigen Bürgern der neuen demokratischen Ordnung heranzubilden. Das allerorten auflebende Studium generale wurde zwanglos mit politischer Aufklärung verknüpft. Die Kulturverwaltungen waren mit der Einrichtung von Lehrstühlen für politische Wissenschaften und Soziologie nicht kleinlich. Die Studentenvertretungen befassten sich mit politischen Tagesfragen, und politische Vereinigungen der Studenten wurden begrüsst und gefördert. [...] die politische Aufklärung der Studenten erschien, zumal in der Periode des kalten Krieges, als wünschenswert. Wenn ich einmal verallgemeinern darf: man hat damals die Universität mit einer gewissen politischen Ausweitung ihres traditionellen Selbstverständnisses, im übrigen aber so wie sie war, in die Demokratie hineingesetzt. » (KPS I-IV, 144-145)

Habermas impute l'immobilisme de l'institution universitaire à l'autonomie – en quelque sorte une forme d'autogestion conservatrice ! – qu'elle a réussi à préserver, contre les réformateurs, dont les alliés anglo-saxons et leurs projets de démocratisation *(das Blaue Gutachten)* :

« Dem entsprach die krisenfeste Verankerung der Selbstverwaltungsautonomie. Freilich hatte diese die Nebenfolge eines gewissen Immobilismus: sie erwies sich nämlich als Hindernis für eine Hochschulreform aus eigener Kraft. So ist es heute [1967], zwei Jahrzehnte nach dem "Blauen Gutachten", schliesslich dazu gekommen, dass der schwerfälligen Korporation von einer unzufriedenen Gesellschaft eine Rechnung präsentiert wird, die sie freilich keineswegs allein zu verantworten hat. » (KPS I-IV, 145)

Dans sa conférence, Habermas en arrive à affirmer qu'en 1967 l'Université allemande se trouve à la croisée des chemins : faut-il intégrer une Université dépolitisée dans le système productif au risque de la dissocier de l'espace public, dit-il, ou affirmer sa place dans la démocratie, ce qui ne peut se faire aujourd'hui qu'en empruntant le chemin – difficile – de la « démocratisation de l'université » ?

C'est donc la seconde voie qu'il choisit et qu'il justifie par la similitude entre l'engagement politique et la démarche scientifique. Dans les deux cas, la rationalité – de la raison communicationnelle – est à l'œuvre à travers la « discussion sans domination ».

« Mein Votum für diesen zweiten Weg möchte ich begründen, indem ich die Affinität und innere Beziehung des universitären Wissenschaftsbetriebs zu der demokratischen Form des Willensbildungsprozesses aufzuzeigen versuche. » (KPS I-IV,146)

« Gewiss macht es einen Unterschied, ob wir Standards erörtern, die, wie in der Wissenschaft, den Rahmen für deskriptive Aussagen festlegen, oder Standards, die Regeln kommunikativen Handelns sind. Aber beide Male geht es um die Rationalisierung einer Wahl im Medium ungezwungener Diskussion. In den seltensten Fällen werden praktische Fragen in dieser rationalen Form entschieden. Aber eine Form der politischen Willensbildung gibt es, nach deren Prinzip in gleicher Weise Entscheidungen von einem in herrschaftsfreier Diskussion erzielten Konsensus abhängig gemacht werden sollen – und das ist die demokratische. Das Prinzip der Öffentlichkeit soll dabei jede andere Gewalt als die des besseren Argumentes ausschalten. [...] Dieses Prinzip, das kantisch gesprochen – allein Vernunft Gewalt haben solle, verbindet die demokratische Form der politischen Willensbildung mit jener Art Diskussion, der auch die Wissenschaft ihren Fortschritt verdankt; denn in diesem Fortschritt dürfen wir das Moment der Willensbildung nicht übersehen. » (KPS I-IV, 147-148)

Dans cette logique de l'« agir communicationnel », l'actualité politique, même extra-universitaire, a sa place à l'université, dès lors que les décisions prises le sont conformément à la rationalité communicationnelle, après une discussion « libre de toute contrainte ».

Ironie de l'histoire, en cette fin des années 1960, en 1967, des mouvements socio-culturels et sociopolitiques font leur apparition, qui ne répondent plus au principe précédemment énoncé par Habermas à l'adresse des « citoyens de l'université », selon lequel l'argumentation doit toujours précéder la manifestation – *« ein durchsichtiger Zusammenhang zwischen Demonstrationen und vorangegangenen Argumentationen »* (KPS I-IV 151).

Or deux organisations politiques rejettent cette liaison : les anarchistes et le mouvement Provo.

Pour ce qui est des anarchistes, ils sont convaincus de l'inanité des discussions et ne croient plus qu'en l'« action directe » (*die unmittelbare Aktion*), mais, selon Habermas dès lors que, de leur propre chef, ils rompent la communication, ils renoncent au moyen de la politique qui est le seul à être admis dans le cadre de l'université.

« Ich meine einmal den Anarchismus jener verhinderten Bombenleger, die von der Vergeblichkeit der Diskussion überzeugt sind und nur mehr der unmittelbaren Aktion vertrauen. Indem sie von sich aus die Kommunikation abbrechen, verzichten sie auf das Mittel der Politik, das im Rahmen der Universität allein gerechtfertigt werden kann. » (KPS I-IV, 151-152)

Quant au second groupe, les mouvements Provo, un groupe contestataire et libertaire qui, non seulement refuse toute discussion, mais récuse tout objectif politique : les Provos caressent l'idée d'une révolution-spectacle. Tout ce qui ressemble à de l'ordre les provoque, à commencer par les forces de l'ordre, dit-il !

> « Sie brechen nicht nur die Diskussion ab, sie verleugnen auch noch die politischen Ziele. Sie leben in der Hoffnung, dass es eine Revolution, die Spass macht, nicht nur im Film geben könnte. Was immer nach Ordnung ausschaut, provozieren sie, erst recht die Ordnungshüter. » (KPS I-IV, 152)

Or, en conclusion de l'évocation de ces deux tendances, toutes deux opposées à la discussion, Habermas s'interroge sur les dangers qui guettent l'Allemagne dans les deux cas de figure.

Dans un premier temps, Habermas, très certainement encore sous le choc du « putsch des généraux », cinq ans plus tôt, à Alger, en avril 1961, dont il a dû garder en mémoire le rôle joué par les « appelés du contingent » – dont la jeunesse étudiante française a fait partie – pour contrer les généraux putschistes ! Habermas s'inquiète de ce qui pourrait se passer en cas de rébellion de la police à Berlin ou à Munich, et se demande qui opposera une résistance politique aux putschistes, pour le cas où, entre temps, « nous serions tous devenus des Provos dépolitisés » !

> « Mich bedrückt bei dieser Form der Demonstration vor allem ein Gedanke. Nehmen wir einmal an, eines Tages würde die Polizei in Berlin oder auch in München, entgegen ihrem verfassungsmäßigen Auftrag, innenpolitisch offen Partei nehmen und sich durch ihr Verhalten selbst als politischer Gegner definieren: wer sollte ihr in einer solchen Situation den gebotenen politischen Widerstand leisten, wenn wir uns inzwischen alle zu Provos entpolitisiert hätten. » (KPS I-IV, 152)

Habermas évoque ensuite un autre cas de figure : le surgissement dans des démocraties non stabilisées (la RFA) de situations d'exception *(Notstandsfälle)* non reconnues en tant que telles par les instances officielles. Dans ces cas, il n'existe, selon lui, que l'autodéfense de l'ensemble de l'institution concernée. Il cite le cas de « l'affaire du *Spiegel* » où c'est la presse dans son ensemble qui, se sentant attaquée, a défendu solidairement la liberté de la presse. En cas d'attaque de l'autonomie tarifaire, il y aurait eu sûrement une riposte unanime des syndicats, dit-il encore. Et de conclure en affirmant que si l'on devait à nouveau s'attaquer aux libertés universitaires d'enseignement et de recherche, la résistance devrait d'abord venir de l'université elle-même, professeurs et étudiants côte à côte. Or, ajoute-t-il, on ne pourra évidemment attendre un tel acte de résistance d'une université dépolitisée !

> « In einer nicht eben gefestigten Demokratie müssen wir mit Notstandsfällen rechnen, die nach Interpretation der berufenen Instanzen gerade nicht als Verstoss gegen die Legalität anerkannt werden. In solchen Fällen arbeitet oft nur noch der Mechanismus der solidarischen Selbstverteidigung der angegriffenen Institution in ihrer Gesamtheit. […] Die Spiegel-Affäre war ein Beispiel. Gegen die verletzte Pressefreiheit hat sich die gesamte Institution in seltener Einmütigkeit zur Wehr gesetzt. Eine Verletzung der Tarifautonomie

würde gewiss einen nicht minder geschlossenen Protest der Gewerkschaften auslösen. Und so müsste auch, wenn jemals wieder die Verfassungsnorm, welche Freiheit von Lehre und Forschung garantiert, angetastet werden sollte, der erste Widerstand von der Universität selber ausgehen, Professoren und Studenten Seite an Seite. Von einer entpolitisierten Hochschule könnte ein solcher Akt der Notwehr nicht mehr erwartet werden. » (KPS I-IV, 153)

De cette éventuelle situation d'urgence, Habermas conclut à la nécessité de réformer l'université, à commencer par le droit des étudiants à participer aux discussions concernant la politique universitaire, ce qui revient à « démocratiser » l'université.

« Wenn wir, auch aus diesem pragmatischen Grunde, eine kritische Erörterung politischer Fragen in der Universität nicht nur zulassen, sondern fördern, dann haben Studenten natürlich erst recht teil an Diskussionen, in denen die Hochschule selbst Politikum ist. Sie haben, und niemand bestreitet das, teil an der Hochschulpolitik. Nun fordert eine aktive und gut argumentierende Minderheit der Studentenschaft seit Jahren eine Demokratisierung der Hochschule. » (KPS I-IV, 153)

Pour ce faire, il faut commencer par poser la question du pouvoir des professeurs titulaires, plus particulièrement sur la relation de dépendance des étudiants par rapport aux professeurs. Ce qui revient à mettre un terme au fonctionnement mandarinal de l'université *(Ordinarienuniversität)* qui est source de graves conflits – Habermas se fait l'avocat de ce qu'on appellera la « *Gruppenuniversität* ».

« Mit der Macht des Ordinarius ist es bei uns bekanntlich eigentümlich bestellt [...]. Aber vielleicht ist es nützlich, wenn Professoren wie Studenten sich darüber klar werden, dass nicht in erster Linie das Quantum an Verfügungsgewalt, sondern die Qualität der Macht den Anstoss erregt: nämlich eine Kategorie der persönlichen Abhängigkeit face to face, die in fast allen übrigen Bereichen der Gesellschaft obsolet geworden ist. In Institutionen der wissenschaftlichen Lehre und Forschung genügt schon eine geringe Dosis von traditionaler Herrschaft, um peinliche Konflikte zwischen Amts- und Sachautorität offen hervortreten zu lassen [...]. » (KPS I-IV, 154)

Habermas propose à ce sujet la constitution de « commissions communes » dans les Universités de Berlin et de la RFA dans lesquelles tous les problèmes qui se posent à l'Université seraient discutés.

« [...] die Bildung gemeinsamer Kommissionen an den Hochschulen Berlins und der Bundesrepublik in denen die Professoren mit Assistenten und Studenten ohne Einschränkung alle, auch die gravierenden hochschulpolitischen Forderungen diskutieren. » (KPS I-IV, 155)

Par ailleurs, il réaffirme que la réforme, qui s'impose si l'on veut garder à l'Université sa place dans la démocratie, réside dans la participation de tous les étudiants à la recherche, dans laquelle s'opère *l'acquisition critique des connaissances* – donc de l'esprit critique –, et ce *dès leur arrivée à l'Université*.

« Nun haben sich die Bedingungen für den Eintritt in die Einzelwissenschaften seit Humboldt erheblich verändert. Heute ist Kritik nur mehr im Durchgang durch die

Selbstreflexion der Wissenschaften selber möglich, eine Universalwissenschaft in Gestalt der Philosophie gibt es nicht mehr. Deshalb setzt die kritische Aneignung des Wissens im Hauptstudium Fertigkeiten voraus, die in dem strafferen Rahmen eines Grundstudiums erworben werden müssen. Diesen Teil der Wissenschaftsrats-Empfehlungen sollten wir also schnell und wirksam realisieren – aber in der erklärten Absicht, die Kraft der Reflexion als eine gemeinsame Anstrengung aller Bürger der Universität ernsthaft zu ermöglichen und der eilfertigen Integration einer entpolitisierten Hochschule in die sich formierende Gesellschaft mit Entschiedenheit zu begegnen. » (KPS I-IV, 156)

3.5.3. Démocratisation de l'Université – Politisation de la science ? (Demokratisierung der Hochschule – Politisierung der Wissenschaft ?)

Dans cette intervention devant les présidents d'Université *(Rektorenkonferenz)* en 1969, Habermas s'adonne à un exercice des plus difficiles : expliciter ce qu'il entend par « démocratisation de l'université », et corrélativement par « politisation de la science » : un texte cependant distancié, apaisé, après une période des plus agitées, figurant en conclusion de la première partie du volume I-IV des KPS.

Habermas commence par désamorcer les critiques suscitées par l'emploi des deux termes : « démocratisation » et « politisation », rapportés à l'Université et aux étudiants, tous deux contestés par les conservateurs.

– Aux opposants à la réforme qui affirment que la « politique partisane » n'est pas du ressort de l'Université – qu'elle risque d'ailleurs de parasiter –, Habermas répond que l'enseignement et la recherche sont fondamentalement apolitiques, mais conditionnés par l'environnement politique.

– L'Université n'est pas davantage menacée par la politisation : elle reste « étrangère à toute prise de pouvoir », mais le fonctionnement de l'enseignement et de la recherche est tributaire de la politique.

– La démocratisation de l'Université ne va pas créer des fractures ; elle risque, dit-il, de faire apparaître des oppositions inhérentes à toutes les institutions démocratiques, mais la démocratie est capable de gérer les conflits en question *(Konflikte austragen)*.

À la question de savoir si la démocratisation ne risque pas d'enfreindre l'initiative et la productivité des chercheurs, ce qu'affirment les conservateurs, Habermas répond que l'Université ne tient pas à être une instance de pouvoir : elle reste un lieu d'enseignement et de recherche ; mais elle ne peut exercer ses fonctions que si la politique assure un fonctionnement adéquat !

1. [die Konservativen:] « Eine Demokratisierung wird die Hochschule mit politischen Aufgaben belasten, die ihrer Funktion widersprechen. Als eine politisch konstituierte Einheit wird sie im Kampf der Parteien selber zu einer Partei. » [Habermas:] « Die Hochschule wird durch Vorkehrungen, die sie politisch handlungsfähig machen sollen, nicht selbst zu einer politischen Institution. Die Hochschule zielt

*auch dann nicht auf Machterwerb und Machterhaltung. Ihre Funktion ist nach
wie vor durch die primär unpolitischen Aufgaben von Forschung und Lehre bestimmt. Diese kann sie aber nur unter Bedingungen politischer Handlungsfähigkeit
erfüllen. »*

2. *[die Konservativen:] « Eine Demokratisierung der Hochschule führt zu einer
   Politisierung der Wissenschaft, die mit den immanenten Bedingungen wis-
   senschaftlichen Fortschritts unvereinbar ist. » [Habermas:] « Eine materiale
   Wissenschaftskritik, die die praktischen Implikationen von Forschung und
   Lehre explizit machen soll, richtet sich gerade gegen eine solche Instrumentali-
   sierung der Wissenschaft für politische Zwecke. »*

3. *[die Konservativen:] « Eine Demokratisierung der Hochschule lässt Fraktionen
   entstehen. » [Habermas:] Die Gefahr besteht nur dann, wenn sich Fraktionen
   nicht quer durch die Gruppen hindurch, sondern gruppenspezifisch bilden würden. »*

4. *[die Konservativen:] Bei den neuen kollektiven Entscheidungen besteht die
   Gefahr, dass der Initiativspielraum für produktives wissenschaftliches Arbeiten
   eingeschränkt wird. » [Habermas:] « Das Prinzip der Freiheit von Lehre und Forschung muss gleichermassen , wenn auch nicht in gleicher Weise, für Studenten und
   wissenschaftliche Mitarbeiter Anwendung finden. » (KPS I-IV, 191-193)*

Habermas se risque à employer devant son auditoire de présidents le mot fort
de « politisation », mais s'empresse de préciser qu'il entend par là une « autoréflexion » ou une « réflexion critique » !

Il commence par affirmer qu'aujourd'hui l'autonomie de la science ne peut
plus être apolitique. Et de préciser que la politisation de l'Université consiste à ce
que tous les groupes qui la composent – professeurs, collaborateurs scientifiques,
étudiants – doivent pouvoir influer sur l'organisation d'un enseignement (et de
la recherche correspondante), afin de pouvoir répondre à l'exigence légitime des
étudiants de choisir entre une filière « flexible » préparant à une profession et de
participer à des processus de recherches et à l'autoréflexion de la science.

Dans tous les cas de figure, l'indépendance et l'autoresponsabilité des étudiants et des chercheurs devront être garanties, ajoute-t-il.

*« Eine "Politisierung" im Sinne der Selbstreflexion ist nicht nur legitim, sie ist Bedingung
einer Autonomie der Wissenschaft, die heute unpolitisch nicht mehr gewahrt werden kann.
Alle Gruppen, Professoren, wissenschaftliche Mitarbeiter und Studenten, sollen Einfluss
haben auf die Organisation einer Lehre (und der mit Lehre verbundenen Forschung), die
den legitimen Ansprüchen der Studenten auf eine Wahl zwischen flexiblen, berufsbezogenen
Studiengängen und auf Teilnahme an Forschungsprozessen sowie an der Selbstreflexion der
Wissenschaft genügt.*

*Diese Willensbildung würde mit ihrem eigenen legitimen Ziel in Widerspruch geraten,
wenn sie nicht gleichzeitig garantierte, dass für fachkompetente Lehrende und Forschende
ein unverletzbarer Produktivitätsspielraum individueller Unabhängigkeit und Selbs-
tverantwortung besteht, der der Struktur wissenschaftlichen Arbeitens genügt. » (KPS
I-IV, 196)*

Ainsi donc, l'idée d'une jonction de l'enseignement et de la recherche, ainsi que d'une réflexion autocritique de tous les acteurs de la science, se trouve appelée ici « politisation » – au sens de mise en commun, de « communalisation » –, idée omniprésente dans la première partie du tome I-IV des KPS (151-152).

In fine, « *Politisierung* » et « *Demokratisierung* » apparaissent comme des notions quasiment interchangeables.

4.

Le mouvement de protestation étudiante *(Protestbewegung)*[7]

La seconde partie du premier volume des KPS (I-IV) contient en exergue un extrait d'une édition pirate des écrits de Habermas de 1954 à 1970, disant que leur but consiste à « démontrer l'impossibilité de la révolution » (KpS I-IV, 197) !

De fait, le discours de Habermas lors du Congrès étudiant tenu à Hanovre le 9 juin 1967 – à la suite de l'enterrement de Benno Ohnesorg – marque un tournant dans sa position par rapport à la « protestation étudiante » *(Studentenprotest)*. Son intervention est supposée porter sur « le rôle politique » des étudiants en RFA, thème déjà abordé dans un article qu'il a publié dans *Merkur* le 20 janvier 1967 sur « *Universität in der Demokratie – Demokratisierung der Universität* » analysé précédemment.

4.1. Habermas face aux étudiants

Habermas y donne un aperçu de la situation universitaire en ce début de mouvement de protestation. L'un des points principaux de son long article est constitué par l'objectif qui doit être assigné selon lui à l'Université : développer la conscience politique des étudiants *(das politische Bewusstsein der Studenten prägen)*, chose inconnue auparavant en Allemagne.

> « *[…] die Universität hat stets die Aufgabe erfüllt, die nicht leicht zu definieren ist. Heute würden wir sagen: sie prägt das politische Bewusstsein ihrer Studenten. Auf deutschen Hochschulen war es lange genug ein unpolitisches Bewusstsein, eine eigentümliche Legierung aus bildungshumanistisch bestimmter Innerlichkeit und staatstreuer Autoritätsbereitschaft, die weniger unmittelbar politische Einstellungen hervorgebracht hat als vielmehr eine politisch folgenreiche Mentalität bestimmt hat. Gleichwohl hat diese Tradition auf den Hochschulen selbst den Faschismus nicht überlebt.* » (KPS I-IV, 142-143)

Pour Habermas, l'éducation démocratique doit viser à former une volonté politique à l'aide d'une « discussion sans contrainte » en vue d'aboutir à un consensus. En tout cas, que ce soit dans l'Université ou hors d'elle, il faut que la manifestation soit précédée par l'argumentation.

---

[7]   KPS I-IV, 199-310.

« Aber eine Form der politischen Willensbildung gibt es, nach deren Prinzip in gleicher Weise Entscheidungen von einem in herrschaftsfreier Diskussion erzielten Konsensus abhängig gemacht werden sollen- und das ist die demokratische. Das Prinzip der Öffentlichkeit soll dabei jede andere Gewalt als die des besseren Argumentes ausschalten; und Mehrheitsentscheidungen gelten dieser Idee zufolge nur als Ersatz für den zwanglosen Konsensus, der sich am Ende herausstellen würde, wenn man nicht stets die Diskussion unter Entscheidungszwang abbrechen müsste. Dieses Prinzip, dass,- kantisch gesprochen – allein Vernunft Gewalt haben sollte, verbindet die demokratische Form der politischen Willensbildung mit jener Art Diskussion, der auch die Wissenschaften ihren Fortschritt verdanken: denn in diesem Fortschritt dürfen wir das Moment der Willensbildung nicht übersehen. » (KPS I-IV, 147-148)

« Soweit es sich nicht um hochschulpolitische Auseinandersetzungen zwischen Teilen der Korporation selber handelt, ist die Universität nicht der Ort, um dort einen politischen Willen zu demonstrieren. Aber sie ist, wie ich meine, ein vorzüglich geeigneter Ort für die Erörterung politischer Fragen, wenn und sofern diese Diskussion grundsätzlich an dieselben Regeln der Rationalität gebunden ist, innerhalb derer sich die wissenschaftliche Reflexion bewegt. Studenten können auch ausserhalb der Universität ihren Willen demonstrieren. Freilich wird dann umgekehrt ebenso verständlich, dass man von Bürgern der Universität in ihrer Rolle als Staatsbürger einen durchsichtigen Zusammenhang zwischen Demonstrationen und vorangegangenen Argumentationen erwartet. » (KPS I-IV, 151)

En contrepoint à cette apologie de la démocratie délibérative, l'anarchisme représente, selon lui, la négation de la discussion : les anarchistes, en refusant la discussion, en rompant la communication, renoncent au seul instrument politique acceptable à l'Université, dit-il. Mais, pour le moment, la situation ne paraît pas dramatique, l'anarchisme ne semble pas constituer une menace aux yeux de Habermas, tout comme les Provos qu'il traite avec ironie, en évoquant leur idée d'une « révolution pour le plaisir ».

« Zwei Formen der Demonstration kann es geben, die ihn leugnen. Ich meine einmal den Anarchismus jener verhinderten Bombenlegern, die von der Vergeblichkeit der Diskussion überzeugt sind und nur mehr der unmittelbaren Aktion trauen. Indem sie von sich aus die Kommunikation abbrechen, verzichten sie auf das Mittel der Politik, das im Rahmen der Universität allein gerechtfertigt werden kann.

Eine andere Gruppe von Demonstranten scheint zu glauben, dass die Zukunft schon begonnen hat. Sie brechen nicht nur die Diskussion ab, sie verleugnen auch noch die politischen Ziele. Sie leben in der Hoffnung, dass es eine Revolution, die Spass macht, nicht nur im Film geben könnte. Was immer nach Ordnung ausschaut, provozieren sie, erst recht die Ordnungshüter. Nehmen wir einmal an, eines Tages würde die Polizei in Berlin oder auch in München entgegen ihrem verfassungsmässigen Auftrag, innenpolitisch offen Partei nehmen und sich durch ihr Verhalten selbst als politischer Gegner definieren: wer sollte ihr in einer solchen Situation den gebotenen politischen Widerstand leisten, wenn wir uns inzwischen alle zu Provos entpolitisiert hätten. » (KPS I-IV, 152)

4.2. Après le 2 juin 1967 : Le « nouvel activisme » étudiant et la querelle autour du « fascisme de gauche » (Habermas face à Rudi Dutschke)

Six mois après le texte consensuel sur le rôle politique des étudiants *(Universität in der Demokratie – Demokratisierung der Universität)* du 10 janvier 1967, Habermas publie un discours tenu le 9 juin 1967 devant le Congrès étudiant, après l'enterrement à Hanovre de l'étudiant Benno Ohnesorg – tué le 2 juin 1967, lors d'une manifestation étudiante, par un policier devant l'Opéra de Berlin. Le « discours » fait suite à un débat avec le leader étudiant Rudi Dutschke, et a pour titre : « *Kongress Hochschule und Demokratie* ». Il porte sur le « rôle politique des étudiants en République fédérale » (KPS I-IV, 205-238).

Après cette tragédie, il n'est plus question d'avancer des généralités sur le rôle politique en question, à l'Université ou dans la société, mais de débattre de problèmes concrets et aigus : à savoir l'activation politique d'une partie des étudiants et l'affrontement verbal entre enseignants et étudiants à propos de ce « nouvel activisme » manifesté par Rudi Dutschke.

Dans ce discours, que l'on peut considérer comme un tournant de son attitude face à la protestation étudiante, Habermas commence par évoquer une série de réactions négatives provoquées par l'activisme étudiant : non seulement à l'intérieur de l'université de la part des autorités universitaires qui se radicalisent face à la contestation violente, mais aussi dans la population où d'anciens ressentiments à l'encontre de minorités – en particulier intellectuelles – refont surface. Il parle d'un « syndrome anti-étudiant », alimenté par une presse haineuse, « que ce soit la presse Springer, mais pas seulement ! ».

Il insiste ensuite sur le caractère tout aussi problématique des réactions des grands partis politiques qui, depuis des années, se trouvent en conflit avec leurs associations étudiantes, s'ils ne les ont pas tout simplement exclues, comme dans le cas du SDS *(Sozialistischer Deutscher Studentenbund)* exclu du SPD : selon Habermas, c'est là le signal d'un fonctionnement autoritaire et d'une tolérance « réduite au minimum ».

La réaction de la police par rapport aux manifestants est présentée comme étant du quasi- terrorisme, couvert par les autorités. Habermas revient longuement sur l'emploi du mot « terrorisme » à l'endroit de la police, emploi qu'il justifie par la pratique policière de l'intimidation des étudiants, par la menace que les autorités font peser sur leurs droits.

Il conclut en affirmant que si le soupçon de terrorisme devait se confirmer, sans que les conséquences juridiques et politiques en soient tirées, alors il faudra que nous gardions en mémoire le 2 juin 1967 comme un jour où « la démocratie a été manifestement ébranlée ».

« Dies alles beobachten wir seit Jahren. Nun aber hat sich das antistudentische Syndrom so gefestigt, dass Organe des Staates darangehen, die politischen Teilnahmerechte

der Studenten einzuschränken. Das begann in Berlin im vergangenen Semester mit Demonstrationsverboten und vorbeugenden polizeilichen Maßnahmen. In der vergangenen Woche hat die Reaktion der Staatsgewalt auf Studentenproteste eine neue Qualität angenommen, eine Qualität die wir seit den Tagen des Faschismus in Berlin und in der Bundesrepublik zum ersten Mal wieder kennenlernen. Wenn die Augenzeugenberichte, die zuverlässig dokumentiert sind, nicht Wort für Wort widerlegt werden, hat die Polizei am Freitag, dem 2. Juni, vor dem Opernhaus in Berlin Terror ausgeübt, und der Berliner Senat hat am selben Abend diesen Terror gedeckt. Terror heißt gezielte Einschüchterung, heißt faktische Einschränkung geltender Rechte. Terror zielt nicht auf die gewaltsame Unterdrückung eines augenblicklichen Protestes, sondern auf die Abschreckung künftiger Proteste. Sollte der begründete Verdacht auf Terror nicht mit aller wünschenswerten Konsequenz aufgeklärt werden, sollte er im Falle der Bestätigung, nicht unmissverständliche juristische und politische Folgen haben, dann werden wir den 2. Juni 1967 als einen Tag in Erinnerung behalten müssen, an dem die Gefahr nicht nur einer schleichenden Austrocknung, sondern einer manifesten Erschütterung der Demokratie in unserem Lande für jeden Bürger, der lesen kann und nicht willentlich die Augen schliesst, drastisch sichtbar geworden ist. » (KPS I-IV, 206)

Habermas conclut cet épisode tragique en s'interrogeant sur le rôle politique que peuvent jouer les étudiants dans la République fédérale aujourd'hui, en tant que partie prenante de l'opposition extraparlementaire.

Les étudiants, dit-il, ne disposent d'aucun privilège : ils n'ont d'autre légitimation que leurs droits en tant que citoyens, droits qu'ils partagent avec tous les autres citoyens. Mais ils sont « les premiers » à déceler la nature exacte des événements politiques et à les « définir » de façon pertinente.

Ils ont vu dans le conflit vietnamien une « guerre de libération sociale » ! Pour ce qui est des relations de l'Allemagne avec l'Iran, ils ont réussi à démasquer un monarque despotique adulé par la presse illustrée allemande ! En Allemagne même, ce sont les étudiants qui ont été les premiers à mettre en garde le public sur les conséquences possibles de la terreur policière qui, si elle n'est pas fermement condamnée, peut déboucher sur un État policier.

Ainsi donc, l'opposition étudiante se voit proposer par Habermas une sorte de fonction de veille et d'alerte sur le fonctionnement des institutions et sur la culture politique du pays. C'est à elle qu'il revient de pointer le « manque de perspectives théoriques et de sensibilité aux problèmes sociétaux, le manque d'anticipation ». Fonction que Habermas, on l'a vu, attribue aussi aux intellectuels !

« Oft waren es erst Studentenproteste, die politische Ereignisse, zu innenpolitischem Hausgebrauch als Konsumware abgepackt, in die theoretische Perspektive hereingerückt haben, ohne die sie als politische Ereignisse gar nicht begriffen werden können.[...] Oft waren es erst Studentenproteste, die den auf unmittelbare Ereignisse fixierten Blick unserer Realpolitiker erweitert und welche die heute geforderte Phantasie in Bewegung gesetzt haben, um Folgen gegenwärtigen Handelns in ganzer Tragweite zu antizipieren. Dafür sind Proteste gegen die Notstandsplanung ein Beispiel. Oft waren es erst Studentenproteste, die dann an Prinzipien erinnerten, als allein ein radikales Festhalten an Grundsätzen vor einer qualitativen

Verschiebung des Verfassungszustandes bewahren konnte. Das war so während der Spiegel-Affäre und das ist heute wieder so.

Studenten sind es, welche heute die Öffentlichkeit gegen alle offiziellen Darstellungen und gegen die falschen Apologien der Obrigkeit davon überzeugen, dass Polizeiterror, wenn er nicht durch weithin sichtbare politische Konsequenzen öffentlich und wirksam verurteilt wird, den ersten definitiven Schritt zum Polizeistaat bedeuten kann. [...]

Ich fasse zusammen. Die Aufgabe der studentischen Opposition in der Bundesrepublik war es und ist es, den Mangel an theoretischer Perspektive, den Mangel an Sensibilität gegenüber Verschleierungen und Verketzerungen, den Mangel an Radikalität bei der Auslegung und Praktizierung unserer sozialrechtsstaatlichen und demokratischen Verfassung, den Mangel an Antizipationsfähigkeit und wachsamer Phantasie, also Unterlassungen, zu kompensieren. Ihre Aufgabe ist es, das Fehlen einer in ihren Intentionen aufgeklärten, in ihren Mitteln redlichen, in ihren Interprétationen und Handlungen fortschrittlichen Politik, wenn nicht wettzumachen, so doch zu deklarieren. » (KPS I-IV, 208-209)

Cela étant, ces missions, rapportées à la réalité de la vie étudiante de l'époque, peuvent paraître utopiques. Habermas fait d'ailleurs remarquer que dans leur quotidien les étudiants ont besoin d'être confortés, comme il est apparu dans les débats autour de la *Studienreform*. Il leur faudra obtenir des plages horaires pour qu'ils puissent traiter les questions d'actualité *(Tagesfragen)* et s'exercer aux débats politiques. Il leur faudra aussi s'opposer au projet de réorganisation des cursus, qui vise à en limiter la durée (à quatre ans), projet qui éloignera immanquablement le gros des étudiants de la recherche, et favorisera l'apparition – souhaitée par les conservateurs – d'une élite « carriériste » *(Leistungselite)* !

Mais ce sont surtout les « dangers subjectifs », supposés guetter l'opposition étudiante qu'il veut souligner, à savoir « les difficultés rencontrées non seulement à vouloir interpréter le monde, mais à vouloir le transformer », dit-il en recourant à la formule connue de Karl Marx. C'est que, entre critiquer la politique et vouloir mettre la critique en pratique *(diese Kritik umsetzen)*, il y a une distorsion criante, surtout dans les systèmes devenus complexes ! En somme, un appel du pied pour que les étudiants renoncent à la révolution !

Dans les systèmes complexes, la tension entre la théorie et la pratique peut provoquer des frustrations insupportables pour ceux qui n'arrivent pas à les gérer, et les amener soit à l'indifférentisme, soit à l'abandon de la politique au profit de la « mobilisation pour la mobilisation », ce que Habermas appelle l'« actionnisme », défini comme une sorte de fin en soi – qu'on a appelé dans le passé « action directe » –, à laquelle Habermas oppose une action guidée par une stratégie, visant des objectifs mûrement réfléchis et qui peuvent être réalisés. Aussi propose-t-il aux étudiants de réfléchir, tous ensemble *(wir)*, aux difficultés à surmonter et surtout aux mécanismes que risquent de déclencher des conflits toujours latents.

« Die Durststrecke zwischen Theorie und Praxis ist ungewöhnlich lang. Die Gründe dafür liegen auf der Hand. Je komplexer und umfassender ein System wird – und in einem Stadium, in dem wir zum ersten Mal von Weltgeschichte sprechen dürfen, umfasst das System die

gesellschaftlichen Interaktionen des ganzen Erdballes – umso mehr entzieht sich das System unmittelbaren Eingriffen, umso schwächer werden die Aussichten für das, was einst direkte Aktion hiess. Die Komplexität der Glieder, die heute zwischen Theorie und Praxis vermitteln ist nur zu oft entmutigend [...].

Das Spannungsverhältnis zwischen Theorie und Praxis kann von denen, die die entsprechenden Frustrationen nicht aushalten und nicht rational verarbeiten können, abgeleitet werden; entweder in Indifferentismus, in eine Abwendung von Politik überhaupt oder in Aktionismus, das heisst in eine Praxis, die jeden Anlass zur Mobilisierung, allein um der Mobilisierung Willen, aber nicht um der begründeten und taktisch aussichtsreichen Durchsetzung von definierten Zielen willen ergreift. [....] Ich halte es für nötig, dass wir uns über jene Schwierigkeiten und auch über die Reaktionsformen, in denen sich die unbewältigten Konflikte ausdrücken, klar werden, damit die studentische Opposition nicht in Gefahr gerät, sich selbst zu isolieren und ohne Boden zu agieren. » (KPS I-IV, 211)

Habermas pense que le danger peut être contenu, en particulier pour les étudiants berlinois qui se comportent « raisonnablement ». Mais il affirme néanmoins qu'il ne se fait pas d'illusions quant à la possibilité d'un monde sans violence, et que par conséquent les étudiants, en provoquant les institutions, jouent avec le feu : ils risquent de transformer la « violence sublimée dans les institutions » en « violence manifeste ».

Le professeur Habermas fait donc ici la leçon aux étudiants « actionnistes » prêts à en découdre : il leur faut éviter, dit-il, de provoquer cette violence normalement « sublimée dans les institutions » – en l'occurrence dans l'institution policière. Après avoir rappelé que la « violence ancrée dans les institutions » – la « violence sublimée » sur laquelle s'appuient les « positions dominantes » –, dès lors qu'elle est provoquée, produit des actions susceptibles de se transformer en « violence manifeste », c'est-à-dire extériorisée, visible, une « violence qui blesse » ! Celle-ci n'apporte rien de gratifiant : au contraire, son utilisation relève du « masochisme », ajoute-t-il. Les étudiants eux-mêmes sont finalement les victimes de la provocation pratiquée par eux !

« Aber die Befriedigung, die man daran haben könnte, die sublime Gewalt der Institutionen durch Herausforderung in manifeste Gewalt umzuwandeln, ist masochistisch, keine Befriedigung also, sondern Unterwerfung unter eben diese Gewalt. » (KPS I-IV, 212)

« Eine Gewalt [...] die verwundet [...]. » (KPS I-IV, 213)

Par opposition à la « violence manifeste » qui est délétère, la « violence démonstrative » qui se déploie à travers des tracts, des déclarations, des discours, des manifestations de rue, apparaît à Habermas comme l'instrument idéal, pacifique, pour servir la cause des étudiants : on peut concevoir cette « violence démonstrative » – qui est en l'occurrence une « force » positive – comme étant tout à la fois une pression exercée sur les autorités en vue de lever des interdictions, d'obtenir des concessions, des autorisations..., de forcer des portes verrouillées... ; et un message fort adressé à l'opinion publique afin de contrer l'« indifférentisme » et l'« abstentionnisme», et ce, en la rendant attentive aux arguments avancés par les étudiants, en « arrachant » *(erzwingen)* les autorisations à manifester et en provoquant des discussions jusqu'alors interdites. Ce sont là autant d'avancées de l'opposition étudiante, allant dans le sens des Lumières, dit-il, « du respect de l'autre ».

Dans les contributions à la discussion du Congrès « Hochschule und Demokratie », Habermas revient sur son « dérapage » lors du Congrès quand il a qualifié la position de Dutschke, de « fascisme de gauche ».

Il commence par définir ce qu'on entend par « provocation ». Si les étudiants entendent par « provocation » l'expression d'une « violence démonstrative » exercée en vue de capter l'attention portée à la démonstration et de rendre possible la discussion, alors il ne faut pas parler de provocation.

En revanche, si on « provoque » la violence ancrée dans les institutions, on transforme une « violence sublimée » en « violence manifeste, alors on peut dire que la provocation systématique pratiquée par les étudiants revient à « jouer avec le terrorisme » – et risque de provoquer un « terrorisme d'État » –, elle peut donc apparaître comme « ayant des implications fascistes ». En d'autres termes, Habermas en vient à dire que la provocation étudiante est tendanciellement fasciste !

« Demonstrative Gewalt ist die Gewalt, mit der wir uns Aufmerksamkeit für Argumente erzwingen und dort Bedingungen für eine Diskussion erzwingen, wo sie stattfinden sollte. Das hat man bisher nicht Provokation genannt.

Die in den Institutionen selbst verankerte Gewalt, auf die sich herrschende Positionen stützen, wird durch Provokationen zu Aktionen herausgefordert, die diese sublime Gewalt zu einer manifesten Gewalt machen und damit deklarieren sollen. Wenn ich Provokation in diesem Sinne verstehen darf, dann heisst systematisch betriebene Provokation von Studenten ein Spiel mit dem Terror (mit faschistischen Implikationen) » (KPS I-IV, 213)

Sur un ton très professoral, Habermas demande, par personne interposée, des éclaircissements à Dutschke quant à sa stratégie. Dutschke, dit-il, a annoncé vouloir organiser un *sit-in*, qui est une manifestation non violente. C'est pourquoi lui, Habermas, s'interroge pourquoi Dutschke a passé trois quarts d'heure à développer une « idéologie volontariste » qu'en 1848 on a appelé « socialisme utopique », et qu'aujourd'hui on pense avoir de bonnes raisons d'appeler « fascisme de gauche » – cette citation est plus parlante si on se réfère à une autre expression employée par Habermas à propos de la tactique du SDS qui, en juin 1968, pratique, dit-il, une « agitation devant la porte des usines et une rhétorique révolutionnaire » *(Agitation vor den Fabriktoren und Revolutionsrhetorik)* (KPS, 249) : on peut donc penser que, pour Habermas, cette apologie d'une « idéologie volontariste » peut se lire comme un appel à la révolution !

« Herr Dutschke hat als konkreten Vorschlag nur vorgetragen, dass ein Sitzstreik stattfinden soll. Das ist eine Demonstration mit gewaltlosen Mitteln. Ich frage mich, warum er das nicht so nennt und warum er eine Dreiviertelstunde darauf verwendet hat, eine voluntaristische Ideologie zu entwickeln, die man im Jahre 1848 utopischen Sozialismus genannt hat, die aber unter heutigen Umständen – jedenfalls glaube ich Gründe zu haben, diese Terminologie vorzuschlagen – "linken Faschismus" nennen muss. Es sei denn, dass Herr Dutschke aus dem, was er an "Überbau" entwickelt hat, praktisch keine Konsequenzen zu ziehen wünscht. Das hätte ich gern geklärt.

Ich hätte gern geklärt, ob er nun willentlich die manifeste Gewalt nach dem kalkulierbaren Mechanismus, der in dieser Gewalt eingebaut ist, herausfordern möchte – und zwar so, dass er das Risiko von Menschenverletzungen, um mich vorsichtig auszudrücken, absichtlich einschliesst –, oder ob er das nicht will. Die offizielle Version, gegen die Sie auf eine so überaus überzeugende, auf eine überaus erfolgreiche Weise in den letzten Tagen mit dem besten Recht angegangen sind, nämlich die Version, dass der Tod eines Kommilitonen auf das Konto von provokationistischen Studentenhorden gehe, diese Version, und ich hätte das gerne Herrn Dutschke gefragt, würde sie Wahrheit werden können, wenn seine Strategie sich durchsetzt, oder habe ich ihn total missverstanden? […]. » (KPS I-IV, 214-215)

C'est là une question « insidieuse » : Habermas se demande si Dutschke a, oui ou non, provoqué la « violence manifeste » avec son long discours « volontariste ». Dans l'affirmative, la version officielle (de la police) au sujet de la mort de Benno Ohnesorg, à savoir que sa mort est à mettre au compte de « hordes étudiantes provocatrices », version que son interlocuteur a fermement contestée, pourrait s'avérer juste !

Il conclut qu'on peut discuter du rôle progressiste de la violence – ce qui a été abondamment fait, dit-il, avant de terminer sur un ton cinglant par ce qui va être sa formulation assassine, à savoir que, dans une situation qui n'est ni révolutionnaire ni postrévolutionnaire, il est présomptueux pour des étudiants qui n'ont rien d'autre en main que des tomates, de proposer une stratégie visant à rendre manifeste la violence nécessairement sublimée dans les institutions. Il propose à son interlocuteur de revenir à des règles du jeu communément adoptées.

« Ich meine, dass es in einer Situation, die weder revolutionär noch nach-revolutionär ist […] für Studenten, die in der Tat nichts anderes als Tomaten in den Händen haben können, nur subjektive Anmassung sein kann, eine Strategie vorzuschlagen, die […], darauf angelegt ist, eine sublime Gewalt, die notwendig in Institutionen impliziert ist, manifest werden zu lassen – gleichviel ob jene zu vertreten ist oder nicht. Ich meine, dass formale Regelungen, gegen die Sie mit so viel Verve hier zu Feld ziehen, nach den Vorstellungen, die wir gemeinsam geteilt haben, materiell eingelöst, aber nicht ausser Kraft gesetzt werden sollten.

Ich darf noch einmal sagen: meine Intervention hat den Zweck, Sie, die Herrn Dutschke nun vertreten müssen, zu bitten, mich wirklich zu überzeugen, ob das ein Missverständnis ist oder ob in dieser Strategie sehr wohl das impliziert ist, was ich hier zunächst hypothetisch unterstellt habe. » (KPS I-IV, 215)

4.3. Les mouvements de protestation universitaires allemands et américains

4.3.1. *La situation de l'université allemande après les « événements »*

L'article intitulé *« Studentenprotest in der Bundesrepublik »* (KPS I-IV, 217-237), issu d'une conférence faite à l'Institut Goethe de New York fin novembre 1967, est pour Habermas l'occasion de revenir sur la situation allemande avant de tenter une comparaison avec les États-Unis.

Le ton de l'article témoigne d'un fort infléchissement de la position dure prise par lui à l'époque, tout particulièrement contre Dutschke. Or il semble s'être réconcilié avec le SDS et Dutschke pendant l'été 1967 : il s'adonne maintenant, pour le public américain, à une analyse plus distanciée, de caractère socioculturel et sociopolitique, de la protestation étudiante, côté allemand.

Il commence par prendre fait et cause pour les étudiants allemands de l'après-guerre qu'il présente comme les victimes des « réformes manquées », avec pour conséquence un travail universitaire « paralysé », dans des structures « surannées » – la fameuse université des professeurs titulaires (de chaire) (*Ordinarienuniversität*).

Il note toutefois une avancée : l'émergence d'un « pouvoir étudiant » *(Student power)* au début des années 1960 avec les associations étudiantes – VDS (*Verband deutscher Studenten)* et SDS *(Sozialistischer Deutscher Studentenbund)* – qui réclament une démocratisation des instances universitaires à travers la cogestion : il évoque le projet émanant de ces associations, à savoir remplacer la *Ordinarienuniversität* – l'université « mandarinale » – par une « corporation » comportant les trois « partis » : les étudiants, le corps intermédiaire *(Mittelbau)* et les professeurs.

Au sujet de ce mouvement en faveur de réformes universitaires, Habermas trouve que vers la fin des années 1960 les étudiants demeurent très isolés dans le spectre politique : les anciennes formes d'opposition (contre le réarmement, contre la « restauration ») sont devenues, selon lui, « sans objet » à la fin des années 1960. Il note par ailleurs que le SPD a renoncé à être une force d'opposition et n'aspire plus qu'à « participer au gouvernement existant, plutôt que de vouloir le remplacer », ce que le parti réussira finalement à faire en 1966 en formant la « grande coalition » avec la CDU-CSU. L'opposition intellectuelle est de plus en plus isolée et séparée des partis politiques, le SDS, la plus importante organisation étudiante ayant été marginalisée par le SPD. Par ailleurs, le Groupe 47 renonce à « proposer une alternative et se contente de défendre des « positions libérales », et, ajoute-t-il, les artistes et les journalistes font maintenant partie de l'*Establishment*. Quant au KPD, son interdiction, en 1956, contribue à affaiblir intellectuellement la gauche. Il ne reste plus comme rituel de protestation que la traditionnelle « marche de Pâques contre l'armement nucléaire » !

« Das KPD-Verbot tut ein übriges, um den Spielraum des legitimierten Sprachgebrauchs einzuschränken, d.h. die Sprache und das Denken der Opposition von Bestandteilen illegalisierter linker Traditionen zu reinigen […]. Der Ostermarsch der Atomwaffengegner […], ist heute das einzige anerkannte Ritual massenhaften Protestes. Er bezeichnet die Lage, auf die unsere Studenten nun antworten. » (KPS I-IV, 231)

Or les événements de juin 1967 marquent la fin de la torpeur du monde étudiant allemand. Selon Habermas, la nouveauté de ces événements réside tout particulièrement dans le changement de génération intervenu dans les années 1960. Il rappelle la réaction de sa génération à lui lors de la *Spiegelaffäre*, quand il s'est agi de défendre les droits et les libertés garantis par la Constitution. Or les plus actifs parmi les étudiants d'aujourd'hui n'ont pas connu ce moment de l'élaboration des institutions de la République fédérale : ils se sont retrouvés d'entrée dans une « démocratie sociale de masse » et une « forme de capitalisme organisé », et n'ont rien connu d'autre : ni la terreur nazie, ni une quelconque alternative, ni une opposition structurée.

Mais ils ont fait une autre expérience, dit-il, en se trouvant confrontés à l'existence d'une distorsion *(Missverhältnis)* entre, d'une part, la richesse potentielle de leur pays et de la société industrielle avancée, et d'autre part les conditions de vie réelles des « masses » : ils sont, dit-il, la première génération qui ne comprend plus pourquoi, en dépit du haut degré du développement économique, la vie des individus reste soumise à des conditions de vie et de travail qu'ils jugent insupportables : la lutte pour la vie, le *diktat* de la compétition, un travail aliénant *(Kampf ums Dasein, Disziplinierung der entfremdeten Arbeit, Leistungswettbewerb, Statuskonkurrenz, possessive Verdinglichung, angebotene Surrogatbefriedigung)*. Ce dysfonctionnement peut avoir, selon lui, des conséquences sociales et psychosociales, allant jusqu'à provoquer une altération ou une privation de la sensualité et de la jouissance artistique *(Tilgung und ästhetische Befriedigung)*. Les étudiants en question ne comprennent plus que les nouvelles conditions économiques puissent laisser subsister une économie de la pauvreté, alors que, selon eux, une économie de l'abondance est devenue possible à réaliser et que les « sacrifices » demandés sont dès lors inutiles *(sinnlose Reproduktion überflüssig gewordener Tugenden)*.

Habermas s'interroge sur l'arrière-plan des formes de réaction de cette nouvelle génération apparemment généreuse et idéaliste.

« Die Protestwelle, die vom 2. Juni ausgelöst worden ist, hat den Schleier über neuen Reaktionsformen weggezogen […].

Diese Studenten gehören zur ersten Generation, deren Erinnerung nicht mehr durch die Naziperiode und deren unmittelbare Folgen bestimmt ist; zur ersten Generation, die den institutionellen Rahmen der Bundesrepublik nicht mehr hat entstehen sehen, sondern die sozialstaatliche Massendemokratie und die organisierten Formen des Kapitalismus einfach als die bestehende Ordnung kennt. Diese Studenten haben daher keine persönlichen Erfahrungen mit politischem Terror, keine Erfahrungen mit ökonomischen Krisen, keine

Erfahrungen mit wirklichen politischen Alternativen zur bestehenden Ordnung und – mit organisierter Opposition.

Andererseits gehören sie zur ersten Generation, die unbefangen das Missverhältnis wahrnimmt, das zwischen dem potentiellen Reichtum, der potentiellen Befriedigung einer industriell entfalteten Gesellschaft und dem faktischen Leben besteht, das die Massen darin führen.

Sie sind die erste Generation, die nicht mehr versteht, warum das Leben des einzelnen trotz des hohen Standes der technologischen Entwicklung nach wie vor durch die Ethik des Leistungswettbewerbs, durch den Druck der Statuskonkurrenz, durch Werte der possessiven Verdinglichung und der angebotenen Surrogatbefriedigungen determiniert ist. Sie verstehen nicht warum der institutionalisierte Kampf ums Dasein, die Disziplin der entfremdeten Arbeit, die Tilgung von Sinnlichkeit und ästhetischer Befriedigung aufrechterhalten werden, warum, mit einem Wort, die Lebensform einer Ökonomie der Armut unter Bedingungen einer möglich gewordenen Ökonomie des Überflusses konserviert wird. Auf der Grundlage eines prinzipiellen Unverständnisses für die sinnlose Reproduktion überflüssig gewordener Tugenden und Opfer hat die heranwachsende Generation eine besondere Sensibilität für die Unwahrhaftigkeit geltender Legitimationen entwickelt. » (KPS I-IV, 231-232)

Selon Habermas, il s'agit de l'action d'une petite minorité d'étudiants – mais il y décèle une tendance lourde de la société. La conception du monde de la génération des étudiants en question est marquée par l'idée que les institutions de la société industrielle actuelle constituent un ensemble relativement clos, autorégulé, ne tolérant pas de conflits, où le tout s'amalgame pour former « une sorte d'appareil violent » *(gewaltsamer Apparat)*. Notons que c'est ainsi que Herbert Marcuse décrit la société industrielle dans son essai *L'homme unidimensionnel*, avec ses deux faces : la mobilisation totale de l'homme au service du système économique et technologique, d'un côté ; de l'autre, l'élimination de toute résistance à cette dynamique. Il ne peut y avoir d'opposition, dit-il : quiconque y prend une fonction, même secondaire, se trouve *ipso facto* « intégré » et « paralysé ». Cela explique le fait qu'il ne peut exister d'adversaire à l'intérieur de la société en question : les opposants ne peuvent opérer qu'à partir des « marges de l'appareil » – et ce sans partenaires de coalition, ou autres groupes protestataires « antisystèmes ».

Habermas pense que, dans ces conditions, la protestation des étudiants, censée transformer la société industrielle avancée, prend nécessairement la forme de la provocation, de la transgression des règles du jeu légitimes. Ce qui expliquerait l'apparition de ces « nouvelles formes de réactions », déclenchées par l'événement du 2 juin 1967, à savoir « l'action directe » – appelée aussi « nouvel actionnisme » –, sous-tendue par des « conceptions néo-anarchistes ».

C'est cela qui constitue la nouveauté idéologique de cette minorité, très mobile, mais qui est représentative d'une tendance lourde : la conception néo-anarchiste qui justifie l'action directe.

« Auf diesem Hintergrund wird das eigentlich Neue an der jüngsten Protestbewegung besser verständlich: nämlich das, was man das "neoanarchistische Weltbild" nennen könnte, und die Vorliebe für direkte Aktionen.

Ich spreche im Folgenden von einer relativ kleinen, sehr mobilen Minderheit, deren Einstellung aber, wenn ich nicht irre, symptomatisch ist für einen Entwicklungstrend. Das Weltbild dieser Studenten ist von dem Eindruck geprägt, dass die gesellschaftlichen Institutionen zu einem relativ geschlossenen, konfliktfreien und selbstregulativen, dabei gewaltsamen Apparat geronnen sind. Aufklärung und Opposition kann nur noch von nicht korrumpierenden einzelnen am Rande des Apparats betrieben werden; wer eine Funktion in ihm übernimmt, und sei sie noch so unwichtig, wird integriert und gelähmt. Daher gibt es keine definierten Gegner innerhalb der Gesellschaft, es gibt keine Koalitionspartner und keine angebbaren sozialen Gruppen als Träger des Protestes. Unter diesen Umständen muss der Protest selbst die Form der Provokation, der Durchbrechung der legitimen Spielregeln annehmen; sein Ziel ist unmittelbar die Mobilisierung vieler einzelner um der Mobilisierung willen. […].

Der neue Aktionismus und das Weltbild des neuen Anarchismus suchen Anlehnung an Mao und Castro, obwohl das Operationsfeld durch unsere Grossstädte und keineswegs durch die Bedingungen unterentwickelter Agrarländer bestimmt ist. Die neue Taktik hat den Vorzug schnell Publizität zu erlangen, andererseits bringt sie Gefahren mit sich, die von den Studenten selbst gesehen werden, die Gefahr des Abgleitens, sei es in die Privatisierung einer leicht zu verschmerzenden Subkultur von Hippies, sei es in die folgenlosen Gewaltakte der Aktionisten. Wir Älteren sind von den Protestspielen schockiert: unbekümmert um schlimme Parallelen, durchbrechen die Studenten Freiheit verbürgende Normen in der Absicht, sie als Ausdruck repressiver Toleranz zu entlarven. » (KPS I-IV, 232-233).

4.3.2. Comparaison entre les mouvements de protestation étudiants américains et ouest-allemands vers la fin des années 1960

Pour ce qui est de l'atmosphère générale qui règne à l'université, elle paraît plus tendue, plus conflictuelle aux États-Unis qu'en RFA : la pression que subissent les étudiants y est plus forte du fait d'un contrôle des connaissances plus strict qu'en RFA, en particulier dans les facultés philosophiques, qui sont au centre des événements récents.

Mais c'est la scène politique et la situation sociopolitique américaine qui divergent par rapport à la situation allemande. La RFA ne connaît pas de ghettos pouvant servir de base pour des actions de guérilla urbaine et n'a pas d'étudiants « appelés » pour combattre les guérillas en Asie du Sud-Est. S'ajoute à cela le fait qu'aux États-Unis la population noire, privée de droits, et la guerre du Vietnam constituent deux foyers de tension ; l'Allemagne ne présente pas de situation d'une telle ampleur. Par ailleurs elle ne connaît pas de vague hippie comme la *New Left* US ni une consommation de stupéfiants comparable. Elle apparaît plutôt comme une « société intégrée », apparemment moins violente et moins politisée où les conflits ont tendance à « couver » un certain temps avant d'éclater, et y sont moins ouvertement agressifs.

> *« Aber wir haben keine Ghettos, die sich als Basis grossstädtischer Guerillaaktionen eignen können, und keine Studenten, die zur Bekämpfung von Guerillas in Südostasien einberufen werden. In der BRD schwelen die Konflikte unter der Decke einer integrierten Gesellschaft mit einem geringeren Mass an offener Aggressivität. Die Versuche unserer Aktivisten, die Gewalt der Institutionen herauszufordern und manifest zu machen, sind daher, verglichen mit den Aktionen der new left in den Vereinigten Staaten, ein wenig artifiziell [...] Schliesslich fehlt in Deutschland die Hippieszene im Hintergrund der new left. Bis heute scheint es einen Gebrauch von Narkotika in nennenswerten Ausmassen an deutschen Universitäten nicht zu geben. Auch andere Sedativa – ich meine Orientierungen, die mit Aussenseiterprotest in unpolitische Bahnen lenken wie Yoki-Praktiken und Zen-Buddhismus – haben bis jetzt keinen erkennbaren Einfluss gewonnen. [...] Zudem besteht in Europa, anders als in den USA, eine fast ununterbrochene von Hegel und Marx beeinflusste theoretische Überlieferung. Das mag erklären, dass die neuen Einstellungen unter den Studenten der BRD schneller artikuliert werden. » (KPS I-IV, 234-235)*

> *In der BRD und in den USA können die unmittelbaren Frustrationen und Belastungen des Studiums nicht die gleichen Ursachen haben. Während sich in den Vereinigten Staaten, besonders auf der Ebene der Colleges, der Druck eines reglementierten Lehrbetriebs mit standarisierten Leistungsnormen und häufig wiederholten Leistungskontrollen bemerkbar macht, ist der Lehrbetrieb in den philosophischen Fakultäten der deutschen Hochschulen, den Zentren der Unruhen, eher diffus und unzureichend organisiert.*

> *Die deutschen Studenten müssen die spezifischen Zwänge einer gesellschaftlich angepassten Expertenausbildung, die in den USA schon wirksam sind, erst antizipieren. Verschieden ist auch die politische Bühne ausserhalb der Universitäten. Während in den USA die Unterprivilegierung der schwarzen Bevölkerung und der Krieg in Vietnam zwei akute, klar definierte und augenfällige Konflikte sind, die täglich neue Gewalt produzieren und deshalb Gegengewalt provozieren, fehlen in Deutschland manifeste Anlässe vergleichbarer Grössenordnung. Natürlich bestehen in der BRD die Dauerkonflikte eines sozialstaatlich organisierten Kapitalismus und die besonderen Konflikte einer geteilten Nation. » (KPS I-IV, 233-234)*

Alors que les confrontations éclatent aux États-Unis, en Allemagne, le feu couve sous le couvert d'une « société intégrée ». Les activistes essaient d'y provoquer la violence des institutions et de la rendre manifeste, mais d'une manière qui peut paraître artificielle ; le seul grand conflit – à propos des Lois d'exception *(Notstandsgesetze)* de juin 1968 – a été mené par des syndicalistes et des intellectuels, et non par des étudiants révolutionnaires !

> *« In der BRD schwelen die Konflikte unter der Decke einer integrierten Gesellschaft mit einem geringeren Mass an offener Aggressivität. Die Versuche unserer Aktivisten, die Gewalt der Institutionen herauszufordern und manifest zu machen, sind daher, verglichen mit den Aktionen der new left in den USA, ein wenig artifiziell. [...] Der einzige Konflikt ausserhalb der Hochschulen [...] ist die Auseinandersetzung mit der geplanten*

Notstandsgesetzgebung; sie ist von einer Koalition aus Gewerkschaftlern und Intellektuellen geführt und nicht in erster Linie von den revolutionierenden Studenten. » (KPS I-IV, 234)

Cependant, au plan socioculturel, les milieux universitaires des deux pays sont confrontés à des problématiques identiques : il s'agit, selon Habermas, de la réaction des étudiants aux conditions de vie dans les sociétés industrielles avancées.

« Trotz dieser Unterschiede ähneln sich die Studentenproteste in beiden Ländern [...]. In beiden Ländern beobachten wir die provokationistische Taktik, die absichtlich liberale Spielregeln verletzt, auf Koalitionen mit Gruppen innerhalb des Systems verzichtet und einen Spielraum nicht entfremdeter Existenz an den Rändern des Systems offenhalten möchte. Hier wie dort beobachten wir jene fundamentalen Einstellungen, die in Zügen eines neoanarchistischen Weltbildes ihren Ausdruck finden – sei es emotional auf der Ebene der Beatles und des Folk-songs, sei es politisch auf der Ebene des Castroismus einer Marx und Freud durch gewisse existentialistische Positionen vermittelnden Theorie, wie sie von Herbert Marcuse ausgearbeitet worden ist. [...] Wenn aber die strukturellen Entwicklungen innerhalb und die politische Lage ausserhalb der Universität nicht genug Gemeinsames aufweisen, um die Übereinstimmung der Protestaktionen, die wir in beiden Ländern gleichwohl feststellen, plausibel zu machen, dann müssen wir die wichtigen Ursachen auf einer anderen, tieferen Ebene suchen. » (KPS I-IV, 235)

Il existe aussi une similitude forte dans l'origine sociale des manifestants des deux pays : ceux-ci sont presque exclusivement issus de la bourgeoisie – *white middle class kids* – selon l'appellation américaine, et ne prétendent nullement représenter ni la classe ouvrière, ni les Noirs, ni les pays en voie de développement. Ils ne se voient pas davantage comme intellectuels qui rompent avec leur classe sociale d'origine pour se mettre à la tête des opprimés et des exploités. Ils ne se réclament pas non plus des droits classiques des constitutions bourgeoises – dont ils redoutent l'effet intégrateur à l'endroit des forces d'opposition qui risquent d'être ainsi absorbées.

Habermas en conclut qu'on a à faire à une révolte sui generis : la première révolution bourgeoise dirigée contre les principes mêmes d'une société bourgeoise qui, selon eux, fonctionne plutôt bien ! C'est que ce qui se trouve mis en question, ce n'est pas l'efficience du système, mais le fait que ses prestations *(Leistungen)* se trouvent en décalage par rapport aux besoins des personnes censées en bénéficier.

La nouveauté de ce type de protestation de jeunes issus de familles bourgeoises, c'est qu'elle n'est pas prioritairement dirigée contre l'autorité parentale. Les études américaines montrent que les membres les plus actifs de ces protestations ont bénéficié d'une « éducation libérale », voire permissive, et que les parents soutiennent leurs positions. Bien qu'on ne dispose pas d'études similaires pour la RFA, Habermas pense qu'on se rapproche des tendances américaines – même si la composante autoritaire peut encore y perdurer. Quoi qu'il en soit, pour lui, la génération actuelle, qui est la première à avoir grandi dans un environnement économique non traumatisant *(entlastet)* et qui ne connaît pas de problèmes de subsistance, se trouve de ce fait moins soumise à « l'effet disciplinaire » du marché du travail.

Habermas émet l'hypothèse, en s'inspirant de Marcuse – cité plus haut –, que ces protestations de jeunes de milieux privilégiés peuvent s'expliquer par une sensibilité particulière au coût psychosocial d'une société dominée par la concurrence des statuts, la course au rendement et à la performance, ainsi que par la bureaucratisation de tous les secteurs de la vie.

Finalement, ce qui, selon lui, a le plus surpris les sociologues, c'est l'idée selon laquelle les étudiants de sociétés industrielles développées puissent jouer un rôle politique dans celles-ci : or ce rôle s'avère être une critique politico-culturelle de la société industrielle : ce n'est pas l'efficience du système existant qui est en cause, mais l'autonomisation de sa production par rapport aux besoins des personnes concernées.

« *An den Studentenprotesten sind fast ausschliesslich bürgerliche Jugendliche beteiligt – white middle class kids –, die nicht die Arbeiterschaft oder die Neger oder die Entwicklungsländer repräsentieren und für sie stellvertretend handeln wollen. Diese Studenten verstehen sich nicht, wenn ich recht sehe, als Intellektuelle, die sich von ihrer sozialen Klasse lossagen und als Avantgarde an die Spitze der Unterdrückten und der Ausgebeuteten setzen. Diese Studenten pochen nicht auf die in bürgerlichen Verfassungen institutionalisierten Rechte, denn sie bezweifeln nicht, dass das bestehende System am Ende auch die heute noch nicht integrierten Gruppen integrieren könnte – das ist vielmehr, was sie fürchten. Die Errungenschaften von einst erscheinen diesen Studenten als Regeln der Integration, die nur zu effektiv die Aufsaugung aller oppositionellen Kräfte bewirkt haben. So haben wir es hier mit der ersten bürgerlichen Revolte gegen die Prinzipien einer nach ihren eigenen Massstäben beinahe erfolgreich funktionierenden bürgerlichen Gesellschaft zu tun. In Frage gestellt wird nicht die Leistungsfähigkeit des Systems, sondern die Verselbständigung gerade der Leistungen dieses Systems gegenüber den Bedürfnissen der Menschen, die in ihm leben.* » (KPS I-IV, 235-236)

« *Der Protest dieser Jugendlichen aus bürgerlichen Elternhäusern scheint nicht mehr, wie seit Generationen üblich, in erster Linie ein Protest gegen die elterliche Autorität zu sein. Diese Generation ist wahrscheinlich mit mehr psychologischem Verständnis, mit einer liberaleren Erziehung und unter einer permissiveren Einstellung groß geworden als alle vorangegangenen. Amerikanische Untersuchungen zeigen überdies, dass die aktiven Mitglieder der linken Studentengruppe häufiger Eltern haben, die ihre kritische Einstellung teilen und fördern. Für die BRD fehlen vergleichbare Daten. Ich vermute, dass die bürgerliche Autoritätsproblematik noch ein stärkeres Gewicht hat; aber ähnliche Tendenzen wie in den USA zeichnen sich auch bei uns ab. Nehmen wir den Umstand hinzu, dass diese Generation als erste unter entlastenden ökonomischen Bedingungen aufgewachsen ist und daher psychologisch weniger stark unter dem disziplinierenden Zwang des Arbeitsmarktes steht; dann ergibt sich hypothetisch ein Zusammenhang, aus dem wir die eigentümliche Sensibilität der jungen Aktivisten erklären können. Sie sind sensibel geworden für die lebensgeschichtlichen Kosten einer von Statuskonkurrenz, Leistungswettbewerb und Bürokratisierung aller Lebensbereiche bestimmten Gesellschaft; diese Kosten erscheinen ihnen im Verhältnis zu dem technologischen Potential unverhältnismäßig hoch. Die Jungen sind sehr sensibel geworden für die Gefahren einer Ordnung, die die Aggression nicht bannt, sondern steigert – militärisch und ökonomisch –,*

die nämlich strategische Risiken weltweiten Ausmaßes ebenso hervorbringt, wie den Pau-
perismus der Moderne in den Ländern der Dritten Welt.

Wir Soziologen haben nicht damit gerechnet, dass Studenten in den entwickelten Indus-
triegesellschaften politisch eine Rolle spielen könnten. » (KPS I-IV, 237)

La conclusion de son intervention devant le public new-yorkais se termine par
une apologie du mouvement de protestation étudiant ouest-allemand : les mises
en garde sont oubliées ! Ce revirement s'explique par le surgissement dans le débat
du fameux « *Wertewandel* » – le changement dans les valeurs qui se révèle dans
la jeune génération d'étudiants. Selon Habermas, le phénomène de l'éducation
non autoritaire, voire permissive, a rendu possible chez une jeune génération la
réalisation d'expériences et d'orientations nouvelles. Elle a permis non seulement
de contrer « l'idéologie de la performance », mais aussi de libérer un « potentiel
de disponibilité et de liberté » demeuré latent jusqu'alors. Il se pourrait, ajoute-
t-il, que la société industrielle des États-Unis et de l'Europe ait ainsi accédé à un
nouveau degré de développement qui constitue pour la nouvelle génération un
« changement structurel » en termes de développement psychoculturel. Changement pour lequel la société est redevable à ces nouveaux acteurs que sont les étudiants. C'est cette situation d'exception ainsi créée, situation inédite – rappelons
que Habermas n'a jamais cru que les étudiants pouvaient jouer un rôle politique
en dehors des pays développés –, qui a permis de rompre avec ce que Habermas
appelle « l'insensibilité face à la vie bonne », et ce en brisant la « pétrification de
la conscience administrée ».

Dans la conclusion de cette conférence en terre américaine, Habermas amorce
ainsi l'une de ses nouvelles thématiques : les « nouveaux mouvements sociaux »,
indissociables des nouvelles orientations induites par la révolte étudiante. Sur ce
point, Habermas est pionnier : on est en 1967 ; les publications sur cette « révolution » apparaissent seulement dans la décennie suivante – celle de Ronald Ingle-
hart : *The Silent Revolution* est de 1997 !

« *Es könnte sehr wohl sein, dass der Abbau der elterlichen Autorität und die Verbreitung*
von permissiven Erziehungstechniken bei den heranwachsenden Kindern Erfahrungen
ermöglicht und Orientierungen fördert, die einerseits mit den Standards einer aufrechte-
rhaltenen Leistungsideologie zusammenprallen müssen, die aber andererseits mit dem tech-
nologisch verfügbaren, obgleich von der Gesellschaft nicht entbundenen Potential an Freizeit
und Freiheit, Befriedigung und Befriedung konvergieren. Es könnte sehr wohl sein, dass die
Industriegesellschaft in den USA und in Europa einen Entwicklungsstand erreicht hat, auf
dem Probleme des gesellschaftlichen Strukturwandels, wie einst an der Schwelle zur Moder-
nisierung, wiederum in den Bildungsprozessen der heranwachsenden Generationen einen
entwicklungspsychologisch gleichgestimmten Resonanzboden finden.

Wenn die Studentenproteste mehr sind als der generationsgebundene Ausdruck einer
Mode, dann sollten wir dieser Frage nicht aus dem Weg gehen. Vielleicht ist ja der Prozess
der Versteinerung unseres administrierten Bewusstseins schon so weit fortgeschritten, dass
die Insensibilität gegenüber dem, was in naiven Zeiten die Philosophen schlicht das "gute

Leben" nannten, nur noch unter den sozialpsychologischen Ausnahmebedingungen des Studiums durchbrochen werden kann. » (KPS I-IV, 237-238)

4.4. Après l'affrontement, la réconciliation !

Rappelons qu'avec le tournant du 2 juin 1967 le conflit a éclaté entre Habermas et le mouvement étudiant, conflit analysé dans l'important texte « *Kongress Hochschule und Demokratie* », et qui occupe l'été 1967.

La Conférence faite à l'Institut Goethe de New York fin novembre 1967 constitue une sorte de prise de distance – non seulement géographique – de Habermas par rapport à la confrontation avec les étudiants « révoltés ».

En effet, le texte de février 1968 « *Einleitung einer Podiumsdiskussion* » (KPS I-IV, 239-260) marque incontestablement une réconciliation : Habermas introduit une discussion publique à l'Université de Francfort, à laquelle sont « aussi » invités des représentants des syndicats et du SDS – un signe qui ne trompe pas !

En introduction, il fait un bilan en six points, dont l'idée centrale est que la protestation étudiante a fondamentalement changé la situation politique intérieure de la RFA, et ce, principalement, en politisant des questions qui, jusqu'alors, étaient restées à l'écart de la discussion. La discussion s'est ainsi trouvée « déverrouillée » *(entschränkt)*, dit-il : des questions qui ont été jusqu'alors soustraites à la discussion sont abordées maintenant de manière publique.

« *[…] der Bereich öffentlich thematisierter Fragen ist entschränkt worden.* » (KPS I-IV, 241)

Plusieurs points sont abordés :

– Le Vietnam : une action de protestation contre la politique US au Vietnam, mais qui, finalement, trouve peu de résonance.
– Les réactions de la police, du gouvernement et de la justice, le 2 juin1967 : leur caractère démocratique et leur fidélité à la constitution sont interrogés.
– L'attention portée à la fonction critique de la science.
– La question du contrôle politique des monopoles de presse, comme le *Springerkonzern*.
– La question de savoir s'il existe des alternatives à la société industrielle-capitaliste.

« *Die ziemlich unrealistische Forderung nach der Enteignung Springers erinnert gleichwohl daran, dass der institutionelle Rahmen unserer Gesellschaft Ergebnis eines Restaurationsprozesses von zwei Jahrzehnten ist, zu dem es auf der Grundlage, wenn nicht gar nach Massgabe unserer Verfassung Alternativen gibt.* » (KPS I-IV, 240)

Les rituels traditionnels du langage, du comportement, de la communication sont remis en question, « délégitimés », tournés en ridicule, par les nouvelles

formes de protestation. À tous les niveaux, ces dernières ont contribué à « libérer »
le débat public *(entschränken)*.

> *« Schliesslich ist ein Bereich von Fragen zum Politikum geworden, der normalerweise dem*
> *politischen Bewusstsein wohltuend entzogen bleibt: ich meine jenen Bereich von rituellen*
> *Formen, Sprachgesten, Verhaltensstilen und traditionell eingelebten Regeln der Nor-*
> *malität, also des Umgangs und der Kommunikation, die unreflektiert die Grundlage*
> *der Legitimation bestehender Ordnungen bilden. Gerade die neuen, provokativen, die*
> *missverständlichsten, aber publizistisch auffälligsten Protesttechniken richten sich gegen*
> *die Positivität solcher abgestorbener Legitimationsansprüche: sie durchstossen die Kruste*
> *falscher Terminologien [...] Sie geben falsches Pathos der Lächerlichkeit preis und nennen*
> *Mief, was Mief ist. Auf allen diesen Ebenen [...] haben die Studentenproteste zu einer*
> *Entschränkung der öffentlichen Diskussion beigetragen, obgleich diese Impulse vorerst*
> *nur in einen sehr schmalen, den liberalen, Teil der Öffentlichkeit hineingewirkt haben. »*
> *(KPS I-IV, 240-241)*

Les étudiants ne se sont pas contentés de politiser le débat. Ils essaient aussi
de constituer une « force de veto » en dehors du Parlement. Mais, selon Habermas, s'ils veulent jouer un rôle dans l'opposition extra-parlementaire, il leur faut
trouver des alliés, en l'occurrence les syndicats et la presse libérale, et faire une
coalition avec Brenner – leader syndicaliste des métallos – et Augstein, directeur
du *Spiegel* !

> *« Die aktiven Minderheiten der Studentenschaft haben aber nicht nur eine Politisierung*
> *bewirkt, sie machen zweitens den Versuch, ausserhalb eines Parlaments, über dessen Ohn-*
> *macht die Grosse Koalition den Schleier gelüftet hat, eine Vetomacht aufzubauen. Dabei*
> *haben die Studenten vorerst mit den Gefahren der Diskriminierung, aber auch der Selbst-*
> *isolierung zu kämpfen. Die einzige bemerkenswerte Opposition ausserhalb des Parlaments*
> *ist seit Jahren die Kampagne für Abrüstung. Die Ostermarsch-Bewegung blieb freilich in*
> *ihrer Effektivität begrenzt, weil der diffusen Anhängerschaft [...] sehr abstrakte und zugleich*
> *isolierte Zielvorstellungen entsprechen. Die andere, und im Augenblick wirksame, Opposi-*
> *tionsbewegung richtet sich gegen die geplante Notstandsgesetzgebung. Sie stützt sich auf eine*
> *Koalition gewichtiger Einzelgewerkschaften mit Intellektuellen. Der Erfolg der organisierten*
> *Notstandsproteste, der sich anzubahnen scheint, hängt von dieser soliden Grundlage ebenso ab*
> *wie vom Resonanzboden des liberalen Teils der Presse. » (KPS I-IV, 241)*

> *« Wenn die Studentenproteste jenseits der Hochschule zur Festigung einer Vetomacht*
> *ausserhalb des Parlaments und gegenüber den Parteien beitragen sollen, wenn , mit*
> *anderen Worten, die akt Minderheiten der Studentenschaft eine Rolle in der ausserpar-*
> *lamentarischen Opposition tatsächlich spielen wollen, dann müssen sie eine Bedingung*
> *einkalkulieren : dass Studenten ohne ein Zusammengehen mit den politisch bewussteren*
> *Gewerkschaften und ohne den Resonanzboden des liberalen Teils der Presse, dass sie, um*
> *es simpel zu machen, ohne eine Koalition mit Brenner und Augstein langfristig nichts*
> *erreichen können. » (KPS I-IV, 242)*

Cela étant, Habermas dit pouvoir affirmer que les étudiants, et eux seuls, ont
réussi grâce à leur lutte, à impulser une transformation du système universitaire
de la RFA.

« Die Studenten haben nicht nur die Politisierung vorangetrieben, sie haben nicht nur die ausserparlamentarische Opposition verstärkt, sie haben das Hochschulsystem der Bundesrepublik in Bewegung gebracht. Ich bin überzeugt, dass die begründete Aussicht auf strukturelle Veränderungen in der Organisation von Forschung und Lehre, dass also eine Hochschulreform, die diesen Namen nicht nur für ad-hoc-Anpassungen usurpiert, ausschliesslich durch den politischen Widerstand der Studenten erkämpft worden ist. » (KPS I-IV, 242)

En conclusion, Habermas élargit le débat. Pour lui, le mouvement de pro-testation étudiant anti-institutionnel et anti-autoritaire ouvre des perspectives nouvelles dans les sociétés industrielles avancées. En visant les nouvelles formes de « répression » qui ont pour but d'assurer l'assujettissement, et ce au moyen de technologies de pouvoir, Habermas dénonce la soumission à l'autre par le contrôle social. Selon lui, c'est la lutte contre ce type de répression – de nature psychoso-ciale – qui caractérise la « nouvelle protestation » à laquelle les étudiants sont par-ticulièrement sensibles, et ce dans nos pays, et non pas la dépendance manifeste et les conflits ouverts des pays paupérisés.

« Mit den Studentenprotesten ist ein Anspruch angemeldet und eine Perspektive zugemutet worden, die für das etablierte Selbstverständnis industriell entwickelter Gesellschaften une-rhört zu sein scheinen: ich meine das Sentiment und den Gesichtspunkt, von dem sich der antiinstitutionell gerichtete und der sich antiautoritär verstehende Protest, leiten lässt. Damit wird an eine verschüttete Dimension gerührt: an die von Herrschaft und Unterdrückung. Repression hat freilich die handgreifliche Form manifesten Mangelns, nackter Abhängigkeit und offenen Konflikts nur in den pauperisierten Ländern der Dritten Welt behaltene Form verwandelt; sie tritt eher in den sublimeren Zwängen rigider Einstellungen und eines präju-dizierten Bewusstseins zu Tage.

Gleichwohl hat sich nun unter den Studenten eine eigentümliche Sensibilität, wie es scheint, gerade für diese Repressionen ausgebildet, eine Sensibilität, lassen Sie es mich so ausdrücken: für die lebensgeschichtlichen Kosten einer von Statuskonkurrenz, Leis-tungswettbewerb und Bürokratisierung beherrschten Gesellschaft. Diese Kosten erscheinen den Studenten im Verhältnis zum technologisch verfügbaren Potential gesellschaftlichen und gesellschaftlich freigesetzten Reichtums unverhältnismässig hoch. Das trägt nun den Studenten den Vorwurf des Utopismus ein. Dieser Vorwurf wird überdies verknüpft mit dem weiteren Vorwurf, dass auf pragmatischer Ebene eine Konzeption nicht besteht oder Konzepte nicht ernst genommen werden. Und schliesslich besteht der Vorwurf, dass die Methoden der Gegengewalt wahllos destruieren, nämlich falsche Legitimationen ebenso wie Freiheit verbürgende Normen zerstören. Der Komplex, der durch diese Vorwürfe bezeichnet wird, muss in der Tat schnell, konsequent und eindeutig geklärt werden, wenn sich drei Intentionen des neuen Protestes nicht unter der Hand ins Ungewollte verkehren sollen. » (KPS I-IV, 242-243)

Pour finir cette brève intervention, visiblement inspirée de Marcuse, Haber-mas avance trois thèses :

1. On ne peut pas traiter d'utopistes ceux qui veulent transformer démocratiquement, de façon consensuelle, le cadre industriel de sociétés développées.

2. Nous autres, nous ne pouvons pas nous comparer aux populations démunies du tiers-monde ; une étude comparative des répressions s'exerçant chez nous et de leur incidence sur celles s'exerçant dans ces pays démunis peut cependant être fructueuse.

3. Nous ne sommes pas à la veille d'une révolution, ni aujourd'hui ni demain. Et il n'y a aucune raison de toucher à notre constitution qui garantit nos libertés que nous devons à nos mouvements d'émancipation : notre législation protège également les oppositions minoritaires.

Nous sommes redevables au mouvement ouvrier européen de la transformation de « l'État de classe bourgeois » en un État de droit démocratique et social. Il revient à la gauche de continuer ce processus et d'éviter de retomber dans un système autoritaire. C'est pourquoi, conclut-il, des réformes en cours ne doivent pas servir d'alibi à l'action pour l'action.

« Ich kann Ihnen diese Klärung nicht abnehmen, aber ich kann zum Schluss meine Meinung in drei Thesen aussprechen:

1. Ich halte es nicht für sinnvoll, diejenigen Utopisten zu nennen, die den industriellen Rahmen industriell entwickelter Gesellschaften demokratisch verändern möchten. Das Ziel lässt sich auch so formulieren: die Verwendung technologisch verfügbarer Potentiale für die Befriedigung zwanglos artikulierter Bedürfnisse soll, soweit als pragmatisch möglich Maximen folgen, über die in öffentlicher Diskussion und herrschaftsfreier politischer Willensbildung ein Konsensus herbeigeführt werden kann.

2. Die persönliche Identifizierung mit den Hungernden, den Elenden und den Abhängigen in den Regionen der Dritten Welt spricht für die Kraft der moralischen Phantasie. Sie ist zudem ein notwendiger Impuls für die Untersuchung kausaler Zusammenhänge zwischen Repressionen bei uns und Repressionen in unterentwickelten Ländern.

3. Wir stehen nicht vor einer Revolution, weder heute noch morgen. Ich sehe keinen Grund der einen leichtfertigen oder rücksichtslosen Umgang mit den, elementare Freiheit verbürgenden Prinzipien unserer Rechtsordnung – das sind nämlich die Resultate einer jahrhundertelangen Emanzipationsbewegung – rechtfertigen könnten. Ich sehe keine historische Rechtfertigung dafür, die Legitimationsgrundlage unserer Verfassung zu verlassen; die geltenden Institute können auch noch im Interesse und für den Schutz oppositioneller Minderheiten in Anspruch genommen werden.

Die Transformation des bürgerlichen Klassenstaates in die sozial rechtsstaatliche Demokratie wäre ohne die europäische Arbeiterbewegung nicht möglich gewesen. Die Linke ist es, die diesen Transformationsprozess weitertreibt und den drohenden Rückfall in ein autoritäres System verhindern will. Daher dürfen greifbare Reformen nicht zum Vorwand einer Aktion um des Agierens willen herabgesetzt werden. » (KPS I-IV, 243-244)

Notons que cette « *Podiumsdiskussion* » date des premiers jours de mai 1968, en même temps que la lettre à C. Grossner.

4.5. La tendance au basculement sur des « actions révolutionnaires » sous l'influence des événements de mai 1968 en France : le « nouveau mouvement de protestation » récusé par Habermas

L'article « *Kongress Hochschule und Demokratie* » s'achève sur une lettre de Habermas à C. Grossner du 13 mai 1968 – Grossner succède à Dutschke à la tête du SDS, Dutschke ayant été gravement blessé lors d'un attentat. La lettre porte sur la malheureuse formule « fascisme de gauche », employée par Habermas pour qualifier la position de Dutschke. Elle apparaît comme une lettre d'excuse visant à mettre un point final à la dissension, et ce par trois remarques :

Tout d'abord, Habermas dit n'avoir pas compris à l'époque que les nouvelles formes de provocation étaient un moyen légitime et nécessaire pour imposer des discussions là où elles sont refusées.

> *« Erstens habe ich damals nicht gesehen, dass die neuen Formen der Provokation ein sinnvolles, legitimes und sogar notwendiges Mittel sind, um Diskussionen dort, wo sie verweigert werden, zu erzwingen. » (KPS I-IV, 216)*

Il dit ensuite avoir eu peur des « implications irrationalistes » d'une nouvelle pratique consistant à « casser les règles du jeu » ; il avoue qu'il continue d'avoir peur, mais qu'il ne regrette pas ses mots d'alors, même si aujourd'hui il dirait les choses autrement – en tout cas il évitera à l'avenir de recourir à l'étiquette « fascisme de gauche » – et ce non seulement pour ne pas assimiler le SDS aux étudiants de droite du début des années 1930, mais surtout, dit-il, parce qu'il n'est plus sûr qu'on puisse aujourd'hui rendre compte de ce qu'il y a de neuf dans les révoltes actuelles en faisant un parallèle avec des phénomènes du passé. Il retire donc sa phrase pour des raisons de méthodologie scientifique.

> *« Zweitens hatte ich damals Angst vor den irrationalistischen Implikationen eines Vorgehens, das unter dem Topos « die Spielregeln brechen » eingeführt wurde. Diese Befürchtung hege ich heute noch, daher hat sich die Intention meiner damaligen Bemerkung nicht geändert. Freilich würde ich sie heute gewiss nicht mehr in der gleichen Form zum Ausdruck bringen, erst recht würde ich das Etikett des linken Faschismus vermeiden, und zwar nicht nur weil dieses Etikett das grobe Missverständnis einer Identifizierung des SDS mit den rechten Studenten Anfang der dreissiger Jahre hervorgerufen hat, sondern weil ich inzwischen überhaupt unsicher geworden bin, ob das eigentlich Neue an den gegenwärtigen Revolten durch geistesgeschichtliche Parallelen getroffen werden kann. » (KPS I-IV, 216)*

Sa troisième remarque n'est plus de l'ordre de l'excuse. Avec vigueur, il affirme que le recours à la violence dans la situation actuelle ne constitue pas une arme acceptable dans le combat politique. Il établit une distinction entre une situation révolutionnaire, ressentie comme insoutenable par une grande partie de la population et qui produit de la violence et de la contre-violence, et une situation non révolutionnaire, qui n'est pas perçue comme étant insupportable. Alors que dans le premier cas la stratégie retenue peut prétendre à être jugée politiquement, dans le second cas de figure, la violence engendrée ne peut échapper à un jugement moral : la stratégie adoptée par le SDS est donc moralement condamnable !

> « *Drittens halte ich nach wie vor Gewaltanwendung in der gegenwärtigen Situation nicht für ein vertretbares Mittel des politischen Kampfes. Eine revolutionäre Situation, die von der Masse der Bevölkerung als unerträglich empfunden wird, erzeugt Gewalt und reaktiv auch Gegengewalt. In einem solchen Zusammenhang, in dem Hegel die Kausalität der Sittlichkeit am Werke sah, kann eine Strategie, auch wenn sie Gewalt impliziert, Anspruch darauf erheben, politisch beurteilt zu werden. In einer Lage hingegen, die nicht revolutionär ist, und deren Unerträglichkeit keineswegs allgemein ins Bewusstsein getreten ist, kann die gleiche Strategie nicht nach denselben Massstäben beurteilt werden. In diesem Falle müssen sich die handelten Subjekte, gleichviel, ob sie politisch zu handeln glauben, inhumane Folgen ihres Handelns moralisch zurechnen lassen.* » (KPS I-IV, 216)

Dans sa lettre à C. Grossner, Habermas semble donc vouloir s'excuser : il dit regretter le recours à l'étiquette « *linker Faschismus* » qu'il évitera d'employer à l'avenir. Mais sur le fond, il ne change pas un iota : il continuera à s'opposer fermement au recours à la violence en période « non révolutionnaire » !

C'est la marque de la nouvelle attitude critique adoptée par Habermas en mai 1968 que l'on retrouve dans l'article « *Die Scheinrevolution und ihre Kinder* » (*La Révolution fictive et ses enfants*), article issu de son introduction à un débat public organisé par l'Association des étudiants de Francfort (AStA) le 2 juin 1968.

Habermas y précise dans l'introduction que c'est sous l'effet des événements parisiens que le SDS change de tactique et décide de se concentrer désormais sur l'agitation à la porte des usines et sur la rhétorique révolutionnaire. C'est ce qui l'a amené, lui, Habermas, à protester. Il commence par affirmer que, selon lui, le mouvement de protestation des lycéens et des étudiants est certes susceptible d'ouvrir des perspectives sérieuses d'une transformation structurelle en profondeur des sociétés industrielles développées pouvant aboutir à un mode de production socialiste, non bureaucratisé. Mais il s'empresse d'ajouter que du fait de la persistance de tendances restauratrices et également d'une certaine tradition de gauche, de fausses interprétations ont mené à des actions qui hypothèquent les chances de résultats. D'où sa critique qui porte principalement sur l'erreur d'appréciation concernant la situation, jugée comme étant « révolutionnaire » par les étudiants, mais comme « non révolutionnaire » par lui.

> « *Das erste Missverständnis besteht darin, dass unser Aktionsspielraum durch eine revolutionäre, jedenfalls durch eine in Revolutionierung zu überführende Situation bestimmt sei. Davon kann keine Rede sein. Jedes, aber auch jedes der bisher allgemein akzeptierten Anzeichen für eine revolutionäre Lage fehlt. Ganz gewiss aber fehlt die subjektiv*

drückende Gewalt einer als unerträglich allgemein ins Bewusstsein tretenden Situation. »
(KPS I-IV, 256)

D'autres identifications sont trompeuses : avec le Viêt-Cong, les Noirs américains, les révolutionnaires cubains. Par ailleurs, les nouvelles formes de protestation qui, selon Habermas, ne peuvent avoir qu'une fonction symbolique deviennent, dans l'esprit des manifestants du SDS, des instruments d'une révolution imminente : en réalité, ils provoquent chez ces manifestants des fantasmes : comme le drapeau rouge qu'ils brandissent en faisant croire à la prise de la Bastille. C'est aussi le cas à l'Université de Francfort où les manifestants ont visiblement confondu le « phénomène virtuel » de l'occupation de l'Université avec une prise de pouvoir ! Pour Habermas, c'est de l'infantilisme ! La « révolution fictive » remplace la stratégie et empêche tout réalisme politique : en l'occurrence, une conjonction avec les ouvriers et les syndicats. Or c'est avec un appel au réalisme politique que Habermas conclut son introduction à la discussion publique.

> *« Die Fehleinschätzung der Situation macht die aktivsten Teile der Studentenbewegung anscheinend unfähig, die Grenzen ihres Aktionsspielraums und den Charakter der verfügbaren Mittel zu erkennen. […]. Wie die Vorgänge in den Räumen der Frankfurter Universität während der Pfingstwoche in der Nacht von Mittwoch auf Donnerstag unmissverständlich zeigen, verwechseln einige führende Akteure den virtuellen Vorgang einer Universitätsbesetzung mit einer faktischen Machtübernahme. Eine so gravierende Verwechslung von Symbol und Wirklichkeit erfüllt im klinischen Bereich den Tatbestand der Wahnvorstellung […].*
>
> *Die Verwechslung von Realität und Wunschphantasie hat ferner zur Folge, dass an Stelle der allein gebotenen Strategie massenhafter Aufklärung die Taktik der Scheinrevolution tritt. Wie in den letzten Wochen deutlich zu beobachten war, nimmt Agitation den Platz der Diskussion ein. […] Unter permanentem Handlungszwang wird auf Analyse verzichtet […].*
>
> *Die Taktik der Scheinrevolution kommt schliesslich in einem Verhalten zum Ausdruck, das die Polarisierung der Kräfte um jeden Preis sucht. Diese kurzfristige Perspektive schliesst Bündnispolitik, schliesst die präventive Vermeidung künftiger Risiken […] aus. Sie führt zur illusionären Beschwörung der Einheit von Studenten und Arbeiterschaft. Sie führt dazu, die Grenzen des Aktionsspielraums zu verkennen, die auf der einen Seite durch Massenmedien und auf der anderen Seite durch den Gewerkschaftsapparat definiert sind. » (KPS I-IV, 257-258)*

Au final, Habermas reconnaît toutefois, par-delà sa critique acerbe du « nouveau mouvement de protestation » – comme il l'appelle désormais –, le mérite d'avoir introduit dans la culture politique la distinction entre la visée du but privé, qu'est la défense du niveau de vie, et la visée fondamentalement politique de l'émancipation, à savoir « l'implantation d'une pratique démocratique dans tous les secteurs de la société ».

Notons qu'avec cette dernière formulation, Habermas anticipe le discours d'investiture de Willy Brandt, une année plus tard !

« Die Topik der alten Arbeiterbewegung führt heute in die Irre. Die neue Protestbewegung verdankt ihre Überlegenheit dem Umstand, dass sie auf dem gegenwärtigen Niveau der gesellschaftlichen Entwicklung unterscheiden kann : zwischen dem privatistischen Ziel des gesicherten Lebensstandards und dem eigentlichen politischen Ziel der Emanzipation, das heisst der Durchsetzung eines im Ernst demokratischen Willensbildungsprozesses in allen gesellschaftlichenBereichen. » (KpS, 259)

Habermas conclut son intervention par un appel au réalisme, qu'il justifie par le fait que le pays ne se trouve pas dans une situation insurrectionnelle et que, de ce fait, il convient de respecter le cadre juridique qui peut bénéficier aux étudiants ; de prendre en compte les progrès ponctuels réalisés malgré la « restauration » ; de ne pas compromettre le développement économique du pays ; de trouver des alliés (dans la presse, chez les syndicats) et de renoncer à vouloir anticiper une « conscience éclairée des masses » !

« Wenn die Protestbewegung ihr radikales Ziel einer Entbürokratisierung der Herrschaft, die mit den Bedürfnissen eines entwickelten Industriesystems vereinbar ist, […] verfolgen will, muss sie ihre Taktik an der Wirklichkeit orientieren. Sie muss realistisch sein:

– realistisch im Hinblick auf die informellen und die rechtlichen Positionen, auf die sich die demokratische Opposition heute noch stützen kann und die sie verlieren kann. Ein abstrakter Kampf gegen die Institutionen der Verfassung wäre sowohl unbegründet als auch selbstmörderisch.

– realistisch im Hinblick auf die punktuellen Fortschritte, die inmitten der massiv restaurativen Entwicklung der letzten zwanzig Jahre auch möglich gewesen sind. Die isolierten Verbesserungen können als Bastionen genutzt werden. Sie sollen nicht […] pauschaler Ablehnung anheimfallen.

– realistisch im Hinblick auf die Grenzen des Aktionsspielraums. Ohne Unterstützung durch Gruppen mit priviligierten Einflusschancen ist der Zugang zur breiten Öffentlichkeit, der von den Massenmedien kontrolliert wird, nicht zu gewinnen. Ohne Unterstützung des Gewerkschaftsapparats kann das Mittel des politischen Streiks, das die Verfassung gegen einen Notstand von oben allein garantiert, nicht angewendet werden.

– realistisch schliesslich im Hinblick auf die theoretischen Voraussetzungen der Praxis. Generalisierungen, auch auf relativ hoher Stufe der Verallgemeinerung, sind nötig. Aber bei schwachen empirischen Anhaltspunkten sollte über deren Status kein Zweifel sein. Niemand darf sich präsumtiv mit einem in Zukunft hervorzubringenden Bewusstsein aufgeklärter Massen identifizieren, um heute schon stellvertretend für sie zu agieren. » (KPS I-IV, 260)

5.

Les années 1970 : le retournement de tendance (*Tendenzwende*). Interviews avec Gad Freudenthal (Jérusalem), Angelo Bolaffi (Rome), Detlev Horster et Willem van Reijen (Amsterdam)[8]

5.1. « Une période confuse »

La période est qualifiée par Habermas de « confuse » (*dumpfes Jahrzehnt* (KPS I-IV, 307)). C'est qu'il n'y a plus, comme dans la décennie précédente, d'événement dominant incontestable, comme l'a été la révolte étudiante. Il y a certes eu l'événement marquant du terrorisme, mais force est de constater que seule une quarantaine de pages sur les cent cinquante que compte le chapitre lui sont consacrées. Il y a également les « interdictions professionnelles » *(Berufsverbote)* qui prennent une trentaine de pages. Pour Habermas, les deux thématiques, qui se trouvent d'ailleurs entremêlées, ne semblent donc pas avoir été marquantes pour l'histoire politico-culturelle de la RFA des années 1970. En revanche, le néo-conservatisme allemand y prend une place qui peut paraître démesurée, mais Habermas y décèle un danger pour l'Allemagne !

Si la période peut être qualifiée de « confuse », c'est peut-être qu'il lui manque une idée directrice, en l'occurrence quelqu'un qui lui imprime sa marque. De fait, à aucun moment, Habermas ne met en valeur l'apport d'Helmut Schmitt. D'ailleurs, quand il fait un bilan comparatif de l'apport des différents chanceliers, il dit d'Helmut Schmitt qu'il a « porté son regard sur l'économie mondiale » – ce qui visiblement ne suffit pas pour parler d'une « ère Schmitt » et de ses sept années au pouvoir. Visiblement, Habermas procède à une « ex-nomination » du chancelier Helmut Schmitt.

Dans une lettre au « néo-conservateur » Kurt Sontheimer, Habermas évoque une singularité de l'« Ère Adenauer-Erhard » qui a connu, dit-il, une étonnante répartition du travail entre le gouvernement et les intellectuels, évoquée précédemment : le premier s'est occupé de la « restauration socio-économique », alors que les seconds ont fait valoir la « tradition de l'*Aufklärung*, de Lessing à Marx ». Cette répartition des tâches perdure pendant le moment de la révolte étudiante, laquelle a coïncidé avec le gouvernement de « Grande Coalition » (1966-1969). Avec l'arrivée concomitante en 1969 du Gustav Heinemann comme président

[8] KPS I-IV, 311-533.

social-démocrate et de Willy Brandt comme chancelier social-démocrate à la tête d'une coalition sociale-libérale, il se produit une convergence entre les objectifs du gouvernement et les convictions de la plupart des intellectuels, convergence saluée par Habermas : « une période brève », dira-t-il en le déplorant, qui s'achève en 1972 avec la fin du premier gouvernement social-libéral (Willy Brandt I) et qui n'aura donc duré que trois ans.

> « *Und wenn es bei uns überhaupt je eine Konvergenz zwischen den Antrieben der Regierungsprogrammatik und den Grundüberzeugungen der meisten Intellektuellen gegeben hat, dann in den Jahren, die auf die Wahl Heinemanns zum Bundespräsidenten gefolgt sind, also während der ersten sozial-liberalen Regierung.* » (KPS I-IV, 401).

1972 apparaît ainsi comme une date pivot pour Habermas. Le départ de Willy Brandt marque une rupture politico-culturelle, la fin de l'éphémère entente, de la « convergence » entre les intellectuels libéraux et de gauche et le gouvernement. C'est à cette date qu'un boulevard s'est ouvert à la « réaction » *(der Weg der Reaktion)*, préparé par les écrivains « néo-conservateurs » qui ont propagé le fameux « retournement de tendance » *(Tendenzwende)* – les deux termes étant équivalents.

Cette « réaction » prend des formes juridico-politiques diverses :

> « *Der Weg der Reaktion hat über das Hochschulrahmengesetz, über das Bundesgerichtsurteil zum § 218, über die Artikel 88a und 130 des Strafgesetzbuches […] und über diverse Basteleien am Strafprozessrecht vorerst bis zu jener erschreckenden Minute geführt, als Wehner im Bundestag die Rede des Abgeordneten Coppik, die, hätten wir eins, ins republikanische Lesebuch gehörte, unterbrach.* » (KPS I-IV, 401-402).

Habermas est très affecté par le fait que le président du groupe parlementaire SPD au Bundestag, Herbert Wehner, puisse couper la parole à un député SPD, de l'aile gauche du SPD : empêcher cette gauche, qui n'est pas dans la ligne du gouvernement, d'exister, revient, selon Habermas, à sacrifier l'identité du parti sur l'autel du pouvoir. On peut faire remarquer que le SPD partage le pouvoir avec le FDP !

> « *Kann diese Partei den Augenblick noch erkennen, wenn sie, gegebenenfalls, wählen muss zwischen Regierungsmacht und ihrer eigenen Identität. Sie zerstört diese Identität, wenn sie das Existenzrecht der Linken in der Bundesrepublik preisgibt, auch derjenigen Linken, die den demokratischen Sozialismus nicht gerade auf der Linie der gegenwärtigen Regierungspolitik anstreben.* » (KPS I-IV, 402)

Notons que déjà en 1970 Habermas a été l'auteur d'une lettre ouverte au sociologue Ernst Topitsch, cofondateur de l'« Alliance pour la liberté de la science » *(Bund Freiheit der Wissenschaft)*, qui regroupe des universitaires néo-conservateurs. Topitsch s'y trouve critiqué à double titre, en tant que représentant de la tradition intellectuelle des « Contre-Lumières » *(gegenaufklärerische Tradition)* et comme « renégat » du libéralisme politique. Habermas lui colle le mot injurieux de « *Scheissliberaler* » (libéral de merde !), appliqué par la gauche aux intellectuels libéraux soupçonnés d'être en train de basculer – ou d'avoir basculé – dans le camp conservateur. Selon lui, lors du mouvement des étudiants, cette injure a été adressée par ces derniers à *Die Zeit*, accusée de n'avoir pas pris parti en leur faveur (KPS I- IV, 311-317).

Dans la même lettre, Habermas fait le bilan de la situation politico-culturelle de la RFA au début de la décennie. Les intellectuels – libéraux et de gauche –, brocardés par Topitsch qui les traite de « *Humanitätsideologen* », ont le mérite, dit-il, d'avoir réussi à former une opinion publique qui a permis de préserver l'Allemagne du redoutable « ethnocentrisme teutonique ». Et ce en redonnant vie aux traditions de l'*Aufklärung* qui se sont trouvées englouties, même si, rétablies, leur situation demeure précaire.

> « *Ohne die publizistisch wirksame Belebung vollends verschütteter Aufklärungstraditionen wäre die innenpolitische Entwicklung gegen die Kräfte der ökonomischen und der sozialen Restauration bis zum gegenwärtigen Zustand nicht gediehen. Dieser Zustand ist so prekär, dass man es gar nicht laut zu denken wagt: wir leben im Augenblick (noch) in einem der sechs oder sieben liberalsten Länder der Welt. Und Ihnen ist das schon zuviel? Sie rufen bereits nach dem Büttel?* » (KPS I-IV, 316)

5.2. Les « interdictions professionnelles » et le terrorisme *(Berufsverbote ; deutscher Herbst)*

Le « décret sur l'emploi des extrémistes dans la fonction publique », le « *Radikalenerlass* » – appelé « *Berufsverbot* » (décret sur l'interdiction professionnelle) par les opposants au décret, dont Habermas, qui met cette appellation en tête des deux articles consacrés à cette question en 1976 et 1978 (KPS I-IV 328-339) –, date de 1972.

Il vise tout particulièrement la « *Gesinnungsüberprüfung* », l'examen auquel sont soumis les candidats à l'entrée dans la fonction publique, ou des fonctionnaires déjà en poste, et qui est censé éclairer leur état d'esprit, leurs convictions politiques, et jauger leur loyauté envers l'Ordre constitutionnel.

Il y insiste sur la gravité de ces pratiques visant les candidats à la fonction publique, pratiques qu'il juge déstabilisantes pour ceux-ci : du fait du contrôle systématique de *tous* les candidats, elles produisent l'effet d'une bombe à fragmentation *(Streubombeneffekt)*. Dans toute une génération, elles sèment la peur, provoquent le découragement et la démobilisation, et empêchent tout attachement à la République.

> « *Auch unter politischen Aspekten ist die Berufsverbotspraxis nicht darum suspekt, weil sie zu Schnüffelei und Denunziation führt, sondern weil die systematische Gesinnungskontrolle aller Anwärter des öffentlichen Dienstes wie einen Streubombeneffekt hat: Sie löst in einer ganzen Generation Angst aus, bringt Mutlosigkeit hervor und verhindert Bindungen an das, wofür unsere weithin zynisch gewordene Republik einmal stehen sollte.* » (KPS I-IV, 332)

Dans un rapport qu'il a établi en 1976 pour l'avocat d'une candidate à un poste d'enseignant, dont la procédure dure depuis sept ans, il prend fait et cause

pour les conceptions de « l'ordre libéral-démocratique » dont se réclame la candidate, qu'il situe politiquement à l'aile gauche du SPD : les conceptions en question
ne peuvent donc pas lui être reprochées. Il critique par ailleurs les approximations
de l'appareil judiciaire dans l'interprétation des décisions de la Cour constitutionnelle fédérale et la formation insuffisante de son personnel (KPS I-IV, 330-331).

Dans « *Briefe zur Verteidigung der bürgerlichen Freiheit* » (1978) de Freimut
Duve/ Heinrich Böll/ Klaus Staeck, Habermas, dont la contribution porte sur le
Tribunal Russell III, figure dans le chapitre II « *Die Verteidigung der Liberalität* »,
avec comme titre : « Ce qu'il y a de dramatique avec ce tribunal, c'est que nous
en avons un grand besoin » (« *Das ernstlich Fatale an diesem Tribunal ist, dass wir
es brauchen* »). Le Tribunal Russell III vient de siéger à Harheim, près de Francfort : il s'agit du troisième tribunal de ce type – tribunal « symbolique » –, pratiquant une « contre-justice » pour pallier la justice officielle, jugée défaillante. Le
premier a eu à juger des crimes des Américains au Vietnam ; le second s'est penché
sur les violations des droits de l'homme au Brésil et au Chili.

Habermas engage à ce sujet une vive polémique avec Marion Gräfin Dönhoff,
éditorialiste de *Die Zeit* qui, à propos de ce Tribunal Russell III, a produit un édi-
torial au titre accrocheur – « La mascarade de Harheim » – le sous-titre étant plus
mesuré : « La critique est nécessaire, mais nous n'avons pas besoin du Tribunal
Russell ».

Habermas réplique que l'Allemagne a indiscutablement besoin de ce Tribunal,
compte tenu des hypothèques politico-culturelles – nationalistes et autoritaires –
qui pèsent sur elle et affectent le libéralisme allemand, désormais « colonisé » par
d'anciens intellectuels de droite.

> « *Das hat, vermute ich, mit der eigentümlichen Rechtsverschiebung unseres politischen
> Spektrums zu tun, mit jenen nationalen und obrigkeitsstaatlichen Hypotheken, die eine
> im Kaiserreich wurzelnde politische Kultur insbesondere unseren Liberalen auf die Schul-
> ter legt. Was hierzulande die Regel ist, merkt man an den Ausnahmen. Ein Radikaler
> wie Dahrendorf, Mitarbeiter der Zeit, ist beinahe schon eine exotische Erscheinung. Im
> Umkreis der Universitäten ist das Wort "liberal" inzwischen ein Pseudonym für die neue
> Militanz alter Rechtsintellektueller geworden. Anscheinend muss man in diesem Land
> Sozialist sein, um für liberale Prinzipien zu kämpfen. Das soll ja in den letzten hundert
> Jahren schon öfter vorgekommen sein.* » (KPS I-IV, 333)

À travers son interlocutrice éditorialiste, Habermas lance un appel aux libéraux – et à *Die Zeit*, journal libéral par excellence. Sa lettre de réponse à la Gräfin
(*Die Zeit*, 5 mai 1978) a d'ailleurs un titre alarmiste « *Wo bleiben die Liberalen?* »
(non reproduit dans KPS). Il interroge ceux-ci quant à leur position face à l'application du « *Radikalenerlass* » de 1972 – qu'il qualifie dans le langage des libéraux et de la gauche d'« examen de conscience » (« *Gesinnungsüberprüfung* ») ou
d'« interdiction professionnelle » (« *Berufsverbotspraxis* ») (KPS I-IV, 328).

Habermas s'interroge sur cette absence de pugnacité, comme si les libéraux
avaient déserté. C'est un constat de faillite pour le parti libéral, garant des libertés,
que de voir les libertés ainsi menacées, sans qu'il aient pris la moindre initiative !

> « *Mir ist nicht bekannt, dass sich liberale Publizisten, Staatsrechtler, Politiker, Schrifts-*
> *teller, Philosophen für die Verteidigung bürgerlicher Freiheiten eine Woche Zeit genom-*
> *men hätten, um zwölf dokumentierte Berufsverbotsfälle öffentlich zu analysieren.* » (KPS
> I-IV, 332)

Notons que le propos désabusé de Habermas à l'endroit des libéraux rejoint les
analyses des historiens et politologues des années 1970 sur le glissement à droite
du FDP concrétisé par les Thèses de Kiel (1977) venues remplacer le programme
« progressiste » de Fribourg (1967). Il cite d'ailleurs Ralf Dahrendorf – « *ein*
Radikalliberaler […] beinahe schon eine exotische Erscheinung » (KPS I-IV, 333) –
comme témoin de ce glissement vers la droite *(die Rechtsverschiebung unseres poli-*
tischen Spektrums), un phénomène qui l'inquiète.

5.3. L'émergence de l'idéologie néo-conservatrice *(Tendenzwende)*

C'est finalement le « renversement de tendance » *(Tendenzwende)*, à savoir
le glissement à droite du spectre politique *(Rechtsverschiebung)*, qui constitue
la préoccupation centrale de Habermas, un mouvement qui concerne les deux
camps en présence, la droite conservatrice et la droite du SPD ! Il commence
par noter un « glissement vers une *Realpolitik* » dès 1972, lequel marque la fin
de la période faste des « réformes » de l'ère Brandt. Deux textes sont consacrés
à cette question en 1977 : « *Volksjustiz* » et « *Briefwechsel mit Kurt Sonthei-*
mer ».

> « *Diese Kurze Periode [der Reformen der « Ära Brandt] wird heute belächelt im*
> *vornehmen Ton des CSU-Vorsitzenden als eine Periode der Spinner, Traumtänzer und*
> *Wolkenschieber. Wir [Sozialisten und Liberale] haben dann auch mit dem Radikalener-*
> *lass alsbald zu einer Realpolitik zurückgefunden, die sich nun, weil sie auf eine Revolte*
> *von links reagiern konnte, der Hemmungen ledig fühlen durfte, die der Diskreditierung-*
> *seffekt der Naziperiode den gesunden deutschen Traditionen bis dahin auferlegt hatte.*
> *Diese Enthemmung ist auch ein Verdienst der Schriftsteller, die die Tendenzwende propa-*
> *giert haben.* » *(KPS I-IV, 401)*

Habermas énumère la liste des faux pas des gouvernements Brandt-Genscher,
puis Schmidt-Genscher, apparemment décomplexés, désinhibés, qui s'éloignent
de la politique sociale-libérale première manière et empruntent le « chemin de la
réaction » : en témoignent le décret sur les « interdictions professionnelles » de
1972 et le durcissement du Code pénal en octobre 1977 avec l'interruption de
tout contact – écrit et oral – avec un prisonnier condamné pour terrorisme *(Kon-*
taktsperregesetz).

L'affrontement entre les deux tendances – la tendance dominante des années
1960 et qui est maintenant sur la défensive et celle, montante, des années 1970 –
s'apparente à un jeu de ping-pong. Un choc culturel entre l'intelligentsia libérale et
de gauche, dominante jusqu'au début des années 1970, et les outsiders, « conservateurs » et « libéraux-conservateurs » anciens, auxquels se joignent désormais des

« néo-conservateurs » et des « néo-populistes » ! D'où inévitablement des moments de confusion, d'ailleurs prédits par Habermas.

Dans cette guerre des cultures, deux recueils de textes parus chez Rowohlt, sous la direction des politologues Martin Greiffenhagen – et Herrmann Scheer pour le second – ouvrent le débat.

Le premier, *Der neue Konservatismus der siebziger Jahre*, paru en 1974, avec 12 contributions, dresse un panorama critique de la nouvelle tendance. Sont visés les philosophes et/ou sociologues Arnold Gehlen, Helmut Schelsky, Ernst Topitsch, Hermann Lübbe, Konrad Lorenz ; les organes de presse conservateurs (*ZDF-Magazin* de Gerhard Löwenthal, le groupe de presse d'Axel Caesar Springer) ; les universitaires du *« Bund Freiheit der Wissenschaft »* ; la *« Harzburger Akademie für Führungskräfte der Wirtschaft »* (une Grande École de cadres d'industrie) *(Kaderschmiede)* ; les courants néo-conservateurs des Églises catholiques et protestantes, ainsi que la « nouvelle » CDU représentée par Kurt Biedenkopf.

Un deuxième recueil de Martin Greiffenhagen et Herrmann Scheer, intitulé *Die Gegenreform – Zur Frage der Reformierbarkeit von Staat und Gesellschaft*, paru chez Rowohlt en 1975, est consacré aux conceptions politiques d'une part des « réformateurs » (SPD, FDP, Jeunes Socialistes…) – lesquels peinent à poursuivre, sous le gouvernement Helmut Schmidt, le train de réformes de la première « coalition libérale-sociale » ; d'autre part à la stratégie de la partie adverse des néo-conservateurs de la CDU, lesquels visent à neutraliser les réformes dans différents secteurs : économie *(Globalsteuerung)*, entreprises, agriculture *(Bodenreform)*, formation professionnelle, petite enfance (*Projekt Tagesmütter*), armée. Habermas ne figure pas parmi les auteurs de ces deux recueils très factuels.

Si Greiffenhagen fournit une analyse relativement distanciée du spectre politique de la RFA du début de l'ère Schmidt, des années 1974-1975, c'est que la période est, du moins politiquement, apaisée. Il n'en sera plus de même quelques années plus tard, quand, en 1977, paraît, toujours chez Rowohlt, le recueil de lettres sous la direction de Freimut Duve, Heinrich Böll, Klaus Staeck, *Briefe zur Verteidigung der Republik* : la tonalité est devenue plus guerrière. L'objectif affiché d'entrée – « la défense de la République » – est double : lutter contre les terroristes et les « profiteurs du terrorisme » *(Nutzniesser des Terrorismus)*. Notons l'introduction, par les progressistes, dans le débat public de la notion de « profiteurs du terrorisme », désignant désormais les néo-conservateurs.

La contribution de Habermas à ce recueil, intitulée « *Stumpf gewordene Waffen aus dem Arsenal der Gegenaufklärung* » (« Les armes émoussées de l'arsenal des Contre-Lumières ») (54-72), sera reprise et longuement développée dans KPS I-IV avec comme titre « *Briefwechsel mit Kurt Sontheimer* » (KPS I-IV, 367-407). Parallèlement, Habermas publie dans *Der Spiegel* en octobre 1977 un article des plus virulents avec pour titre « *Probe für Volksjustiz* », repris dans KPS I-IV (364-367) sous le titre « *Volksjustiz* ». Ces deux articles, écrits sous le coup de l'enlèvement de Martin Schleyer, constituent la rubrique « *Deutscher Herbst* » dans KPS I-IV (364-406).

Près de dix ans plus tard, en 1985, dans « *Die Neue Unübersichtlichkeit* » (DNU), Habermas affirme que cet événement a constitué un moment décisif pour son itinéraire intellectuel : c'est en 1977, dit-il, après l'enlèvement de Schleyer, quand la situation politique intérieure de la République fédérale s'est tendue au point de s'apparenter à un pogrome, qu'il a pris conscience de l'urgence d'intervenir dans le débat.

C'est alors qu'il a commencé à prendre au sérieux, dit-il, les « idéologies néo-conservatrices » apparues depuis 1973 en Allemagne dans la mouvance, entre autres, de Gehlen et de Carl Schmitt, idéologies qualifiées par lui de « libérales-tardives » (spätliberal) : une émanation du libéralisme, qu'il considère comme étant en rupture avec la modernité des Lumières, c'est-à-dire avec les idées sur lesquelles s'est fondée la République fédérale.

Ainsi donc, Habermas met l'accent sur l'avènement des « idéologies néo-conservatrices » que le lecteur est amené à considérer comme étant la matrice du « renversement de tendance ». Or, quasi furtivement, il évoque l'arrivée sur la scène politique d'un autre potentiel de protestation, qu'il appelle les « nouveaux mouvements », qu'il a ignorés jusqu'alors, dit-il. Il explique ensuite pourquoi il a cité ensemble les deux tendances, les néo-conservateurs et les critiques de la croissance – et ce bien qu'elles aient des points de vue différents sur le devenir de la société occidentale. C'est que l'une et l'autre – chacune à sa manière, l'une de façon plus articulée, l'autre de façon plus diffuse – ont donné des interprétations certes différentes, mais portant sur le même problème, à partir du même constat : il s'agit des conséquences sociétales désastreuses, non intentionnelles, de la « stabilisation de la vie sociale intérieure », laquelle s'est opérée sur la base du compromis social-démocrate.

En bonne logique, il conviendrait donc d'associer ces « nouveaux ouvements » à la définition du « renversement de tendance ». Les deux composantes, quoique différentes, se trouvent ici réunies dans leur opposition au « compromis social » présenté comme un adversaire du changement – le terme de « stabilisation » étant employé ici négativement, très certainement comme retardant le « renversement de tendance ».

En conséquence, le « compromis social-démocrate » apparaît maintenant comme le grand perdant des évolutions en cours, obligé de céder sa place à la fois aux « néo-conservateurs » et aux « nouveaux mouvements critiques de la croissance ». C'est là le moment du « renversement de tendance » qui culmine en 1977 et pousse Habermas à sortir du bois, à quitter sa tour d'ivoire, comme il dira plus tard !

« *Die innenpolitische Situation, die sich nach der Schleyer-Entführung 1977 zu einem pogromähnlichen Spannungszustand verschärft hatte, trieb mich dazu, mich aus dem theoretischen Elfenbeinturm hinauszubegeben und, sagen wir mal, im tagespolitischen Streit Stellung zu beziehen.*

Damals habe ich zum ersten Mal die neokonservativen Ideologien, die etwa seit 1973 aufkamen, ernstgenommen, habe mir nicht nur achselzuckend ein déjà-vu-Erlebnis geleistet, sondern das Auftreten dieser militanten, bei uns v. a. an Gehlen und Carl

Schmitt anknüpfenden Spätliberalen als signifikant für eine Grosswetterlage betrachtet. Ich versuchte mir den in diesen Überlegungen implizierten Begriff von Moderne, und einer Verabschiedung von der Moderne, einer Verabschiedung radikaler Demokratie und Aufklärung, der Ideen, die die Bundesrepublik schliesslich getragen haben, klarzumachen. Das war die eine Seite.

Die andere Seite war, dass ich zum ersten Mal die Bedeutung der neuen Protestpotentiale, neuer Bewegungen, zu denen ich von Hause aus kein Verhältniss hatte, etwas besser zu verstehen glaubte. Wenn Sie diese beiden politischen Phänomene zusammen nehmen, werden Sie vielleicht verstehen, dass sich damals in meinem Kopf das Interprétationschema gebildet hat, das vielleicht nicht dem ganzen Buch, aber dem, was ich dort in der Schlussbetrachtung entwickelte, die Richtung gewiesen hat.

Das sollte ich vielleicht etwas besser erklären. Beide Seiten, die Neokonservativen und die Wachstumskritiker, die einen artikulierter, die anderen oft nur diffus, haben gegenläufige Interprétationen entwickelt von diesem Zustand, in den die westlichen Gesellschaften, mit Reagen und der Lady auf der einen, Mitterand auf der anderen Seite – und Schmidt in der Mitte – drei Jahrzehnte nach dem letzten Schlamassel hineingeraten sind. Beide Interprétationen, Ideologien, Deutungsschemata, wie immer Sie das nennen wollen, verarbeiten missliche soziale Nebenfolgen einer solch ziemlich erfolgreichen Stabilisierung innerer Verhältnisse – einer Stabilisierung, die auf der Grundlage des sozialstaatlichen, im weiteren Sinne sozialdemokratischen Kompromisses, wie Dahrendorf sagt, erreicht worden ist. » (DNU, 180-181)

Ainsi donc, les deux nouveaux mouvements, les néo-conservateurs et les critiques de la croissance attestent la crise du compromis social-démocrate.

Dans le premier article, intitulé « *Volksjustiz* », Habermas se contente finalement d'une allusion à la « justice populaire ». En fait, l'article ne fait que traiter des hommes politiques de l'opposition conservatrice : le duo « *Strauss und Dregger* » (366), comme il les appelle sèchement – Franz Joseph Strauss est alors président de la CSU bavaroise et Alfred Dregger (*Herr Dregger*) est un des dirigeants de la CDU. Les chefs d'accusation : le premier a préconisé le recours à la « justice populaire » et le second a affirmé que l'« École de Francfort » était à l'origine du terrorisme !

« Mittwochabend strahlte die ARD eine Propagandasendung des Bayerischen Rundfunks aus, in der Herr Mühlfenzl die von Strauss empfohlene Volksjustiz schon einmal geprobt hat. Dort trat auch Herr Dregger auf und erklärte die "Frankfurter Schule" schlicht zu einer Ursache des Terrorismus. » (KPS I-IV, 364)

Pour Habermas, Strauss et Dregger, qui apparaissent ici comme les figures de proue politiques du néo-conservatisme, sont des imposteurs : non seulement ils diffament les intellectuels de gauche et le travail critique réalisé depuis 1945, mais encore se présentent, eux, comme des « esprits critiques qui ne se laissent pas aveugler par la phraséologie écologiste et humaniste ».

« Kritische Geister, so meinte Strauss im Bundestag, "sind wir, die wir uns nicht von den Phrasen haben benebeln lassen, die mit Lebensqualität und mit Menschlichkeit usw...", in die Welt gesetzt worden sind. » (KPS I-IV, 366)

Pour Habermas, Strauss a franchi la ligne rouge en prétextant la lutte contre le terrorisme, pour procéder, en fait, à la diffamation de la tradition de la pensée critique issue des Lumières.

> « *Strauss spricht hier, wenn ich mich nicht irre, von jenen bürgerlichen Idealen, die in einer breiten Tradition verankert sind. Dieser Humanismus ist in Deutschland nur ein einziges Mal auf den Index gesetzt worden, und zwar mit der Art von Emotionen, die Strauss heute anheizt. Strauss setzt aufs Ganze: Der Terrorismus bietet den Vorwand für eine Diffamierung, die mit 200 Jahren kritischen bürgerlichen Denkens aufräumen soll.* » (KPS I-IV, 366-367)

C'est ainsi que Habermas stigmatise le « nouveau conservatisme » (Greiffen-hagen, 1974 et 1975) en recourant aux qualificatifs négatifs « anti-Lumières » et « anti-réformes », la stigmatisation culminant dans l'emploi d'expressions inhabituellement violentes comme « *barbarische Geistesfeindschaft* » et « *verbaler Terror* ».

> « *Aber, in Zukunft könnten wir… in "Le Monde" oder im "Corriere della Sera" ein bisschen beschreiben, wie es sich in einem Lande lebt, wo sich der physische Terror der einen im verbalen Terror der anderen spiegelt.* » (KPS I-IV, 367)

Après avoir reproché aux intellectuels allemands – lui compris – leur passivité et leur avoir suggéré de témoigner au-delà des frontières, dans *Le Monde* ou le *Corriere della Serra*, de ce qui se passe dans « un pays où le terrorisme physique des uns se reflète dans le terrorisme verbal des autres », Habermas conclut son propos par une antiphrase assassine : « Pas de souci, on ne va pas qualifier Strauss de fasciste ; on va étudier ses discours, observer son comportement et essayer de savoir si Strauss, après que l'Espagne s'est enfin débarrassée de Franco, ne veut pas francoïser la République fédérale ! »

> « *Keine Sorge, wir werden Strauss nicht einen Faschisten nennen. Wir werden seine Reden studieren, sein Verhalten beobachten und der Vermutung nachgehen, dass Strauss, nachdem Spanien endlich eines Franco ledig ist, die Bundesrepublik francoisieren will.* » (KPS I-IV, 367)

5.4. La controverse entre Habermas et Kurt Sontheimer sur les origines du terrorisme

Sontheimer est un politologue connu pour ses travaux sur la pensée antidémocratique sous la République de Weimar *(Antidemokratisches Denken in der Weimarer Republik, 1962)* et l'auteur d'un ouvrage récent sur les intellectuels de la République Fédérale – *Das Elend unserer Intellektuellen* (Hoffmann und Campe, 1976). Sontheimer, membre du SPD depuis les années 1960, très engagé dans la campagne électorale de Willy Brandt de 1969, au côté de Günter Grass, se situe à l'aile droite du SPD.

Habermas le traite d'entrée de « *Scheissliberaler* », tout comme il a déjà gratifié en 1974 un autre collègue, le philosophe Ernst Topitsch (KPS, 311). C'est qu'il est préoccupé par « la lamentable décomposition de l'esprit libéral dans le milieu universitaire, qui a vu naître un type original, dit-il, le « renégat du centre » *(Renegat der Mitte)* – notons que *« Mitte »* est péjoré dans les *« Briefe zur Verteidigung der Republik »*, où il est rappelé que sous la République de Weimar, le *« Zentrum »* a voté les pleins pouvoirs à Hitler.

Habermas récuse la thèse de Sontheimer, selon laquelle une « théorie de gauche, critique de la société », est apparue en Allemagne et a marqué la conscience politique de la gauche allemande dans son ensemble, laquelle s'est transformée sous l'influence de théories marxistes – anciennes et nouvelles – et s'est radicalisée.

Il critique vigoureusement l'intervention de celui-ci dans une émission du ZDF du 11 septembre 1977 devant un million d'auditeurs – « *vor einem Millionenpublikum von Fernsehzuschauern* » –, dans laquelle il a présenté la « théorie de gauche » comme cause du terrorisme et réclamé une législation d'urgence !

> « *Sodann bezeichnen Sie [Sontheimer] die linke Theorie als eine Ursache des Terrorismus : "Ich bin der Meinung, dass der Terrorismus seinen Nährboden in linken revolutionären Theorien hat, auch wenn solche Theorien nicht unbedingt die Gewalt predigen. Aber daher kommt das Ganze". [...] Dann kommt das, wovor Sie "nicht 'zurückschrecken' würden: Grundgesetzänderungen und Grundrechtseinschränkungen". [...]. Schliesslich: "Ich stelle mir vor, so etwas wie ein Gesetz zur Bekämpfung des Terrorismus, in dem zusammengefasst wird, was geschehen könnte, auch an Einschränkungen von Freiheitsrechten für Personen, die dieser Richtung zuneigen."* » (KPS I-IV, 373)

Selon Habermas, Sontheimer se trompe en voulant établir une relation de cause à effet entre les théories de gauche et les actes terroristes qui sont perpétrés aujourd'hui en République fédérale. Le SPD, dit-il, a toujours fait une distinction entre révolution et terrorisme. Et lors du mouvement de protestation étudiant, lui, Habermas, a tenu à faire la distinction entre « force démonstrative » et « provocation ».

La présentation que fait Habermas du livre en question *(Das Elend unserer Intellektuellen)*, ainsi que son commentaire de l'interview donnée par Sontheimer sur ZDF, sont des plus caustiques ! Il trouve les accusations de Sontheimer diffamatoires pour les intellectuels de gauche. Elles témoignent, dit-il, d'une méconnaissance du marxisme occidental qui a incorporé presque toutes les traditions des sciences sociales et les a fait interagir. Habermas cite Kant, Hegel, Ricardo, les économistes contemporains ; Freud et Max Weber, Margret Mead et Durkheim, Lévi-Strauss et Piaget.

L'opposition idéologico-politique entre les deux intellectuels va se manifester dans cette question de l'origine du terrorisme allemand de la fin des années 1970.

Pour Sontheimer, les « théories de gauche » sont l'œuvre d'« abstracteurs » qui veulent changer le système *(Systemveränderer)* : ils ne s'attaquent pas directement aux institutions, mais délégitiment et insécurisent ceux qui ont en charge le fonctionnement du pays. Ce sont ces « théories révolutionnaires de gauche » qui constituent le terreau du terrorisme.

« *Ich [Habermas] zitiere aus dem letzten Kapitel [aus: "Das Elend unserer Intellektuellen"]: linke Theorie muss Politik verachten; linke Theorie ist eine Theorie für abstrakte Menschen und eine abstrakte Gesellschaft; linke Theorie bezieht ihren Impetus aus der Unsischerheit in der wir uns vorfinden; linke Theorie artikuliert das Unbehagen; linke Theorie arbeitet am Abbruch der gesellschaftlichen Wertvorstellungen.*

Sie [Sontheimer] sagen, dass linke Theoretiker zwar keine Herrschaft, aber Einfluss ausüben, und dass der vor zehn Jahren begonnene Aufstand der linken Intellektuellen gegen unsere Gesellschaft zwar die realen Strukturen der Gesellschaft nicht zu Bruch hat kritisieren können, aber dessen ungeachtet auch bei denen, die in diesen Strukturen praktisch und verantwortlich handeln müssen, die notwendige Überzeugung von der Legitimität und Sinnhaftigkeit ihres Tuns dem nagenden Zweifel stärker ausgesetzt hat. Die Folge ist eine Verunsicherung der Institutionen. » (KPS I-IV, 371)

« *Ich bin der Meinung, dass der Terrorismus seinen Nährboden in linken revolutionären Theorien hat, auch wenn solche Theorien nicht unbedingt die Gewalt predigen. Aber daher kommt das Ganze.* » (KPS I-IV, 373)

Sontheimer situe donc indiscutablement les origines du terrorisme chez les intellectuels de gauche.

Pour Habermas, en revanche, ce sont les « profiteurs du terrorisme » qui en portent la responsabilité. Le lecteur peut s'étonner de cette affirmation péremptoire, d'ailleurs non explicitée dans la lettre de Habermas. Or cette expression se trouve dans l'introduction des « *Briefe zur Verteidigung der Republik* » (BzVdR) de Freimut Duve, Heinrich Böll, Klaus Staeck, dont Habermas est l'un des 30 contributeurs, qui est paru en novembre 1977, en même temps que le « *Briefwechsel mit K. Sontheimer* » dans les KPS.

Il y est dit que « les terroristes et leurs nombreux profiteurs politiques » sont portés par une conviction forte, à savoir que la société, non seulement n'a pas besoin d'être réformée, mais qu'elle est irréformable ! Or, pour Habermas, cette attitude défaitiste, cynique, ne peut être contrée à long terme que si l'on arrive à faire accepter l'idée de la nécessité de réaliser des réformes et de la possibilité de les réussir !

« *Trotz der zunehmenden Intellektuellenbeschimpfung wollen die Briefe weder anklagen noch zurückschlagen. Sie wollen mobilisieren was verschüttet zu werden droht: Zivilcourage und politische Phantasie. Terroristen und ihre vielen politischen Nutzniesser scheint eine Grundüberzeugung zu einen: Diese Gesellschaft sei weder reformbedürftig noch reformfähig. Bei allen unterschiedlichen Standorten der hier versammelten Briefschreiber – eines eint sie gegen diese Position. Nur die Anerkennung der Reformbedürftigkeit und Reformfähikeit eines Demokratischen Gemeinwesens kann langfristig dem Terrorismus (und seiner biedermännischen Nutzniesserei) den Garaus machen.* » (BzVdR, 2)

L'affirmation selon laquelle les néo-conservateurs sont les « profiteurs politiques du terrorisme » repose donc sur le fait que tous deux s'opposent aux réformes et à la démocratisation. Mais dans ce texte rien n'est dit sur la nature des relations entre les deux entités. Comme ce texte est de 1977, on peut penser que les conservateurs tirent profit du climat politique du moment terroriste qui génère un besoin de sécurité – une aubaine pour les conservateurs ! – plutôt qu'un besoin de « réformes démocratiques ».

Et pour y parvenir, il faut faire cesser la montée de la haine contre les intellectuels de gauche – qu'il trouve d'ailleurs insuffisamment combatifs ! C'est que, dit-il, notre histoire récente nous a montré où mène la haine des intellectuels *(Intellektuellenhetze)* !

> « *Nicht zuletzt unsere jüngste Geschichte liefert genügend Beispiele dafür, mit welch verhängnisvollen Folgen schon einmal eine Intellektuellenhetze endete. Die Demokratie hat in einem Klima der totalen Verdächtigung und Denunziation jeder Abweichung von der Norm keine Überlebenschance. Das Ziel der Terroristen ist, unsere soziale Ordnung zu erschüttern. [...] Wer aber Treibjagd fördert, hat es am Ende nicht mehr in der Hand, wenn sie in Pogrome enden (Klaus Staeck).* » *(in: Briefe zur Verteidigung der Republik, p. 2, Rowohlt, 1977)*

La question est de savoir si les terroristes sont les « héritiers » de la protestation étudiante et d'une façon plus générale du marxisme. Pour Habermas, le terrorisme a toujours été critiqué par les théoriciens de gauche : dans la tradition de gauche, on a toujours fait la différence entre le combat révolutionnaire et le terrorisme. Habermas lui-même a énoncé la distinction devant les étudiants des années 1960 et Oscar Negt l'a reprise dans les années 1970 en l'appliquant à la « nouvelle gauche ». Selon ce dernier, l'« action directe », autre appellation utilisée, renvoie davantage à Mussolini ; aux ancêtres du mouvement fasciste : à Sorel, au syndicalisme révolutionnaire, à Pareto et, ajoute-t-il, à un Nietzsche mal compris. D'ailleurs, conclut-il, nous avons tendance à confondre « *faschistisch* » et « *reaktionär* ».

> « *Die Verselbständigung der "direkten Aktion", nämlich die Ersetzung der Moral oder irgendwelcher annehmbaren Inhalte durch eine Art Ästhetik, einen Kult der Gewalt in ihrer Schönheit und ihrem Schrecken, erscheint mir als ein geradezu archetypisches faschistisches Wesensmerkmal, das in unseren Tagen wiedergekehrt ist.* » *(KPS I-IV, 376)*

Habermas évoque le moment crucial du débat sur la lutte contre le terrorisme quand Helmut Kohl, à l'époque candidat à la chancellerie, met le feu aux poudres en appelant à une mobilisation de masse pour la sécurité intérieure *(Versammlungswellen zur inneren Sicherheit)*. Habermas voit dans cet appel à la mobilisation, qui est une incitation à la haine, un danger pour la République fédérale, une menace de guerre civile *(bürgerkriegsähnlicher Zustand)* et le risque de « sombrer dans l'écroulement fasciste de sa culture politique, celui-là même qui fait trembler nos voisins européens et nos amis américains » *(der faschistische Zerfall unserer politischen Kultur)* (KPS, 379). Il est consterné par l'atmosphère régnant à ce moment dans les milieux politiques et intellectuels, toutes tendances confondues, où seuls les syndicats et les responsables du SPD ont su garder la tête froide, dit-il.

> *« […] glücklicherweise haben sich die Gewerkschaftsführer und die Spitzen der Sozial-demokratie weder von den Mobilisierern und Scharfmachern, noch von aufgeregten Intellektuellen dazu drängen lassen, den ersten Schritt in die Richtung zu tun, in die uns die Terroristen treiben wollen – und aus der uns nichts als der blanke Schrecken erwartet. » (KPS, 379)*

En conclusion du chapitre, Habermas affirme que les politiques de l'opposition et leurs intellectuels veulent nous entraîner, nous les citoyens de la République fédérale, dans la même direction que les terroristes, direction dont ils ne peuvent rien attendre d'autre que la terreur totale !

Il tire par ailleurs une conclusion alarmiste quant au devenir de l'État de droit de la République fédérale, dès lors que celui-ci se trouve à la merci de Kohl et de ses « agents intellectuels » *(die geistigen Wasserträger)*. C'est pourquoi il faut commencer *(zunächst)* par protéger l'État de droit contre la « réaction », avant de pouvoir s'attaquer au terrorisme, car la réaction empêche la discussion théorique, gêne la lutte contre le terrorisme et détruit le consensus social (citation de la *Süddeutsche Zeitung*). Pour finir, Habermas pose insidieusement à Sontheimer la question de savoir si lui aussi fait partie de ces « agents intellectuels » – issus pour la plupart du SPD – contre lesquels l'État de droit doit se prémunir !

> *« Hier liegt auch eine Verantwortung der Opposition und ihrer geistigen Wasserträger. Wer von Mordsozialisten schreibt, wer gegen "überflüssige" Skrupel wettert, wer "Sonderkommandos" verlangt, der erweckt den Eindruck, dass der Rechtsstaat zunächst gegen die Reaktion geschützt werden muss, der verhindert "geistige Auseinandersetzung", der behindert den Kampf gegen den Terrorismus, der zerstört den Konsens (Süddeutsche Zeitung). Zu diesen geistigen Wasserträgern, die sich ja vornehmlich aus SPD-Intellektuellen rekrutieren, gehören nun also auch Sie? » (KPS I-IV, 380)*

Tout compte fait, on à faire ici à un ensemble de lettres où deux intellectuels s'invectivent et s'accusent tour à tour, soit d'avoir contribué à l'avènement du terrorisme, soit d'en avoir tiré profit ! L'ensemble apparaît par moments intellectuellement surjoué et politiquement outrancier, mais témoigne de la forte cassure qui traverse le milieu intellectuel et politique de cette fin des années 1970.

5.5. Le « nouveau populisme » *(der neue Populismus)*

La suite du débat mené à partir du pamphlet de Sontheimer, « La misère des intellectuels », est toutefois plus apaisée. Il porte sur la situation sociopolitique de la RFA confrontée à la crise qui s'aggrave vers la fin des années 1970.

Habermas fait remarquer qu'il a vu apparaître les prémices d'un « nouveau populisme », en RFA comme dans toutes les « sociétés capitalistes développées ».

Dans cet ensemble, la RFA se caractérise toutefois par une grande stabilité. Le système économique fonctionne assez bien, les effets d'un chômage relativement important y sont atténués par la politique sociale ; le système politique, quant à lui, malgré les apparentes polarisations d'un régime de partis, parvient à éviter l'effondrement.

Cependant, des conflits divers couvent sous cette mécanique bien huilée : le mécontentement à l'égard des partis politiques, l'inquiétante fragilité de notre culture politique, des formes de paralysie dans certains secteurs culturels ; avant tout une augmentation des conflits de nature psychologique ou qui relèvent de la vie privée. Et d'ajouter : le symptôme alarmant – qui a fourni l'occasion de cette lettre – des actes de violence terroriste. Il se demande alors si la forme d'intégration sociale évoquée précédemment ne ressemble pas de plus en plus à cette stabilité pathologique bien connue dans des familles malades – une alternance de crises et de moments apaisés. Il précise que l'approche qu'il privilégie ici se fonde sur le constat que dans notre type de société, le conflit de classe est certes bien ancré dans les structures, mais il est neutralisé efficacement et se trouve marginalisé (KPS I-IV, 382).

Or, selon lui, le nouveau populisme se concentre dans les protestations et les initiatives locales dont il attribue les causes à ce qu'il appelle la destruction de formes de vie *(Lebensformen)* traditionnellement implantées. Les conflits en question se situent principalement à la jonction des impératifs fonctionnels – de l'administration, de l'économie ou du progrès technique – et du besoin d'expression et d'initiative personnelle, d'autonomie, de solidarité. Habermas parle aussi de « formes humaines » *(humane Formen)* qui ne trouvent plus leur place dans l'univers personnel bourgeois, et petit-bourgeois, avec ses formes de vie instrumentalisées, privatisées, dominées par la concurrence et une administration omniprésente.

> *« Der Widerstand richtet sich nicht unmittelbar gegen klassenspezifisch zurechenbare Phänomene der sozialen Entrechtung und der Unterprivilegierung, sondern gegen die Zerstörung meist traditionell eingewöhnter Lebensformen. Die Konflikte entstehen an den Reibungsflächen zwischen den funktionalen Imperativen planender Verwaltungen, des ökonomischen Wachstums und des technischen Fortschritts einerseits, humaner Formen andererseits. In diesem Lichte erscheint als human vor allem die Expressivität, Selbsttätigkeit und Solidarität, die in den konkurrenzbestimmten, gleichzeitig instrumentalistischen und privatistischen Lebensformen des Bürgertums und seiner kleinbürgerlichen Varianten keinen Unterschlupf gefunden haben, und die nun durch eine alles penetrierende Verwaltung aus ihren letzten Reservaten vertrieben werden. » (KPS I-IV, 383)*

Habermas se penche sur les commencements d'une carrière de terroriste et se demande si la révolte, la protestation, la résistance ne peuvent pas s'appuyer sur des expériences quotidiennes, et si ces déficiences d'un mode de vie déterminé ne peuvent pas être ressenties subjectivement et se trouver projetées sur la scène où est censée se dérouler une lutte de classe imaginaire, sans passer par la voie patiente d'une analyse précise dont les éléments seraient empruntés au marxisme.

Il conclut de ses hypothèses qu'il ne lui paraît pas absurde de se demander si le terrorisme – du moins en RFA – ne se situe pas dans le contexte historique d'une « radicalisation bourgeoise des révolutions bourgeoises ». Les sociétés modernes ont dû payer le prix de leur incontestable succès dans le développement des forces de production et la mise en place d'un pouvoir légal, dit-il, et ce en comprimant tous les domaines de la vie quotidienne dans les formes de rationalité économique et administrative et en opprimant les formes de rationalité pratique, qui recherchent l'épanouissement de l'individu.

Habermas se réfère ici à Max Weber et à sa thèse de la *rationalisation*, laquelle montre comment, en recourant à des formes de rationalisation économiques et administratives, du type de celles dont se sert le capitalisme, on risque de perturber le fonctionnement d'autres secteurs.

> « *Wie dem auch sei, es will mir nicht von vornherein absurd erscheinen, zu untersuchen, ob nicht der Terrorismus, zumindest in der Bundesrepublik in den historischen Zusammenhang einer bürgerlichen Radikalisierung bürgerlicher Revolutionen gehört. Die modernen Gesellschaften haben ihre unbestreitbaren Erfolge bei der Entwicklung von Produktivkräften und bei der Durchsetzung legaler Herrschaft damit bezahlt, dass sie nach und nach alle Lebensbereiche in Formen ökonomischer und administrativer Rationalität pressen und Formen praktischer Rationalität unterdrücken. Marx und Max Weber haben diese Tendenzen verschieden interpretiert. An die Rationalisierungsthese Max Webers können wir anschliessen, um herauszufinden, wie sich unter dem Zugriff von Rationalisierungsformen, die für die kapitalistische Wirtschaftsform spezifisch sind, andere Lebensbereiche deformieren.* » (KPS I-IV, 385)

Ainsi, Habermas change de perspective en expliquant désormais l'avènement du terrorisme non plus politiquement, comme il l'a fait précédemment, quand il a accusé les conservateurs d'avoir favorisé son émergence par leur opposition aux réformes démocratiques, mais psycho-politiquement en présentant celui-ci comme une conséquence de la rationalisation économique et administrative du système capitaliste, laquelle s'est développée au détriment de la vie quotidienne.

La proximité affichée par Habermas entre le « nouveau populisme » et le terrorisme, dont il fait apparaître la « co-originarité » – une notion à laquelle Habermas recourt (cf. E. Challe, 1999) –, rend par là même caduque la controverse avec Sontheimer sur les origines du terrorisme.

Habermas revient sur cette problématique dans les trois interviews qui clôturent le volume I-IV des KPS (1977-1979), ainsi que dans l'article « *Die Moderne – ein unvollendetes Projekt* » (1980).

La tonalité de ces textes qui semblent tenir lieu de conclusion au chapitre III « *Tendenzwende* », c'est-à-dire aux années 1970, est marquée par une inquiétude diffuse omniprésente, sans être cependant catastrophiste.

Cet ensemble de textes est en effet placé sous le signe de la crise potentiellement conflictuelle : « *Krisentendenzen* », « *Krisenangst* », « *Krisenpotential* », « *Konflikt-stoff* » sont des termes récurrents. « C'est que la crise économique qui secoue tous les pays capitalistes s'est aggravée », dit-il en 1978.

Dans cette situation tendue, il relève toutefois l'absence de réactions de la part des travailleurs, imputable, selon lui, à « l'effet disciplinaire » exercé en RFA par la crise en question, le gouvernement ayant réussi à « étouffer » tout mouvement de protestation grâce au système de protection sociale qui génère un sentiment de sécurité dans l'ensemble de la société. Étonnamment, il n'y a pas eu de conséquences politiques de la crise. On peut penser toutefois qu'elle aura finalement profité au courant néo-conservateur.

> *« Generell kann man sagen, dass die ökonomische Krise sich verschlimmert hat […]. Was in diesem Zusammenhang interessant ist, ist die Reaktion auf dieses Phänomen von Seiten der Arbeiter: In der Bundesrepublik hat die Krise einen Disziplinierungseffekt. [..] Im Rahmen, oder besser auf der Basis der gesetzlichen garantierten sozialen Sicherheit ist es der Regierung offensichtlich gelungen, jeden Protest im Keime zu ersticken. Der Disziplinierungseffekt ruft in der Bevölkerung ein konservatives Grundgefühl wach, das bei Intellektuellen und in der Parteienrhetorik ein kulturelles Echo findet. […] Diese neokonservative Strömung, die schon Anfang der siebziger Jahre zum ersten Mal auftauchte, ist durch den ökonomischen Hintergrund enorm verstärkt worden. » (KPS I-IV, 491).*

Habermas pense cependant que s'il n'y a pas eu de conséquences politiques, c'est que ni les syndicats, qui continuent à agir rationnellement, ni le SPD, ne semblent vouloir tirer profit de la situation de crise.

> *« Die letzten Tage haben mich eher in der Überzeugung bestätigt, dass eine Umsetzung der ökonomischen Krisentendenzen in politische Reaktionen weder Seiten der organisierten Arbeiterschichten, die rational und zweckorientiert handeln, noch Seiten der Gewerkschaften, oder hier bei uns auf Seiten der sozialdemokratischen Partei, zu erwarten ist. » (KPS I-IV, 492)*

Mais, ajoute-t-il, on peut s'attendre à des effets indirects à travers lesquels la crise se manifeste et qui perturbent les phénomènes d'intégration. Il note un besoin grandissant en matière d'« investissement idéologique » pour contrer ces effets indirects et préserver la paix sociale : nécessité de promouvoir l'idéologie de la concurrence et de faire valoir la logique de compétition ; accent mis sur les « vertus instrumentales » afin de faire accepter par les travailleurs des conditions de travail moins favorables…

Il fait également remarquer les mutations intervenues dans le domaine artistique avec la revivification de la littérature romanesque et de la poésie, et une désaffection concomitante pour les essais analytiques et politologiques.

Habermas évoque comme conséquence de cette évolution l'émergence dans le monde littéraire d'un « nouveau subjectivisme », caractérisé par une renaissance de la poésie et du roman. Il interprète cette mutation de la rhétorique comme une réaction à la bureaucratisation et aux effets néfastes de la croissance incontrôlée de l'accumulation capitaliste.

C'est que la version « limitée » de la « rationalité économique » et de la « rationalité administrative » prend la place de la « rationalité pratique » – laquelle vise le bien-vivre, l'épanouissement. En conclusion, il affirme que cet investissement idéologique va nécessairement dans le sens d'une interprétation conservatrice des problèmes causés par les effets secondaires dysfonctionnels d'un capitalisme non contrôlé.

> « *Ich glaube vielmehr, dass diese Krisentendenzen sich heute in sehr vermittelter Form durchsetzen, und zwar so, dass sie die sozialen und kulturellen Integrationsmechanismen überfordern. Das bedeutet, dass heute ein größerer "ideologischer Aufwand" notwendig ist als in Zeiten der kapitalistischen Entwicklung mit niedriger Arbeitslosigkeit.*
>
> *Dieser "ideologische Aufwand" wird heute in zwei Richtungen betrieben. Auf der einen Seite wird die Arbeitsethik betont: Rehabilitation des Konkurrenzverhaltens und des Leistungskampfes; Betonung der instrumentalen Tugenden, die für ein stagnierendes Realeinkommen und eine hohe Mobilität auf dem Arbeitsmarkt funktional sind: man muss den Leuten beibringen, Arbeitsplätze zu akzeptieren, die sie sonst nicht ohne weiteres akzeptieren würden… oder für die sie sich nicht vorbereitet fühlen (KPS, 492). Die andere Richtung des ideologischen Aufwandes ist die einer Wiederbelebung traditioneller Werte und Tugenden, in erster Linie Tugenden, die im Familien- und Privatleben zentriert sind. Das findet seinen literarischen Niederschlag in einem neuen Subjektivismus, in einer sicherlich auch erfreulichen Wiedergeburt der Lyrik und des Romans, anstelle von kritisch- analytischen oder politologischen Untersuchungen. Es ist eine rhetorische Weise der Reaktion auf die Bürokratisierung und die negativen Effekte des kapitalistischen Wachstums. Ich glaube, dass man diesen Teil der Propaganda von rechts, der auf tatsächliche Bedürfnisse trifft und eine konservative Interprétation wirklicher Probleme anbietet, ernst nehmen muss […].*
>
> *Das Problem besteht darin, dass im Gefolge der kapitalistischen Entwicklung und eines politisch unkontrollierten Akkumulationsprozesses die beschränkte Form der ökonomischen Rationalität ebenso wie die der administrativen Rationalität, für die dieses ökonomische System funktional ist, allmählich in immer weitere Lebensbereiche eindringen und zur Umstrukturierung zwingen, obwohl diese sich in Richtung einer ganz anderen Rationalität entwickeln müssten, nämlich auf praktisch moralische Formen der Willensbildung, und auf ästhetisch-expressive der Selbstdarstellung; notwendig wären in diesen Bereichen Beziehungsformen, in denen sich mehr Subjektivität, mehr Gefühle ausdrücken könnten. Abschließend kann man sagen, dass der größere Teil des ideologischen Aufwands […] auf eine konservative Interprétation von Problemen zieht, die im Grunde dysfunktionale Nebenwirkungen eines politisch unkontrollierten kapitalistischen Wachstums sind. »* (KPS I-IV, 492-493)

Habermas évoque ensuite l'apparition d'un nouveau phénomène qu'il appelle le « potentiel néo-populiste ».

Il fait un premier constat : le potentiel de la protestation étudiante s'est tout simplement évanoui. Sa place est prise par des courants plus pacifiques. Or, dans ces courants, on considère que les partis traditionnels ainsi que les bureaucraties syndicales ne sont pas capables de canaliser les conflits qui viennent de surgir. C'est la première fois, dit-il, qu'en RFA une partie de la population commence à être mécontente des syndicats, mais il ajoute, pour éviter d'apparaître trop critique envers son pays, que chez certains pays voisins le potentiel s'est trouvé orienté dans un sens petit-bourgeois – il cite le poujadisme en France et le parti anti-impôts du Danemark.

Jusqu'aujourd'hui, dit-il, nous, Allemands, avons réussi à nous épargner ce type de « canalisation », sans pour autant parvenir à créer un ou des partis écologiques : « les Verts ».

Cependant, les Allemands n'ont pas non plus été épargnés par ce type de réaction. Il cite l'exemple de sa génération qui, au début des années 1950, marquées par les horreurs des crimes nazis diffusées par les médias, s'est trouvée en opposition avec le gouvernement au sujet de la non-réponse de celui-ci à la « note stalinienne » de 1952 (Stalin Note).

« Die Erwartungen, die meine Freunde und ich tatsächlich hatten, waren ziemlich idealistisch. Wir lebten unter dem Schock der Nazigreuel, die vor dem Nürnberger Tribunal und bald darauf in Dokumentarfilmen enthüllt wurden. Wir haben eine geistig-moralische Erneuerung für notwendig, für selbstverständlich gehalten. Daraus ist nicht viel geworden. » (KPS I-IV, 467)

Pour cette jeunesse allemande, le rejet par Adenauer de cette « note » a scellé définitivement l'intégration de la République fédérale dans l'« hémisphère occidental » et a rendu impossible la solution neutraliste – la « troisième voie présente dans le programme de tous les partis –, laquelle aurait permis aux deux systèmes sociopolitiques sur le sol allemand de ne pas être totalement coupés l'un de l'autre. D'où l'importance accordée par Habermas au rejet par Adenauer de la *Stalin Note* » de mars 1952, rejet qui a jeté « les bases capitalistes de la reconstruction », dit-il, empêchant la « troisième voie », pourtant présente dans tous les partis politiques.

Cette opposition populaire au rejet de la « note stalinienne », vécue par le jeune Habermas et relatée ici, peut nous apparaître comme l'embryon du néopopulisme en RFA.

« Gleichviel wie man heute den politischen Gehalt der Stalinschen Note vom März 1952 einschätzt, dieses Datum hat in meiner Biographie eine große Rolle gespielt, weil die Bundesregierung mit der Ablehnung dieses Angebots die militärische Integration der Bundesrepublik in die westliche Hemisphäre besiegelt hat. Damit mussten wir die Hoffnungen auf neutralistische Lösungen, welche die beiden Gesellschaftssysteme auf deutschem Boden nicht vollständig gegeneinander abgeriegelt hätten, aufgeben. Die von Willy Brandt herbeigeführte Wende in der Ostpolitik, anderthalb Jahrzehnte später, hat nur eine konsequente Ergänzung dieser ersten (und einzigen) außenpolitischen Grundentscheidung der Bundesrepublik nachgeholt. » (KPS I-IV, 472-473)

« Unsere Probleme waren in erster Linie moralisch-existentieller Natur. Was wir uns in grossen anthropologischen Begriffen zurechtlegten, stand natürlich in einem ridikülen Missverhältnis zu den ökonomischen und gesellschaftlichen Problemen eines Wiederaufbaus für den die kapitalistischen Weichen, wie es sich bald zeigte, irreversibel gestellt wurden – die übrigens, so habe ich das erlebt, vor dem Hintergrund kriegssozialistischer Stimmungslagen und einer alle Parteien übergreifenden Programmatik des "Dritten Weges". » (KPS I-IV, 468)

Habermas précise ensuite son rejet du « communisme soviétique » et sa préférence pour l'eurocommunisme.

« Weder kann ich, auf unseren Hochschulen, die Studenten verstehen, die nach dem Abflauen der Protestbewegung zu einer Partei des sowjetischen Typs übergegangen sind […]. Und so sehr ich in den Parteien des Westens die Wendung zum Eurokommunismus begrüsse – spät genug kommt sie ja. Ich schicke das nur voraus, um zu erklären, warum für mich der Sowjetmarxismus nie ein bevorzugtes Objekt weitreichender Hoffnungen und tiefer Enttäuschungen gewesen ist, warum er für mich nie etwas Aufregendes hatte. » (KPS I-IV, 474)

Il s'emploie ensuite à comparer les structures de pouvoir dans les sociétés du « capitalisme tardif » et conclut à la supériorité du modèle occidental. La République fédérale procède certes de ce modèle, mais il dénote une faiblesse : il manque à sa culture politique un « enracinement historique » !

« In spätkapitalistischen Gesellschaften […] erhalten sich auch […] Klassenstrukturen […]. Dabei ist die westliche Gesellschaftsformation offensichtlich erfolgreicher in beiden Dimensionen: in der Entfaltung der Produktivkräfte und in der Durchsetzung dessen, was Max Weber "legale Herrschaft" genannt hat. Carters Politik der "Menschenrechte" […] kann sich eben darauf stützen, dass die prekären, und gewiss immer wieder bedrohten Errungenschaften der bürgerlichen Emanzipationsbewegung und der Arbeiterbewegung nur in den entwickelten westlichen Gesellschaften in nennenswertem Umfang gesichert sind. Übrigens gilt das, trotz der beunruhigenden Anfälligkeiten unserer historisch nicht hinreichend verwurzelten politischen Kultur, auch für die Bundesrepublik. Und wir wissen, was die bürgerlichen Freiheitsrechte bedeuten. Denn die Linken sind, wenn es schief geht, die ersten Opfer. » (KPS I-IV, 475)

« Auf diesem Hintergrund müssen Sie auch die Arbeit über den "Strukturwandel der Öffentlichkeit" sehen. Dahinter stand das Interesse: Wie kann man sich denn klar machen, was an diesem politischen System, trotz des Grundgesetzes, irgendwie falsch ist, was die politischen Intentionen angeht. Als der SDS aus der SPD ausgeschlossen wurde, war ich einer von den drei oder vier Professoren, die mit Abendroth zusammen den sozialistischen Bund gegründet haben, gewissermassen eine Altherrenriege für den SDS. Ich kann nicht sagen, dass ich das Buch geschrieben habe, um die Leute zum SDS zu animieren. Ich habe das Buch geschrieben, um mir und anderen klarzumachen, dass in das politische System der Bundesrepublik Schwächen eingebaut sind, die gefährlich werden können. » (KPS I-IV, 516-517)

« Bis heute bin ich über einen Widerspruch irritiert. Auf der einen Seite ist unser Gesellschaftssystem sicherlich das kapitalistische Gesellschaftssystem überhaupt, aber die Bundesrepublik vielleicht in besonderer Weise, relativ stabil, und das nicht nur ökonomisch. Es garantiert nicht nur einen relativ konfliktfreien Modus des Zusammenlebens, sondern hat politische Freiheiten institutionalisiert, die aus der historischen Perspektive zunächst einmal gesehen und bejaht werden müssen. Auf der anderen Seite erzeugt diese Gesellschaft viel Symptome, die mir Angst machen. Ich bin auf einer intuitiven Ebene eigentlich davon überzeugt, dass etwas in diesem System falsch angelegt ist. Das irritiert mich, ist auch ein Motiv meiner theoretischen Bemühungen und vielleicht eines gewissen Oszillierens. Ich bin nicht in dem Sinne Marxist, dass ich den Marxismus im Sinne einer Patenterklärung geglaubt hätte. Doch der Marxismus hat mir den Anstoss gegeben und die analytischen Mittel, um zu untersuchen, wie sich das Verhältnis von Demokratie und Kapitalismus entwickelt hat. » (KPS I-IV, 516-517)

5.6. Interview avec Angelo Bolaffi (1978)

L'interview donnée au journaliste du Parti Communiste Italien « Rinascita » (1978) est marquée par un grand effacement de l'interviewer, ce qui laisse à Habermas le champ libre pour s'exprimer sur deux thèmes : d'une part la crise économique qui s'est aggravée à la fin des années 1970 avec un nouveau pic du chômage en 1979 – après celui de 1975 consécutif à la crise pétrolière ; d'autre part la question de l'avenir du capitalisme.

Rappelons que ce qui caractérise les années 1970, c'est ce que les économistes appellent la « stagflation » – terme non employé par Habermas –, laquelle mêle de façon inédite inflation et croissance faible ; on est donc loin d'une « grande crise » comme celle consécutive au krach de 2007 ! Cela étant, pour Habermas, la présente crise n'est pas une récession passagère et le chômage sera un problème pour le gouvernement jusque dans les années 1980, et ce bien que celle-ci exerce un « effet disciplinaire » sur les salariés. Jusqu'ici, dit-il, le gouvernement a réussi à « étouffer » toute velléité de protestation. Le risque réside toutefois dans le fait que l'effet en question suscite dans la population des réactions conservatrices et vient renforcer les tendances néoconservatrices apparues au début de la décennie.

> *« Generell kann man sagen, dass die ökonomische Krise sich verschlimmert hat, dass heute allen bewusst ist, dass wir es nicht bloss mit einer kurzfristigen Rezession zu tun haben und dass die Arbeitslosigkeit bis weit in die achtziger Jahre ein Problem bleiben wird. Was in diesem Zusammenhang interessant ist, ist die Reaktion auf dieses Phänomen von Seiten der Arbeiter: in der Bundesrepublik hat diese Krise einen Disziplinierungseffekt. Im Rahmen, oder besser auf der Basis der gesetzlich garantierten sozialen Sicherheit ist es der Regierung offensichtlich gelungen, jeden Protest im Keim zu ersticken. Dieses Faktum erklärt sich nicht einfach von selbst, auch wenn es nicht ganz unerwartet ist. Ich glaube, die unmittelbare Folge dieses Disziplinierungseffekts ist nicht nur, dass es keine extreme Gegenreaktion bei politischen Wahlen geben wird, noch eine weit umfassendere: er ruft in der Bevölkerung ein konservatives Grundgefühl wach, das bei den Intellektuellen und in der Parteienrhetorik ein kulturelles Echo findet. Die neokonservative Strömung, die schon Anfang der siebziger Jahre zum ersten Mal auftauchte, ist durch den ökonomischen Hintergrund enorm verstärkt worden. » (KPS I-IV, 491)*

Habermas décrit le mécanisme de ce type de crise qu'on impute au fonctionnement du système économique, mais dont les effets sont fortement atténués, selon lui, par l'État-providence – ou empêchés par « le capitalisme associé à l'État-providence ». Pour ce qui est de la crise actuelle, il ne croit pas qu'elle puisse avoir des répercussions politiques ; celles-ci ne paraissent d'ailleurs pas souhaitées par les syndicats ni par le SPD ! Il dit que la crise actuelle se manifeste plutôt de façon indirecte : elle surcharge, comme on l'a vu, les mécanismes d'intégration et nécessite un investissement idéologique élevé de la part du « système », obligé de prôner l'« éthique du travail » ou les vertus et les valeurs dites traditionnelles, afin de préserver la cohésion sociale.

> *« In den letzten Jahren ist klar geworden, dass der Krisenmechanismus seinen Ursprung zwar immer noch im ökonomischen, dass aber der Wohlfahrtsstaat oder zumindest der*

am Wohlfahrtsstaat orientierte Kapitalismus es nicht mehr zulässt, dass die Krise in einer unmittelbar ökonomischen Form zutage tritt. In Zeiten der Rezession und der hohen Arbeitslosigkeit sind es vielmehr die Versuche der kulturellen und sozialen Integration, in denen sich die Krisenphänomene manifestieren können. Die letzten Jahre haben mich eher in der Überzeugung bestärkt, dass eine Umsetzung der ökonomischen Krisentendenzen in politische Reaktionen weder aufseiten der organisierten Arbeiterschichten, die rational und zweckorientiert handeln, noch aufseiten der Gewerkschaften, oder hier bei uns aufseiten der sozialdemokratischen Partei zu erwarten ist. Ich glaube, dass diese Krisentendenzen sich heute in sehr vermittelter Form durchsetzen, und zwar so, dass sie die sozialen und kulturellen Integrationsmechanismen überfordern. Das bedeutet, dass heute ein größerer "ideologischer Aufwand" notwendig ist als in Zeiten der kapitalistischen Entwicklung mit niedriger Arbeitslosigkeit. » (KPS I-IV, 491-492)

Cela étant, Habermas présente la crise du système économique des années 1970 en la « noyant » dans la longue liste des différents « potentiels de protestation », qu'il rassemble sous le titre d'« effets secondaires dysfonctionnels » causés par l'« infiltration capitaliste » dans le « monde vécu ». Il précise qu'il entend par là des courants de potentiels de protestation, qui ne comportent pas le potentiel habituel marxiste, même si des travailleurs – surtout jeunes – y figurent.

Il associe Bolaffi à sa conclusion en annonçant que « pour eux, marxistes » – une coquetterie de la part de Habermas –, leurs marxismes ne sont pas de même nature ! Le problème est de faire accepter leur hypothèse : à savoir que ces mouvements ont été causés par l'évolution capitaliste incontrôlée, qu'ils ont donc des causes structurelles. Si on n'arrive pas à le régler, on risque de voir ces mouvements récupérés par les conservateurs, comme le fait déjà la CSU !

Bolaffi : *« Aber auch wenn solche Konflikte nicht unmittelbar das klassische Marxsche Bild des Klassenkonflikts reproduzieren, gehen sie doch auf strukturelle Ursachen zurück, die mit der kapitalistischen Entwicklung zusammenhängen!… »*
Habermas : « Für uns Marxisten stellt sich das Problem, wie die Erfahrungen, die sich in solchen Bewegungen artikulieren, möglichst so angemessen interpretiert werden können, dass unsere Lesart von den unmittelbar betroffenen Schichten akzeptiert werden kann, wie unsere unkontrollierte kapitalistischen Entwicklung verursacht wurden, wie unsere Hypothese, dass diese Bewegungen von der politisch unkontrollierten kapitalistischen Entwicklung verursacht wurden, glaubhaft gemacht werden kann. Wenn dies nämlich nicht gelingt, dann können diese Protestpotentiale leicht im Rahmen einer konservativen Ordnungspartei kanalisiert werden… » (KPS I-IV, 496-497)

À cette présentation « marxiste » des mouvements de protestation face à la crise, sur laquelle les deux interlocuteurs semblent s'accorder, succède une tentative d'explication des causes de celle-ci et des recommandations aux partis de gauche sur la conduite à tenir.

Habermas ne croit pas en la possibilité d'un affrontement entre les deux tendances dominantes du moment, le keynésianisme et le monétarisme – ce dernier visant un affaiblissement de la « bureaucratie syndicale » et de l'État social. Il est confiant en la capacité d'adaptation du capitalisme, en sa flexibilité et à ses réserves pour agir dans les domaines culturels et motivationnels en produisant de nouvelles formes d'intégration. Il entrevoit l'émergence d'un « keynésianisme modéré » !

> *« Der Konflikt liegt zwischen dem Keynesianismus und einem neuen Monetarismus im Sinne Friedmanns. Dies hat natürlich eine politische Ergänzung in Ideen, die auf einen Abbau des Sozialstaates und die Schwächung der Gewerkschaftsbürokratie abzielen. Sollte sich diese Linie durchsetzen, dann hätten die Gewerkschaften auch in der Bundesrepublik keine andere Alternative als die, eine offensive Strategie zu entwickeln: dann würde der Konflikt klassischen Typs zutage treten, der sich in der Nachkriegszeit hinter dem, was Dahrendorf den "sozialdemokratischen Kompromiss" genannt hat, verbirgt. Tatsächlich ist keine Demontage des Wohlfahrtsstaates denkbar, die nicht Reaktionen seitens der klassischen Arbeiterorganisationen hervorrufen würde. Gerade deshalb halte ich dies nicht für wahrscheinlich. Vielmehr ist wahrscheinlich, dass man so gut es geht, vermutlich eher schlecht als recht, mit Formen eines gemässigten Keynesianismus weitermachen wird. Eine Regierung, die anders vorgehen wollte, müsste in der Lage sein, sehr starke konservative Potentiale zu mobilisieren, und dann befänden wir uns in einer ganz anderen Situation als der gegenwärtigen, d. h. viel weiter in Richtung einer Mobilisierung faschistoider Potentiale. » (KPS I-IV, 499)*

Habermas rappelle à ce sujet une « vieille idée » des « théoriciens francfortois » des années 1930 : ce n'est pas le phénomène de crise qui est central, mais la capacité d'intégration du capitalisme et surtout les mécanismes de l'intégration culturelle. Pour lui, les crises sont bien provoquées par des mécanismes économiques, mais l'inconnue reste la manière dont elles peuvent être amoindries et rester sous contrôle ou bien repoussées dans les « zones périphériques ». D'où la question : à quel prix peut s'opérer cette opération et quels conflits peuvent surgir à la place des conflits de classe encadrés par l'État social ?

> *« Die Anpassungsfähigkeit des Kapitalismus ist sehr gross; er ist unglaublich flexibel, und bis heute konnte er sich Reserven zunutze machen, die er gerade in kulturellen und motivationalen Dimensionen besitzt. Es ist überraschend, wie er immer wieder neue Formen der sozialen Integration zustandegebracht hat. Es handelt sich dabei übrigens um die alte Idee der Frankfurter Theoretiker aus den dreissiger Jahren. Als sie nach Amerika kamen, erkannten sie, dass nicht so sehr die Krisenphänomene erklärungsbedürftig waren als vielmehr die Integrationsfähigkeiten des Kapitalismus, besonders die Mechanismen der kulturellen Integration. Ich halte diesen theoretischen Ansatz auch heute noch für äusserst wichtig. Die Konflikte werden von ökonomischen Mechanismen hervorgerufen, die heute hinreichend analysiert sind. Die wahre Unbekannte ist die, wie sie gemildert und unter Kontrolle gebracht oder an Randzonen des Systems verlagert werden können, welcher Preis dafür zu zahlen ist und welche Konflikte anstelle des sozialstaatlich eingegrenzten Klassenkonflikts ins Spiel kommen. (KPS I-IV, 499-500)*

Concernant la situation en Europe, Bolaffi se demande s'il n'est pas possible de trouver dans les sociétés complexes des démocraties occidentales – devenues « ingouvernables » – une « réponse réellement démocratique » à la crise : par la primauté de la société sur le politique et la complexité, et non par le règne des experts et de la technocratie.

Pour Habermas, cette « démocratisation maximale » se fera forcément au détriment de l'efficience et de la rationalité des « systèmes complexes ». Il se demande si ce débat ne doit pas amener les marxistes à se poser la question de savoir si, dans les conditions actuelles, « quelque chose comme le mot socialisme », qui implique une restructuration démocratique totale du système économique, de haut en bas, à savoir une transformation de l'économie capitaliste sur le modèle de l'autogestion et de la « démocratie des conseils » *(Rätedemokratie)*, est concevable aujourd'hui. Il avoue ne plus y croire !

Bolaffi :   *« Ist aber eine demokratische Antwort auf die Krise komplexer Gesellschaften überhaupt möglich oder zwingt nicht gerade diese Komplexität dazu, dass sie von Spezialisten und Dezisionen bewältigt wird, die den Bürgern gegenüber heteronom sind? Ist es möglich, dass die "Unregierbarkeit" der westlichen Demokratien eine reale Demokratisierung begünstigt, sagen wir eine Vergesellschaftung des Politischen, oder ist der Sieg der Experten und der Technokratie, der Komplexität über die Gesellschaft, unvermeidlich?*

Habermas :   *« Ich bin der Auffassung, dass eine grössere Demokratisierung im Sinne einer Dezentralisierung der heutigen Entscheidungsmechanismen, dass eine diskursivere Form der Willensbildung über Fragen, die bis heute privatim oder administrativ entschieden werden, abstrakt gesehen, Folgen in zwei Richtungen hätten. Einerseits müsste das vielleicht mit einem Effizienzverlust bezahlt werden [...] An diesem Einwand ist so vieles richtig, dass sich die Diskussion auf marxistischer Seite mit der Frage befassen muss, ob unter den gegenwärtigen Bedingungen so etwas wie Sozialismus wirklich noch eine demokratische Umstrukturierung des Wirtschaftssystems von oben nach unten bedeuten kann, d.h. eine Transformation der kapitalistischen Wirtschaft nach Modellen der Selbstverwaltung oder der Rätedemokratie. Ich glaube nicht mehr so recht daran. » (KPS I-IV, 503-504)*

En revanche, il propose sa solution : en ce qui concerne la superstructure *(oben)*, il s'agit d'intégrer dans le système économique les propositions émanant de la base comme des « prémisses politiques » ; pour ce qui est de l'infrastructure *(unten)*, il propose une « humanisation » du monde du travail. En somme des réformes prudentes !

> *« Wenn man über diese Dinge überhaupt spekulieren will, hielte ich es schon für aus-reichend oben ins ökonomische System die Basisentscheidungen sozusagen als politische Prämissen einzuführen und unten, d.h. in der Produktion selbst, die Entscheidungen so weit zu demokratisieren, dass alle die Imperative durchgesetzt werden, die man schon im Namen einer Humanisierung der Arbeitswelt in die Praxis umsetzen will. » (KPS I-IV, 504)*

Il se demande s'il ne faut pas préserver à l'intérieur du système économique une grande partie de la complexité existante, en touchant le moins possible aux structures de la production et de la distribution, tout en diffusant parallèlement les « formes de formation discursive de l'opinion » *(diskursive Willensbildung)* dans les structures centrales du pouvoir politique, lequel définit les objectifs.

> *« Ich frage mich, […] ob man innerhalb des ökonomischen Systems einen grossen Teil der bestehenden Komplexität mit Hilfe der Steuerungsmittel Geld und Macht erhalten muss, während die Formen diskursiver Willensbildung vor allem auf die zentralen Strukturen der politischen Herrschaft ausgedehnt werden. Das würde im Wirtschaftssystem, abgese-hen von der eigentlichen Arbeitsorganisation nur wenige kontinuierlich zu fällende Grun-dentscheidungen über die Produktions- und natürlich auch über die Verteilungsstruktur berühren. » (KPS I-IV, 50)*

Ce que Habermas envisage, ce n'est pas d'agir sur le « système » (économique), mais de viser une démocratisation des structures du pouvoir en vue d'agir sur la définition des objectifs, laquelle jusqu'à présent a été mal réalisée ou ignorée, que ce soit sous l'emprise du marché ou de l'administration et du pouvoir. Et ce tout particulièrement dans le but de pourvoir à certains besoins collectifs « oubliés » !

> *« Andererseits bin ich überzeugt, dass man eine Demokratisierung überhaupt nicht mit dem Ziel einer Effizienzsteigerung des Systems anstreben sollte, sondern erstens mit dem Ziel, die Strukturen der Herrschaft zu ändern, und zweitens, um Prozesse der Definition von Zie-len in Gang zu setzen, die unter den Prämissen marktgesteuerter, administrativer oder her-rschaftsorientierter Entscheidungen entweder in die falsche Richtung gehen oder gar nicht funktionieren.*
>
> *Man kann zeigen, dass bestimmte kollektive Bedürfnisse nicht befriedigt werden können, solange die Entscheidungsprozesse marktgesteuert oder administrativ erfolgen. Das ist der Grund warum demokratisiert werden sollte und weshalb sich die Bedürfnisse, die in Form von autonomen Bewegungen zum Ausdruck kommen, in nichtorganisierter Form artikulieren: weil die traditionellen Entscheidungsmechanismen in diesen Bereichen nicht funktionieren.*
>
> *Aber selbst wenn wir davon absehen, dass Demokratie ein Wert an sich ist, produziert das heutige System genügend Beweismaterial für die Ziele der Demokratisierung, grösse-rer Partizipation und Dezentralisierung der Willensbildungsprozesse, weil deutlich wird, dass Markt und Administration allein eine ganze Reihe von kollektiven Bedürfnissen nicht befriedigen können. » (KPS I-IV, 504-505)*

Bolaffi, pour sa part, fait remarquer que dans les années 1930 la sortie de crise a abouti à un accroissement du pouvoir du gouvernement et de l'administration au détriment des organes démocratiques, autant à l'Est qu'à l'Ouest, et s'est achevée dans des formes radicales, le *New Deal* d'un côté, le fascisme et le nazisme de l'autre.

Pour éviter un recommencement, il propose une sortie de crise par l'eurocommunisme, qu'il présente comme une réflexion sur les erreurs du mouvement ouvrier sous l'emprise du stalinisme, et comme une voie menant au socialisme, non par la rupture, mais par un processus assurant une transition démocratique.

Habermas semble aller dans le sens de son intervieweur en affirmant qu'aujourd'hui la « révolution » ne peut se concevoir que comme un « processus qui s'inscrit dans la durée » en vue de réaliser une « acclimatation à des formes de vie démocratiques, participatives et discursives ». De cette manière, conclut-il, on évitera les « situations critiques qui font le lit du fascisme et de l'autoritarisme ! ».

« *Wir müssen davon ausgehen, dass so komplexe Systeme wie die hochentwickelten kapitalistischen Gesellschaften sehr rasch in ein Chaos stürzen würden, wenn man versuchen würde, ihre Grundstrukturen von heute auf morgen zu ändern. Deshalb haben sie völlig recht: ich kann mir heute die Revolution nur als langfristiger Prozess vorstellen, der folgendes ermöglicht: a) eine experimentelle Transformation, d.h. eine schrittweise an die Erfolge und Misserfolge der zentralen Entscheidungsprozesse gebundene Transformation – und b) – und das muss sofort geschehen, wenn es nicht sogar vorausgesetzt werden muss – eine "Akklimatisierung" an demokratische Lebensformen; eine allmähliche Erweiterung der Entscheidungsspielräume des demokratischen, partizipatorischen und diskursiven Handelns. Auf diese Weise könnte man wenigstens hoffen, der Gefahr zu entgehen, dass in kritischen Situationen erfolgreich an Gefühle appelliert wird, woraus der Faschismus stets neue Kräfte gezogen hat. Gerade in Zeiten der Transformation komplexer Sozialsysteme besteht eine besonders grosse Gefahr, dass irgendeine Partei sich auf die Angst, die Unsicherheit und die latente Vorurteilsbereitschaft in jedem von uns stützt, dass auf diese Weise irgendwelche "Losungen" Zustimmung und Unterstützung finden und sich eine faschistische oder zumindest eine autoritär-administrative Alternative abzeichnen könnten.* » *(KPS I-IV, 505-506)*

5.7. Interview avec Detlev Horster et Willem van Reijen (1979)

Dans cette dernière des trois interviews qui closent les KPS I-IV, faite avec des journalistes néerlandais de *Intermediair*, Habermas rapporte qu'au début des années 1960, il a été qualifié, en public, par son ami Appel, de « néomarxiste » : c'était après la parution de *Strukturwandel der Öffentlichkeit*, dans une Allemagne au « climat politique restauratif », ce qui lui a donné des frayeurs. Mais à la réflexion, il trouve qu'Appel a eu raison de le qualifier ainsi. Aujourd'hui, avoue-t-il – on est en 1977 –, il tient à être qualifié de « marxiste ». Et de justifier sa position par le fait que dans le système politique de la RFA quelque chose n'est pas clair en ce qui concerne les intentions politiques des acteurs. Il évoque le moment crucial où, suite à l'exclusion du SDS par le SPD, il a été l'un des trois ou quatre professeurs qui ont créé, avec Abendroth – à l'époque le seul professeur d'Université « marxiste » en RFA –, l'« Alliance socialiste » *(Sozialistischer Bund)*, un soutien aux « anciens » du SDS !

Habermas justifie ce choix par le fait que, nonobstant la « Loi fondamentale », le système politique ouest-allemand présente des « erreurs » et des « zones d'ombre », que lui, Habermas, a mises au jour dans *Strukturwandel,* mais sans préciser davantage la nature de celles-ci.

Le lecteur peut toutefois émettre l'hypothèse que l'exclusion du SDS par le SPD est une de ces « erreurs » : elle témoigne de l'intolérance des gouvernants et des partis politiques de gauche et de centre-gauche, leur incapacité à reconnaître et à respecter les forces politiques situées à la gauche du SPD. Or Habermas se pose en défenseur de ces exclus du système.

C'est que, jusqu'aujourd'hui, dit-il, il est irrité par l'existence d'une contradiction dans le système en question.

D'un côté, la société ouest-allemande est l'exemple type d'une « société capitaliste », relativement stable, et ce non seulement sur un plan économique : elle garantit à ses citoyens non seulement de pouvoir coexister pacifiquement, mais aussi de pouvoir bénéficier de libertés politiques institutionnalisées qui ont fait leurs preuves.

Mais, d'un autre côté, cette société présente des symptômes inquiétants : il lui semble, à lui Habermas, que ce système est mal conçu et qu'il dysfonctionne ! C'est ce qui provoque chez lui des interrogations et une « certaine oscillation » : on peut donc penser qu'il « balance » intellectuellement, idéologiquement, entre les deux systèmes, le capitalisme et le marxisme.

« Und natürlich habe ich den "Strukturwandel" (1962) in erster Linie geschrieben, um mir selbst klar zu werden über die Schattenseiten und Fehler unseres politischen Systems, dessen Vorzüge ich nie bezweifelt habe. Es herrschte damals ein sozial und politisch restauratives Klima, das so geprägt war, das ich erschrak, als mich mein Freund Appel zum ersten Mal öffentlich einen Neomarxisten nannte. Dann habe ich mir aber überlegt, dass er recht hatte. Heute lege ich Wert darauf, als Marxist zu gelten. » (KPS I-IV, 516)

6.

Les années 1980 : la nouvelle complexité
(Die Neue Unübersichtlichkeit)[9]

Le titre du premier recueil des années 1980, *Die Neue Unübersichtlichkeit* (1985), évoque l'idée de complexité, voire de confusion du paysage politico-culturel : « diffus » est à nouveau employé par Habermas pour rendre compte à la fois du nouveau contexte international et de l'éclatement de la culture politique allemande. Il porte sur deux thèmes principaux : le néo-conservatisme des années 1980 et les mouvements de désobéissance civile, avec un moment politico-culturel important : une nouvelle querelle autour du « hobbisme allemand ».

6.1. « Les deux camps » : les néo-conservateurs et les adversaires de la croissance

Dans le texte introductif du recueil consacré à l'architecture moderne et postmoderne de 1981, Habermas parle du postmodernisme devenu, selon lui, le « cri de guerre politique » *(politischer Schlachtruf)* des années 1970, auquel les deux camps se réfèrent depuis les années 1970 : les « néo-conservateurs » *(die Neukonservativen)*, qui veulent éliminer le contenu jugé subversif de la nouvelle culture au profit de traditions redécouvertes, d'un côté, et de l'autre les « adversaires de la croissance » *(Wachstumskritiker)*, qui trouvent les réalisations artistiques postmodernes « destructrices ».

> « *In einen affektiv aufgeladenen, geradezu politischen Schlachtruf verwandelt sich der "Postmodernismus" erst, seitdem sich in den siebziger Jahren zwei konträre Lager des Ausdrucks bemächtigt haben : auf der einen Seite die Neukonservativen, die sich der vermeintlich subversiven Gehalte einer "feindseligen Kultur" zugunsten wiedererweckter Traditionen entledigen möchten; auf der anderen Seite jene radikalen Wachstumskritiker, für die das neue Bauen zum Symbol einer durch Modernisierung angerichteten Zerstörung geworden ist.* » (DNU, 12)

Dans « *Dialektik der Rationalisierung* », autre texte de 1981, dans lequel Habermas débat de son livre sous presse *(Theorie des kommunikativen Handelns)* avec Axel Honneth, il revient sur ce nouveau dualisme, qui caractérise selon lui les années 1980 : les deux côtés proposent, chacun à sa manière, des interprétations

---

[9]   1985, KPS V, (DNU).

opposées des dysfonctionnements que connaissent nos sociétés occidentales – qui sont toutefois relativement stabilisées grâce au « compromis social-démocrate » (R. Dahrendorf).

Habermas fait remonter à 1973 l'avènement des idéologies néo-conservatrices et à 1977, après l'enlèvement de Schleyer, sa prise de conscience des dangers qui guettent, en République fédérale, la modernité et à travers elle la « démocratie radicale » et les Lumières. Or les deux côtés, les néo-conservateurs et les critiques de la croissance, proposent leur interprétation d'une « désagrégation des formes de vie » !

« Die innenpolitische Situation, die sich nach der Schleyer-Entführung 1977 zu einem pogromähnlichen Spannungszustand verschärft hatte, trieb mich aus dem theoretischen Elfenbeinturm hinauszubegeben und, sagen wir mal, im tagespolitischen Streit Stellung zu beziehen.

Damals habe ich zum ersten Mal die neokonservativen Ideologien, die etwa seit 1973 aufkamen, ernst genommen, habe mir nicht nur achselzuckend ein Déjà-vu-Erlebnis geleistet, sondern das Auftreten dieser militanten, bei uns v. a. an Gehlen und C. Schmitt anknüpfenden Spätliberalen als signifikant für eine Grosswetterlage betrachtet. Ich versuchte mir den in diesen Überlegungen implizierten Begriff von Moderne, und eine Verabschiedung von der Moderne, einer Verabschiedung radikaler Demokratie und Aufklärung, der Ideen, die die Bunderepublik schliesslich getragen haben, klarzumachen [...]

Beide Seiten, die Neokonservativen und die Wachstumskritiker, die einen artikulierter, die anderen oft nur diffus, haben gegenläufige Interprétationen entwickelt von diesem Zustand, in den die westlichen Gesellschaften, mit Reagan und der Lady auf der einen, Mitterand auf der anderen Seite – und Schmidt in der Mitte – drei Jahrzehnte nach dem letzten Schlamassel hineingeraten sind. Beide Interprétationen, Ideologien, Deutungsschemata, wie immer Sie das nennen wollen, verarbeiten missliche soziale Lebensformen einer sonst ja ziemlich erfolgreichen Stabilisierung innerer Verhältnisse – einer Stabilisierung die auf der Grundlage des sozialstaatlichen, im weitesten Sinne sozialdemokratischen Kompromisses, wie Dahrendorf sagt, erreicht worden war. » (DNU, 180-181)

6.1.1. Les idéologues néo-conservateurs

Les néo-conservateurs ont désormais une place de choix dans ce recueil. La nouveauté par rapport à la décennie précédente, c'est le ton apaisé qui y règne : la polémique des années 1970 qui a valu aux destinataires des lettres ouvertes les traitant, on l'a vu, de « libéraux de merde », ou de « renégats du centre » (c'est-à-dire du libéralisme) a disparu. Désormais, le « néo-conservatisme » *(Neokonservativismus)* paraît assumé par Habermas : le terme figure en tête de chapitre ou encore dans le titre de l'article « *Die Kulturkritik der Neokonservativen in den USA und in der Bundesrepublik* » (DNU, 30-58) – on se rappelle les appellations infamantes utilisées dans les années 1970 pour désigner à l'époque les intellectuels critiques de la modernité : *Tendenzliteraten, Tendenzschriftsteller, Reaktionsschriftsteller,*

Gegenaufklärer, ou bien : « *die Rechte* » ou « *die neue Rechte* ». On peut noter aussi que l'adjectif « *konservativ* » apparaît maintenant en bonne place, employé de façon neutre dans le second chapitre intitulé « *Konservative Politik, Arbeit, Sozialismus und Utopie heute* » (DNU, 59-82) – alors que dans les années 1970 le terme paraissait victime de l'« exnomination » (Roland Barthes) –, la position de Habermas étant alors que, dans le passé de l'Allemagne, il n'y a rien qui mérite d'être conservé, donc il n'y pas de conservatisme possible ! – ce que, dans « *Noch eine Erblast* » il rend par l'expression « les fatales continuités allemandes » *(fatale deutsche Kontinuitäten)* (DNU, 159).

Cette promotion lexicale est très certainement due au néo-conservatisme américain que Habermas érige ici en modèle. Le conservatisme de la République fédérale, même s'il diverge de son homologue américain, bénéficie, par ricochet, de cette valorisation.

La particularité du néo-conservatisme américain, c'est qu'il est issu du libéralisme. Habermas dit de ses promoteurs célèbres, Daniel Bell et Seymour Martin Lipset, qu'ils ne font pas mystère de leur origine libérale et de gauche – en ajoutant qu'ils ont été fondamentalement anticommunistes. S'ils ont tourné le dos à la gauche libérale, c'est qu'ils ont été choqués par les effets délétères sur la société des différents mouvements de protestation : ils n'ont effectivement pas manqué d'être déçus par la politique de désarmement de Kissinger et l'évolution, trop libérale pour eux, de la société américaine (DNU, 83) !

> « […] *die Neokonservativen haben auf die Niederlage in Vietnam und auf Kissingers Entspannungspolitik mit dem Gefühl reagiert, dass Amerikas Widerstand gegen den Weltkommunismus durch eine Art moralische Entwaffnung gelähmt wird. So wenig wie die internationalen Entwicklungen ins antikommunistische Konzept passten, so wenig passte im Inneren die Mobilisierung, die die Gesellschaft im Gefolge der Bürgerrechtsbewegung, des Studentenprotestes, der Neuen Linken, der Frauenbewegung und der eskapistischen Gegenkultur ergriffen hatte, in die heile Welt einer ideologiefreien Eliteherrschaft.*
>
> *Ferner gab es mit der Problematisierung der Armut Mitte der sechziger Jahre einen Riss in dem eher harmonistischen Bild von der Wohlstandsgesellschaft. Alsbald zeigten sich auch die unerwünschten Nebenfolgen der unter Johnson bürokratisch ins Werk gesetzten sozialstaatlichen Programme […].* » (DNU, 32)

Plus fondamentalement, les néo-conservateurs US réagissent à ce qu'ils considèrent comme une « crise culturelle », laquelle affecte la légitimité des institutions politiques, dépassées par la montée inflationniste à la fois des attentes et des exigences *(Inflation der Erwartungen und Ansprüche)*.

D'où le constat d'ingouvernabilité *(Unregierbarkeit)* et le penchant à désigner les coupables, à savoir la « culture subversive » et la « nouvelle classe des intellectuels » qui se font les avocats de cette culture « moderniste ».

Habermas se réfère au sociologue Daniel Bell et à sa thèse des « contradictions culturelles du capitalisme » : selon Bell, le système capitaliste a provoqué une rupture entre la culture et la société, cette dernière s'étant développée conformément à la rationalité économique et administrative, alors que la première, la « culture moderniste », a contribué à détruire les fondements religieux de la société rationalisée (DNU, 36).

> « [...] *eine profanisierte Kultur bringt nämlich subversive Einstellungen zum Zuge; sie kontrastiert jedenfalls mit der religiös verankerten Leistungs- und Gehorsamsbereitschaft auf die eine effiziente Wirtschaft und eine rationale Staatsverwaltung angewiesen sind.* » (DNU, 36)

D'où la dualité de la position néo-conservatrice-néo-libérale, caractérisée d'une part par l'acceptation de la modernité sociétale *(gesellschaftliche Moderne)* et le rejet de la modernité culturelle *(kulturelle Moderne)*, rejet opéré par la critique culturelle conservatrice *(konservative Kulturkritik)*.

Cela étant, le modèle américain du conservatisme ne peut s'appliquer tel quel à la République fédérale. Ici, dit-il, ce ne sont pas les sociologues et les politologues qui donnent le ton, mais les historiens et surtout les philosophes de la tendance « Jeunes conservateurs de Weimar » – les « survivants » et les héritiers des révolutionnaires de droite. D'où un autre rapport à la modernité du côté allemand, marqué par la récusation du « progrès civilisationnel » et la glorification de l'élite et ses postures héroïques « libératrices », de l'identité allemande *(das Eigene)*, des vertus dites « secondaires » (l'obéissance, le devoir, l'esprit de sacrifice…). Après 1945, les survivants et les héritiers de ces révolutionnaires de droite ont toutefois procédé à un ajustement de leur position : le « compromis » trouvé les réconcilie avec le progrès civilisationnel – dont le capitalisme industriel –, mais ils ne renoncent pas à pratiquer la « critique culturelle ».

> « *Die philosophischen Wortführer des deutschen Neokonservativismus – und auf diese artikulierte Kerngruppe will ich mich im Folgenden beschränken – haben ihre Identifikation mit der gesellschaftlichen Moderne nicht in Begriffen einer unzweideutigen liberalen Theorie vollzogen – die dann enttäuscht worden wäre. Die Theorien, von denen sie ausgegangen, hatten vielmehr einen jungkonservativen Einschlag und damit einen spezifisch deutschen Hintergrund.* » (DNU, 39-40)

> « *In der "Süddeutschen Zeitung" (vom 19. August 1982) beschreibt Hans Heigert aus Anlass der Goethe-Preis-Verleihung an Ernst Jünger die Mentalität der Jungkonservativen – jener verdrängten Rechtsintellektuellen der Weimarer Zeit – indem er zwei Komponenten hervorhebt: auf der einen Seite Ablehnung des bloss zivilisatorischen Fortschritts, daher Antikapitalismus, Antiamerikanismus; Entwicklung und Verherrlichung des Elitären [...]. Die heroische Tat sollte das Gemeine überwinden, die Aktion an sich der Befreiung dienen; auf der anderen Seite Treue zum Eigenen, Wahrnehmung der Wurzeln, Einfügung in den Strom der Geschichte, in die Tiefe des Volkes. Die Propagierung der Sekundartugenden durchzog die ganze Pädagogik: Gehorsam, Pflicht, Dienst, Opferbereitschaft-Glaube. "Die Überlebenden und die Erben dieser Revolutionäre von rechts haben nach 1945 eine Operation vorgenommen, die die beiden erwähnten Komponenten trennt: sie haben sich mit dem zivilisatorischen Fortschritt – mit dem Industriekapitalismus – ausgesöhnt, aber die Kulturkritik beibehalten". Es ist dieser Kompromisscharakter einer halbherzigen Aussöhnung mit der Moderne, der die deutschen von den*

amerikanischen, die ehemals jungkonservativen von den ehemals liberalen Neukonserva-
tiven trennt." [...] Der Kompromiss besteht darin, dass sie (die deutschen Neukonserva-
tiven) die gesellschaftliche Moderne nur unter Bedingungen akzeptiert haben, die ein "Ja"
zur kulturellen Moderne ausschlossen. Nach wie vor erscheint der Industriekapitalismus,
auf dem Wege zur postindustriellen Gesellschaft in einem solchen Lichte, dass erklärt
werden muss, wie die Zumutungen dieser Gesellschaft kompensiert werden können, sei
es durch substantielle, nicht angreifbare Traditionen, sei es durch die autoritäre Subs-
tanz einer staaatlichen Hoheitsgewalt oder durch die sekundäre Substanzialität von soge-
nannten Sachgesetzlichkeiten. » (DNU, 40-41)

Ainsi donc, le compromis trouvé oblige les néo-conservateurs à chercher des
compensations aux effets sociétaux des concessions faites. Habermas cite à ce sujet
trois types d'arguments proposés par les maîtres penseurs du néo-conservatisme :

— Pour l'historien Joachim Ritter, la modernité sociétale a besoin d'être stabilisée
  par un ancrage fort dans l'histoire et les traditions nationales.
— Pour le juriste Ernst Forsthoff, la « démocratie de masse de l'État providence »
  (wohlfahrtsstaatliche Massendemokratie) est incapable de se stabiliser par ses
  propres moyens : sa dynamique doit être « canalisée » *(eingedämmt)* par l'« État
  souverain », dont la mission politique, dit-il en se référant à Carl Schmitt,
  consiste à prendre des décisions et non pas à argumenter !

  « *Der Staat kann die zur Stabilisierung der gesellschaftlichen Moderne erforderliche Kraft*
  nur entfalten, wenn er im Ernstfall gegen Gründe, die im Namen gesellschaftlicher Interessen
  vorgebracht werden, immun ist. Der Hüter des Allgemeinwohls muss die politische Macht
  haben, nicht zu argumentieren und statt dessen zu entscheiden.

  Dieses Konzept lebt von Carls Schmitts Theorie insoweit, als dieser die Fähigkeit, zwischen
  Freund und Feind zu unterscheiden, als Kriterium benützt hatte, um einen reinen
  Begriff des Politischen zu gewinnen – "gereinigt von allen evaluativen Beimengungen des
  Nützlichen, Wahren, Schönen oder Gerechten, und dies vor allem". Das Politische sollte
  von Gesichtspunkten der moralischen Rechtfertigung unberührt bleiben. Aus dieser Sicht
  verliert die gesellschaftliche Moderne ihren Schrecken allein für eine Staatsgewalt, deren
  Souveränität nicht durch moralische Entwaffnung bedroht ist. » (DNU, 42)

— L'anthropologue Arnold Gehlen, pour sa part, a développé dans les années
  1940 une conception de l'être humain comme étant fragilisé et rendu vulné-
  rable *(Versehrbarkeit)*, du fait qu'il ne peut plus compter sur ses instincts pour
  être protégé. Aussi a-t-il eu besoin de la force régulatrice d'institutions, comme
  l'Église, l'armée et l'État. C'est pourquoi leur affaiblissement, le recul de leur
  pouvoir, ont provoqué des troubles pathologiques. C'est ce genre de phénomène sociopolitique qui est à l'origine de la critique culturelle que Gehlen
  opère depuis les années 1970 : une critique en règle de ce qui est considéré
  par les progressistes comme une réussite de la protestation étudiante, à savoir
  le processus d'émancipation, accusé par Gehlen de priver les individus de leur
  autodéfense et de les livrer ainsi aux idéaux trompeurs de l'autodétermination
  et de l'émancipation, ce qui les dépasse !

> « *[Gehlen] hatte die unwahrscheinliche Plastizität und Versehrbarkeit des menschlichen Lebens betont, das nicht durch Instinkte festgelegt und daher auf die regulierende Kraft archaisch-naturwüchsiger Institutionen angewiesen ist. Aus diesem Blickwinkel muss der Abbau sakraler Institutionen, muss der Autoritätsverlust von Kirche, Militär und Staat, als Zeichen einer pathologischen Entwicklung gelten. Daher erklärt sich die harsche Kulturkritik, die Gehlen nach dem Krieg zunächst geübt hat. [...] Jeder Schritt zur Emanzipation beraubt den Einzelnen automatischer Handlungssteuerungen, liefert ihn seinen vagierenden Antrieben schutzlos aus, überfordert ihn durch Entscheidungszumutungen, macht ihn umso unfreier, je weiter die Ideale von Selbstbestimmung und Selbstverwirklichung um sich greifen. Die wachsende Komplexität der Gesellschaft lässt zudem den Spielraum verantwortlichen Handelns schrumpfen, während sie gleichzeitig das Innere mit irritierenden Reizen, Emotionen und Erfahrungen aus zweiter Hand überschwemmt.* » (DNU, 42-43)

L'administration étatique, la technique et la science s'allient pour constituer ce qu'il appelle en langage wébérien l'« habitacle d'acier de la modernité » *(stählernes Gehäuse der Moderne)*, une nouvelle forme de pouvoir, qui impose dès lors ses impératifs *(Sachzwänge)*, sa loi d'airain, en prenant la place des anciennes institutions reléguées. La conjonction de ces impératifs – étatiques, économiques et scientifico-techniques – a des effets bénéfiques apaisants aux yeux des néo-conservateurs : elle désamorce la modernité culturelle *(entschärfen)* et neutralise son caractère subversif.

> « *Dieser Tenor [die Ideale der Selbstbestimmung und der Selbstverwirklichung] ändert sich im Laufe der fünfziger Jahre, als sich Gehlen mit einer Technokratiethese vertraut macht, die es ihm ermöglicht, die moderne Gesellschaft in einem anderen Licht zu sehen. Dieser Idee zufolge verbinden sich Ökonomie und Staatsverwaltung, Technik und Wissenschaft im stählernen Gehäuse der Moderne zu unbeeinflussbar erscheinenden Funktionsgesetzen, die nun an Stelle der abgebauten Institutionen die Führung übernehmen. In diesen Sachzwängen kann sich die anthropologische beruhigende Tendenz zur Entlastung fortsetzen, weil gleichzeitig die Uhr der kulturellen Moderne abgelaufen ist; die Prämissen der Aufklärung, heisst es, sind tot, nur ihre Konsequenzen laufen weiter[...] Das Stichwort für die Entschärfung der modernen Ideen heisst vielmehr "Kristallisation". "Kristallisiert" nennt Gehlen die moderne Kultur, weil "die darin angelegten Möglichkeiten in ihren grundsätzlichen Beständen alle entwickelt sind".* » (DNU, 43-44)

Après la présentation des ténors du néo-conservatisme allemand, Habermas donne un aperçu global du positionnement sociopolitique des intellectuels néo-conservateurs des années 1980 en rappelant trois de leurs « propositions thérapeutiques » pour « guérir » l'Allemagne :

– Procéder à une critique systématique des intellectuels progressistes *(Intellektuellenkritik)* – qualifiés de « nouvelle classe » par Schelsky, ou encore de « cléricature » *(Priesterschaft)*, et considérés par les néo-conservateurs comme étant responsables de la « révolution culturelle » qu'ils ont impulsée, ainsi que de la bureaucratisation du système éducatif provoquée par la réforme scolaire qu'ils ont initiée. Selon Habermas, les néo-conservateurs procèdent par amalgame, englobant artificiellement des phénomènes aussi différents que la critique progressiste de la société allemande adenauerienne, la réforme scolaire des gouvernements socio-libéraux et le « terrorisme de gauche ».

— Neutraliser *(entschärfen)* le contenu subversif de la modernité, et ce en diffusant la thèse de l'épuisement de la modernité culturelle, qui concerne aussi bien les nouvelles technologies scientifiques, l'avant-garde artistique, que l'universalité de la morale. L'arrivée du néo-conservatisme signifie ainsi, pour eux, la fin de la modernité, l'annonce de la postmodernité, avec pour conséquence l'épuisement de l'avant-garde artistique, qui a perdu de sa créativité. Elle signifie également l'obsolescence de la morale universelle et des conséquences néfastes que représente pour les néo-conservateurs la moralisation du politique qu'ils jugent comme pouvant mener au terrorisme.

> « *Neokonservativ ist [...] die programmatische Verabschiedung der Moderne, die Ausrufung der Postmoderne. Dieser Ausdruck impliziert, dass die avantgardistische Kunst am Ende ist, ihre Kreativität verbraucht hat, sich unproduktiv im Kreis dreht.* » (DNU, 49)

> « *[...] die, in die universalistischen Grundsätze der Moral eingebauten Sprengsätze, die entschärft werden müssen. [...] Eine universalistische Moral kennt von Haus aus keine Schranken: sie stellt auch politisches Handeln [...] unter moralische Gesichtspunkte. Gerade diese Moralisierung kann im Extremfall, sogar zu terroristischen Aktionen ermutigen: so lautet ein alter Topos der Gegenaufklärung. Auch der Terrorist, der sich als einen letzten, isolierten Anwalt der Gerechtigkeit versteht, könnte, im Nahmen allgemeiner Prinzipien, die angestrebte Freiheit durch direkte Gewalt verwirklichen wollen (Lübbe).* » (DNU, 50)

À la suite de Hobbes et de Carl Schmitt, les néo-conservateurs concluent à la nécessité d'un changement du rôle de l'État. Celui-ci doit puiser sa légitimité dans la manière dont il s'acquitte de sa mission centrale qui consiste à protéger cet État contre l'ennemi intérieur et extérieur.

> « *[...] der Staat hat sich in erster Linie daran zu legitimieren, wie er die zentrale Aufgabe der Friedenssicherung, der Abwehr äusserer und innerer Feinde bewältigt. Aus dieser Sicht erklärt sich der Vorrang des Problems der inneren Sicherheit, überhaupt die Stilisierung einer angeblichen Konkurrenz zwischen Rechtsstaat und Demokratie.* » (DNU, 51)

Par ailleurs, il lui faut remplir une fonction d'arbitre dans la distribution des compétences, afin que celles-ci puissent fonctionner « indépendamment de la volonté politique générale ». Ce qui contribue à libérer l'État des « contraintes de l'opinion », ainsi que de la « démocratisation des prises de décision ».

> « *Andere gehen, im Anschluss an die Technokratiethese davon aus, dass der Staat in erster Linie die schiedsrichterliche Funktion erfüllen muss, über die sachdienliche Verteilung von Kompetenzen zu wachen, damit die Sachgesetzlichkeiten der funktionalspezifischen Teilbereiche "unabhängig von der allgmeinen politischen Willensbildung zum Zuge kommen können"; für Vorrang entpolitisierter Steuerungsinstitutionen.*

> *In beiden Fällen laufen die Argumentationen darauf hinaus, dass die staatliche Ordnung vom demokratischen Meinungsstreit über gesellschaftspolitische Zielsetzungen entlastet*

werden soll. Das moralisch-praktische Element, von dem die Politik Abstand gewinnen
soll, ist eine Demokratisierung von Entscheidungsprozessen, die das politische Handeln
unter kontroverse Gesichtspunkte der sozialen Gerechtigkeit, überhaupt wünschenswerter
Lebensformen stellen müsste. » (DNU, 51)

– Promouvoir les « Post-Lumières » *(Nachaufkärung)* par une « saine conscience
de la tradition » constitue la troisième proposition thérapeutique.

La modernité culturelle doit céder la place à une saine conscience de la tradition, afin que les puissances du sens commun, de la conscience historique et
de la religion puissent apporter leur appui et leur soutien et retrouver ainsi leur
place. C'est que l'avènement des « Post-Lumières » nécessite aide et assistance de
la part des néo-conservateurs. Ceux-ci font porter leurs efforts « courageux » tout
à la fois sur l'éducation et la famille *(Mut zur Erziehung)* et sur les moments forts
de l'histoire nationale *(Mut zur Vergangenheit)* – le contraire de ce que propose
Walter Benjamin qui récuse la « célébration des vainqueurs », ou encore Gustav
Heinemann qui recommande d'adopter la « perspective des vaincus – insurgés et
révolutionnaires ».

> *« Die programmatische Verabschiedung von der kulturellen Moderne soll Platz machen*
> *für ein gesundes Traditionsbewusstsein. […] [dann] können die haltenden Mächte des*
> *common sense, des Geschichtsbewusstseins und der Religion in ihr Recht treten. Die*
> *Geburt der Nachaufklärung bedarf freilich der neokonservativen Nachhilfe. Diese*
> *konzentriert sich gleichzeitig auf den "Mut zur Erziehung", also auf eine Bildungspolitik,*
> *die die Grundschulerziehung auf Disziplin und Sauberkeit zuschneidet. Sie konzentriert*
> *sich gleichzeitig auf den "Mut zur Vergangenheit" in Familie, Schule und Staat. Die*
> *Neokonservativen sehen ihre Aufgabe einerseits in der Mobilisierung der Vergangenheiten,*
> *zu denen man sich zustimmend verhalten kann, andererseits in der moralischen Neutrali-*
> *sierung anderer Vergangenheiten, die nur Kritik und Ablehnung herausfordern könnten.*
> *Walter Benjamin hat die "Einfühlung in den Sieger" ein Kennzeichen des Historismus*
> *genannt. Das ist es, was uns Neukonservative empfehlen. Gustav Heinemann, der im*
> *Geiste Benjamins daran gemahnt hatte, auch die Perspektive der Besiegten, der unter-*
> *genen Aufständischen und Revolutionäre einzunehmen, muss sich sagen lassen, dass diese*
> *Orientierung am Wunschbild der eigenen Vergangenheit ein "Fixativ der Unreife" sei*
> *(H. Lübbe).* » (DNU, 51-52)

L'erreur d'appréciation des néo-conservateurs, selon Habermas, réside dans le
fait qu'au lieu de s'attaquer aux multiples contraintes économiques et administratives, qui risquent de provoquer une monétarisation et une bureaucratisation
accrue de la société, au lieu de s'attaquer aux vraies crises, ils agitent le spectre
d'une « culture subversive débordante !

> *« Die Neukonservativen vertauschen Ursache und Wirkung. An die Stelle der ökono-*
> *mischen und der administrativen Imperative, der sogenannten Sachzwänge, die immer*
> *wieder weitere Lebensbereiche monetarisieren und bürokratisieren, immer weitere*
> *Beziehungen in Waren und Objekte der Verwaltung verwandeln – an die Stelle der*
> *wirklichen Krisenherde der Gesellschaft rücken sie das Gespenst einer subversiv über-*
> *bordenden Kultur. Diese falsche Analyse erklärt, dass den Neukonservativen, wenn sie*

zu wählen haben, die Lebenswelt, auch die familiäre, keineswegs so heilig ist, wie sie es vorgeben. Während die Christdemokraten keine Hemmung haben, die Bundesepublik zu verkabeln, sind die Sozialdemokraten wohl eher die Hüter der Tradition. Wir müssen mit der Substanz bewährter Lebensformen, die nicht zerstört sind, schonend umgehen. Es fragt sich nur, wer diese Bestände im Ernstfall schont. » (DNU, 53-54)

En conclusion du chapitre qui a traité successivement des néo-conservatismes US et ouest-allemands, brièvement pour le cas américain, de façon approfondie pour le côté allemand – et étonnamment neutre, sans l'agressivité qu'on lui a connue dans les années 1970 à l'adresse du conservatisme, Habermas relève l'importance de l'apport américain à la culture politique ouest-allemande de l'après-guerre, tout particulièrement « l'esprit radical-démocratique du pragmatisme américain de Peirce à Mead et Dewey ». Cela étant, Habermas ne peut que déplorer la « trajectoire occidentale », quand Bismarck a brisé l'épine dorsale du libéralisme politique et, tout récemment, quand l'aile nationale-libérale du FDP a provoqué le « tournant », en politique intérieure, vers le néo-conservatisme, révélant la faiblesse récurrente des sociaux-libéraux, faiblesse qui, conclut-il, ne cesse d'hypothéquer le libéralisme allemand.

« Die politische Kultur der Bundesrepublik stünde heute schlechter da, wenn sie nicht in den ersten Jahrzehnten nach dem Kriege Anregungen aus der politischen Kultur Amerikas aufgenommen und verarbeitet hätte. Die Bundesrepublik hat sich dem Westen zum ersten Mal vorbehaltlos geöffnet; wir haben uns damals die politische Theorie der Aufklärung angeeignet, haben die mentalitätsprägende Kraft des zunächst von religiösen Sekten getragenen Pluralismus begriffen, den radikaldemokratischen Geist des amerikanischen Pragmatismus von Peirce bis Mead und Dewey kennengelernt. Die deutschen Neokonservativen wenden sich von diesen Traditionen ab, schöpfen aus anderen Quellen. Sie greifen auf einen deutschen Traditionalismus zurück, der von der Demokratie nicht viel mehr als den Rechtsstaat übrigbehalten hat; auf Motive des lutherischen Staatskirchentums, das in einer pessimistischen Anthropologie verwurzelt ist; auf Motive eines Jungkonservativismus, dessen Erbe sich nur zu einem halbherzigen Kompromiss mit der Moderne durchdringen konnten. Bismarck hat dem politischen Liberalismus in Deutschland das Rückgrat gebrochen. Dass der nationalliberale Flügel der FDP die innenpolitische Wende zum Neokonservativismus herbeigeführt hat, ist kein historischer Zufall; in diesen Tagen zeigt es sich, dass die Sozialliberalen nicht stark genug waren, um sich der fragwürdigen Hypotheken des deutschen Liberalismus zu entledigen. » (DNU, 54)

Aussi Habermas ne peut-il s'empêcher d'attribuer aux néo-conservateurs allemands la responsabilité du « désastre politico-culturel en cours » – l'adieu à la modernité culturelle et la déification de la modernisation capitaliste –, qui pousse la jeunesse universitaire dans les bras d'un néo-nietzschéisme !

« Für die politische Kultur unseres Landes bringt jene Wende auch die Gefahr mit sich, dass sich ein fataler Teufelskreis schliesst. Der Abgesang auf die kulturelle Moderne und die Verehrung für die kapitalistische Modernisierung können nur diejenigen bestätigen, die mit ihrem pauschalen Antimodernismus das Kind mit dem Bade ausschütten. Hätte die Moderne nichts anderes als die Anpreisung der neokonservativen Apologetik

zu bieten, es wäre zu verstehen, warum die intellektuelle Jugend dann nicht lieber über Derrida und Heidegger zu Nietzsche zurückkehrt und in den bedeutungsschwangeren Stimmungen eines kultisch erneuerten, eines authentischen, noch nicht von Kompromissen entstellten Jungkonservatismus ihr Heil sucht. » (DNU, 54)

Notons que *Die Neue Unübersichtlichkeit* est paru en 1985, l'année même où Helmut Dubiel, attaché de recherche à l'« Institut für Sozialforschung » de Francfort, publie chez Suhrkamp un opuscule intitulé *Was ist Neokonservatismus ?*, dirigé contre cette forme d'« hégémonie culturelle » que représente le néo-conservatisme. Pour Dubiel, « *Neokonservatismus* » est le mot de la décennie 1980 *(Stichwort des Jahrzehnts)* comme « *Unregierbarkeit* » et « *Wertewandel* » l'ont été dans les années 1970. D'importation américaine, il a, dit-il, été lancé dans le débat ouest-allemand en avril 1982 au Congrès du SPD à Munich par Helmut Schmidt qui le définit *a contrario* : « une politique néoconservatrice est, selon lui, ce à quoi on pourrait s'attendre quand la coalition sociale-libérale aura cessé d'exister ». C'est ce qui allait arriver quelques mois plus tard – le 1er octobre 1982 – et qu'on appellera couramment « die Wende », préparée par l'intelligentsia néoconservatrice dès les années 1970 – Habermas se réfère ici à Gramsci, selon lequel le pouvoir politique succède à l'hégémonie culturelle.

« Eine "neokonservative Politik" sei das, was die Bundesbürger zu gewärtigen hätten, wenn die sozialliberale Koalition einmal abgetreten ist (Helmut Schmidt). Als die Koalition dann abtrat, war das Wort plötzlich in aller Munde. Der praktisch-politische Erfolg des semantischen Feldzuges der neukonservativen sozialwissenschaftlichen Intelligenz in den USA und der Bundesrepublik – die in den siebziger Jahren die zentralen politischen Diskurse "besetzt" hatte, liest sich wie eine Bestätigung von Gramscis Behauptung, dass die politische Macht der "kulturellen Hegemonie" auf dem Fusse folgt. » (Helmut Dubiel, « Neokonservatismus », Frankfurt/Main, Suhrkamp, 1985, p. 2)

Le discours de 1985 de Habermas sur le néo-conservatisme s'apparente à celui de Dubiel, par son contenu et par son ton posé, distancié, incomparable avec les lettres « incendiaires » qu'il a adressées, on l'a vu, en 1970 et 1977 à E. Topitsch et à K. Sontheimer ; ce qui témoigne du caractère apaisé des années 1980.

Dans l'interview donnée à la *Basler Zeitung* en 1984, qui s'intitule *« Konservative Politik, Arbeit, Sozialismus und Utopie heute »*, Habermas fait le point de la situation politico-économique de la RFA issue de la « *Wende* » de 1982 : dans le corps du texte, il parle de *« neokonservative Politik »* (DNU, 6) : la « *Wende* » marque donc bien à ses yeux l'avènement d'une « politique néo-conservatrice ».

Il y évoque sur un mode drolatique les « vieilles recettes » que le « gouvernement Kohl » ne cesse de resservir *(immer energischer durchspielt)* depuis son arrivée au pouvoir et dont il énumère les « ingrédients » *(Zutate)* : une politique économique de l'offre qui risque de provoquer à terme un chômage massif ; un traditionalisme en matière de politique culturelle et familiale qui mise sur les « vertus secondaires » et les valeurs « sûres » et met un terme à l'« excès de réflexion » *(Reflexionsstop)*, ce qui réduit le nombre de sujets soumis au débat public et favorise le « mutisme » en matière de politique *(Fraglosigkeit) :* la conscience politique de la population se trouve ainsi « dé-problématisée » et l'État n'a plus à se légitimer en permanence. C'est comme s'il avait inversé la devise de Willy Brandt « oser davantage de démocratie ».

Mais en même temps, on assiste de la part de Kohl à une dramatisation du danger extérieur et intérieur – menace de l'armée rouge et des manifestants « désobéisseurs » –, susceptible de créer un sentiment d'insécurité !

> « 1. *Angebotsorientierte Wirtschaftspolitik, die unter heutigen Bedingungen eine massive Arbeitslosigkeit auch längerfristig in Kauf nehmen muss. Das könnte zu einer neuen Segmentierung der Gesellschaft in "ins" und "outs" führen […].*
>
> 2. *Ein Traditionalismus, der in der Kultur- und der Bildungs- und Familienpolitik auf die sekundären Tugenden, die positiven Vergangenheiten, den common sense, auf ungebrochenes Geschichtsbewusstsein, auf konventionelle Religiösität, kurz auf Naturwüchsigkeit setzt, auf Reflexionsstop und feste Werte. Die kulturelle Moderne wird hingegen als subversiv empfunden. Die geistig-moralische Erneuerung meint eine Rückkehr hinter das 18. Jht, von der man sich eine wundersame Regenerierung von Fraglosigkeiten verspricht, ein Traditionskissen, das die Belastungen auffängt […].*
>
> 3. *Das dritte Element ist sozusagen das Gegenteil von Willy Brandts Parole "Mehr Demokratie wagen", nicht ein direkter Abbau der Demokratie, aber Versuche den Staatsapparat von lästigen Legitimationszwängen freizusetzen, den Kreis öffentlicher Themen einzuschränken und das politische Bewusstsein der Bevölkerung zu entproblematisieren, von gesellschaftspolitischen Fragen zu entlasten, mit denen, sei es negativ oder utopisch, besetzte Zukunftspositionen verbunden sein könnten. In diesem Zusammenhang muss man wohl die soeben beschlossene Einschränkung des Demonstrationsrechtes sehen.*
>
> 4. *Gehört zu diesem Rezept, wenn nicht die bewusste Verschärfung der internationalen Spannungen, so doch die Stimulierung des Bewusstseins einer wachsenden ausseren Gefahr. Beides wird gleichzeitig dramatisiert; die Bedrohung durch die Rote Armee und durch Unruhestifter im Innern. Besorgte Publizisten sind seit Monaten dabei, die Formen des gewaltlosen Widerstandes an den juristischen Tatbestand der Gewaltanwendung zu assimilieren.* » (DNU, 64-65)

La politique néo-conservatrice de « notre gouvernement », selon l'expression de Kohl, est donc en tout point fidèle aux conceptions des intellectuels néo-conservateurs développées ici par Habermas.

6.1.2. Les nouveaux mouvements de protestation : « die neue Protestbewegung / die Wachstumskritiker »

6.1.2.1. Désobéissance civile (ziviler Ungehorsam)

Deux textes de *Die Neue Unübersichtlichkeit* sont consacrés à la question de la désobéissance civile : *« Ziviler Ungehorsam – Testfall für den demokratischen Rechtsstaat »* de 1983 (DNU, 79-99 : non traduit) et *« Recht und Gewalt – ein deutsches Trauma* » de 1984 (DNU, 100-111 : traduit dans *Écrits politiques* : Ep, 115-138).

Dans le premier texte, Habermas évoque longuement les nouveaux protestataires inspirés par le modèle américain qui sont apparus en RFA fin des années 1970 et dont il se fait le défenseur. Le second texte est consacré à la réaction hostile à ce mouvement, dominante dans le monde juridique ouest-allemand – réaction subsumée sous le terme de « hobbisme allemand » – contre lequel il polémique vigoureusement.

L'événement déclencheur a été aux États-Unis l'occupation du bureau de recrutement d'Ann Arbor dans le Michigan par des étudiants pour protester contre l'intervention américaine au Vietnam.

> « *In der Tat hat sich die Protestszene der Bundesrepublik seit den Ostermärschen der frühen 60er Jahre verändert. […]. Die neuen, oft phantasievollen, manchmal gewalttätigen Formen dieser Protestbewegungen waren von amerikanischen Vorbildern inspiriert.* » (DNU, 80)

Depuis la seconde moitié des années 1970, un nouveau mouvement pacifiste – après celui des années 1950 dirigé contre le réarmement de la jeune RFA – s'est formé en République fédérale, avec de nouveaux objectifs et de nouveaux types de manifestations : qu'il s'agisse de manifestations de masse *(Grossdemonstrationen)* comme celles qui ont paralysé la capitale fédérale ou d'opérations à caractère plus militaire, comme l'assaut donné par des manifestants à un site nucléaire protégé par la police, comme à Brokdorf (à partir de 197) ; ou encore de l'occupation d'un chantier de construction d'une centrale nucléaire comme à Wyhl (démarré aussi en 1976) ou d'un « anti-village atomique » *(Atomdorf)* comme à Grohnde ; sans oublier les squats d'immeubles à Kreuzberg…

Toutes ces actions ont en commun le fait qu'elles émanent de groupes hétérogènes, qui se sont constitués spontanément, de façon décentralisée *(Basisinitiativen)*. Or, ajoute-t-il, comme pour narguer l'autorité, cet amalgame de mouvements pacifistes, écologistes, féministes, se laisse difficilement interdire !

6.1.2.2. *1983, « Un automne chaud »* (Ein heisser Herbst: Grossdemonstrationen, Menschenketten, "die ins")

Selon Habermas, l'automne 1983 risque d'être chaud *:* de nouvelles formes de manifestation sont prévues pour répliquer à l'installation annoncée des missiles de croisière et des fusées Pershing II : en particulier, d'imposantes chaînes humaines *(Menschenketten)* et des « *die ins* » – les manifestants s'allongent sur le sol et font semblant d'être morts – visant à perturber ou à empêcher la circulation, et à attirer l'attention ! Le mot clé « *heisser Herbst* » fait florès !

> « *Seit der zweiten Hälfte der sechziger Jahre hat sich eine neue Protestbewegung formiert, in anderer Zusammensetzung, mit neuen Zielen und mit einer bunten Palette abermals gewandelter, differenzierter Formen der Willensäusserungen. Beispiele sind die Bonner Grossdemonstrationen, die eine ganze Stadt in den Rhythmus und den Wirbel einer von Subkulturen*

getragenen, expressiv- beschwingten Massenveranstaltung hereingezogen haben; der bundesweite Ansturm auf ein von der Polizei abgeriegeltes Kernkraftgelände wie in Brokdorf; […] die vorübergehende Blockade von Bauarbeiten und die Besetzung von Bauplätzen, wie in Wyhl; das Anti-Atomdorf in Grohnde, das Hüttendorf an der Startbahn West, die die geplanten Grossprojekte mit einer alternativen Lebensform konfrontieren sollten; schliesslich die Hausbesetzungen in Kreuzberg und anderswo, die eine breitere Öffentlichkeit auf den Skandal der rücksichtslosen Spekulation mit begehrten und erhaltenswürdigen Altbauwohnungen aufmerksam gemacht haben. Allen diesen Aktionen ist gemeinsam, dass sie von spontan gebildeten, heterogen zusammengesetzten, weitverstreuten und dezentralisiert arbeitenden Basisinitiativen ausgehen. Dieses Amalgam von Friedens-, Umweltschutz- und Frauenbewegung ist nichts, was man wie eine Partei verbieten könnte.

Nun sind für die Herbstmonate entschiedene und variationsreiche Demonstrationen gegen die erwartete Aufstellung von Cruise Missiles und Pershing II-Raketen angekündigt worden, unter anderem Blockaden, verkehrsbehindernde Menschenketten, "die ins" und andere Äusserungen des zivilen Ungehorsams. Das Schlagwort vom "heissen Herbst" ist in Umlauf und erhitzt die Gemüter im voraus. » (DNU, 80-81 ; 100-101)

6.1.2.3. La désobéissance civile et le recours à la violence

Habermas redoute que les affrontements avec la police ne nuisent à la « Friedensbewegung » et à l'idée même de désobéissance civile, et qu'on ne puisse plus saisir sa spécificité. Il finit toutefois par considérer la protestation en cours comme une chance historique pour l'Allemagne : à la différence des « étudiants pseudo-révolutionnaires » (Scheinrevolutionär) des années 1960, les manifestants pour la paix des années 1980 ont, dit-il, continué à s'identifier à l'État de droit démocratique. Ils ont ainsi réussi à faire de la « désobéissance civile » un élément constitutif de la culture politique de leur pays. Ce qui a prévalu chez eux, c'est la conviction que la violation des règles ne peut avoir qu'un caractère symbolique, qu'elle ne peut être utilisée qu'en vue d'exercer une influence, une pression, ou encore, comme il dit, de faire appel à l'intelligence et au sens de la justice. En aucun cas, il ne peut être question de recourir à la violence. Habermas salue ce qui est une première en Allemagne : le fait que la désobéissance civile apparaisse comme faisant partie intégrante d'une culture politique venue à maturité – « normalisée », dit-il, et que, à la différence de la révolte étudiante, les nouveaux protestataires s'identifient aux principes constitutionnels d'une république démocratique, ce qui leur permet, même dans le cas où ils transgressent la loi, de garder à leur protestation un caractère purement symbolique, consistant à faire appel au discernement des gouvernants.

« Wie der Vergleich mit der Studentenbewegung lehrt, gibt die gegenwärtige Protestbewegung zum erstenmal die Chance, auch in Deutschland zivilen Ungehorsam als Element einer reifen politischen Kultur begreiflich zu machen. Jede rechtsstaatliche Demokratie, die ihrer selbst sicher ist, betrachtet den zivilen Ungehorsam als normalisierten, weil notwendigen Bestandteil ihrer politischen Kultur. Nach meinen Erfahrungen war in den Jahren der Studentenrevolte das Selbstverständnis vieler Akteure durch falsche revolutionäre Vorbilder inspiriert. Jedenfalls fehlte die Identifikation mit den Verfassungsgrundsätzen einer

demokratischen Republik, die nötig ist, um eine Protesthandlung auch dann, wenn sie die Grenzen des rechtlich Zulässigen überschreitet, in ihrem ausschliesslich symbolischen Charakter zu begreifen. Damals sind einige Studentenführer zu Taktikern einer Scheinrevolution geworden, weil sie ihren politischen Widerstand zwischen Protest und Kampfhandlung in der Schwebe halten wollten. Eben diese Unklarheit kann ich in der Friedenbewegung weit und breit nicht entdecken. Aus den mir bekannten Äusserungen geht mehr als ein nur taktisches Bekenntnis zur Gewaltfreiheit hervor, nämlich die Überzeugung, dass Protesthandlungen, auch wenn sie kalkulierte Regelverletzungen darstellen, nur symbolischen Charakter haben können und allein in der Absicht ausgeführt werden dürfen, an die Einsichtsfähigkeit und den Gerechtigkeitssinn der jeweiligen Mehrheit zu appellieren.

Niemand bildet sich heute ein, die Raketenaufstellung – wenn überhaupt noch – auf eine andere Weise als dadurch verhindern zu können, dass die Masse der deutschen Bevölkerung für die politisch-moralische Ablehnung einer Entscheidung von existentieller Tragweite gewonnen und mobilisiert wird. Nur ein drohender Legitimationsverlust kann die Regierung umstimmen. » (DNU, 81-82)

Habermas justifie la désobéissance civile par une réflexion philosophico-juridique minutieusement argumentée, ciselée, qui aboutit à faire apparaître la désobéissance civile –paradoxalement ! – comme la « gardienne de la légitimité ».

Il commence par montrer comment dans l'État de droit la légitimité se fonde sur des procédures, sur la manière dont une loi est discutée et votée. Il pose ensuite la question du caractère légitime ou non de la législation, dès lors que celle-ci est conforme à la constitution. Sa réponse : la constitution doit pouvoir se justifier sur la base de principes. C'est pourquoi l'État constitutionnel moderne ne peut s'attendre de la part de ses citoyens à une obéissance à la loi *(Gesetzesgehorsam)* que si les principes sur lesquels il se fonde sont dignes d'être reconnus *(anerkennungswürdig)* : dans ces conditions seulement, ce qui est légal est reconnu comme légitime ou peut, le cas échéant, être rejeté comme étant illégitime. Le problème de fond consiste donc à distinguer les principes constitutionnels pour lesquels on a de bonnes raisons de croire qu'ils méritent la reconnaissance *(Anerkennung verdienen)*, et les normes fondamentales que sont la souveraineté populaire, l'égalité devant la loi, qui fondent l'État social… La réponse – typiquement habermassienne – est que seules sont justifiées les normes qui sont susceptibles de trouver « l'accord raisonné » des citoyens concernés !

Il en résulte qu'un État de droit, qui ne peut asseoir sa légitimité que sur une légalité absolue, ne peut exiger de ses citoyens une « obéissance juridique totale », mais seulement une « obéissance juridique qualifiée ». C'est d'ailleurs dans ce sens que l'entend la Loi fondamentale (article 1, § 2) quand elle fait une distinction entre la « loi » et le « droit ». D'où, en guise de conclusion, l'invitation à réfléchir à la tension existant entre ces deux moments inséparables.

« Ich gehe von dem ungewöhnlich hohen Legitimationsanspruch des Rechtsstaates aus: er mutet seinen Bürgern zu, die Rechtsordnung nicht aus Furcht vor Strafe, sondern aus freien Stücken anzuerkennen. Diese Anerkennung stützt sich normalerweise darauf, dass ein Gesetz von den verfassungsmässigen Organen beraten, beschlossen und verabschiedet worden ist.

[…] Das nennen wir Legitimation durch Verfahren. Diese gibt freilich keine Antwort auf die Frage, warum das legitimierende Verfahren selbst, warum das regelrechte Tätigwerden verfassungsmässiger Organe, warum letztlich die Rechtsordnung im Ganzen legitim ist. Der Hinweis auf das legale Zustandekommen positiv geltender Normen hilft hier nicht weiter. Die Verfassung muss aus Prinzipien gerechtfertigt werden können, deren Gültigkeit nicht davon abhängig sein darf, ob das positive Recht mit ihnen einstimmt oder nicht. Deshalb kann der moderne Verfassungsstaat von seinen Bürgern Gesetzesgehorsam nur erwarten, wenn und soweit er sich auf anerkennungswürdige Prinzipien stützt, in deren Licht dann, was legal ist, als legitim gerechtfertigt – und gegebenenfalls als illegitim verworfen werden kann.

Wer in normativer Absicht Legalität und Legitimität unterscheiden möchte, muss sich freilich zutrauen, diejenigen legitimierenden Verfassungsgründe auszuzeichnen, die gute Gründe für sich haben und Anerkennung <u>verdienen</u>. Wie können aber solche Grundnormen, beispielsweise die Grundrechte, die Garantie der Rechtswege, die Volkssouveränität, die Gleichheit vor dem Gesetz, das Sozialstaatsprinzip usw. gerechtfertigt werden? Dafür sind in der Tradition des Vernunftsrechts und der Kantischen Ethik eine Reihe von Vorschlägen ausgearbeitet worden. Sie alle folgen der Intuition, dass nur solche Normen gerechtfertigt sind, die ein verallgemeinerungsfähiges Interesse zum Ausdruck bringen und daher die wohlerwogene Zustimmung aller Betroffenen finden könnten. Und zwar wird diese Zustimmung an eine Prozedur vernünftiger Willensbildung gebunden; deshalb schliesst dieser Begründungsmodus den heute beliebten Rückgriff auf eine historisch eingelebte materiale Weltordnung aus.

Wie man sich zu diesen Moraltheorien auch stellen mag, ein demokratischer Rechtsstaat kann, weil er seine Legitimität nicht auf eine schiere Legalität gründet, von seinen Bürgern keinen unbedingten, sondern nur einen qualifizierten Rechtsgehorsam fordern. Dem trägt auch das Grundgesetz in Art. 1 Abs. 2 mit einem Bekenntnis zu unverletzlichen und unveräusserlichen Menschenrechten Rechnung. […] auch die im Grundgesetz (Art. 20 Abs. 3) getroffenen Unterscheidung von "Gesetz" und "Recht" legt diesen Schluss nahe. Mit dem Begriffspaar Legalität/Legitimität ist viel Unfug getrieben worden; das erklärt die Zurückhaltung vieler Juristen. Demgegenüber meine ich, dass die Idee des Rechtsstaates selber dazu anhält, das Spannungsverhältnis dieser beiden aufeinander verwiesener Momente zu durchdenken. » (DNU, 85-86)

6.1.2.4. Le débat sur la désobéissance civile dans l'État de droit

Cela étant, l'État de droit ne se caractérise pas seulement par la situation de tension, ou par la relation conflictuelle qu'il recèle en son sein entre la légalité et la légitimité. En faisant référence cette fois-ci à au philosophe anglo-saxon Ronald Dworking, Habermas évoque la fonction paradoxale qui incombe à l'État de droit confronté à ce dilemme : il lui revient de veiller à ce qu'une injustice ne se manifeste pas sous une forme légale.

Or c'est ce qui s'est passé en Allemagne le 30 janvier 1933 : l'accès « légal » d'Hitler au pouvoir ! Habermas évoque ce traumatisme qui ne cesse de peser sur la psyché allemande.

« Die innenpolitische Entwicklung der Bundesrepublik steht bis heute unter dem Trauma eines in legalen Formen vollzogenen Übergangs vom demokratischen Staat zum totalitären

Führerregime, zu jener "Ordnung" also, die vom ersten Tag an als Unrechtsregime zu erkennen war. Trauma nennt Freud eine Verletzung, die so schmerzlich ist, dass sie verdrängt werden muss; das Trauma beschädigt den psychologischen Apparat nachhaltig; bei symptomatischen Anlässen löst es immer wieder Gefühlsstösse aus und verwirrt die Sinne. » (DNU, 105 : « *Leichtfertige Lehren aus der Geschichte* »)

Pour Habermas, le paradoxe de l'État de droit, c'est qu'il se méfie de lui-même, tout en ne pouvant pas institutionnaliser cette méfiance. Mais ce paradoxe se résout dans une culture politique capable d'armer les citoyennes et les citoyens à reconnaître des blessures causées légalement dans la légitimité et, en cas de besoin, à agir illégalement, en conscience.

La désobéissance civile ne peut se produire que dans un État de droit intact. Le citoyen « désobéisseur » ne peut jouer le rôle plébiscitaire du citoyen souverain que pour adresser un appel à la majorité au pouvoir. À la différence du résistant, il ne remet pas en question la légalité démocratique. Il justifie son acte de désobéissance civile par le fait que même dans un État de droit démocratique des règles légales peuvent s'avérer illégitimes par rapport aux principes moraux de l'État constitutionnel. C'est que l'État de droit n'est pas une formation achevée, mais une entreprise fragile, « irritable », dont le but est de consolider un ordre juridique légitime. Or, parce que ce projet est inachevé, les organes constitutionnels sont eux aussi « irritables » !

« *Mit dieser Idee eines nicht institutionalisierbaren Misstrauens gegen sich selbst ragt der Rechtsstaat über das Ensemble seiner jeweils positiv besetzten Ordnungen hinaus. Das Paradox findet seine Auflösung in einer politischen Kultur, die die Bürgerinnen und Bürger mit der Sensibilität, mit dem Mass an Urteilskraft und Risikobereitschaft ausstattet, welches in Übergangs- und Ausnahmesituationen nötig ist, um legale Verletzungen der Legitimität zu erkennen und um notfalls aus moralischer Einsicht auch ungesetzlich zu handeln.*

Der Fall des zivilen Ungehorsams kann nur unter Bedingungen eines im ganzen intakten Rechtsstaates eintreten. Dann darf aber der Regelverletzer die plebiszitäre Rolle des unmittelbar souverän auftretenden Staatsbürgers nur in den Grenzen eines Appells an die jeweilige Mehrheit übernehmen. Im Unterschiede zum Resistance-Kämpfer erkennt er die demokratische Legalität der bestehenden Ordnung an. Die Möglichkeit des berechtigten zivilen Ungehorsams ergibt sich für ihn allein aus dem Umstand, dass auch im demokratischen Rechtsstaat legale Regelungen illegitim sein können – illegitim freilich nicht nach Massgabe irgendeiner Privatmoral, eines Sonderrechts oder eines privilegierten Zugangs zur Wahrheit. Massgebend sind allein die für alle einsichtigen moralischen Prinzipien, auf die der moderne Verfassungsstaat die Erwartung gründet, von seinen Bürgern aus freien Stücken anerkannt zu werden. Es geht nicht um den Extremfall der Unrechtsordnung, sondern um einen Normalfall, der immer wieder eintreten wird, weil die Verwirklichung anspruchsvoller Verfassungsgrundsätze mit universalistischem Gehalt ein langfristiger, historisch keineswegs geradelinig verlaufender, vielmehr von Irrtümern, Widerständen und Niederlagen gekennzeichneter Prozess ist. [...] Der Rechtsstaat im ganzen erscheint, aus dieser geschichtlichen Perspektive nicht als ein fertiges Gebilde, sondern als ein anfälliges, irritierbares Unternehmen, das darauf angelegt ist, unter wechselnden Umständen eine legitime Rechtsordnung, sei es herzustellen oder aufrechtzuerhalten, zu erneuern oder zu erweitern. Weil dieses Projekt unabgeschlossen ist, sind auch die Verfassungsorgane von dieser Irritierbarkeit keineswegs ausgenommen. » (DNU, 87-88)

« *Zudem sind es die Mühseligen und Beladenen, die Unrecht als erste am eigenen Leibe erfahren. Die, die Unrecht am ehesten spüren, sind in der Regel nicht mit Befugnissen oder auch nur mit privilegierten Einflusschancen ausgestattet – sei es über die Zugehörigkeit zu Parlamenten, Gewerkschaften und Parteien, sei es über den Zugang zu Massenmedien oder über das Drohpotential derer, die bei Wahlkämpfen mit einem Investitionsstreik winken können. Auch aus diesen Gründen ist der plebiszitäre Druck des zivilen Ungehorsams oft die letzte Möglichkeit, Irrtümer im Prozess der Rechtsverwirklichung zu korrigieren oder Neuerungen in Gang zu setzen. Die Tatsache, dass in unsere Rechtsordnung viele Mechanismen der Selbskorrektur eingebaut sind, von der dreimaligen Lesung einer parlamentarischen Gesetzesvorlage bis zum Instanzenweg der Gerichte, spricht ja nur dafür, dass der Rechtsstaat mit einem hohen Revisionsbedarf rechnet, und nicht dafür, dass weitere Revisionsmöglichkeiten ausgeschlossen werden sollten.* » (DNU, 88)

Au terme du chapitre de son article intitulé « Le gardien de la légitimité » (« *Der Hüter der Legitimität* »), on peut se demander si ce n'est pas précisément « la désobéissance civile » qui est le gardien en question, plus précisément « la pression plébiscitaire de la désobéissance civile » dont la fonction correctrice et régulatrice est mise en avant, alors même que l'État de droit est présenté comme fragile et « irritable » – comme « nécessitant une révision permanente » !

D'ailleurs, Habermas se recommande à nouveau en cette fin de chapitre du philosophe anglo-américain théoricien du droit, Ronald Dworkin qui, lui aussi, situe la désobéissance civile à la jonction du droit et de la politique et en fait l'instigateur, le stimulateur des correctifs et des innovations nécessaires, qui garantissent la vitalité et la capacité d'innovation des institutions républicaines, ainsi que la confiance des citoyens dans les institutions. En conclusion du paragraphe, Habermas fait sien le propos « radical » de Dworkin, selon lequel, quand la démocratie représentative est défaillante, le peuple – et même le simple citoyen – peut être appelé à « endosser le rôle du souverain ». L'État de droit démocratique est ainsi en dernière instance tributaire du « gardien de la légitimité ».

« *Auch der Oxforder Rechtstheoretiker Ronald Dworkin siedelt den zivilen Ungehorsam an dieser Nahtstelle an. Was prima facie Ungehorsam ist, kann sich, weil Recht und Politik in steter Anpassung und Revision begriffen sind, sehr bald als Schrittmacher für überfällige Korrekturen und Neuerungen erweisen. In diesen Fällen sind zivile Regelverletzungen moralisch begründete Experimente, ohne die sich eine vitale Republik weder ihre Innovationsfähigkeit noch den Legitimationsglauben ihrer Bürger erhalten kann. Wenn die Repräsentativverfassung vor Herausforderungen versagt, die die Interessen aller berühren, muss das Volk in Gestalt seiner Bürger, auch einzelner Bürger, in die originären Rechte des Souveräns eintreten dürfen. Der demokratische Rechtsstaat ist in letzter Instanz auf diesen Hüter der Legitimität angewiesen.* » (DNU, 88)

Toutefois, Habermas ne manque pas de relever les limites de ce processus : il précise qu'il ne s'agit nullement de s'exonérer de l'obéissance à la loi pour des

motifs politiques. Il rappelle également que la désobéissance civile est soumise
à des réserves qui résultent impérativement de la garantie par l'État de la paix
juridique. C'est que le monopole de la force est constitutif de l'État de droit au
même titre que l'exigence d'une légitimité fondée en raison. L'existence et le sens
de l'ordre juridique dans sa totalité doivent demeurer intacts.

> « *Das ist kein Freibrief für politisch motivierten Rechtsungehorsam. Ziviler Ungehorsam
> steht unter Vorbehalten, die sich aus der Rechtsfriedensgarantie des Staates zwingend erge-
> ben; denn das Gewaltmonopol ist für den Rechtsstaat ebenso konstitutiv wie der Anspruch
> auf vernünftige Legitimität. Existenz und Sinn der Rechtsordnung im Ganzen müssen
> intakt bleiben. Daraus ergibt sich, dass ziviler Ungehorsam nicht als solcher legalisiert
> werden kann.* » (DNU, 113)

À propos des poursuites judiciaires à l'encontre des « désobéisseurs », Rawls
et Dworkin plaident pour une poursuite pénale adaptée, du fait qu'il s'agit d'un
délit d'un type particulier. Aussi Habermas qualifie-t-il les juges et les avocats
qui ont tendance à « criminaliser » ces désobéisseurs de tenants d'un « légalisme
autoritaire ».

> « *Rawls und Dworkin halten in Fällen zivilen Ungehorsams eine modifizierte Strafverfolgung
> für angemessen. Die Behörden haben hinreichend Spielraum bei der Entscheidung, ob Anklage
> erhoben und das Hauptverfahren eröffnet werden soll, ob eine Verurteilung nötig ist und wie
> gegebenenfalls die Strafe zu bemessen ist. In jedem Falle sollten aber die Gerichte erkennen
> lassen, dass ziviler Ungehorsam keines der üblichen Delikte ist. Der demokratische Rechtsstaat
> geht in seiner Legalordnung nicht auf. Für den Ausnahmefall des Versagens der Repräsentati-
> verfassung stellt er seine Legalität denen zur Disposition, die dann noch für seine Legitimität
> sorgen können. Wann dieser Fall gegeben ist, kann logischerweise nicht wiederum von Fests-
> tellungen eines Verfassungsorgans abhängig gemacht werden. Der zivile Ungehorsam bezieht
> seine Würde aus diesem hochgesteckten Legitimationsanspruch des demokratischen Rechtss-
> taates. Wenn Staatsanwälte und Richter diese Würde nicht respektieren, den Regelverletzer
> als Krimineller verfolgen und mit den üblichen Strafen belegen, verfallen sie einem autoritä-
> ren Legalismus. In den Begriffen eines konventionellen, aus vormodernen Rechtsverhältnissen
> stammenden Staatsverständnisses verkennen und verkürzen sie die moralischen Grundlagen
> und die politische Kultur eines entwickelten demokratischen Gemeinwesens.*
>
> *Die Anwälte des autoritären Legalismus berufen sich vorzugsweise auf Carl Schmitt. Dieser
> hat immer wieder das Hobbessche Gespenst des konfessionellen Bürgerkriegs beschworen, um
> zu suggerieren, dass die friedensstiftende Funktion des weltanschaulich neutralen Staates
> den Gehorsam der Bürger gegenüber einem übergeordneten Souverän erfordert. Seine These
> wird in vielen Varianten durchgespielt; sie wird nicht überzeugender dadurch, dass man an
> Stelle des Reichspräsidenten oder des Führers dem Parlament oder dem Bundesverfassungs-
> gericht die Rolle des übergeordneten Souveräns zuschiebt.* » (DNU, 90-91)

6.1.2.5. La question du recours à la règle majoritaire comme mode de prise de décision

La « *Friedensbewegung* », le cœur de la désobéissance civile du début des
années 1980, provoque un débat juridico-politique des plus rudes – Habermas

parle d'une « querelle » ! Il reprend à son compte l'argumentaire du leader du mouvement pacifiste, le pasteur et homme politique Erhard Eppler. Le moment déclencheur, selon Eppler, c'est quand les États-Unis changent fondamentalement leur stratégie militaire. Alors que, jusqu'à la présidence Carter, celle-ci était basée sur le fait que la vulnérabilité des deux adversaires était, paradoxalement, une condition pour éviter la guerre nucléaire, cette stratégie a totalement changé sous la présidence Bush. Le gouvernement US pense désormais être capable de pouvoir gagner une guerre nucléaire limitée : il ne s'agit plus pour le côté américain de contrebalancer les fusées soviétiques SS 20, mais d'envisager la possibilité de décapiter l'ennemi dans un éventuel duel nucléaire. Il en résulte le fait que les Soviétiques risquent de considérer désormais les fusées SS 20 stationnées en RFA comme des cibles privilégiées et, du coup, de prendre la RFA en otage.

Quoi qu'il en soit, pour Eppler, que reprend Habermas, le stationnement des nouvelles fusées confirme que les grandes puissances sont incapables d'arrêter la spirale du réarmement.

> « *Die USA haben ihre Abschreckungsstrategie in den letzten Jahren grundsätzlich verändert. Während bis zu Carters Regierungszeit die bewusst in Kauf genommene Verwundbarkeit beider Seiten die paradoxe Bedingung für die aussichtsreiche Verhütung eines Atomkriegs gewesen ist, erstrebt die US-Regierung heute die Fähigkeit, einen begrenzten Atomkrieg gewinnen zu können – natürlich nicht, um ihn zu führen, sondern um dieses Drohpotential für eine Kriegsverhütung zu den Bedingungen einer Pax Americana einsetzen zu können.*
>
> *Die auf dem Boden der Bundesrepublik aufzustellenden Pershing-II Raketen sollen im Rahmen dieses Konzeptes die Stelle von zielgenauen Erstschlagwaffen übernehmen. Sie eignen sich dazu, innerhalb weniger Minuten die sowjetische Befehlsstruktur auszuschalten. Es geht der amerikanischen Seite nicht in erster Linie um ein Gegengewicht gegen die sowjetischen SS 20-Raketen, sondern um die glaubhafte Drohung, den Gegner im nuklearen Duell zu "enthaupten".*
>
> *Die qualitativ neue Bedrohung zwingt die Sowjets dazu, Pershing-II Raketen, die in der Bundesrepublik aufgestellt sind, in ihrem Zielkatalog die höchste Priorität zu geben. Dadurch erhöht sich das Risiko, dass die Bundesrepublik als riesiges Waffendepot ohnehin schon auf sich gezogen hat – sowohl als Ziel eines Präventivschlages wie auch als potentielle Geisel.*
>
> *Über den konkreten Anlass hinaus bestätigt die Stationierung neuer Raketen wiederum die Unfähigkeit der Grossmächte, die Spirale der Aufrüstung auch nur zum Stillstand zu bringen.* » (DNU, 92-93)

Compte tenu du fait que les grandes puissances sont incapables de s'entendre, que le stationnement d'armes nucléaires en Allemagne est en débat, les opposants au stationnement, dont Eppler est l'un des leaders, suivi par Habermas, s'interrogent sur la façon de contrer la décision. La question est de savoir si les décisions de principes en matière de sécurité, qui risquent d'avoir des conséquences vitales pour les individus, voire pour l'ensemble de la population, peuvent reposer sur un vote du *Bundestag*, c'est-à-dire sur l'étroitesse d'une « majorité simple » du *Bundestag* !

> « *Wenn man Epplers Situationsdeutung zugrunde legt, kann man aber die Frage stellen, ob sicherheitspolitische Grundsatzentscheidungen, die mit eminenten Risiken verbunden sind und tief in das Leben jedes einzelnen, sogar in die Überlebenschancen ganzer Völker eingreifen, von der dünnen Legitimationsdecke einer einfachen Bundestagsmehrheit getragen werden dürfen. Plausibel ist dieser Zweifel jedenfalls für den angenommenen Fall eine Umstellung "von einer Kriegsverhinderungs- in eine Kriegsführungsstrategie" (Gert Bastian).* » (DNU, 93-94)

De façon plus générale, Habermas pense que la situation de l'Allemagne contemporaine est globalement affectée par les mouvements de protestation qui dépassent la seule *« Friedensbewegung »*. Il n'y a pas qu'un seul « non plébiscitaire » à l'endroit des fusées à ogives nucléaires ; au contraire, il y a quantité de « nons » qui s'agrègent dans ce mouvement : le non aux centrales nucléaires, aux méga-technologies, à la pollution chimique, à toutes les formes de discriminations, à la politique migratoire, etc. Le dissensus qui s'exprime dans ce « non complexe ne vise pas telle ou telle politique : il réside, selon lui, dans le refus d'une forme de vie. Or, s'il devait arriver que des traditions ou des identités collectives éclatent et que le vote majoritaire se trouvait maintenu lors des votes sur des sujets vitaux, il se pourrait alors que se produisent des sécessions, qu'un séparatisme s'opère, ce qui serait la preuve que les conditions d'un bon fonctionnement du principe majoritaire ne sont plus données. C'est ainsi que Habermas, à la suite d'Eppler, passe de la stratégie militaire US à la politique intérieure de la RFA : en l'occurrence à la contestation des prises de décision du gouvernement en politique intérieure. Habermas parle des multiples « nons plébiscitaires » *(plebiszitäre Neins)* de la population à l'endroit du pouvoir : le nucléaire civil, la préservation de l'environnement, le dépérissement des forêts, la politique migratoire, la discrimination des femmes, la politique d'asile... Le dissensus qui apparaît ici ne vise pas seulement l'une ou l'autre mesure, mais prend racine dans la confrontation des « formes de vie ».

Or cette confrontation peut mener tout droit au « séparatisme », particulièrement important quand existent des minorités nationales ethniques ou confessionnelles, et qu'on ne peut éviter, selon le sociologue Claus Offe, qu'en se mettant d'accord sur les modalités d'utilisation de la règle majoritaire et sur ses limites.

> « *Die heterogenen Gruppen, die sich in dieser Bewegung zusammenschliessen, sagen nicht nur ein plebiszitäres Nein zu Atomraketen, vielmehr aggregieren sich in diesen Bewegungen viele Neins: das Nein zu Atomwaffen mit dem Nein zu Atomkraftwerken, zur Grosstechnologie überhaupt, zur chemischen Umweltverschmutzung, zur Apparatemedizin, Stadtsanierung, Waldsterben, Frauendiskriminierung, Fremdenhass, Asylantenpolitik usw. Der Dissens, der in diesem komplexen Nein zu Wort kommt, zielt nicht gegen diese oder jene Massnahme, diese oder jene Politik: er wurzelt in der Ablehnung einer Lebensform [...], die auf die Bedürfnisse einer kapitalistischen Modernisierung zugeschnitten,*

auf possessiven Individualismus, auf Werte der materiellen Sicherheit, des Konkurrenz-
und Leistungsstrebens usw. programmiert ist… » (DNU, 95)

Si l'on veut éviter les dysfonctionnements, il faut recourir à d'autres moyens
que le vote majoritaire et passer par le dialogue pour aboutir au compromis. En
citant encore une fois Offe, il conclut, non sans malice, qu'il faudrait peut-être
soumettre la règle majoritaire au vote !

« […] Wenn sich aber gemeinsame kulturelle Überlieferungen und kollektive Identitäten
aufspalten und wenn gleichwohl das Mehrheitsprinzip in lebenswichtigen Fragen weiterhin
regiert, kommt es, wie im Falle nationaler, ethnischer und konfessioneller Minderheiten, zu
Abspaltungen, d.h. zu einem Separatismus, der anzeigt, dass wesentliche Funktions- und
Geltungsbedingungen des Mehrheitsprinzips verletzt sind.

Die Soziologie der Mehrheitsentscheidungen hat ernüchternde Evidenzen zusammenge-
tragen, die zeigen, wie weit die politischen Einigungsprozesse von jenen angenommenen
Bedingungen tatsächlich abweichen, unter denen die Mehrheitsregel Verständigungs-
prozesse unter Entscheidungsdruck vernünftig operationalisiert. Trotzdem halten wir
an der von Minderheiten respektierten Mehrheitsentscheidung als dem Königsweg der
demokratischen Willensbildung fest. Daran will auch heute niemand ernstlich rütteln.
Aber bestimmte minimale Voraussetzungen müssen erfüllt sein, wenn die Mehrheitsregel
ihre legitimierende Kraft behalten soll. […] Die Mehrheitsregel funktioniert nur in bes-
timmten Kontexten überzeugend. Ihr Wert muss sich an der Idee messen lassen, wie weit
sich die Entscheidungen, die sie unter Bedingungen knapper Zeit und begrenzter Informa-
tionen ermöglicht, von den idealen Ergebnissen eines diskursiv erzielten Einverständnisses
oder eines präsumptiv gerechten Kompromisses entfernen…

Deshalb hat Claus Offe eine reflexive Handhabung der Mehrheitsregel angeregt, nämlich
in der Weise, dass die Gegenstände, Modalitäten und Grenzen der Anwendung des
Mehrheitsprinzips selbst zur mehrheitlichen Disposition gestellt werden. In dieser Dimen-
sion vermute ich die Rechtfertigung für den zivilen Ungehorsam, der sich einer demokra-
tisch unzureichend legitimierten Aufstellung von Pershing II-Raketen widersetzt. »
(DNU, 95-96)

6.1.2.6. « *Désobéissance civile* » et « *démocratie radicale* »

Dans « *Recht und Gewalt – ein deutsches Trauma* » (traduction dans EP,
pp. 115-138), écrit quelques mois après la « semaine d'action » du mouvement
pacifiste à la mi-octobre 1983, Habermas revient sur l'événement sans précédent
que représentent pour la culture politique de la République fédérale non seulement la mobilisation des masses, mais aussi la pratique massive de la désobéissance civile dans l'État de droit. Pour la première fois, dit-il, la sphère publique
politique de la République fédérale entrevoit dans cette pratique la possibilité de
se défaire d'un traumatisme paralysant et de tourner sans crainte son regard vers
« la formation d'une volonté démocratique de type radical ». Et d'ajouter qu'il
s'agit là d'une zone frontière restée taboue jusqu'ici. Effectivement, c'est la première fois que la notion de « démocratie radicale » se trouve associée à celle de
« désobéissance civile ».

> *« Einen Einschnitt in der politischen Kultur der Bundesrepublik markiert nämlich die Friedensbewegung nicht nur mit der beispiellosen Mobilisierung von Massen; einen Einschnitt bedeutet auch die massenhafte Praktizierung bürgerlichen Ungehorsams im Rechtsstaat. Zwiespältige Empfindungen auch hier. Eppler, Böll, Gollwitzer üben mit Tausenden loyaler Staatsbürgen "gewaltfreien Widerstand". Mutlangen ist zu einem entschieden statuierten, aber auch sorgfältig behüteten Exempel geworden. Damit erhält die politische Öffentlichkeit unseres Landes zum ersten Mal die Chance, sich von einem lähmenden Trauma zu lösen und ohne Angst den Blick auf einen bisher tabuisierten Grenzbereich radikaldemokratischer Willensbildung zu richten. » (DNU, 100-101)*

Habermas avoue toutefois sa crainte de voir cette avancée compromise par les réactions de nombreux juristes allemands, ainsi que des institutions judiciaires elles-mêmes, tous obnubilés par le monopole de l'État sur la force, et qui, de ce fait, se trouvent dans l'impossibilité de gérer le clivage conceptuel entre le droit et le force, précisément là où il s'agit de faire la différence entre la culture politique d'une communauté démocratique développée et le fonctionnement des organes de l'État.

> *« Ich fürchte, dass diese Chance, die Länder mit langer demokratischer Tradition als Herausforderung verstanden und produktiv verarbeitet haben, verspielt wird. Eingezwängt zwischen Rechtspositivismus und Machtfetischismus, sind viele unserer Juristen auf das Gewaltmonopol des Staates so fixiert, dass sie den begrifflichen und den institutionellen Schnitt zwischen Recht und Gewalt an der falschen Stelle vornehmen – genau dort, wo er die politische Kultur eines entwickelten demokratischen Gemeinwesens zerteilen und die Organe des Staates von seinen moralischen Wurzeln abschneiden muss. » (DNU, 101)*

En tout cas, face à ce mur d'incompréhension, le ton devient plus rugueux, accusateur ; il est maintenant question d'une « querelle autour de la désobéissance civile » (*Der Streit um den zivilen Ungehorsam*, DNU, 106), querelle dans laquelle Habermas affronte le « hobbisme allemand » ! Notons qu'il s'agit d'une querelle politico-juridique, qui n'a certes pas connu la notoriété de la querelle des historiens, mais dont l'enjeu politico-culturel est important.

Les principaux intervenants sont ici   des professeurs de droit *(Staatsrechtslehrer)* : du côté des partisans de la désobéissance civile Claus Arndt, avocat, qui s'est fait le porte-parole en Allemagne du mouvement contestataire américain contre la guerre du Vietnam, mouvement qui a été à l'origine des transgressions qui ont contribué au revirement de l'opinion et auquel Habermas a emprunté la formule : « nous devons être constamment l'un et l'autre : citoyen et rebelle ! » Du côté des néo-conservateurs, Martin Kriele, professeur de droit public à l'Université de Bonn, qui considère la désobéissance civile comme une « action criminelle », une manifestation d'« hostilité envers la Constitution », l'élément d'une « tentative subversive ». Kriele s'inscrit dans le sillage des Schelsky, Lübbe, Rohrmoser, les têtes de file du néo-conservatisme des années 1970. Pour lui, le mouvement pacifiste est le point culminant d'une lutte pour le pouvoir menée par les « gens de gauche » – journalistes, pédagogues, théologiens, écrivains, artistes, professeurs –, une « contre-élite ». C'est contre leur « violence illégitime » que Kriele mène ce que Habermas appelle une « guerre civile ».

Après avoir présenté avec conviction et chaleur ce qu'il appelle « un type de refus ponctuel d'obéissance à la loi », Habermas passe, sans transition, au point de vue adverse qu'il met en joue. Chez nous (en Allemagne), dit-il, le président de la Cour constitutionnelle fédérale, le gouvernement, les politiciens et les journalistes qui font l'opinion, défendent une autre conception, dominante au sein des juristes allemands, conception selon laquelle le mouvement de protestation qui viole la règle est non seulement répréhensible, mais encore moralement condamnable. Et d'ajouter qu'ils s'en tiennent au concept juridique du refus de la violence (*Gewaltlosigkeit, Gewaltfreiheit*), lequel exclut tout recours à la contrainte (*Nötigung*), qu'elle soit physique (entrave à la liberté de mouvement) ou psychique. Rappelons que le principe d'interdiction du recours à la force est codifié par l'article 2 de la Charte des Nations Unies et qu'il concerne les relations internationales des États. Dès lors qu'on l'applique au mouvement de désobéissance civile, celui-ci se trouve *ipso facto* « criminalisé », placé dans l'impossibilité d'exister. C'est ce qu'implique la formule tautologique utilisée par les juristes néo-conservateurs : « la force est la force, la contrainte est la contrainte », formule qui, selon Habermas, est purement polémique : elle constitue une fin de non-recevoir et non une réponse au problème posé.

> « *Demgegenüber vertreten bei uns der Präsident des Bundesverfassungsgerichts, die Regierung, die meinungsführenden Politiker und Journalisten eine andere, und zwar unter deutschen Juristen herrschende Auffassung: dass der regelverletzende Protest nicht nur strafbar, sondern auch moralisch verwerflich sei. Sie beharren auf dem juristischen Begriff der Gewaltfreiheit, welcher "Nötigung" auch im Sinne des psychischen Drucks und der Beeinträchtigung der Bewegungsfreiheit dritter ausschliesst: "Eindeutigkeit gewinnt das Gewaltverbot allein über die Strafgesetze und das bürgerliche Delikts- und Sachenrechts, die es umschliessen, insbesondere über die Strafgesetze und das bürgerliche Delikts- und Sachenrecht". Wenn aber die Tautologie "Gewalt ist Gewalt, Nötigung ist Nötigung" das erste und zugleich das letzte Wort zum zivilen Gehorsam ist, braucht die Frage, ob die Raketenaufstellung hier und heute einen regelverletzenden Protest rechtfertige, gar nicht erst gestellt zu werden. Dann genügt die Definitionsgewalt von Juristen, dann genügt die autoritär-legalistische Unterscheidung zwischen Recht und Gewalt, um engagierte Staatsbürger, die phantasiereich gegen ihre Mediatisierung durch verschleimte Massenmedien angehen, nicht nur im strafrechtlichen, sondern auch im verfassungspolitischen Sinne zu kriminalisieren. Von der Missachtung der moralisch-politischen Beweggründe des Regelverletzers ist es nur ein Schritt bis zur disqualifizierenden Ausgrenzung eines innerstaatlichen Feindes.* » (DNU, 101-102)

Habermas récuse ce mauvais procès qu'on fait au mouvement de désobéissance civile et souhaite prendre de la hauteur en s'inspirant de ce qui se fait ailleurs : il s'agit d'un rapport de tension, dit-il, entre, d'un côté, la garantie d'une paix juridique telle qu'elle dépend d'un État disposant du monopole de la force, et, de l'autre côté, l'exigence de légitimation requise par l'ordre juridique démocratique. Il s'agit donc de trouver un équilibre entre deux tendances.

> « *Wir täten besser daran, den Streit um den zivilen Ungehorsam vom deutschen Trauma zu lösen und als das zu behandeln, was er in anderen Ländern ist: es geht um das*

Spannungsverhältnis zwischen der Rechtsfriedensgarantie des gewaltmonopolisierenden Staates und dem Legitimationsanspruch der demokratischen Rechtsordnung. » (DNU, 106)

« *Auch wenn wir uns vom deutschen Trauma lösen, bleibt hierzulande jener eigentliche Hobbismus wirksam, den Carl Schmitt in der deutschen Staatsrechtslehre vertreten hat und der inzwischen mit konservativen Denkgewohnheiten anderer Herkunft eine Verbindung eingegangen ist. So hält beispielsweise der Bonner Staatsrechtler Isensee den zivilen Ungehorsam im Rechtsstaat für eine Perversion des Widerstandsrechts, weil « Gewaltmonopol und Friedenspflicht das Fundament des deutschen Staates, den Mindeststandard jedweder Staatsform der Neuzeit (bilden). » (DNU, 107)*

Pour les tenants de cette conception « hobbesienne », l'État, qui a le monopole de la force et l'obligation de préserver la paix, n'a aucun besoin de quelque légitimation que ce soit ni de prendre en compte le facteur politico-culturel que constitue la culture politique qui se trouve dès lors écartée. Où s'arrête l'ordre légal commence immédiatement la rébellion, sinon la révolution : pour eux, il n'existe pas de moyen terme !

C'est là le point de divergence entre le « hobbisme allemand » et Habermas pour qui c'est précisément dans le cadre de la culture politique que prend place la vie morale du peuple, dit-il en se référant à Hegel, et que se régénèrent à partir de convictions morales les aspirations des citoyens à la légitimation. Plus concrètement, il parle de ce « moyen terme » comme d'un « milieu vécu » qui se structure normativement en dessous du seuil à partir duquel les normes sont instituées juridiquement, comme un sol dans lequel l'État de droit s'enracine moralement.

« *Nach Hobbes stützt sich die Legalität beliebiger Rechtsordnungen allein auf das staatliche Gewaltmonopol: sie bedarf keiner Legitimation durch rechtmässige Inhalte. Das Recht zwingt auf die nämliche Weise wie die Gewalt, allein das Gewaltmonopol des Herrschers unterscheidet die Gewalt des Staates von blosser Gewalt.* » (DNU, 108)

« *Die brüske Grenzziehung zwischen Recht und Gewalt, zwischen staatlich monopolisierter und blosser Gewalt, erlaubt es, die Rechtssphäre von Fragen der Legitimation weitgehend zu entlasten. Ein von Hobbes inspiriertes Denken muss den Bereich der politischen Kultur als rechtlich unerheblich beiseite schieben. Wo die Legalordnung aufhört, beginnt unvermittelt Rebellion, wenn nicht Revolution. Ein Mittleres, eben die politische Kultur, wo sich, wie Hegel gesagt hätte, das sittliche Leben des Volkes abspielt, wo sich der Legitimationsglauben der Bürger aus moralischen Überzeugungen regeneriert, darf es, wenn die Begriffe erst einmal so angesetzt sind, nicht geben. Dieser Lebensbereich ist normativ strukturiert unterhalb der Schwelle rechtlicher Normierungen; als Boden worin der Rechtsstaat moralisch verwurzelt ist, gerät er nicht ins Blickfeld des deutschen Hobbismus.*

Dessen Pointe hat Carl Schmitt kunstvoll ausgespielt. Wer jene messerscharfe Grenze, die Kraft staatlicher Definitionsgewalt festgelegt ist, wer diese Grenze zwischen Recht und Gewalt nicht respektiert, verhält sich subversiv und verliert den Anspruch auf moralische Achtung – es sei denn, er wäre stark genug sich aus dem Stand der blossen Revolte zur kriegsführenden Partei zu erheben. Carl Schmitt kam es auf beides an […], aber vor allem auf die schonungslose Diskriminierung derer, die dem Staat die Definitionsgewalt streitig machen und aus ihrem politisch-kulturellen Erfahrungszusammenhang konkurrierende Definitionen zur Geltung bringen – heute also Definitionen für das, was als "gewaltfreie Aktion" anerkannt werden soll. » (DNU, 109)

« Man sieht wohin die Begriffszwänge des deutschen Hobbismus führen können: wer zivilen Ungehorsam leistet, stellt sich in die Reihen der Rebellen, die von der moralisch verwerflichen "Doppelrolle als Bürger und Feinde profitieren". Eine Welt trennt diese Tradition von dem Satz des Staatsrechtlers Claus Arndt : "Wir müssen stets beides zugleich sein: Bürger und Rebell." Innerhalb des Rechtsstaates kann eine solche "Rebellion" gewiss nur der "Verteidigung, Bewahrung oder Wiederherstellung des Bürger-Lebens als einer Gemeinschaft Freier und Gleicher dienen". » (DNU, 110)

Alors que les « hobbesiens allemands » occultent tout simplement la culture politique, Habermas plaide pour que la désobéissance civile soit acceptée comme composante de la culture politique d'une démocratie développée. C'est que, répète-t-il, si la démocratie représentative se révèle impuissante face à la perte de contrôle dans la course aux armements, ce sont les citoyens qui ne disposent pas de privilèges d'influence particuliers, qui doivent pouvoir immédiatement entrer dans le rôle du souverain et se permettre de renier l'obéissance civile afin de réaliser les corrections et les innovations qui s'imposent. Notons qu'il parle de citoyens non organisés – ni politiquement ni socialement – qui sont amenés à suppléer les représentants élus dans les instances constitutionnelles : c'est que les représentants en question peuvent se tromper – ils peuvent être sujets au « faillibilisme » qui n'épargne pas les représentants de l'État. Habermas conclut que ce faillibilisme peut être contrebalancé par la méfiance des citoyens dont la culture politique permet d'entrevoir et de juger les risques encourus et d'identifier les violations de la légitimité, commises au nom de la légalité pour contrer celle-ci, en recourant à l'ultime solution du refus ponctuel de l'obéissance civile.

« Weil es sich heute nicht anders verhält, muss ziviler Ungehorsam als Bestandteil der politischen Kultur eines entwickelten demokratischen Gemeinwesens anerkannt werden. Wenn die Repräsentativverfassung vor Herausforderungen wie der des ausser Kontrolle geratenen Rüstungswettlaufes versagt, müssen Bürger, die nicht über privilegierte Einflusschancen verfügen, auch unmittelbar in die Rolle des Souveräns eintreten und den zivilen Gehorsam in der Absicht aufkündigen dürfen, für überfällige Korrekturen oder Neuerungen einen Anstoss zu geben. Der im geschichtlichen Prozess der Verwirklichung universalistischer Verfassungsprinzipien auftretende <u>Fallibilismus</u>, von dem die gewählten und bestellten Repräsentanten des Staates nicht ausgenommen sind, findet ein Gegengewicht allein im nicht-institutionalisierbaren Misstrauen von Bürgern einer reifen politischen Kultur. In dieser müssen sie, über das hobbesianische Rechtsbewusstsein hinaus, die Sensibilität, das Mass an Urteilskraft und Risikobereitschaft erworben haben, das nötig ist, um anhaltende legale Verletzungen der Legitimität zu erkennen und um diesen, wenn andere Abhilfe nicht möglich ist, mit der ultima ratio einer punktuellen Aufkündigung des Zivilen Gehorsams zu begegnen. » (DNU, 112-113)

En conclusion à ce chapitre construit autour du mouvement pacifiste, Habermas affirme que la déstabilisation causée par l'introduction d'une arme atomique de première intervention fait qu'il est impossible de poursuivre la politique de sécurité suivie jusque-là. Il faut donc que le droit des gens soit adapté à cette nouvelle situation et que l'on s'achemine vers l'utopie d'une paix juridique internationale. En tout cas, cette utopie ne doit pas se trouver enserrée dans la figure de pensée de l'État comme monopole de la force, mais doit s'ouvrir à l'intérieur (cf. les propositions de réforme du vote majoritaire de Claus Offe) et vers le haut : vers une solution internationale.

La querelle autour de la désobéissance civile, quoique rude, apparaît finalement moins polémique que les débats des années 1970 : l'argumentation juridico-politique a pris le relais de l'insulte ! Signe des temps : la décennie 1980 paraît plus apaisée que les précédentes !

« *Dieser neuen Situation muss das Völkerrecht angepasst werden. Der gewaltmonopolisierende Staat der europäischen Neuzeit hat den inneren Rechtsfrieden ermöglicht; ein ebenso unerhörter evolutionärer Schub ist nötig, um jenem internationalen Rechtsfrieden, der Kant vorgeschwebt hatte, näher zu kommen. Wenn die überlebensnotwendige Utopie nicht auf den Alptraum eines Weltstaates hinauslaufen soll, darf sie nicht wiederum in die Denkfigur des gewaltmonopolisierenden Staates eingezwängt werden.* » *(DNU, 116-117)*

Notons que le texte de 1981 « *Dialektik der Rationalisierung* » (DNU, 167-208) évoque une convergence philosophique entre les *Neokonservativen* et les *Wachstumskritiker* et annonce la prochaine thématique : le délitement du compromis sur l'État social et l'affaiblissement du potentiel critique, mais sans que la modernité soit reniée.

« *Das eigentliche Motiv, das ich hatte, als ich 1977 anfing, das Buch zu schreiben, war, mir selbst darüber klar zu werden, wie man die Kritik der Verdinglichung; die Kritik der Rationalisierung so umformulieren kann, dass man einerseits theoretische Erklärungen anbietet für das Brüchigwerden des sozialstaatlichen Kompromisses und für die wachstumskritischen Potentiale der neuen Bewegungen, ohne doch andererseits das Projekt der Moderne preiszugeben, ohne Rückfall in Post- oder Antimoderne, ohne neukonservativ "stramm" oder jungkonservativ "wild" zu werden.* » *(DNU, 184).*

6.1.3. La « *crise de l'État-providence et l'épuisement des énergies utopiques* »

Interview de Hans-Ulrich Reck de la *Basler Zeitung* de janvier 1984. L'interview porte sur le moment de l'accès d'Helmut Kohl à la chancellerie en 1982. Il s'intitule « *Konservative Politik, Arbeit, Sozialismus und Utopie heute* » et constitue le chapitre 2 « *Nach der Wende* » de *Die Neue Unübersichtlichkeit* (DNU, 59-98), où il tient une place centrale. Il éclaire la situation sociopolitique de la RFA du début des années 1980 et tout particulièrement du SPD.

Les idées qui y sont développées seront reprises lors de l'intervention « historique » de Habermas devant les Cortès, à l'invitation du président du Parlement espagnol, le 26 novembre 1984, et donneront lieu à une nouvelle publication intitulée « *Die Krise des Wohlfahrtsstaates und die Erschöpfung utopischer Energien* » (DNU, 141-163) – traduite dans Ep sous le titre « La crise de l'État-Providence et l'épuisement des énergies utopiques » (DNU, 139-167).

Dans sa typologie des mouvements sociopolitiques des années 1980, centrée sur le néo-conservatisme d'un côté et les critiques de la croissance de l'autre, on a pu remarquer l'absence chez Habermas d'une composante : la social-démocratie. C'est que le parti socialiste peine depuis le milieu des années 1970, même si le gouvernement Schmidt-Genscher se maintient jusqu'en 1982 – grâce à la candidature « repoussoir » de Franz-Joseph Strauss ! C'est de façon plus générale l'affaiblissement de cette social-démocratie qui préoccupe désormais Habermas, et par voie de conséquence l'effondrement de l'« État social ».

Affaiblissement dû aux fractures qui la traversent. Mais Habermas s'empresse de trouver des points positifs à ces divisions : elles témoignent, dit-il, de l'esprit d'ouverture du SPD ; c'est ce qui fait sa « vigueur démocratique ». À ses yeux, le SPD représente, d'un côté, les réussites de la République fédérale de l'après-guerre : il a défendu vigoureusement « de sa main droite » le compromis social qui, pendant ces trois dernières décennies, a assuré la paix intérieure. D'un autre côté, le SPD paie pour les effets non souhaités de ces succès : de sa « main gauche », il a contribué à nourrir la critique néoconservatrice de l'État-providence, sans être capable d'opposer à celle-ci une réponse valable.

Cela étant, c'est le scepticisme qui domine dans la présentation que Habermas fait de la crise de l'État-providence, qu'il relate de façon distanciée, quelque peu ironique, en adoptant la perspective du « citoyen consommateur » *(Wirtschaftsbürger)*, jugé capable de conclure un arrangement avec les bureaucraties – patronales ou étatiques –, sur le modèle : acceptation des frustrations de l'exploitation et de la subordination contre des salaires et des loisirs gratifiants ! C'est ainsi que Habermas présente le « compromis historique » conclu par le SPD avec les puissances économiques.

« *Vordergründig muss man sagen, dass Regierungswechsel (1982) in Zeiten grosser ökonomischer Schwierigkeiten ganz normal sind. Ohne die Kandidatur von Strauss hätte die Ablösung schon zwei Jahre früher stattgefunden. Interessanter ist die Schwächung der sozialdemokratischen Partei. Ich finde deren innere Zerrissenheit durchaus nicht unrühmlich. Sie ist die einzige der etablierten Parteien mit geöffneten Wahrnehmungsorganen; sie ist noch sensibel für eine Sorte von Problemen, die die reinen Machterwerbs- und Machterhaltungsagenturen an den Rand drücken. Die Schwäche der SPD ist auch eine Folge ihrer demokratischen Stärke, die darin liegt, dass sie einen zentralen, gesellschaftlichen Konflikt nicht vertuscht, sondern wenn schon nicht austrägt, so doch wenigstens am eigenen Leibe erfährt. Auf der einen Seite repräsentiert die SPD die Erfolge der bundesrepublikanischen Nachkriegsentwicklung, indem sie, mit ihrer rechten Hand, den sozialistischen Kompromiss, der ja den inneren Frieden während der letzten Jahrzehnte praktisch gesichert hat, zäh verteidigt. Auf der anderen Seite büsst sie für die unerwünschten Nebenfolgen dieser Erfolge, indem sie mit ihrer linken Hand die neokonservative Kritik am Wohlfahrtsstaat eher noch intensiviert, ohne den falschen Rezepten dieser Seite eine produktive Antwort entgegensetzen zu können. Ich habe, nebenbei gesagt, auch keine. Aber lassen Sie mich wenigstens versuchen, das Problem so einfach wie möglich zu erklären: Der sozialstaatliche Kompromiss bestand darin, aus der subjektiven Perspektive des Wirtschaftsbürgers, dass man genug verdiente und genug soziale Sicherheit bekommen hat, um sich abzufinden mit dem Stress einer mehr oder weniger entfremdeten Arbeit, mit den Frustrationen einer mehr oder weniger neutralisierten Staatsbürgerrolle, mit den Paradoxien des Massenkonsums, z.B. während des touristisch genutzten Jahresurlaubs, um sich abzufinden mit den Möglichkeiten eines Klientelverhältnisses zu den Bürokratien. Dieser Kompromiss ist nun von zwei Seiten gefährdet. » (DNU, 62-63 : il s'agit d'extraits d'un texte publié dans « Merkur » de janvier 1985.)*

Mais l'avenir n'est pas assuré. C'est que la politique néokeynésienne – dont Habermas semble s'être accommodé – n'est plus à même de produire la croissance requise, le plein emploi et un revenu suffisant pour l'ensemble de la population. D'où la montée du chômage et de la pauvreté pour une forte majorité de celle-ci, aboutissant à la contestation du compromis de l'État social. Habermas avoue s'être rallié à ces contestations !

Cela étant, à cette contestation socio-économique de la modernisation capitaliste se rajoute une contestation d'un autre type, d'ordre sociopolitique : la contestation par les Verts, les Cultures alternatives et les Nouveaux mouvements sociaux de la « politique de maintien de la paix » du gouvernement, conçue stratégiquement, mais non fondée, selon eux, sur une adhésion large de la population.

Ainsi donc, selon Habermas, l'État social doit lutter sur deux fronts : contre « l'augmentation des forces de production », d'une part ; contre « l'augmentation des forces de destruction », d'autre part. Il est donc doublement sollicité !

« Offensichtlich reicht die neokeynesianische Wirtschaftspolitik nicht mehr für die Sicherung des Wachstums, das nötig ist, um Vollbeschäftigung zu sichern und Verteilungskonflikte einzudämmen. Einbussen an Realeinkommen für die Masse der Bevölkerung, Arbeitslosigkeit und Armut für eine wachsende Minderheit, Firmenzusammenbrüche und gleichzeitig verbesserte Investitionsbedingungen und auch schon steigende Gewinnraten für eine ganz kleine Minderheit – das sind die offensichtlichen Signale der sozusagen aufgekündigten Kompromisse.

Weniger offensichtlich wird aber der sozialstaatliche Kompromiss von einer anderen Seite aufgekündigt. Ich meine hier Probleme, die bei den Grünen, in den Alternativkulturen, in den neuen sozialen Bewegungen zum Thema gemacht worden sind – nämlich die Unkosten der kapitalistischen Modernisierung und das Versagen einer strategisch kalkulierten und nicht auf allgemeine Willensbildung gestützte Kriegsverhütungspolitik. Diese beiden Dinge werden umso mehr als absurde Bedrohungen, als verhexte Gefahren empfunden, je mehr beides gleichzeitig wächst und wächst: sowohl die Produktivkräfte und der abstrakte Reichtum wie auch die Destruktivkräfte und die Waffenarsenale. » (DNU, 63)

La social-démocratie n'échappe pas à la remise en question du « compromis de l'État social ». Elle se trouve devant un dilemme : appuyer la nouvelle politique ou proposer une solution alternative au difficile problème des rapports entre l'État et le Marché ! Il paraît en tout cas difficile pour elle de déplacer les problèmes de l'État – sur lequel elle s'est toujours appuyée – pour les confier au marché !

> « *Von diesen beiden Seiten also ist der sozialstaatliche Kompromiss in Frage gestellt – und die Sozialdemokratie gerät nun, sowohl als Anwalt dieses Kompromisses wie auch als Diagnostiker seiner wachsenden Unkosten, unter Zugzwang. Entweder muss sie eine trotzige Fortsetzung dieser Politik rechtfertigen, das ist die Kanalarbeiterperspektive; oder sie muss eine produktive Antwort finden – ohne sich auf die Patentrezepte von Reagonomics oder Thatcherismus einzulassen. Dazu ein paar Stichworte. Statt zuviel Staat jetzt wieder etwas mehr Markt – wie sollte man plötzlich die Probleme vom Staat auf den Markt zurückverlagern können, wenn doch der sekulare Trend anwachsender Staatsausgaben und aufgaben nur das Symptom einer erfolgreichen Politik der Befriedung von Klassenkonflikten gewesen ist?* » (DNU, 64)

L'impasse est totale pour la social-démocratie !

En tout cas, en renvoyant dos à dos les conservateurs et les socio-démocrates, Habermas laisse ses interlocuteurs perplexes !

Pour sa conférence « historique » devant les Cortès, dont il est l'invité – l'Espagne est une toute jeune démocratie, dont la constitution démocratique vient d'être votée en 1978 ; son Parlement est à majorité socialiste en 1982. Habermas quitte le point de vue « corporatiste » pour des considérations plus générales.

Il commence par évoquer l'avènement de la modernité politique avec la Révolution française, porteuse d'« énergies utopiques » qui ont marqué l'« esprit public ». Mais les temps ont changé : « les énergies utopiques » sont épuisées, tout comme les « utopies sociales », l'horizon géopolitique s'est assombri : la course aux armements, la dissémination nucléaire, la paupérisation du tiers-monde, l'accroissement des inégalités dans les pays développés, la menace que fait peser la haute technologie, les problèmes de pollution : tout cela rend les intellectuels et les politiques perplexes. Ce qui fait dire à Habermas que la situation est embrouillée, confuse *(unübersichtlich)* et que la culture occidentale, technologisée et devenue de plus en plus complexe, semble avoir perdu espoir ! Il va jusqu'à dire que la puissance qui a fasciné les Modernes et leur a conféré l'autonomie, la rationalité et la confiance en l'avenir, que cette confiance s'est retournée en déraison et en soumission : en tout cas la perplexité et le désarroi sont immenses !

> « *So jedenfalls scheint es sich zu verhalten – bis gestern. Heute sieht es so aus, als seien die utopischen Energien aufgezehrt, als hätten sie sich vom geschichtlichen Denken zurückgezogen. Der Horizont der Zukunft hat sich zusammengezogen und der Zeitgeist wie die Politik gründlich verändert. Die Zukunft ist negativ besetzt ; an der Schwelle zum 21. Jahrhundert zeichnet sich das Schreckenspanorama der weltweiten Gefährdung allgemeiner Lebensinteressen ab: die Spirale des Wettrüstens, die unkontrollierte Verbreitung von Kernwaffen, die strukturelle Verarmung der Entwicklungsländer, Arbeitslosigkeit und wachsende soziale Ungleichgewichte in den entwickelten Ländern, Probleme der Umweltbelastung, katastrophennah operierende Grosstechnologien geben die Stichworte, die über die Massenmedien ins öffentliche Bewusstsein eingedrungen sind. Die Antworten der Intellektuellen spiegeln nicht weniger als die der Politiker Ratlosigkeit. […] Die Lage mag objektiv unübersichtlich*

sein. Unübersichtlichkeit ist indessen auch eine Funktion der Handlungsbereitschaft, die sich eine Gesellschaft zutraut. Es geht um das Vertrauen der westlichen Kultur in sich selbst. » (DNU, 143)

« *Die […] Sozialutopien, die seit dem 19. Jahrhundert in die politischen Auseinandersetzungen eingreifen, wecken realistischere Erwartungen […]. Genau diese Erwartung ist durch massive Evidenzen erschüttert worden. Die Kernenergie, die Waffentechnologie und das Vordringen in den Weltraum, die Genforschung und der biologische Eingriff ins menschliche Verhalten, Informationsverarbeitung, Datenerfassung und neue Kommunikationsmedien sind von Haus aus Techniken mit zwiespältigen Folgen. Und wie komplexer die steuerungsbedürftigen Systeme werden, umso grösser wird die Wahrscheinlichkeit dysfunktionaler Nebenfolge. Wir erfahren täglich, dass sich Produktivkräfte in Destruktivkräfte, Planungskapazitäten in Störpotentiale verwandeln. Deshalb nimmt es nicht Wunder, dass heute vor allem jene Theorien an Einfluss gewinnen, die zeigen möchten, dass dieselben Kräfte der Machtsteigerung, aus denen die Moderne einst ihr Selbstbewusstsein und ihre utopischen Erwartungen geschöpft hat, tatsächlich Autonomie in Abhängigkeit, Emanzipation in Unterdrückung, Rationalität in Unvernunft umschlagen lassen. »* (DNU, 144)

Après la Seconde Guerre mondiale, dans les pays occidentaux, tous les partis de gouvernement ont prôné des objectifs favorables à un État social. Or, depuis le milieu des années 1970 sont apparues les limites d'un tel projet d'État social – sans qu'on puisse trouver des solutions de remplacement. D'où la thèse de Habermas qu'il tient à souligner : la nouvelle « *Unübersichtlichkeit* » relève d'une situation où les projets d'État social continuent à se nourrir de l'utopie propre à la société du travail, mais où cette dernière n'a plus la force d'offrir des possibilités d'avenir en vue d'une vie collective meilleure et moins menacée.

C'est qu'aujourd'hui – en 1985 – l'utopie qui se rattache à la société du travail a épuisé sa force de conviction.

Habermas se réfère ici à Claus Offe et à André Gorz *(Wege ins Paradies)* qui proposent de dissocier le revenu et le travail, et ce en recourant à un revenu minimal garanti. Il rappelle que depuis la fin de la Seconde Guerre mondiale nombre de gouvernements occidentaux ont emprunté cette voie sociale-démocrate. Cela étant, l'État social ainsi conçu lui apparaît comme un loupé *(Fehlschlag)* : il est incapable d'apaiser l'antagonisme de classe par son interventionnisme.

Au plan international, l'État national apparaît comme un cadre trop étroit pour contrer les impératifs du marché mondial et pour influer sur la politique d'investissement des entreprises à rayonnement mondial. À l'intérieur du pays, sa capacité d'intervenir est également limitée, tant il bute sur la résistance des investisseurs privés. En outre, les coûts et les frais salariaux renforcent la propension à des investissements de rationalisation, ce qui fait qu'il y a toujours plus de main-d'œuvre disponible. D'où le danger pour l'État social de voir sa base sociale lui échapper : il se peut qu'en période de crise une mentalité tendant à préserver le patrimoine acquis se développe et que des ouvriers en « mobilité vers le haut » – grâce à l'État social – rejoignent les classes moyennes, en général les catégories disposées au « productivisme », pour constituer contre les groupes privilégiés ou marginalisés une coalition de défense. Les premiers menacés par ce remodelage de la base électorale sont les partis qui, comme les démocrates aux États-Unis, les travaillistes en Grande-Bretagne ou les sociaux-démocrates en RFA, pouvaient depuis des décennies compter sur une clientèle fidèle à l'idée d'État social. Simultanément, les organisations syndicales, du fait de la transformation du marché du travail, voient leur pouvoir de pression sur le patronat faiblir et se trouvent acculées à une politique corporatiste se déterminant en fonction des intérêts de ceux qui sont encore employés.

> « *Sichtbarer sind aber die Grenzen der Interventionsmacht des Staates im Innern. Hier stösst der Sozialstaat, umso deutlicher, auf den Widerstand der privaten Investoren. […] die Verwertungsbedingungen des Kapitals bleiben eben von dem Ergebnis der sozialstaatlichen Politiken nicht unberührt […] Zudem verstärken wachsende Lohn- und Lohnebenkosten die Neigung zu Rationalisierungsinvestitionen, die die notwendige Arbeitszeit erheblich senken, sodass immer mehr Arbeitskräfte freigesetzt werden […]. Weil der Sozialstaat die Funktionsweise des Wirtschaftssystems unangetastet lässt, hat er nicht die Möglichkeit, auf die private Investitionstätigkeit anders als durch systemkonforme Eingriffe Einfluss zu nehmen. […] So schlittert der erfolgreiche Sozialstaat in eine Situation, in der die Tatsache zu Bewusstsein kommen muss, dass er selbst keine autonome "Quelle" von Wohlstand ist und Arbeitsplatzsicherheit nicht als Bürgerrecht garantieren kann (C. Offe). […] In einer solchen Situation gerät der Sozialstaat zugleich in die Gefahr, dass ihm seine gesellschaftliche Basis wegrutscht. Die deutsche Sozialdemokratie kann sich so nicht mehr auf ein festes sozialstaatliches Klientel verlassen. Die aufwärtsmobilen Wählerschaften, die von der Sozialstaatsentwicklung unmittelbar den grössten Nutzen hatten, können in Krisenzeiten eine Mentalität der Besitzstandswahrung ausbilden und sich mit dem alten Mittelstand, überhaupt mit den "produktivistisch" gesonnenen Schichten zu einem defensiven Block gegen die unterprivilegierten oder ausgegrenzten Gruppen zusammenschliessen. Durch eine solche Umschichtung der Wählerbasis sind in erster Linie die Parteien bedroht, die sich, wie die Demokraten in den USA, die englische Labour Party oder die deutsche Sozialdemokratie über Jahrzehnte auf ein festes sozialstaatliches Klientel verlassen konnten. Gleichzeitig geraten die Gewerkschaftsorganisationen durch die veränderte Situation des Arbeitsmarkts unter Druck; ihr Drohpotential wird geschwächt, sie verlieren Mitglieder und Beiträge und sehen sich zu einer Verbandspolitik gedrängt, die auf die kurzfristigen Interessen der noch Beschäftigten zugeschnitten ist.* » *(DNU, 149-150)*

L'État social apparaît ensuite à Habermas contre-productif pour une autre raison : il nécessite une importante injection de pouvoir. De ce pouvoir, les programmes de l'État social font un large usage, afin de lui faire prendre force de loi et d'être implantés dans le monde vécu de leurs bénéficiaires. C'est ainsi qu'un réseau toujours plus dense de normes juridiques, de bureaucratie étatique et paraétatique finit par recouvrir la vie quotidienne des usagers.

C'est que les moyens juridico-administratifs destinés à appliquer les moyens de l'État ne constituent nullement un médium passif, anodin. Tout au contraire s'y attache une pratique de normalisation et de surveillance dont Foucault a traqué

« la violence réifiante et subjectivante » jusque dans les ramifications les plus ténues de la communication quotidienne. Les déformations que subit un monde vécu réglementé, viviséqué, contrôlé et surveillé, peuvent être destructrices. Ainsi donc, la contradiction entre le but et la méthode est inhérente au projet d'État social en tant que tel. Son but est de libérer des espaces propices à la réalisation individuelle de soi. Mais manifestement, un tel but ne saurait être atteint par la voie d'une application juridico-administrative de programmes politiques.

C'est trop demander au médium qu'est le pouvoir que d'attendre de lui qu'il produise des formes de vie. De fait, il manifeste une certaine myopie, un manque de largeur de vue : il sous-estime la place prise dans l'État social par l'État en soi, par le médium du pouvoir : or les programmes de l'État social en consomment beaucoup, s'empresse-t-il d'ajouter !

« Aber gerade diejenigen, die diese historische Errungenschaft des Sozialstaates aner-
kennen und sich die Kritik an seinen Schwächen nicht zu billig machen, erkennen
inzwischen auch den Fehlschlag, der nicht diesem oder jenem Hindernis, nicht einer
halbherzigen Verwirklichung des Projektes zuzuschreiben ist, sondern einer spezifischen
Einäugigkeit dieses Projektes selber. Ausgeblendet ist jede Skepsis gegenüber dem vielleicht
unerlässlichen, aber nur vermeintlich unschuldigen Medium der Macht. Die sozialstaat-
lichen Programme verbrauchen davon eine ganze Menge, damit sie Gesetzeskraft erlan-
gen, aus öffentlichen Haushalten finanziert – und in der Lebenswelt ihrer Nutzniesser
implementiert werden können. So überzieht ein immer dichteres Netz von Rechtsnor-
men, von staatlichen und parastaatlichen Bürokratien den Alltag der potentiellen und
tatsächlichen Klienten. [...] die rechtlich-administrativen Mittel der Umsetzung sozial-
taatlicher Programme stellen kein passives, gleichsam eigenschaftsloses Medium dar.
Vielmehr ist mit ihnen eine Praxis der Tatbestandsvereinzelung, der Normalisierung und
der Überwachung verknüpft, deren verdinglichende und subjektivierende Gewalt Fou-
cault bis in die feinsten kapillarischen Verästelungen der Alltagskommunikation hinein
verfolgt hat. Die Verformungen einer reglementierten, zergliederten, kontrollierten und
betreuten Lebenswelt sind gewiss sublimer als die handgreiflichen Formen von materiel-
ler Ausbeutung und Verelendung; aber die aufs Psychische und Körperliche abgewälzten
und verinnerlichten sozialen Konflikte sind darum nicht weniger destruktiv. Kurzum,
dem sozialstaatlichen Projekt als solchem wohnt der Widerspruch zwischen Ziel und
Methode inne. Sein Ziel ist die Stiftung von egalitär strukturierten Lebensformen, die
zugleich Spielräume für individuelle Selbstverwirklichung und Spontaneität freisetzen
sollten. Aber offensichtlich kann dieses Ziel nicht auf dem direkten Weg einer recht-
lich-administrativen Umsetzung politischer Programme erreicht werden. Mit der Her-
vorbringung von Lebensformen ist das Medium Macht überfordert. » (DNU, 151-152)

Le chapitre IV débute par l'affirmation que l'État social est aujourd'hui placé devant un dilemme : le capitalisme développé ne peut pas plus vivre sans l'État social qu'il ne peut vivre avec lui, s'il devait continuer à s'étendre, alors que son potentiel politique est épuisé : il faut trouver d'autres solutions !

Habermas se réfère au sociologue Claus Offe qui développe les trois « modèles de réaction » que présentent les pays tels que la RFA ou les États-Unis.

1. Il commence par évoquer ce qu'il appelle le « légitimisme », l'aile droitière de la social-démocratie – les *« Kanalarbeiter »* ; il cite « l'Aile mondiale » chez les démocrates américains et le second gouvernement nommé par Mitterrand (le cabinet Fabius). Ces « légitimistes » renoncent à venir à bout du travail hétéronome. Ce sont aujourd'hui les véritables conservateurs : ils espèrent retrouver un point d'équilibre entre le développement de l'État social et la modernisation de l'économie de marché. Habermas note que ce programme s'assigne de préserver l'actif de l'État social, mais méconnaît les décalages qui apparaissent dans la base sociale et syndicale sur laquelle les politiques favorables à l'État social pouvaient s'appuyer et qui s'effrite.

2. Un deuxième modèle est fourni par le néo-conservatisme qui se tourne également vers la société industrielle, mais se distingue par une critique résolue de l'État social. L'administration Reagan et le gouvernement de Margaret Thatcher avancent sous son label, et en République fédérale le gouvernement conservateur a rejoint, dit-il, une ligne analogue. Cette tendance se caractérise par une politique économique orientée vers l'offre, qui doit améliorer les conditions de mise en valeur du capital. Elle vise à alléger la légitimation du système politique en contrant l'« inflation revendicatrice » et en favorisant une régulation émanant non de l'État, mais en premier lieu des organisations patronales et syndicales : une évolution que Habermas qualifie de « néo-corporatiste ». Quant à la politique culturelle de cette tendance, elle vise à jeter le discrédit sur les intellectuels accusés de favoriser les valeurs post-matérielles et les jugements critiques, qui constituent une menace pour les assises motivationnelles d'une société du travail. Elle vise à favoriser *a contrario* les forces résistantes de la morale sociale conventionnelle. Pour Habermas, cette politique néo-conservatrice a une chance de s'imposer, les catégories refoulées à l'écart ne disposant d'aucun « droit de veto », mais le compromis instauré par l'État social étant rompu, des difficultés de fonctionnement ne sont pas à exclure.

3. Offe décèle un troisième modèle de réaction dans la *dissidence*, qu'il appelle aussi *les critiques de la croissance*, et qui ont à l'égard de l'État social une attitude ambivalente. Il fait remarquer qu'en République fédérale des minorités d'origines diverses – personnes âgées et jeunes gens, femmes et chômeurs, homos et handicapés, croyants et non-croyants – sont réunies dans le cadre des nouveaux mouvements sociaux en une « alliance anti-productiviste ». Ce qui les réunit, dit-il, c'est le refus de la vision productiviste du progrès. Contrairement aux légitimistes et aux néo-conservateurs, les « dissidents de la société industrielle », comme Habermas les nomme aussi, considèrent que le monde vécu est, dans la même mesure, menacé par la mercantilisation et la bureaucratisation – aucun des deux médiums, que ce soit le pouvoir et l'argent, n'étant plus innocent que l'autre. Les dissidents en question considèrent qu'il est nécessaire que soit renforcée l'autonomie

d'un monde vécu menacé dans ses assises vitales et dans son aménagement communicationnel interne et réclament que la dynamique spécifique de chacun des deux sous-systèmes, régulés par le pouvoir et par l'argent, puisse être sinon brisée, du moins endiguée, par des formes d'organisation autogérées et plus proches de la base.

C'est dans ce contexte que sont apparues des conceptions procédant d'une économie duale et des propositions pour découpler la sécurité sociale du salariat. Les dissidents de la société industrielle se font, par conséquent, les héritiers du programme en faveur d'un État social, mais dans ses composantes abandonnées par les légitimistes, celles qui procèdent d'une démocratie radicale. À condition toutefois qu'ils dépassent la pure dissidence, qu'ils ne demeurent pas empêtrés dans le fondamentalisme du « grand refus », ou qu'ils ne se contentent pas de proposer des programmes négatifs plaidant pour l'arrêt de la croissance !

En revenant sur l'idée de la nécessaire domestication du capitalisme, censée se faire avec l'État interventionniste, Habermas fait remarquer que la tâche se complique dès lors qu'il s'agit aussi d'endiguer et de réguler indirectement la dynamique spécifique de l'administration publique. Il faut donc chercher ailleurs que dans l'administration publique le potentiel de réflexion et de régulation requis, et plus précisément dans une relation totalement modifiée entre des collectivités publiques auto-organisées et autonomes d'un côté, et des secteurs d'activité régulés par l'argent et le pouvoir administratif de l'autre. Il précise toutefois que s'ensuit alors la tâche difficile de rendre possibles *avant même* le seuil des appareils de partis – autonomisés en grandes organisations et pour ainsi dire transplantés dans le système politique – la généralisation démocratique de positions d'intérêt et une justification universaliste des normes.

Pour Habermas, le développement de l'État social « d'ancien régime » est ainsi entré dans une impasse : avec lui s'épuisent les énergies que contenait l'utopie propre à la société du travail.

À sa place, un « projet révolutionnaire » pourrait voir le jour : il s'agit de maîtriser l'économie capitaliste en introduisant un revenu minimum garanti, ce qui serait, selon lui, révolutionnaire pour les travailleurs. Serait ainsi abolie pour eux la hantise du marché du travail avec le plein-emploi érigé en norme, tout comme elle le sera pour la masse grandissante de ceux qui constituent la « réserve » – c'est-à-dire les chômeurs.

Mais il sera insuffisamment révolutionnaire s'il se contente de s'attaquer aux seules conditions de travail indignes, sans se soucier des risques que constituerait pour le « monde vécu » une prise en charge générale de celui-ci par l'administration !

C'est qu'un projet d'État social qui vise non seulement à maîtriser l'économie capitaliste mais encore à contenir l'État lui-même perd du même coup le travail comme point central de référence. Certes l'introduction d'un revenu minimum garanti serait, dit-il, révolutionnaire, mais il aurait des conséquences contre-productives : il entraînerait une prise en charge globale de l'existence par l'administration !

« *Die Sozialstaatsentwicklung ist in eine Sackgasse geraten. Mit ihr erschöpfen sich die Energien der arbeitsgesellschaftlichen Utopie [...]. Das reflexiv gewordene, nicht nur auf die Zähmung der kapitalistischen Ökonomie, sondern auf die Bändigung des Staates selbst gerichtete Sozialstaatsprojekt verliert freilich als seinen zentralen Bezugspunkt die Arbeit. Es kann nämlich nicht mehr um die Einfrierung einer zur Norm erhobenen Voll-zeitbeschäftigung gehen. Ein solches Projekt dürfte sich nicht einmal darin erschöpfen, durch Einführung des garantierten Mindesteinkommens den Bann zu brechen, den der Arbeitsmarkt über die Lebensgeschichte aller Arbeitsfähigen verhängt, auch über das wachsende und immer weiter ausgegrenzte Potential derer, die nur noch in Reserve stehen. Dieser Schritt wäre revolutionär, aber nicht revolutionär genug, wenn die Lebenswelt nicht allein gegen menschenunwürdige Imperative des Beschäftigungssystems abgeschirmt werden könnte, sondern gegen die kontraproduktiven Nebenfolgen einer administrativen Daseinsvorsorge im Ganzen.* » *(DNU, 157)*

Pour réussir cette opération, l'État social doit vaincre le blocage qui empêche les échanges entre le système et le monde vécu et opérer une nouvelle partition des forces en présence. Or, étant donné que les sociétés modernes disposent de trois ressources à partir desquelles elles peuvent subvenir à leurs besoins en régulation : l'argent, le pouvoir et la solidarité, Habermas affirme qu'il serait nécessaire qu'il y ait un rééquilibrage de leur sphère d'influence. Il entend par là que « la puissance » d'intégration sociale que représente la solidarité face aux « puissances » qu'incarnent les deux autres formes de ressources régulatrices – argent et pouvoir administratif – devrait pouvoir être affirmée.

Pour ce qui est de l'emploi inattendu de « solidarité », terme abstrait pour désigner la troisième « puissance » – ou « troisième pouvoir » –, il s'éclaire par la suite de notre citation où sont employés les équivalents « *Lebensbereiche* » – les domaines de la vie structurés par la communication, ou plus simplement « *Gesellschaft* » –, la « société qui agit sur elle-même et sur son développement ».

« *Solche Hemmschwellen im Austausch zwischen System und Lebenswelt könnten erst funktionieren, wenn zugleich eine neue Gewaltenteilung entstünde. Moderne Gesellschaf-ten verfügen über drei Ressourcen, aus denen sie ihren Bedarf an Steuerungsleistungen befriedigen können: Geld, Macht und Solidarität. Deren Einflusssphären müssten in eine neue Balance gebracht werden. Damit will ich sagen: die sozialintegrative Gewalt der Soli-darität müsste sich gegen die "Gewalten" der beiden anderen Steuerungsressourcen, Geld und administrative Macht behaupten können. Nun waren Lebensbereiche, die darauf spe-zialisiert sind, tradierte Werte und kulturelles Gewissen weiterzugeben, Gruppen zu inte-grieren und Heranwachsende zu sozialisieren, immer schon auf Solidarität angewiesen. Aus derselben Quelle müsste aber auch eine politische Willensbildung schöpfen, die auf die Grenzziehung und den Austausch zwischen kommunikativ strukturierten Lebensbereichen auf der einen, Staat und Ökonomie auf der anderen Seite Einfluss nehmen soll. Das liegt übrigens nicht weit weg von den normativen Vorstellungen unserer Sozialkundelehrbücher, nach denen die Gesellschaft über demokratisch legitimierte Herrschaft auf sich selbst und ihre Entwicklung einwirkt.* » *(DNU, 158)*.

Pour réaliser le rééquilibrage des « puissances » en question, Habermas recourt au modèle en usage en science politique, lequel présente des arènes distinctes qui se superposent. C. Offe distingue trois arènes de ce genre. Dans la première, les élites politiques parviennent à leurs décisions au sein de l'appareil d'État. Sous celle-là se trouve une seconde arène dans laquelle un grand nombre de groupes anonymes et d'acteurs collectifs agissent les uns sur les autres, concluent des coalitions, contrôlent l'accès aux moyens de production et de communication et il leur arrive de déterminer, à travers leur pouvoir social, les marges dans lesquelles les questions politiques peuvent être thématisées et décidées. Enfin, dans une troisième arène – où des courants de communication difficilement saisissables définissent la forme de la culture politique, à l'aide de définitions de la réalité, et rivalisent pour ce que Gramsci a appelé l'hégémonie culturelle –, se font les changements de tendance de l'esprit du temps.

> « *Claus Offe unterscheidet 3 Arenen, die sich überlagern. In der ersten bringen politische Eliten innerhalb des Staatsapparates ihre Entscheidungen zustande. Darunter liegt eine zweite Arena, in der eine Vielzahl anonymer Gruppen und kollektiver Akteure aufeinander einwirken, Koalitionen eingehen, den Zugang zu Produktions- und Kommunikationsmitteln kontrollieren und, schon weniger erkennbar, durch ihre soziale Macht den Spielraum für die Thematisierung und Entscheidung politischer Fragen vorgängig festlegen.*
>
> *Darunter schliesslich befindet sich eine dritte Arena, in der schwer greifbare Kommunikationsströme die Gestalt der politischen Kultur bestimmen und mit Hilfe von Realitätsdefinitionen um das, was Gramsci kulturelle Hegemonie genannt hat, wetteifern – hier vollziehen sich die Trendwenden des Zeitgeistes.* » (DNU, 159)

Quant à l'influence qu'exercent les arènes les unes sur les autres, celle-ci n'est pas facile à déterminer. Habermas trouve que pour le moment ce sont les procédés mis en place dans la deuxième arène qui ont la préséance – en l'occurrence les « Cortès » ! Mais, pour lui, il ne fait pas de doute que tout projet qui entendrait changer les équilibres en faveur des régulations dérivées de la sphère de solidarité doit mobiliser l'arène inférieure contre les deux arènes supérieures.

> « *Die Wechselwirkung zwischen den Arenen ist nicht leicht dingfest zu machen. Bisher scheinen die Vorgänge in der mittleren Arena Vorrang zu haben. Wie immer die empirische Antwort ausfällt, jedenfalls lässt sich unser praktisches Problem jetzt anschaulicher fassen: jedes Projekt, das die Gewichte zugunsten solidarischer Steuerungsleistungen verschieben möchte, muss die untere Arena gegenüber den beiden oberen mobilisieren.* » (DNU, 159)

Il précise longuement les caractéristiques de l'« arène de la solidarité ».

Dans cette arène, on ne se dispute pas directement à propos d'argent ou de pouvoir. Ce qui y est en question, c'est l'intégrité et l'autonomie des styles de vie, l'enjeu étant ici la défense des sous-cultures en usage par le fait de la tradition, ou la modification de la grammaire qui définit les formes de vie transmises : les mouvements régionalistes, féministes ou écologistes en sont des exemples.

Ces luttes demeurent généralement latentes, touchant les micro-secteurs des communications quotidiennes et ne se condensent que de temps en temps dans des discussions publiques ou dans des intersubjectivités d'un niveau supérieur.

Sur de telles scènes, des zones autonomes d'espace public peuvent se former, pouvant entrer en communication entre elles, dès lors qu'est mis à profit le potentiel d'auto-organisation et d'utilisation auto-organisée des moyens de communication. Les formes d'auto-organisation renforcent la capacité collective d'action.

À cela près que les auto-organisations doivent rester en deçà d'un seuil au-delà duquel les buts de l'organisation se détachent des orientations et des attitudes des membres qui la composent, et deviennent des buts soumis aux intérêts propres à la maintenance des organisations autonomisées : la règle d'or, c'est que les auto-organisations restent proches de leur base ! Par ailleurs, il leur est demandé de combiner pouvoir et autolimitation intelligente : leur capacité d'action devant rester en deçà de leur capacité de réflexion. C'est à ce prix, précise-t-il, que les mécanismes d'autorégulation de l'État et de l'économie pourront être suffisamment sensibilisés aux résultats d'une volonté orientée vers des fins déterminées se réclamant d'une démocratie radicale : cela peut vouloir dire que les organisations autonomisées doivent agir avec mesure pour parvenir à leur fin. Parallèlement à cette modération des organisations autonomisées, les partis politiques devront eux aussi faire preuve de retenue, en renonçant à vouloir « fabriquer » la loyauté des masses, c'est-à-dire à imposer leurs conceptions à leurs membres, à les influencer !

La conséquence de cette mutation intellectuelle fait que le projet d'État social change de nature, et ce en prenant congé de l'utopie de la société du travail, fondée sur l'idée que les relations de coopération à l'intérieur de l'usine allaient finir par produire de la solidarité entre travailleurs, ce qui aujourd'hui est mis en question : d'où le déplacement des accents utopiques du concept du travail à celui de la communication ; Habermas parle à ce sujet d'un changement de paradigme.

Pour Habermas, l'arrivée de cette « nouvelle oasis utopique » met un terme à deux illusions. D'une part l'illusion que les dimensions du bonheur et de l'émancipation confluent avec l'augmentation du pouvoir et de la production de richesse à l'échelle de la société – en symbiose avec la domination de la nature impliquant le recours à la raison instrumentale dans les forces productives et le déploiement de la raison fonctionnaliste en matière d'organisation et de planification. D'autre part l'illusion consistant à envisager une totalité concrète des possibilités de vie future.

Ce qu'il est possible de spécifier sur le plan normatif, ce sont les conditions nécessaires mais générales, quant à une pratique communicationnelle quotidienne ou quant à la manière dont on peut procéder pour qu'une volonté formée par la discussion se dégage ; ce sont les conditions que les participants *eux-mêmes* pourraient appliquer s'ils étaient en situation de mettre en œuvre des possibilités concrètes en vue d'une vie meilleure et moins menacée, et ce en fonction de leurs *propres* besoins et conformément à des vues relevant de leur *propre* initiative. Tel est le « contenu utopique » du projet !

« In dieser Arena wird nicht unmittelbar um Geld oder Macht, sondern um Definitionen gestritten. Es geht um die Unversehrtheit und Autonomie von Lebensstilen, etwa um die Verteidigung traditionell eingewohnter Subkulturen oder um die Veränderung der Grammatik überlieferter Lebensformen. Für das eine bieten regionalistische Bewegungen, für das andere feministische oder ökologische Bewegungen Beispiele. Diese Kämpfe bleiben meist latent, sie bewegen sich im Mikrobereich alltäglicher Kommunikationen, verdichten sich nur dann und wann zu öffentlichen Diskursen und höherfliegenden Subjektivitäten. Auf solchen Schauplätzen können sich autonome Öffentlichkeiten bilden, die auch miteinander in Kommunikation treten, sobald das Potential zur Selbstorganisation und zum selbstorganisierten Gebrauch von Kommunikationsmedien genutzt wird. Formen der Selbstorganisation verstärken die kollektive Handlungsfähigkeit unterhalb einer Schwelle, an der sich die Organisationsziele von den Orientierungen und Einstellungen der Organisationsmitglieder ablösen und wo die Ziele vom Bestandserhaltungsinteresse verselbständigter Organisationen abhängig werden. Die Handlungsfähigkeit basisnaher Organisationen wird immer hinter ihrer Reflexionsfähigkeit zurückbleiben, das muss aber kein Hindernis sein. Die autonomen Öffentlichkeiten müssten eine Kombination von Macht und intelligenter Selbstbeschränkung erreichen, die die Selbststeuerungsmechanismen von Staat und Wirtschaft gegenüber den zweckorientierten Ergebnissen radikaldemokratischer Willensbildung hinreichend empfindlich machen könnte. Vermutlich kann das nur gelingen, wenn die politischen Parteien eine ihrer Funktionen ersatzlos, d. h. ohne einem funktionalen Äquivalent bloss Platz zu machen, aufgeben: die der Erzeugung von Massenloyalität [...].

Wie dem auch sei – was für die arbeitsgesellschaftliche Utopie Voraussetzung oder Randbedingung war, wird heute zum Thema. Und mit diesem Thema verschieben sich die utopischen Akzente vom Begriff der Arbeit auf den der Kommunikation. Ich spreche nur noch von "Akzenten", weil sich mit dem Paradigmawechsel von der Arbeits- zur Kommunikationsgesellschaft auch eine Art der Anknüpfung an die Utopietradition ändert. » (DNU, 159-160)

« [...] mit den utopischen Gehalten der Arbeitsgesellschaft verschwinden zwei Illusionen, die das Selbstverständnis der Moderne verhext haben. Die erste Illusion [...]. In den Ordnungsutopien waren die Dimensionen von Glück und Emanzipation mit denen der Machtsteigerung und der Produktion gesellschaftlichen Reichtums zusammengeflossen. Die Entwürfe rationaler Lebensformen gingen mit der rationalen Beherrschung der Natur und der Mobilisierung gesellschaftlicher Energien eine trügerische Symbiose ein. Die in Produktivkräften entfesselte instrumentelle Vernunft, die in Organisations- und Planungskapazitäten sich entfaltende funktionalistische Vernunft, sollten den Weg zum menschenwürdigen, egalitären und zugleich libertären Leben bahnen. Das Potential der Verständigungsverhältnisse sollte am Ende umstandslos aus der Produktivität der Arbeitsverhältnisse hervorgehen.

Eine zweite Illusion, die mit den Entwürfen einer konkreten Totalität künftiger Lebensmöglichkeiten verbunden war. Der utopische Gehalt der Kommunikationsgesellschaft schrumpft auf die formalen Aspekte einer unversehrten Intersubjektivität zusammen [...]. Was sich normativ auszeichnen lässt, sind notwendige, aber allgemeine Bedingungen für eine kommunikative Alltagspraxis und ein Verfahren der diskursiven Willensbildung, welche die Beteiligten selbst in die Lage versetzen könnten, konkrete Möglichkeiten eines besseren und weniger gefährdeten Lebens nach eigenen Bedürfnissen und Einsichten aus eigener Initiative zu verwirklichen. » (cit. K.O. Appel, Die Ethik der idealen Kommunikationsgesellschaft) (DNU, 161-162)

6.1.4. L'avenir des partis politiques : les « contre-espaces publics » ; l'exemple des Verts

Dans l'interview avec la *New Left Review* qui clôt le recueil DNU de 1985, Habermas fait le bilan de l'évolution politique des sociétés occidentales des années 1950 aux années 1980 : il propose de formuler un diagnostic sur l'époque *(Zeitdiagnose)* en vue de dégager le potentiel ambivalent des évolutions en cours (DNU, 245).

Il part du constat que l'espace public à caractère libéral – marqué par la lecture, l'argumentation et l'information – se délite depuis la fin des années 1950. Il se réfère au concept de culture de masse d'Adorno et fait remarquer que les centres-villes d'aujourd'hui portent la marque du surréalisme – le « surréalisme réellement existant », comme il dit en se référant à Derrida !

À cette tendance se rajoute une autre qui, elle, progresse : la manipulation de la loyauté des masses. C'est que l'espace public gouverné par la raison, en déclin, cède la place à un « espace public de manipulation » : le système politique en est arrivé à « extraire » *(extrahiert)* la légitimation dont il a besoin.

> *« Und zu diesem passt, nun etwas ernster, eine andere Tendenz, die wohl auch fortgeschritten ist: eine zugleich perfektionierte und bieder daherkommende Manipulation von Massenloyalität, in Regie genommen durch die aus der Lebenswelt ins politische System abgewanderten politischen Parteien. Früher sagte man noch, die Parteien und deren Exponenten beschaffen sich die Akklamation des Wählerpublikums. Das ist ein rührend altmodischer Ausdruck für die gegen alle Spontaneität abgeriegelten Inszenierungen, die nach Drehbuch ablaufen und buchstäblich alles unter Kontrolle bringen. Jedenfalls war das die neue Qualität, die der letzte amerikanische Präsidentschaftswahlkampf erreicht hat – mit einem Präsidentenschauspieler, dessen Amt sich mehr und mehr darauf beschränkt, es nach aussen als seine fiktive Realität darzustellen. Die Wirklichkeit holt die systemtheoretische Beschreibung ein, die Luhmann von ihr gibt; das politische System extrahiert aus der Öffentlichkeit die Legitimation, die es braucht. Das ist die eine Seite. »* (DNU, 246)

Mais des résistances à cet évidement de l'espace politique se manifestent. Que ce soit sous la forme de manifestations de masse d'une ampleur sans précédent, comme à l'automne 1983, mais qui disparaissent tout aussi vite. Ou sous la forme de refus de s'engager dans un parti, ce qui donne l'impression aux politiques que le sol se dérobe sous leurs pieds. D'où ce constat d'une polarisation du paysage politique divisé entre des secteurs officiels, dirigés d'en haut, en train de s'assécher, et des sous-cultures difficiles à cerner qui constituent le noyau de « contre-espaces publics » *(Gegenöffentlichkeiten)*, réunissant des jeunes et des moins jeunes, des féministes et des homosexuels, etc.

« Auf der anderen Seite verstärken sich aber auch die Reaktionen auf eine solche Entleerung der politischen Öffentlichkeit. Unsere Beobachtungen, dass die Legitimationsbeschaffung auf Schwierigkeiten stösst [...]. In der Bundesrepublik mehren sich inzwischen die Anzeichen für lokal zersplitterte, subkulturelle Widerstände, für defensive Regungen an der "Basis", sogar für spektakuläre Massendemonstrationen, die plötzlich aufflackern und wieder in sich zusammenfallen. Die Friedensdemonstrationen im Herbst 1983, unmittelbar vor Aufstellung der Raketen, haben einen in der Geschichte der Bundesrepublik bis dahin unvorstellbaren Umfang erreicht; sie hatten auch eine bis dahin unbekannte Qualität von, sagen wir mal, disziplinierter Aggressivität. Die Sensibilisierung für die Gefährdungen des Datenschutzes, wie sie sich im erfolgreichen Widerstand gegen die geplante Volkszählung, gegen die Einführung eines "fälschungssicheren" Ausweises usw. manifestiert hat, ist ein weiteres Symptom. [...]. In diesen Zusammenhang passen wahlsoziologische Beobachtungen über eine Erosion der herkömmlichen Parteibindungen, über eine wachsende Fluktuation der Wähler. Nicht nur die Erfolge der "Grünen" signalisieren, was man bei uns "Parteienverdrossenheit" nennt. Es scheint überhaupt so zu sein, dass der Boden glitschig ist. Es bilden sich mehr und mehr unberechenbare Reaktionspotentiale, die aus zufälligen Anlässen mobil werden.

Diese beiden gegenläufigen Tendenzen sprechen für eine Polarisierung der Öffentlichkeit in offizielle, von oben dirigierte, austrocknende Sektoren und in örtliche, sozialstrukturell nicht gut zu definierende, teils altmittelständische, teils "postmaterialistisch" ausgerichtete, jedenfalls resistente Subkulturen, die zum Kern autonomer Gegenöffentlichkeiten geworden sind – Alte und Junge, Feministinnen und Homosexuelle, Behinderte und aktive Arbeitslose, radical profesionnals, grüne Witwen... » (DNU, 246-247)

« Diese Bewegungen sind unter Bedingungen anhaltender Rezession und wachsender Arbeitslosigkeit defensiver eingestellt, weniger artikuliert als damals die Studenten; vielleicht sind sie realistischer in ihren Situationsdeutungen; vor allem rekrutieren sie sich aus breiteren sozialen Einzugsbereichen. Zum Beispiel haben sich die Differenzen zwischen jüngeren Arbeitern, Lehrlingen, Studenten und Arbeitslosen im Rahmen einer [...] vereinheitlichen Jugendkultur, abgeschliffen. Die breite gesellschaftliche Basis spricht freilich noch nicht für eine sozialstrukturell gut verankerte Vetomacht; diese antiproduktivistische Allianz beweist zur Zeit eine gewisse Ansteckungskraft, aber sie besetzt keine lebenswichtigen Funktionsbereiche der Industriegesellschaft. Dennoch, neokonservative Politiken sind der beste Weg, um dieser Allianz weiteren Zustrom zu sichern. Auch wenn es in der Manifestation dieser Widerstandspotentiale ein schon gar nicht voraussagbares Auf und Ab geben wird, halte ich die Prognose, dass der Ärger der Leute alsbald verrauchen wird, für falsch. Der Ärger wird strukturell erzeugt. » (DNU, 249)

Concernant l'avenir des Verts, Habermas se montre toujours aussi réservé : en tout cas, les Verts devront accroître leur sens du compromis. Cela étant, le problème de fond reste entier : comment concilier le fait d'être un mouvement social et de vouloir s'intégrer au système politique, d'avoir un pied dans le combat et un autre dans les institutions ?

NLR : *« Sind Sie immmer noch der Meinung, dass es ein Fehler der westdeutschen Grünen war, eine Partei zu gründen ? »*

Habermas :   « *Vielleicht war meine Warnung damals kleinmütig, unbegründet war sie nicht. Der vorhersehbare Kampf zwischen fundamentalistischen und reformistischen Flügeln kann die Partei der Grünen immer noch aufreiben. Das Experiment bleibt nur so lange aussichtsreich, wie sich diese dialektische Spannung nicht nach einer Seite entlädt. Vor allem intern, im Umgang mit sich selbst, müssen die Grünen ihre Kompromissfähigkeit steigern. Denn da liegt ja das Problem, das gelöst werden müsste: Wie kann die relative Handlungsfähigkeit, ja die blosse Existenzfähigkeit einer politischen Partei gesichert werden, die in sich den Widerspruch zwischen sozialer Bewegung und politischem System austragen muss?* » (DNU, 250)

Toujours est-il que, selon Habermas, le parti des Verts ne doit pas suivre l'exemple de la CDU, empêtrée dans l'Affaire Flick, laquelle a révélé la difficulté des partis politiques à se financer en toute légalité, dès lors que les cotisations de ses membres ne suffisent plus à assurer leur fonctionnement. De toute manière, les partis politiques font partie aujourd'hui du système politique et n'assurent plus la fonction de médiation dans le processus de formation de l'opinion publique. D'où la nécessité de développer « à la base » des « espaces publics autonomes ».

« *Der Spendenskandal der Firma Flick. […] Der Vorgang offenbart etwas anderes, und zwar gänzlich Triviales: die politischen Parteien können sich nicht mehr aus Mitgliedschaftsbeiträgen finanzieren und dürfen sich doch nur zur Hälfte aus Steuermitteln alimentieren lassen, weil sie sonst eingestehen müssen, wie weit sie sich bereits von ihrer Basis abgelöst haben und zu Staatsorganen verselbständigt haben. Der eigentliche Skandal besteht darin, dass die Parteien den Legitimationsprozess fast nur noch aus der Perspektive der Bestandssicherung des politischen Systems betreiben, jedenfalls so wenig aus der Perspektive eines blossen Vermittlers im Prozess der öffentlichen Meinungsbildung, dass sie die politische Öffentlichkeit mit ihren Interventionen überziehen, statt sich aus ihr zu reproduzieren.*

Eine solche Partei wollen nun die Grünen erklärtermassen nicht sein und auch nicht werden. Andererseits dürfen sie ebensowenig im Sog der vielen subkulturellen und lokalen Gegenöffentlichkeiten untergehen. Als Partei müssen sie den selbstbewussten Partikularismus der um staatsbürgerliche Gleichheitsnormen unbekümmerten Dissidenten vor Ort durch den Filter der Generalisierung, der gleichmässigen Interessenberücksichtigung hindurchtreiben. Vielleicht hätte man dieses Experiment erst starten sollen, nachdem sich in verschiedenen autonomen Öffentlichkeiten die Fähigkeiten zur Selbstorganisation stärker entwickelt haben würde. Vielleicht gelingt das Experiment trotzdem – heilsame Anstösse gehen davon jetzt schon aus, z.B. auf das Innenleben der SPD, ohne die realistischerweise nichts zu bewegen ist. » (DNU, 250-251)

« *Ich bin überzeugt, dass sich (im Falle eines Übergangs zum Sozialismus) die Konkurrenz verselbständigter Parteien, die das Geschäft der Legitimation im wesentlich manipulativ betreiben, verändern müsste.* » (DNU, 254)

Habermas avoue que lui-même ne croit plus que la suppression de la propriété privée des moyens de production permettra d'abolir les classes sociales et que l'autogestion par les travailleurs amènera une transformation démocratique de la société.

Il entrevoit davantage la solution au problème dans les « espaces publics autonomes » qui permettent au « monde vécu » de tenir en échec les impératifs systémiques du monde économique et de l'appareil d'État.

Pour conclure, il affirme qu'au préalable il faut que, progressivement, le « marché du travail capitaliste » soit aboli et que les partis politiques prennent racine de façon « radicale-démocratique » dans leur espace public !

« Nach 50 bis 60 Jahren sowjetrussischer Entwicklung sieht nun auch der letzte, dass Max Weber recht hatte, will sagen, dass die Abschaffung des Privateigentums an den Produktionsmitteln keineswegs Klassenstrukturen als solche abschafft. Ich persönlich, glaube auch nicht mehr daran, dass sich ein differenziertes Wirtschaftssystem nach den einfachen Rezepten der Arbeiterselbstverwaltung von innen demokratisch umgestalten liesse. Das Problem scheint eher das zu sein, wie sich in autonomen Öffentlichkeiten die Fähigkeiten zur Selbstorganisation so weit entfalten lassen, dass die zweckorientierten Willensbildungsprozesse einer gebrauchswertorientierten Lebenswelt die systemischen Imperative von Wirtschaftssystem und Staatsapparat in Schach halten und die beiden mediengesteuerten Subsysteme von Lebensweltimperativen in Abhängigkeit bringen können.

Ich kann mir nicht vorstellen, dass das ohne eine sukzessive Abschaffung des kapitalistischen Arbeitsmarktes und ohne eine radikaldemokratische Verwurzelung politischer Parteien in ihren Öffentlichkeiten möglich wäre. » (DNU 255).

6.2. La « gestion du sinistre » *(Eine Art Schadensabwicklung, 1987)* : la quête identitaire de la RFA des années 1980

Une dizaine de textes écrits entre 1985 et 1987, autour de la « Querelle des historiens », rendent compte de cette quête identitaire ; la presque totalité a été traduite (dans *Écrits politiques* : Ep) :

– Entsorgung der Vergangenheit (DNU, 261-268), 1985 ; (Mettre le passé au rebut pour s'en affranchir : Ep 275-284).

– Keine Normalisierung der Vergangenheit (EAS, 11-17), 1985 ; (Contre la normalisation du passé : Ep 285-292).

– Apologetische Tendenzen (EAS 120-136), 1986 ; (Tendances apologétiques : Ep 219-242).

– Vom öffentlichen Gebrauch der Geschichte (EAS 137-148), 1986; (De l'usage public de l'histoire : Ep 247-260).

– Eine Art Schadensabwicklung (EAS 115), 1986-1987 ; (Mettre le passé au rebut pour s'en affranchir : Ep 274-284).

- Eine Diskussionsbemerkung (EAS 117-119) Remarques à propos d'une discussion (non traduit) ; 1987.
- Geschichtsbewusstsein und posttraditionale Identität. Die Westorientierung der Bundesrepublik (EAS 159-179) ; (Conscience historique et identité post-traditionnelle : Ep 293-318) ; 1987.
- Nochmals zur Identität der Deutschen (DnR 205-224) ; (L'identité des Allemands, une fois encore : Ep 319-344) ; 1990.

6.2.1. Le refus par Habermas de la « normalisation du passé » (keine Rückkehr zur Normalität)

La problématique des années 1980 s'ouvre sur l'affirmation catégorique formulée par Habermas du refus de la normalisation du passé » (« *Keine Normalisierung der Vergangenheit; keine Rückkehr zur Normalität »*). Sont visés ceux qui s'efforcent, depuis le milieu des années 1970, de tirer un trait pour en finir avec ce passé. H. Dubiel et G. Frankenberg parlent à leur sujet d'une « volonté de mise au rebut du passé » *(Entsorgungsmentalität)*, de se dégager de toute responsabilité, de se « dédouaner », en empruntant leur langage au secteur nucléaire : on se conduit vis-à-vis du passé national, comme à l'égard des déchets irradiés d'une centrale nucléaire pour lesquels on n'a pas encore trouvé de lieu de stockage définitif. La réplique de Habermas consiste à renforcer l'identité du peuple par une « conscience historique saine », et ce en mobilisant un « passé susceptible de consensus », à l'exclusion de tout autre passé (DNU, 261).

Habermas se sert ici de Hermann de Lübbe pour dévoiler ce passé susceptible de consensus.

Habermas fait référence à un discours tenu par son « ennemi de toujours », le philosophe néo-conservateur Hermann Lübbe, à l'occasion du 50e anniversaire de la prise de pouvoir d'Hitler. Lübbe commence par évoquer la « rupture » intervenue dans les années 1960 dans la culture politique allemande, une rupture avec la « discrétion et la disposition à la réconciliation » avec lesquelles, dans les années 1950, d'« anciens anti-nazis » ont traité leurs concitoyens qui « ont été compromis ». Or, à la fin des années 1960, les blessures en train de se fermer ont été rouvertes par la jeunesse « rebelle ». Celle-ci a mis un terme à la « discrétion protectrice » et déclenché la « critique », qui, depuis lors, menace la stabilité de notre République, selon Lübbe.

Ainsi donc ce sont les « années 1950 », les années de reconstruction du pays – considérées par Lübbe comme étant aussi une sorte de période de « reconstruction mentale » –, qui constituent pour les conservateurs la « normalité ».

Et c'est cette « normalité des années 1950 » qu'Helmut Kohl s'apprête à mettre en scène à l'occasion du quarantième anniversaire du 8 mai 1985. Les historiens de gauche H. Dubiel et G. Frankenberg ont inventé à cette occasion l'expression qui a fait florès « *Entsorgung der Vergangenheit* » (mettre le passé au rebut) et que Habermas a reprise. Elle s'applique depuis ces premiers moments à l'époque nazie.

« *Zunächst habe während der Wiederaufbauperiode ein grossartiger Konsolidierungs- und Entlastungsprozess stattgefunden – dank der Diskretion und Versöhnungsbereitschaft mit der grossmütige Nazigegner ihren belasteten Landsleuten begegnet sind. Erst in den späten sechziger Jahren, meint Lübbe, sind die kaum vernarbten Wunden von der rebellierenden Jugend und einigen intransigenten Linken wieder aufgerissen worden. Sie haben die nationalsozialistische Vergangenheit ins politische Gegenwartsbewusstsein gehoben. Sie haben die schonende Diskretion beendet und jene Kritik begonnen, die seitdem die Stabilität unserer Republik gefährdet*

[…] Denn er (Kohl) war es, der den 8. Mai vorausschauend als das Datum ins Auge fasste, an dem die überfällige Rückkehr zur Normalität der 50er Jahre symbolträchtig inszeniert werden könnte. Auch diese Erblast sollte seine Regierung nach bewährtem neo-konservativen Rezept ablösen » – « *Entsorgung der Vergangenheit* » *hatten H. Dubiel und G. Frankenberg seinerzeit Lübbes Therapie genannt.* » (DNU, 261)

C'est la thématique du « retour à la normalité » qui a été mise en scène au cimetière militaire de Bitburg, à l'occasion du 40ᵉ anniversaire du 8 mai 1945 : une rencontre de vétérans devait « sceller » *(besiegeln)* ce retour à la « normalité des années 1950 », et ce sur le modèle de la « tradition chevaleresque ».

Celle-ci implique que, à l'exemple du baron de Richthofen et de ses camarades, les adversaires du combat se respectent mutuellement. C'est ainsi que l'aviateur allemand de la Grande Guerre, Manfred von Richthofen, connu en France sous le surnom de « Baron rouge » (il a fait peindre son avion en rouge), un as de l'aviation allemande avec 80 victoires, abattu dans la Somme (par un avion de la *Royal Air Force*), a été enterré dans un village français près d'Amiens, avec les honneurs militaires des troupes alliées (cf. internet).

Or « la poignée de main de Bitburg » a voulu signifier tout à la fois la rupture avec un traitement du passé intra-allemand « déstabilisant » et l'affirmation dans le présent d'une fraternité d'armes avec l'Allié américain !

« *Der Händedruck von Bitburg hätte also beides verschmelzen sollen – die Abkehr von einer destabilisierenden Vergangenheitsbewältigung und die Bezeugung aktueller Waffenbrüderschaft. Kohl wollte die Rückkehr zu deutschen Kontinuitäten ; die Entsorgung der Vergangenheit auf dem Veteranenweg.* » (DNU, 262)

Pour Habermas, retourner aux anciennes continuités signifie chez les conservateurs rouvrir d'anciens « fronts communs » : contre la gauche, les communistes, les juifs et les intellectuels, des « ennemis » qui rappellent ceux de l'Empire wilhelminien et du Reich ! Le « totalitarisme » affiché comme ennemi rappelle la « guerre froide » de l'après 1945.

« *Was könnte die Rückkehr zu den deutschen Kontinuitäten besser fördern als die alten Fronten? Seit den Tagen des Kaiserreichs hat die Front gegen Linke, Kommunisten, Juden und Intellektuelle im Seelenhaushalt der Deutschen ihre mentalitätsprägende Kraft nie ganz verloren.* » (DNU, 265)

> « *Die Regierung hatte Freiheit und Totalitarismus als Tagesparole für den 8. Mai ausge-*
> *geben. Für den Bundeskanzler in Bitburg diente dann auch das Wort von der "totalitären*
> *Herrschaft" als Tarn- und Überleitungsvokabel. Wir leben nicht in irgendeinem Lande.* »
> *(DNU, 267)*

Or ce 40e anniversaire du 8 mai 1945 a déclenché une controverse sur le passé allemand, controverse provoquée par la visite en Allemagne du président Ronald Reagan, nouvellement réélu. Pour célébrer cet anniversaire, le chancelier a organisé au cimetière militaire de Bitburg une cérémonie où des vétérans américains et allemands allaient se « serrer la main » pour signifier l'amitié entre les deux pays. La visite au cimetière militaire a déclenché un tollé quand il est apparu que des membres des *Waffen-SS* s'y trouvaient enterrés.

Habermas réagit dans un article dans *Die Zeit* du 17 mai 1985 sous le titre « *Entsorgung der Vergangenheit* ». Selon lui, le chancelier Kohl, en choisissant cette date et ce cérémonial a voulu mettre en scène « le nécessaire retour à la normalité des années 1950 » – selon Habermas, une normalité contestée depuis les années 1960.

> « *Bundeskanzler Kohl mag diese oder eine ähnliche Story im Sinne haben, wenn er immer*
> *wieder beteuert, er habe aus der Geschichte gelernt. Denn er war es, der den 8. Mai*
> *vorausschauend als das Datum ins Auge fasste, an dem die überfällige Rückkehr zur*
> *Normalität der 50er Jahre symbolträchtig inszeniert werden könnte. Auch diese Erblast*
> *sollte seine Regierung nach bewährtem neokonservativem Rezept ablösen* » – "*Entsorgung*
> *der Vergangenheit*" *hatten H. Dubiel und G. Frankenberg seinerzeit Lübbes Therapie*
> *genannt.* » *(DNU, 261)*

6.2.2. Le « révisionnisme » des historiens conservateurs et la réplique de Habermas[10]

Ce texte important traite du révisionnisme des historiens néo-conservateurs : c'est le terme péjoratif employé par Habermas accusant ces derniers de « banaliser l'Holocauste » *(verharmlosender Revisionismus)* (EAS, 115). De leur côté, les historiens en question affirment vouloir donner à l'Allemagne le moyen de s'identifier à un « passé consensuel », afin qu'elle puisse reconquérir une confiance en soi nationale. Pour ce faire, il faut que les segments de la mémoire des périodes récentes de l'histoire, marqués négativement et empêchant l'identification, soient « aplanis » *(planiert)* et que la peur toujours virulente du bolchevisme soit maintenue en éveil sous le signe de « la liberté ou le totalitarisme ».

> « *[…] eine fest in der atlantischen Wertegemeinschaft verankerte Bundesrepublik soll über*
> *die Identifikation mit einer zustimmungsfähigen Vergangenheit nationales Selbstvertrauen*
> *zurückgewinnen, ohne auf den Abweg eines nationalstaatlichen Neutralismus zu geraten.*
> *Allerdings erfordert dieser identifikatorische Zugriff auf die Nationalgeschichte eine*
> *Flankierung durch zwei abschirmende Operationen. Erst einmal muss die Erinnerung an*

---

[10] *Apologetische Tendenzen* ; EAS, 120.

die negativ besetzen, identifikationshemmenden Abschnitte der jüngsten Geschichte pla-
niert werden; sodann muss die stets virulente Furcht vor dem Bolschewismus im Zeichen
von Freiheit oder Totalitarismus das richtige Feindbild wachhalten. » (EAS, 122)

Or le « scénario de Bitburg », analysé plus haut, de la rencontre de vétérans
américains et allemands en présence du président Reagan recèle ces trois éléments :

– L'aura du cimetière militaire contribue à la mobilisation de la conscience historique à travers le sentiment national ;
– La proximité de Bitburg et de Bergen-Belsen, des tombes de SS et des tumuli
  du camp de concentration, ôte au crime nazi sa singularité ;
– La poignée de main des généraux vétérans en présence du président américain
  peut conforter les Allemands dans l'idée que dans le combat contre l'ennemi
  bolchevique, ils n'ont jamais cessé d'être du bon côté.

On peut noter d'entrée que Habermas parle d'une « réconciliation extorquée »,
du fait que ce scénario ne fait pas la distinction entre coupables et victimes – entre
« une majorité de coupables et une minorité de résistants et de victimes ».

« Wer gleichwohl darauf beharrt, Kollektivschicksale zu betrauern, ohne zwischen Tätern
und Opfern zu unterscheiden […]. » (EAS, 122)

Habermas s'empresse toutefois d'ajouter que la « production de sens par la voie
bureaucratique » ayant ses limites, on a besoin des services des historiens pour élaborer la « planification idéologique » nécessaire à la légitimation du système politique.

C'est l'historien « révisionniste » Michael Stürmer, professeur à Erlangen, qui
est présenté en premier. Habermas dit de lui qu'il pratique une « interprétation
fonctionnelle » de la conscience historique dans un pays privé de mémoire. Pour
Stürmer, l'avenir appartient à celui qui meublera la mémoire, forgera les concepts
et interprétera le passé.

Habermas, par contre, ne voit là qu'« une manière de liquider les dommages »
(eine Art Schadensabwicklung). Selon Stürmer, dans une société moderne, l'individu éprouve inévitablement une aliénation qui doit être compensée par du sens
qui fonde l'identité. Or il faut que le sens soit institué par une instance supérieure
et, après la religion, c'est un rôle qui n'a pu être assumé que par la nation et le
patriotisme : c'est ainsi que, selon Stürmer, il revient à la science historique, dans
ce qu'il appelle la « planification idéologique » *(Ideologieplanung)*, de diffuser une
image de l'histoire qui aille dans le sens du consensus national.

« Der Erlanger Historiker Michael Stürmer bevorzugt eine funktionale Deutung des his-
torischen Bewusstseins. "In einem geschichtslosen Land (gewinnt derjenige) die Zukunft,
wer die Erinnerung füllt, die Begriffe prägt und die Vergangenheit deutet." Im Sinne jenes
neokonservativen Weltbildes von Joachim Ritter, der in den siebziger Jahren von seinen
Schülern aktualisiert worden ist, stellt sich Stürmers Modernisierungsprozess als eine
Schadensabwicklung vor. Der einzelne muss für die unvermeidliche Entfremdung, die er
als "Sozialmolekül" in der Umgebung einer versachlichten Industriegesellschaft erfährt,

mit identitätsstiftendem Sinn kompensiert werden. [...] Der Pluralismus der Werte und Interessen treibt, "wenn er keinen gemeinsamen Boden mehr findet [...] früher oder später zum sozialen Bürgerkrieg". Es bedarf "jener höheren Sinnstiftung, die nach der Religion bisher allein Nation und Patriotismus zu leisten imstande waren". » (EAS, 123)

Habermas parle ensuite d'Andreas Hillgruber, professeur à Cologne. Auteur d'un ouvrage intitulé *Zweierlei Untergang* (Double naufrage) – « l'effondrement à l'Est » et l'« extermination des juifs ». La thèse de Hillgruber, c'est que l'objectif militaire des Alliés n'a été à aucun moment, en cas de défaite allemande, de préserver l'essentiel des provinces allemandes de Prusse orientale et qu'en conséquence, « c'est l'Europe tout entière qui allait être la grande perdante de la catastrophe de 1945 ».

Habermas reproche à Hillgruber de s'être « identifié » à la « lutte » de l'armée allemande de l'Est ; pour lui, une cause perdue !

« *"L'armée allemande de l'Est offrit, dit-il, une protection défensive à un territoire occupé depuis des siècles par des Allemands, à la patrie de millions de gens qui vivaient [...] dans l'un des foyers du Reich allemand." Mais cela a été une cause perdue. Habermas ajoute que cette représentation dramatique s'achève sur une interprétation du 8 mai 1945 qui, venant de Hillgruber, ressemble à un vœu : quarante ans après, dit-il, la question d'une "reconstruction de cette Europe centrale détruite reste [...] ouverte, aujourd'hui comme hier, lorsque les contemporains – qu'ils fussent acteurs ou victimes – devinrent les témoins de la catastrophe que vécut l'Allemagne orientale".* »

Notons que Habermas paraît absolument insensible, comme étranger à cette « catastrophe » vécue par les populations de l'Est allemand !

La deuxième partie de l'ouvrage de Hillgruber traite de la « fin du judaïsme européen » : celle-ci s'avère déroutante pour le lecteur du fait d'un changement constant de perspective de la part de son auteur. Il commence par évoquer les chambres à gaz dans le « langage glacé de la bureaucratie » selon Habermas ; il imagine ensuite quel aurait été le sort des juifs en Allemagne si au lieu des nazis les nationaux-allemands et le *Stahlhelm* avaient pris le pouvoir : jusqu'en 1938 la législation concernant les juifs n'aurait pas été différente, car « de telles mesures étaient en accord avec une grande partie de la population allemande ». Mais pour ce qui est de la « solution finale » mise en place à partir de 1941, selon Hillgruber, Hitler aurait été le seul à l'avoir envisagée depuis le début, « car seule une telle "révolution raciale" pouvait permettre que son Reich accède au "statut d'une puissance mondiale", et ce d'une manière durable ».

Selon Habermas, le fait qu'Hitler soit ainsi reconnu comme le seul instigateur et l'unique responsable n'explique pas tout ni surtout le fait effrayant que l'essentiel de la population ait assisté à tout cela sans bouger – ce que Hillgruber admet parfaitement, ajoute-t-il.

En conclusion de son texte sur Hillgruber, Habermas fait remarquer que celui-ci change soudainement de registre et que, pour échapper à tout jugement moral, il donne maintenant dans des généralités anthropologiques en affirmant que le fait que le gros de la population « ait accepté ces événements atroces, obscurément pressentis, [relève] [...] d'une dimension qui excède l'unité historique de ce qui s'est passé ». Ce qui fait dire à Habermas que « Hillgruber est confronté à un phénomène qui excède la compétence propre de l'historien et que, libéré de toute obligation, il évacue celui-ci dans la dimension de l'humanité en général ».

> « *Freilich wäre das Ziel der mühsamen Revision gefährdet, wenn dieses Phänomen am Ende doch noch einer moralischen Beurteilung ausgeliefert werden müsste. An dieser Stelle bricht deshalb der narrative Historiker, der von sozialwissenschaftlichen Erklärungsversuchen nichts hält, ins Anthropologisch-Allgemeine aus. Nach seiner Meinung weist "die Hinnahme des zumindest dunkel geahnten grauenhaften Geschehens durch die Masse der Bevölkerung [...] über die historische Einmaligkeit des Vorgangs hinaus". Fest in der Tradition der deutschen Mandarine stehend, ist Hillgruber übrigens am tiefsten erschreckt über den hohen Anteil beteiligter Akademiker – als gäbe es nicht auch dafür ganz plausible Erklärungen. Kurzum, dass eine zivilisierte Bevölkerung das Ungeheuerliche geschehen liess, ist ein Phänomen, das Hillgruber aus der Fachkompetenz des überforderten Historikers entlässt – und unverbindlich in die Dimension des Allgemeinmenschlichen abschiebt.* » (EAS, 128)

Après avoir éreinté Hillgruber, Habermas consacre le dernier chapitre de l'article à Ernst Nolte, dont il dit qu'il a déjà acquis une large reconnaissance avec son livre *Le fascisme dans son époque*, et qu'il est fait d'un autre bois que Hillgruber !

Dans une étude publiée à Londres en 1985 intitulée *Between Myth and Revisionism? The Third Reich in the Perspective of the 1980s (Zwischen Mythos und Revisionismus)*, Nolte se propose de « réviser » l'histoire du IIIe Reich, celle-ci ayant été jusqu'à présent écrite par les vainqueurs qui en ont fait un « mythe négatif ».

> « *Hillgrubers Bonner Kollege Klaus Hildebrand empfiehlt in der Historischen Zeitschrift (Bd. 242, 1986, S. 465 f) eine Arbeit von Ernst Nolte als "wegweisend", weil sie das Verdienst habe, der Geschichte des "Dritten Reiches" das "scheinbar Einzigartige" zu nehmen und "die Vernichtungskapazität der Weltanschauung und des Regimes" in die gesamttotalitäre Entwicklung historisierend einzuordnen.* » (EAS, 128)

L'étude est centrée sur la « dialectique des menaces réciproques d'anéantissement » (*annihilate* dans la version anglaise) que Habermas explicite ainsi : Nolte « prétend » qu'Hitler aurait eu, bien avant Auschwitz, de bonnes raisons de se convaincre que ses ennemis voulaient l'annihiler. La preuve en serait, selon lui, la « déclaration de guerre » que Chaïm Weizmann aurait faite (à Hitler) en septembre 1939 au nom du Congrès juif mondial, fondant ainsi celui-ci à traiter les juifs allemands en prisonniers de guerre – et donc à les déporter !

Pour Habermas, Nolte se réfère dans son exposé à la terreur exercée au Cambodge par le régime de Pol Pot, à partir de laquelle il reconstruit une préhistoire en passant par le « Goulag » (la déportation des koulaks par Staline et la révolution bolchevique).

Dans ce contexte de terreur, dit encore Habermas, l'extermination des juifs n'apparaît plus alors que comme résultant d'une réaction compréhensible à ce qu'Hitler devait ressentir comme la menace de son propre anéantissement. Ce qui fait que, si on suit Nolte, ce qu'on appelle l'extermination des juifs perpétrée sous le IIIe Reich n'apparaît plus alors que comme résultant d'une réaction à un acte préalable, une copie déformée, et non comme une première, ou un original – c'est donc « l'unicité de l'Holocauste » qui se trouve remise en question par Nolte !

> *« Ihm [Nolte] geht es um die Dialektik wechselseitiger Vernichtungsdrohungen. Lange vor Auschwitz habe Hitler, meint er, gute Gründe gehabt für seine Überzeugung, dass der Gegner auch ihn habe vernichten wollen – "annihilate" heisst der Ausdruck im englischen Original. Als Beleg gilt ihm die "Kriegserklärung", die Chaim Weizmann im September 1939 für den jüdischen Weltkongress abgegeben und die Hitler dazu berechtigt habe, die deutschen Juden als Kriegsgefangene zu behandeln – und zu deportieren. [...]*
>
> *Nolte ist nicht der betulich-konservative Erzähler, der sich mit dem "Identifikations-problem" herumschlägt. Er löst Stürmers Dilemma zwischen Sinnstiftung und Wissen-schaft durch forsche Dezision und wählt als Bezugspunkt seiner Darstellung den Terror des Pol Pot Regimes in Kambodscha. Von hier aus rekonstruiert er eine Vorgeschichte, die über den "Gulag", die Vertreibung der Kulaken durch Stalin und die bolschewistische Revolution zurückreicht, bis zu Babeuf [...].*
>
> *In diesem Kontext des Schreckens erscheint dann die Judenvernichtung nur als das bedauerliche Ergebnis einer immerhin verständlichen Reaktion auf das, was Hitler als Vernichtungsdrohung empfinden musste: "Die sogenannte Vernichtung der Juden während des Dritten Reiches war eine Reaktion oder eine verzerrte Kopie, aber nicht ein erstmaliger Vorgang oder ein Original." » (EAS, 129)*

Dans un article de presse paru dans la *FAZ* le 6 juin 1986, publié suite à une « prétendue » dés-invitation de Nolte aux Conférences du *Frankfurter Römerberg*, ce dernier va un degré plus loin et réduit la singularité de l'extermination des juifs à « la technique du gazage » – dans lequel un exemple « abstrus » tiré de la guerre civile russe suffit à étayer la thèse selon laquelle l'« archipel du goulag » serait « plus original » qu'Auschwitz – Habermas fait d'ailleurs remarquer que Stürmer s'est montré solidaire de l'article de Nolte !

> *« Als Beitrag zu den diesjährigen Römerberggesprächen, die mit Vorträgen von Hans und Wolfgang Mommsen auch das Thema der "Vergangenheit, die nicht vergehen will" behan-delten, bescherte uns das Feuilleton der FAZ vom 6. Juni 1986 einen militanten Artikel von Ernst Nolte – übrigens unter einem scheinheiligen Vorwand [...]. Auch Stürmer soli-darisierte sich bei dieser Gelegenheit mit dem Zeitungsaufsatz, in dem Nolte die Singula-rität der Judenvernichtung auf "den technischen Vorgang der Vergasung" reduziert und mit einem abstrusen Beispiel aus dem russischen Bürgerkrieg seine These belegt, dass der Archipel Gulag "ursprünglicher" sei als Auschwitz. » (EAS, 130-131)*

Ainsi donc, ces textes très polémiques de Habermas font participer le lec-teur à la « querelle des historiens » : le mot « querelle » semble convenir, tant les paroles hostiles ont remplacé le débat. Le paradoxe ici : c'est un non-histo-rien, un « philosophe-sociologue », Habermas, qui, dans un article de *Die Zeit*, « conteste le plus vigoureusement » les historiens « révisionnistes », Ernst Nolte et ses collègues se faisant le porte-parole des historiens « libéraux de gauche » face aux néo-conservateurs (cf. H.A. Winkler, *Der lange Weg nach Westen, Deutsche Geschichte* II, 444). Notons que Habermas justifie son « intrusion » dans le domaine des historiens : c'est qu'il réagit à un « article de presse militant », publié dans le feuilleton de la *FAZ*, et non dans une revue d'historiens confidentielle ; Habermas intervient donc en tant qu'intellectuel dans l'espace public (DNU, 130-131) !

En conclusion de son article qui règle leur compte aux révisionnistes, Habermas prend le contre-pied des Nolte, Stürmer, Hillgruber, Oppenheimer..., en affirmant que c'est « précisément » aux antipodes de la position de ces historiens et de leur idéologie de la « situation centrale » de l'Allemagne, de leur nostalgie du « milieu européen », que la RFA a trouvé sa voie. C'est en s'ouvrant à la culture politique occidentale et en mettant en œuvre le « patriotisme constitutionnel, qu'elle a rompu avec l'« identité conventionnelle ».

> *« Die vorbehaltslose Öffnung der Bundesrepublik gegenüber der politischen Kultur des Westens [...] ist vollzogen worden durch Überwindung genau der Ideologie der Mitte, die unsere Revisionisten mit ihrem geopolitischen Tamtam von "der alten europäischen Mittellage der Deutschen" (Stürmer) und "der Rekonstruktion der zerstörten europäischen Mitte" (Hillgruber) wieder aufwärmen. Der einzige Patriotismus, der uns dem Westen nicht entfremdet, ist ein Verfassungspatriotismus [...]. Wer uns mit einer Floskel wie "Schuldbesessenheit" (Stürmer und Oppenheimer) die Schamröte über dieses Faktum austreiben will, wer die Deutschen zu einer konventionellen Form ihrer Identität zurückrufen will, zerstört die einzige verlässliche Basis unserer Bindung zum Westen. » (EAS, 135)*

6.2.3. « *De l'usage public de l'histoire* » (Vom öffentlichen Gebrauch der Historie, 1986)

Le texte est une contribution de Habermas à la réflexion sur l'identité allemande qui tente de répondre à la question centrale : de quelle manière la conscience historique du public rend-elle compte de la période nazie ? Or, selon Habermas, force est de constater qu'aucune mémoire distanciée ne se fait jour : on en reste toujours à « la mémoire de la rampe des camps » ; le traumatisme historique qui reste, et que Habermas qualifie d'« imparfait moral », refuse de se changer en passé. Ce n'est que lors des anniversaires – le cinquantième anniversaire du 30 janvier 1933, le quarantième anniversaire du 2 juillet 1944, puis le 8 mai 1945 – que la mémoire des victimes et des bourreaux peut bouger, quoique dans des directions opposées : Saul Friedländer a fait remarquer que chez les « bourreaux » elle bouge dans le sens d'une « normalisation », comme l'a révélé le scénario de Bitburg ; chez les victimes, par contre, les souvenirs douloureux sont ravivés.

> *« Heute wachsen schon die Enkel derer heran, die am Ende des zweiten Weltkriegs zu jung waren, um persönlich Schuld auf sich laden zu können. Dem entspricht freilich kein distanziertes Erinnern. Die Zeitgeschichte bleibt auf die Periode von 1933 bis 1945 fixiert. Sie tritt nicht aus dem Horizont der eigenen Lebensgeschichte heraus; sie bleibt verknäuelt mit Empfindlichkeiten und Reaktionen, die gewiss nach Jahrgängen und politischen Einstellungen über ein breites Spektrum streuen, aber immer denselben Ausgangspunkt haben: die Bilder*

von jener Rampe. Dieses traumatische Nicht-vergehen-Wollen eines in unsere nationale Geschichte eingebrannten moralischen Imperfekts ist erst in den achtziger Jahren breitenwirksam ins Bewusstsein getreten: beim 50. Jahrestag des 30. Januar 1933, bei den vierzigsten Jahrestagen des 20. Juli 1944 und des 8. Mai 1945. Und doch brechen Sperren auf, die noch bis gestern gehalten haben. » (EAS, 137)

« *Das kollektive Gedächtnis erzeugt ungerührt auf der Täterseite andere Phänomene als auf der Seite der Opfer. Saul Friedländer hat beschrieben, wie sich in den letzten Jahren eine Schere öffnet zwischen dem Wunsch auf deutscher Seite, die Vergangenheit zu normalisieren und der noch intensiver werdenden Beschäftigung mit dem Holocaust auf jüdischer Seite.* » (EAS, 138)

Se pose ensuite l'épineuse question des « traditions empoisonnées par des crimes indicibles », ce qui pourrait valoir à leurs auteurs d'être considérés comme responsables – au sens jaspersien d'une co-responsabilité collective. En guise de réponse, Habermas cite l'historien Martin Broszat pour qui la période nazie nous bloquera d'autant moins que nous la considérons comme le crible par lequel devra passer la substance culturelle assumée par nous.

« *Wir müssen also zu unseren Traditionen stehen, wenn wir uns nicht selbst verleugnen wollen […]. Aber was folgt aus dieser existentiellen Verknüpfung mit Traditionen und Lebensformen, die durch unaussprechliche Verbrechen vergiftet worden sind? Für diese Verbrechen konnte einmal eine ganze zivilisierte, auf Rechtsstaat und humanistische Kultur stolze Bevölkerung haftbar gemacht werden; im Jasperschen Sinne einer kollektiven Mithaftung.* » (EAS, 141)

« *Jedenfalls sehe ich nicht, wie sich das Verhältnis der Bundesrepublik beispielsweise zu Israel auf absehbare Zeit "normalisieren" könne.* » (EAS, 140-141)

« *Nach Auschwitz können wir nationales Selbstbewusstsein allein aus den besseren Traditionen unserer nicht unbesehen, sondern kritisch angeeigneten Geschichte schöpfen. Wir können einen nationalen Lebenszusammenhang, der einmal eine unvergleichliche Versehrung der Substanz menschlicher Zusammengehörigkeit zugelassen hat, einzig im Lichte von solchen Traditionen fortbilden, die einem durch die moralischen Katastrophen belehrten, ja argwöhnischen Blick standhalten. Sonst können wir uns selbst nicht achten und von anderen Achtung nicht erwarten.* » (EAS, 142)

6.2.4. Conscience historique et identité post-traditionnelle. L'orientation vers l'Ouest de la RFA. « Geschichtsbewusstsein und posttraditionale Identität. Die Westorientierung der Bundesrepublik »[11]

Ce texte nous paraît important dans la mesure où il s'agit du dernier texte de Habermas avant la chute du mur. C'est le texte du discours de remerciement pour le prix Sonning, tenu à Copenhague en mai 1887 (texte non publié).

---

[11] EAS 159-179.

Il commence par la réfutation de la thèse néo-conservatrice, selon laquelle l'option pro-occidentale de la République fédérale ne se conçoit pas sans un fort sentiment national sous-jacent, ce qui exige de mobiliser des « passés consensuels ».

« […] die seit einem Jahr geführte Historikerdebatte, die in Wahrheit eine Debatte über das Selbstverständnis der Bundesrepublik ist […].

Nicht die Zugehörigkeit der BRD zu Westeuropa steht zur Debatte, sondern die von neokonservativer Seite aufgeworfene Frage, ob die Option für den Westen nicht breitenwirksam in einem erneuerten nationalen Selbstbewusstsein verankert werden müsste. Die angeblich gefährdete Identität der Deutschen, so meint man, müsse durch historische Vergegenwärtigung "zustimmungsfähiger Vergangenheiten" gefestigt werden. » (EAS, 162)

Or, pour Habermas, qui se réfère ici à Kierkegaard, la génération actuellement au pouvoir, née après coup, ne peut pas être considérée comme moralement responsable d'un processus historique auquel elle n'a pas été mêlée. En revanche, à la place de la responsabilité morale se glisse immanquablement *le repentir (die Reue)*, ou *la mélancolie* –Walter Benjamen est ici cité : dès lors que l'on s'assure soi-même de son identité, le repentir peut générer une obligation. Habermas cite encore Kierkegaard et son image du rédacteur : l'individu vivant éthiquement serait le rédacteur de sa propre biographie, mais il faudrait qu'il ait « conscience » du fait qu'il est responsable.

C'est ici que Habermas situe la responsabilité de ses contemporains. Il leur faut, dit-il, impérativement procéder à un choix : choisir parmi les traditions celles qu'ils veulent préserver et celles qu'ils ne veulent pas poursuivre. C'est là, ajoute-t-il, une question d'autant plus importante que nous sommes plutôt disposés à nous en remettre à une histoire victorieuse de la nation, à une normalité, au lieu de prendre plus clairement conscience de l'ambivalence de toute tradition.

« Kierkegaard stellt den Akt der Selbstwahl ganz unter den Gesichtspunkt der moralischen Rechtfertigung. Aber moralischer Bewertung unterliegt nur das, was wir einer individuellen Person zurechnen dürfen; für historische Prozesse können wir uns nicht in demselben Sinne verantwortlich fühlen. Aus dem historischen Zusammenhang von Lebensformen, die sich von Generation zu Generation fortpflanzen, ergibt sich für die Nachgeborenen nur eine Art intersubjektive Haftung. An dieser Stelle findet allerdings jenes Moment der Reue […], der verpflichtenden Melancholie angesichts der nicht wiedergutzumachenden Opfer. Ob wir nun die historische Haftung soweit ausgedehnt sehen wie Benjamin oder nicht, für das Mass an Kontinuität und Diskontinuität der von uns weitergegebenen Lebensformen tragen wir heute eine grössere Verantwortung denn je. » (EAS, 174)

« Nachdem sich der Einzelne existentiell entschieden hat, wer er sein möchte, nimmt er die Verantwortung dafür, was er sich fortan aus seiner moralisch übernommenen Lebensgeschichte als wesentlich zurechnet – und was nicht.

Heute sehen wir, dass es dafür ein Pendant im Leben der Völker gibt. Im öffentlichen Prozess der Überlieferung entscheidet sich, welche unserer Traditionen wir fortsetzen wollen und welche nicht. Der Streit darum wird umso intensiver entbrennen, je weniger wir uns auf eine Siegergeschichte der Nation, auf eine fugendichte Normalität dessen, was sich nun einmal durchgesetzt hat, verlassen können und je deutlicher uns die Ambivalenz jeder Überlieferung zu Bewusstsein gekommen ist. » (EAS, 174-175)

« Bedeutet die Westintegration für uns heute auch den Bruch mit dem Kontext jenes deutschen Sonderbewusstseins, oder verstehen wir sie nur als eine Opportunitätsentscheidung, die uns nach der Lage der Dinge am ehesten erlaubt hat, dem Lebenshaushalt der Nation soviel wie eben möglich an Kontinuität zu erhalten. » (EAS, 175-176)

Habermas finit par donner une place centrale à cette thématique dans ce qu'il appelle maintenant le « débat des historiens » !

« Die Historikerdebatte steht auch in diesem Zusammenhang. Die politischen Absichten, die sich unverhohlen mit einer für die Öffentlichkeit angestrebten normalisierenden und distanzierenden Vergeschichtlichung der NS-Periode verbinden, bedürfen keiner Motivforschung. » (EAS, 178).

En conclusion, il cite R. Dahrendorf qui définit, avec un brin d'humour, la quête identitaire de la République fédérale des années 1980 :

« Im wohlwollenden Schutz des breiten Schattens, den der Bundeskanzler wirft, hat eine Identitätssuche begonnen, zu der vor allem der Wunsch nach ungebrochener Kontinuität gehört. » (EAS, 179)

7.

Les années 1990 : l'Allemagne (ré)unifiée

7.1. « La révolution de rattrapage » (*Die nachholende Revolution*, 1990)[12]

Notons que 13 textes du volume KPS VII (DnR) intitulé *Die nachholende Revolution* ont été écrits avant la chute du mur ; quatre après celle-ci.

7.1.1. La « *nouvelle intimité entre la culture et la politique* » par temps de crise

Le titre du volume *Die nachholende Revolution* (DnR, 7) est alléchant : du Habermas de la même veine que *Die Neue Unübersichtlichkeit* : une incitation à la réflexion ! Mais il est aussi piégeant : il faut attendre la 177ᵉ page – sur un total de 224 – pour y voir plus clair : avec, il est vrai, une mise en bouche d'une dizaine de pages dans le chapitre « *Verfassungspatriotismus* » sous le titre « *Die Stunde der nationalen Empfindung* » (DnR, 157-166).

La préface succincte de ce huitième volume des KPS, de mars 1990, en dit long sur la façon quelque peu désinvolte dont Habermas présente les « événements révolutionnaires » en cours : il réagit aux révolutions naissantes en affirmant que l'enthousiasme initial a cédé la place à la peur et au scepticisme et que « les anciens problèmes allemands » sont toujours là et continuent à le préoccuper !

> « *Die revolutionären Vorgänge in der DDR, in Mittel und Osteuropa halten uns in Atem, während der anfängliche Enthusiasmus eher Furcht und Skepsis gewichen ist. Die Ereignisse verändern die internationale und die innerdeutsche Szene beinahe täglich. Aber die nachholende Revolution wirft kein neues Licht auf unsere alten Probleme. Diese, wie Adorno gesagt hätte, negativen Konstanten inmitten einer beschleunigten Geschichte mögen eine gewisse Kontinuität meiner Stellungnahmen aus den letzten Jahren rechtfertigen.* » (DnR, 7).

Le recueil s'ouvre par une réflexion sur la « nouvelle intimité entre la culture et la politique » (ch. 1, pp. 9-18) qui caractérise déjà la fin des années 1980 (l'article cité est de 1987).

Habermas fait remarquer que, depuis peu, les hommes politiques témoignent d'une attention particulière aux formes d'expression culturelles de « l'esprit du temps », ce qui est dû à un changement intervenu dans la perception de la

---

[12] KPS VII, (DnR).

politique, laquelle semble subir une perte de maniabilité et de compétence. Cette image désillusionnée de la politique par temps de crise s'explique, selon Habermas, de trois manières :

- Les interventions dans le système économique ont peu d'effets et les interventions qui transformeraient le système lui-même auraient des effets désastreux sur la productivité.
- La politique est obligée de recourir à des mesures administratives-bureaucratiques non souhaitées par les usagers.
- Les crises se sont propagées d'une manière diffuse tout en devenant permanentes. Elles sont désormais la forme dominante d'autostabilisation d'un changement social accéléré.

D'où la réaction des hommes politiques qui partagent cette vision de la politique : ils sont tentés, dit-il, de se tourner vers un autre médium, afin de se débarrasser de leurs problèmes non résolus. Ils cherchent alors refuge dans l'arène de la culture de masse.

Habermas cite l'exemple de la commémoration du 750ᵉ anniversaire de Berlin : l'État, au lieu de se mettre en scène pendant une semaine avec parades militaires et services religieux, se baigne aujourd'hui, une année durant, dans une « lessive » faite de culture de divertissement, de débats et d'expositions, où se mêlent le pop, le punk et la Prusse. Un étage plus haut, dit-il encore, le président de la République, un intellectuel, se glisse dans la moindre niche que lui offre la vie culturelle !

C'est ainsi que Habermas présente, sur un mode railleur, la nouvelle intimité entre la politique et la culture qu'il appelle aussi « politique symbolique ».

Notons que, dix ans plus tôt, en 1977, est paru en France *L'État spectacle*, où Roger-Gérard Schwarzenberg brocarde la « média-politique », une politique faite sur mesure pour les médias (presse, radio, télé…) – on est alors sous la présidence de V. Giscard d'Estaing.

La réflexion de Habermas sur l'influence politique prise par la culture se poursuit par un historique des relations entre les Allemands et les Lumières, les exemples récents d'opposition à l'*Aufklärung* étant fournis par la génération des intellectuels de droite des années 1980.

Habermas évoque d'abord le cas de son collègue philosophe Günther Rohrmoser de l'Université de Hohenheim-Stuttgart qui voit, aujourd'hui comme hier, la spécificité de l'Allemagne dans son opposition aux Lumières. Depuis Fichte, dit-il, les Allemands prétendent disposer d'une réponse propre à la société moderne et ses problèmes. Jusqu'à présent, on a pu dire que les réponses données dans la tradition des Lumières étaient meilleures que les réponses allemandes. Mais depuis que le projet de la modernité avec sa foi en un achèvement de l'histoire par la science, la technique et l'exploitation illimitée de la nature connaît une crise profonde, les réponses données soit par un libéralisme épuisé et par un socialisme qui a échoué dans toutes ses variantes, ne sont plus pertinentes.

Or la cause de ce qui rend si « névrotique » l'autocompréhension de la nation allemande, selon Rohrmoser, c'est la volonté déclarée en 1945 de ne voir qu'une erreur dans la différence qui sépare les Allemands de toutes les « traditions anhistoriques et abstraites » de l'Occident, fondées sur le droit naturel, et d'éliminer cette différence d'une manière radicale, à savoir par une révolution culturelle.

> « *[...] Günther Rohrmoser, der das spezifische Deutsche heute wie damals in Opposition zur Aufklärung sieht:* "*Wir Deutsche erheben mit Fichte und seit Fichte den Anspruch, im Besitz einer eigenen Antwort auf die moderne Gesellschaft und die mit ihr verbundenen Probleme menschlicher Selbstentfremdung zu sein. Nun hat man ja bisher mit einem gewissen Recht sagen können, die aus der Tradition der Aufklärung [...] gegebenen Antworten seien besser als die deutschen. Die Auskunft hat man geben können, solange der Glaube an die Vollendung der Geschichte durch Wissenschaft, Technik und unbegrenzte Ausbeutung der Natur durch die Menschen noch inspiriert hat. Dieser Glaube und mit ihm das Projekt der Moderne befindet sich jetzt aber in einer tiefen Krise. Ist es wirklich so ausgemacht, dass die Antworten eines ideologisch erschöpften Liberalismus und eines in allen seinen Varianten gescheiterten Sozialismus besser sind als die, die wir aus der Erinnerung an die grossen philosophischen und kulturellen Leistungen der Deutschen schöpfen können? Wenn wir nach der Ursache der uns heute in den progressiven Verfall führenden Neurotisierung unseres nationalen Selbsverständnisses fragen, dann war es der1945 erklärte Wille, in der Differenz der Deutschen von allen geschichtslos-abstrakten, naturrechtlich begründeten Traditionen des Westens nur einen Irrtum zu sehen und diese Differenz radikal, das heisst kulturrevolutionär zu beseitigen.*" Das war 1983 anlässlich der Tagung "Deutsche Identität heute" im Studienzentrum Weickersheim.* » (DnR, 11-12)

Bernhard Willms, autre professeur de philosophe, de l'Université de Bochum, et participant au Congrès de Weickersheim, pense qu'il faut que les Allemands parviennent à « neutraliser à l'aide de la science » les efforts entrepris par ceux qui prêchent la culpabilité et empêchent la plaie hitlérienne de se refermer » et qui, selon lui « ne se battent pas pour notre identité, mais contre elle ».

> « *Die Deutschen müssen die Vergangenheitsbewältigung zu einer Sache der Wissenschaft neutralisieren. Wer Schuld predigt oder die Wunde Hitler offenhält, kämpft nicht um, sondern gegen die Identität.* » (DnR, 12)

B. Willms se pose d'ailleurs la question pourquoi il existe précisément en Allemagne une « Grande coalition » regroupant les critiques des Lumières, dans laquelle se rejoignent les extrêmes de coloration brune, noire et verte.

Habermas réplique que si les coalitions anti-Lumières ont pu s'imposer par moments en Allemagne, après 1945 et la constitution de la République fédérale, on a vu les « traditions des Lumières » devenir dans toute leur étendue un acquis à peu près incontesté. Il rappelle le rôle joué par les intellectuels émigrés rentrés au pays, en particulier « l'intelligentsia germano-juive » *(die deutsch-jüdische Intelligenz)* : pour les étudiants, ajoute-t-il, c'est surtout dans l'exil que des « continuités intactes » et un « héritage non corrompu » ont pu se maintenir.

Cela étant, le caractère particulier de cette réception, c'est son côté réactif : les Lumières ont pris pied en réaction au fascisme. La preuve de cette singularité, c'est qu'en Allemagne la révolte internationale de la jeunesse, dans les années 1960, a intégré un travail de réflexion sur le passé national.

Habermas achève sa généalogie de l'héritage des Lumières en Allemagne en citant la double réaction critique récente à leur égard. D'un côté, celle des « aînés » – les disciples néo-conservateurs des Gehlen, Forsthoff, Schelsky et Ritter, qu'il nous a déjà fait connaître –, qui se trouvent amenés à compenser une « modernité désenchantée ». De l'autre côté, les héritiers des jeunes conservateurs qui proposent une version plus radicale sur les traces de Heidegger et de Nietzsche, avec leur « individualisme dominateur » et leurs « nouvelles mythologies ».

> « *In Deutschland sind erst nach 1945, erst auf dem Boden der Bundesrepublik die Traditionen der Aufklärung in ganzer Breite zu einem mehr oder weniger selbstverständlichen Besitz geworden.*
>
> *An einer Mentalität, die derart aus einer Reaktion auf den Faschismus hervorgegangen ist, mögen Spuren einer Reaktionsbildung erkennbar sein. Vor einem solchen Mentalitätshintergrund wird jedenfalls verständlich, dass die internationale Jugendrevolte der sechziger Jahre in Deutschland eine Verbindung eingegangen ist mit den spezifischen Themen der Verarbeitung unserer nationalen Vergangenheit. Und diese Genealogie kann vielleicht auch erklären, warum hierzulande die Protestbewegung, nachdem alles vorbei war, wiederum zwanghafte Reaktionen ausgelöst hat. Aus dem kollektiven Unbewussten sind nämlich längst überwunden geglaubte Stereotype eines sehr deutschen Kampfes gegen die Ideen der Französischen Revolution wieder an die Oberfläche gespült worden.* » (DnR, 13)
>
> « *Die Revolte hat von zwei Seiten Reaktionen hervorgerufen: von Seiten der Älteren und von Seiten der Jüngeren: die neukonservativen Schüler von Gehlen, und Forsthoff, Schelsky und J. Ritter [...]; die Jungkonservativen Erben der Revolte [...] auf den Spuren von Heidegger und Nietzsche.* » (DnR, 13)

On peut penser que le premier article du recueil sur la « nouvelle intimité entre la culture et la politique » constitue l'un de ces « vieux « problèmes » dont parle Habermas. Dès la première page, Habermas note l'omniprésence de la crise. Or, face au sentiment d'impuissance politique et en l'absence de perspectives économiques, les dirigeants se tournent vers la culture dans laquelle ils croient voir à l'œuvre l'esprit du temps *(der Zeitgeist)*.

> « *Die neue politische Aufmerksamkeit für die kulturellen Ausdrucksformen des Zeitgeistes erklärt sich aus einer veränderten Wahrnehmung der Politik selber: diese scheint eine Einbusse an Manövrierfähigkeit und Kompetenz zu erleiden – die Eingriffe ins Wirtschaftssystem erzielen nicht die erwünschten Effekte; weder die ökonomische, noch die administrative Steuerung sind wirksam [...]; die Krisen haben sich diffus ausgebreitet und verstetigt. Sie werden zur herrschenden Form der Selbststabilisierung eines beschleunigten sozialen Wandels.*
>
> *Politiker, die dieses Bild von der Politik teilen, sind versucht unsere ungelösten Probleme in ein drittes Medium zu verschieben. Sie weichen aus in die Arena der Massenkultur. Bei*

750-Jahr-Feiern repräsentiert sich der Staat mit […] militärischen Paraden und Gottes-dienten, er badet sich ein ganzes Jahr in der Lauge einer aus Pop, Punk und Preussen-tum angerührten Unterhaltungs-, Diskussions- und Ausstellungskultur. Eine Etage höher nutzt ein intellektueller Bundespräsident erfolgreich die Nischen des kulturellen Betriebs.

Die neue Intimität zwischen Politik und Kultur hat zweischneidige Folgen für die Poli-tiker. Einerseits erweitert sich der Spielraum für eine symbolische Politik, mit der sich die andernorts entstandenen Enttäuschungen entschädigen lassen. Andererseits bildet der kulturelle Sinn einen eigensinnigen Stoff, der sich nicht nur nach Belieben vermehren, sondern auch nicht in beliebige Formen bringen lässt. Das pejorative Wort der "Stim-mungsdemokratie" verschleiert eher, dass der Legitimationsprozess dieser neuen Art von Beschränkung unterliegt. Fast schon enthüllend ist die Direktheit, mit der ein kühl kalku-lierender Geissler propagandistisch auf die postmaterialistischen Werte setzt […]. Kurzum die über Massenmedien verbreitete, auch in Diskussionen einmündete Kultur, zeigt das Janusgesicht jeder Rhetorik. » (DnR, 9-10)

Dans l'avant-dernier chapitre qui s'intitule « Découragement », face à un indi-vidualisme exaspéré, la société anonyme, dépourvue de sujet, dit-il, se substitue à l'association d'individus libres et égaux, réglant eux-mêmes leur vie communau-taire par la voie d'une formation démocratique de la volonté. En même temps, la confiance de créer disparaît. Aussi s'interroge-t-il sur ce que les « nouvelles mytho-logies » sont à même de proposer, qui puisse se substituer à l'autodétermination et à la solidarité (DnR, 15-17).

Il nous fournit un exemple de ce changement de paradigme dans les œuvres de Peter Handke, et surtout dans les images de Wim Wenders, qui élèvent au rang de mythe un thème de la science-fiction : l'irruption de l'extraordinaire dans la vie ordinaire, où les êtres quotidiens sont la proie de leurs instincts obscurs, et ne font que subir le plaisir et la souffrance d'un « manque de plénitude de vie ».

Habermas finit d'ailleurs par avouer que « sans formation cinématique parti-culière, il n'est pas sûr de bien comprendre ce film » !

Cela étant, la conclusion du chapitre est, elle, étonnamment positive : il dit vouloir refuser tout défaitisme et pense que, dans le débat public impulsé par les mouvements sociaux, les orientations culturelles de larges couches de la population sont en train de se renouveler, qu'un changement de mentalité est en cours, que les structures sociales semblent s'ouvrir à une mobilisation culturelle. Il conclut par ces paroles fortes : la culture peut miner une politique sclérosée ; Reagan et Gorbatchev savent-ils qu'ils viennent de donner l'exemple de cette obsolescence culturelle qui frappe des prémisses, hier encore considérées comme inébranlables ? On est en 1988 : les deux dirigeants sont en train de parachever le travail du « désobéissant civil » Habermas de 1983 ! Ce chapitre introductif de *Die nachholende Revolution* aurait été une remarquable conclusion de *Eine Art Schadensabwicklung* !

« Die Zukunft der Aufklärung – worin könnte sie bestehen? Es müsste uns gelingen, klar-zumachen, wie in immer enger werdenden Handlungsspielräumen gleichwohl unsere

*gemeinsamen Verantwortlichkeiten für immer längere und unübersichtlichere Handlungs-
ketten wachsen [...].*

*Eine skeptische, aber nicht defaitistische Aufklärung, kann sich heute durch die Tatsache
ermutigt fühlen, dass sich in den Auseinandersetzungen der politischen Öffentlichkeiten,
und angetrieben von den sozialen Bewegungen, die kulturellen Orientierungen der
breiten Bevölkerung neuformieren. Sie kann sich ermutigt fühlen, weil sich mit den subkutan revolutionierten Einstellungen ein Mentalitätswandel vollzieht, der die politischen
Selbstverständlichkeiten von gestern wie Ruinen hinter sich lässt. Die sozialen Strukturen
selbst scheinen sich für eine kulturelle Mobilisierung zu öffnen. Die Kultur kann eine
verkrustete Politik unterspülen. » (DnR, 17)*

7.1.2. Interviews avec Angelo Bolaffi et Robert Maggiori (1988)[13] sur la culture politique allemande 20 ans après 1968 (parues dans L'Espresso et dans Libération)

La première interview analyse, avec le recul, l'impact du mouvement étudiant sur la culture politique de la République fédérale, et ce à la lumière de
la récente « querelle des historiens ». Pour Habermas, la « révolution culturelle
étudiante », en favorisant l'émergence de l'individualisme – il évoque à ce sujet la
poussée d'une « libéralisation fondamentale » (la *Fundamentalliberalisierung* selon
Karl Mannheim) – serait à l'origine d'une conception de l'histoire « décentrée »,
débouchant sur une appropriation plus critique des traditions et par là même sur
une identité postnationale, fruit de ce que Marcuse, cité ici, appellera une « nouvelle sensibilité ».

*« Sie (Angelo Bolaffi) haben recht: die Saat universalistischer Emanzipationsbewegungen, die
ja den Individualismus erst ermöglicht, scheint in einem dezentrierten Geschichtsbewusstsein,
in einer stärker reflektierten Aneignung von Traditionen aufzugehen und die Gestalt einer
postnational erweiterten Identität anzunehmen. Diese Tendenzen sind in der Bundesrepublik mit der studentischen Kulturrevolution zum Durchbruch gekommen und sie haben sich
inzwischen in einem diffusen sozialen Milieu verbreitet, in einem veränderten, eher pessimis-
tisch getönten Klima sogar verstärkt. Das ist Teil eines subkutanen, aber breitenwirksamen
Einstellungswechsels, der sich unter der Decke der dreizehnjährigen sozialliberalen Koalition
vollzogen hat – und vielleicht umso eher vollziehen konnte, weil die Regierung Brandt der
68er Bewegung ein relativ grosses Verständnis entgegengebracht hat. Das muss man trotz
des von Brandt mitgetragenen (und später von ihm bedauerten) Berufsverbotes einräumen. »
(DnR, 26)*

*« Die studentische Protestszene hat in der BR den ersten Schub einer Fundamentalli-
beralisierung ausgelöst (Karl Mannheim hat einmal von Fundamentaldemokrati-
sierung gesprochen). Ich meine den neuen Individualismus der Lebensstile, die sich an
libertären Vorbildern orientieren, auch die neuen Formen autonomer Öffentlichkeiten,
in denen die Grenzen zwischen Demonstration und zivilem Ungehorsam, zwischen*

---

[13] DnR 21-38.

Diskussion, Festival und expressiver Selbstdarstellung verschwimmen. Darin sehe ich eine Langzeitwirkung der damaligen Protestformen und dessen, was Marcuse damals schon eine "neue Sensibilität" genannt hat. » (DnR, 27)

La seconde interview évoque le « cas Heidegger », suite à la publication du livre de Farias. Pour Habermas, Heidegger, qui après 1945 refuse de prendre ses distances avec le régime et surtout garde le silence sur Auschwitz, est toujours présent sur la scène universitaire allemande.

Habermas reconnaît par ailleurs que ce n'est que très tard, à l'Université, que lui-même s'est, peu à peu, rendu compte que les grands intellectuels allemands de l'époque, Heidegger, Gehlen, Carl Schmitt, Benn et Ernst Jünger – et même ses directeurs de thèse Rothacker et Oscar Becker – s'étaient compromis.

Ce qui explique, selon lui, que les émigrés allemands sont apparus comme des sortes de sauveurs intellectuels : il cite les noms d'une dizaine d'entre eux dans tous les secteurs de la vie intellectuelle. De telles constellations biographiques, dit-il, ont été une chance pour l'Allemagne qui a ainsi pu s'approprier ou se construire de nouvelles traditions. Cela peut aussi expliquer les réserves observées à l'endroit de Nietzsche qui a inspiré non seulement Heidegger, mais aussi l'idéologie nationale-socialiste officielle. Dans le cas de Nietzsche, Habermas pense que ses collègues français se sont montrés moins critiques à son égard que les Allemands.

« *Heideggers Weigerung, sich nach 1945 von dem Regime öffentlich zu distanzieren, zu dem er sich auf so spektakuläre Weise bekannt hatte, vor allem sein beharrliches Schweigen zu Auschwitz waren eben symptomatisch für die Mentalität einer ganzen, die Adenauerzeit prägenden Generation. Andererseits war Heidegger bei uns kontinuierlich gegenwärtig. Deshalb konnten wir deutlicher als die Franzosen zwischen dem existentialontologischen Heidegger von "Sein und Zeit" und dem metaphysikkritischen Heidegger der Spätphilosophie unterscheiden.* » (DnR, 29-30).

« *[…] Einige Jahre später, auf der Universität – ich habe 1949 mit dem Studium begonnen – merkte ich dann erst nach und nach, wie unsere bedeutendsten intellektuellen Figuren (Heidegger, Gehlen, Schmitt, Benn und Ernst Jünger) sogar meine Doktorväter Rothacker und Oskar Becker, je auf ihre Weise in die NS-Bewegung verstrickt gewesen waren. Das mag erklären, warum damals die deutschen Emigranten, die aus alledem moralisch unversehrt hervorgegangen waren, etwas intellektuell Rettendes hatten – zuerst Plessner und Löwith, dann Benjamin, Adorno und Horkheimer, schliesslich Hannah Arendt und Scholem. […]. Aber auch Freud, Wittgenstein, Popper und die logischen Positivisten hatten nach dem Krieg in Deutschland zum ersten Mal die Chance einer unvoreingenommenen Rezeption. Aus solchen biographischen Konstellationen bildet sich die Perspektive, aus der man sich Traditionen aneignet. Das war ein langer Lernprozess, der bis zum Ende der fünfziger Jahre dauerte. Vielleicht erklären sich daraus auch Vorbehalte, zum Beispiel gegenüber Nietzsche, den sich ja nicht nur Heidegger, sondern auch die offizielle NS-Ideologie zum Hausphilosophen erkoren hatte. Gegenüber Nietzsche haben meine französischen Kollegen sicher den freieren Blick.* » (DnR, 30-31)

7.1.3. Interview avec Hans-Peter Krüger (1989) : l'« unification politique » ou l'« unification culturelle » ?

Hans-Peter Krüger, professeur de théorie des sciences à l'Académie des Sciences de la RDA (en 1989) ; professeur de philosophie politique à l'Université de Potsdam depuis 1996.

L'interview, la première réalisée avec un citoyen de la RDA, juste avant la chute du mur, porte sur les idées politiques et l'éventuelle (ré)unification. Krüger apparaît comme étant favorable aux « nouvelles tendances » *(neues Denken)*. Il fait d'ailleurs remarquer que les écrits de Habermas connaissent peu à peu une réception dans « nos pays » *(auch in unseren Ländern)*.

Habermas se présente comme un tenant du « marxisme occidental » (Merleau-Ponty), dans la lignée des Gramsci, Lukacs, Korsch, Horkheimer, etc. : un marxisme qui a rompu avec la philosophie matérialiste de l'histoire. Plutôt que de faire confiance à la « rationalité des forces productives », à savoir celle de la science et de la technique, je fais confiance, dit-il, à « la force productive de la communication » – la « raison communicationnelle » *(kommunikative Vernunft)* – qui s'exprime principalement dans les luttes sociales tout comme dans les luttes de libération nationales – et qui s'est finalement condensée dans l'État de droit, dit-il. Le marxisme soviétique ne s'est que faiblement approprié celle-ci, dit-il euphémiquement !

> « *Sie (Habermas) haben im Juni 1988 erstmals offiziell einen Gastvortrag in Halle über Motive nachmetaphysischen Philosophierens gehalten. Auch ihre Schriften werden nun endlich schrittweise bei uns erscheinen. Ihnen stehen Gastvorträge in Moskau bevor. Sehen Sie einen Bezug zwischen Ihrer kommunikationsorientierten Philosophie und Gesellschaftstheorie und der Forderung nach einem "neuen Denken" in der Weltpolitik sowie den in der Sowjetunion begonnenen Reformen, die unter dem Stichwort "Perestroika" und "Glasnost" bekannt geworden sind?* » *(DnR, 85)*

Habermas : « *Nun, Sie wissen, dass ich in der Tradition des « westlichen Marxismus » gross geworden bin – so hat jedenfalls Merleau-Ponty einmal die auf Gramsci, Lukacs, Korsch, Horkheimer und andere zurückgehenden hegelmarxistischen Strömungen genannt. Ich habe freilich versucht mich von dem teleologischen Weltbild freizumachen, das m. E. in den kryptonormativen Annahmen einer materialistischen Geschichtsphilosophie immer noch drinsteckt. Statt auf die Vernunft der Produktivkräfte, letzlich also der Naturwissenschaft und der Technik, vertraue ich auf die Produktivkraft der Kommunikation, die sich am deutlichsten in sozialen Befreiungskämpfen äussert. Diese kommunikative Vernunft hat sich auch in den bürgerlichen Emanzipationsbewegungen zur* »

> *Geltung gebracht – in den Kämpfen für Volkssouveränität und Menschenrechte. Sedimentiert hat sie sich in den Einrichtungen des demokratischen Rechtsstaates und in den Institutionen der bürgerlichen Öffentlichkeit. Der Sowjetmarxismus hat sich den emanzipatorischen Gehalt dieser historischen Errungenschaften, statt ihn freizusetzen und zu radikalisieren, nicht auf ganzer Breite angeeignet.* » (DnR, 85)

Les réformes entreprises par Gorbatchev, dès lors que celui-ci vise un « socialisme non bureaucratique », pourraient, selon Habermas, « libérer la force productive de la communication et revitaliser un espace public desséché ».

> « *So weit Gorbatschows Reformen darauf abzielen, das Versäumte nachzuholen und einen demokratischen Pluralismus auf der Grundlage eines unbürokratischen Sozialismus durchsetzen, könnten sie in der Tat so etwas wie die Produktivkraft Kommunikation entfesseln. Dabei denke ich nicht an Microchips und die Verbesserung von Informations- und Entscheidungsstrukturen, obwohl das auch wichtig ist. Wenn Sie mich fragen, was einem aus der Sicht einer Theorie des kommunikativen Handelns zu Perestroika einfällt, dann denke ich zunächst an die Revitalisierung einer ausgetrockneten politischen Öffentlichkeit.* » (DnR, 85-86)

Le débat se poursuit sur l'avenir de l'État social et de la gauche socialiste dans les démocraties occidentales, dont Habermas reconnaît les progrès relatifs réalisés par le passé, à la fois dans l'amélioration de la condition des travailleurs et dans la maîtrise, elle aussi relative, du capital. Cependant, pour le moment, il lui semble que la gauche socialiste occidentale n'arrive plus à progresser, ni même à se stabiliser : comme si ses perspectives étaient obérées par la suspicion que fait peser sur elle « l'image catastrophique du socialisme réellement existant », c'est-à-dire soviétique, laquelle empêche la réalisation historique du socialisme en Occident, sauf si le projet de Gorbatchev devait se réaliser !

> « *Das Sozialstaatsprogramm, das sich nach dem Zweiten Weltkrieg in Gesellschaften unseres Typs durchgesetzt hat, ist ein relativer Erfolg. Es bedeutet einerseits eine spürbare Kompensation der mit abhängiger Arbeit verbundenen Risiken und Belastungen, andererseits eine gewisse Disziplinierung des zugleich gehegten kapitalistischen Wachstums Aber im Augenblick sieht es so aus, als ob die sozialistische Linke im Westen weitere Fortschritte vor allem deshalb nicht erzielt, das erreichte nicht einmal stabilisieren kann, weil alle sozialistischen Perspektiven, alle unseren ohnehin schon defensiv gewordenen Entwürfe durch eine Art Kontaktschuld entwertet sind. Das desolate, zum Teil katastrophale Bild, das der real existierende Sozialismus seinen Bevölkerungen und den westlichen Fernsehzuschauern bietet, dementiert, so scheint es, von vornherein, die historische Möglichkeit des Sozialismus. Ich meine einen Sozialismus, der den gesellschaftlichen Reichtum und die politischen Freiheiten sozialstaatlicher Massendemokratien einbringen würde in den radikalen Pluralismus und den autonomen Praktiken einer Gesellschaft, die es verdient, fundamentaldemokratisch genannt zu werden. Ich habe das Gefühl, dass sich eine solche Perspektive überhaupt erst wieder öffnen könnte, wenn Gorbatschows Projekt Erfolg hätte.* » (DnR, 91-92)

Habermas évoque ensuite les conditions d'une possible évolution du système économique soviétique : il ne peut s'agir cependant que d'un équivalent du compromis social-démocrate, lequel a été réalisé dans le cadre d'une société capitaliste avancée. Cela étant, l'essentiel réside, par-delà la nécessaire amélioration du management, dans la transformation de l'État en une « démocratie de masse fondée sur des partis politiques » *(eine parteienstaatliche Massendemokratie).*

« Eine Reform müsste freilich bedeuten, dass der bürokratische Sozialismus zu einer Selbstkorrektur fähig ist, die ein Äquivalent darstellt zur schon vollzogenen sozialstaatlichen Selbstkorrektur des Kapitalismus. Ich sage ein Äquivalent, denn der sozialdemokratische Kompromiss war nur möglich und nötig innerhalb des institutionellen Rahmens einer spätkapitalistischen Gesellschaft. Ich weiss viel zu wenig von sowjetischen Verhältnissen, um angeben zu können, wie das Äquivalent in der UdSSR aussehen könnte. Die Details wird man ohnehin durch trial and error herausfinden müssen; aber die innovativen Weichenstellungen sind wichtig. Eines wird man sogar vom Beispiel der Sozialstaatsentwicklung lernen können : diese betraf ja nicht nur einen Umbau in der Ökonomie, sondern wäre ohne einen Umbau des Staates zur parteienstaatlichen Massendemokratie nicht möglich gewesen. » (DnU, 92).

« Gewiss, Dezentralisierung der Entscheidungen, besseres Management, mehr know how, grössere Flexibilität usw. – das alles ist wichtig. Aber Perestroika müsste vor allem die Reform des politischen Systems betreffen, müsste heissen, das Übel an der Wurzel packen, an der bürokratischen Herrschaft der Nomenklatura. Glasnost müsste wirklich etwas mit Transparenz und Öffentlichkeit zu tun haben, vor allem im Politischen, müsste heissen :"Vitalisierung der Öffentlichkeit, Pluralisierung der Meinungsbildung, breite Partizipation an den Entscheidungsprozessen, kurz Entfesselung der Produktivkraft Kommunikation. [...]." Sie muss zur Befreiung gelähmter politischer Energien führen. Die administrative Macht kann sich nicht selbst begrenzen, sie muss, wie Hannah Arendt sagt, von der kommunikativ erzeugten Macht derer, die gegenseitig ein Interesse aneinander nehmen, begrenzt werden. » (DnR, 92-93).

En réponse à la question de H.-P. Krüger sur la « démocratie sociale » et la « culture politique », Habermas expose la conception « occidentalo-ouest-allemande » de la « démocratie sociale » – en fait la sienne propre, son « type idéal » : elle est corrélée à un espace public, lequel est formé par un réseau d'« associations libres » pratiquant une discussion argumentée et qui est inséparable d'une « culture politique largement partagée ».

« In einer Demokratie, die diesen Namen verdient, müssen die rechtlich institutionalisierten, die « verfassten » politischen Willensbildungsprozesse – einschliesslich der Wählervoten – rückgekoppelt sein an, und porös bleiben für eine nicht verfasste, möglichst argumentiert gesteuerte Meinungsbildung. Dazu bedürfte es eines Netzes freier Assoziationen unterhalb der Organisationsebene verstaatlichter Parteien, vermachteter Medien, abhängiger Interessenverbände usw. [...] eine solche Vision kann nur in dem Masse Realitätsgehalt gewinnen, wie die öffentlichen Kommunikationsströme eingebettet sind in eine politische Kultur, die demokratische Grundüberzeugungen lautlos in die Köpfe und die Herzen aller einsenkt und zur täglichen Gewohnheit macht. Eine solche von Klassenstrukturen abgelöste Kultur lässt sich nicht administrativ herstellen. Das Muster des

zivilisierten Umgangs, die Toleranz gegenüber dem anderen [...] ergeben sich aus vielfältig verschlungenen Prozessen [...], da gibt es grosse nationale Unterschiede [...]. Politische Kulturen brauchen ein günstiges Klima – kein Preussenklima. » (DnR, 94-95)

Le débat se poursuit et porte dès lors sur la notion d'« identité postnationale » pour déboucher sur la question ultime d'une éventuelle « unité allemande ». À la question qui lui est posée sur l'« identité postnationale », Habermas répond en glissant vers le problème de la « réunification allemande ».

Il commence par dire que dans les deux parties de l'Allemagne le nationalisme a perdu de son attrait. Mais, ajoute-t-il, nous en Allemagne de l'Ouest, nous pouvons, d'un cœur léger, renoncer aux rêves de réunification, à la différence des Allemands de l'Est. Il attribue cette divergence à une asymétrie dans la répartition inégale des charges entre les deux Allemagnes dans l'après-guerre, et s'appuie sur un article de l'écrivain Rolf Schneider dans *Der Spiegel*, dans lequel il voit un plaidoyer en faveur de l'unification allemande. Il dit en comprendre les raisons, en particulier celles de caractère moral. Il n'empêche : il ne voit pas ce qui pourrait menacer l'unité culturelle de la nation et il se demande pourquoi l'unité de la nation culturelle ne devrait pas suffire ! Il rajoute d'ailleurs que nous n'étudions pas Kant différemment depuis que Königsberg s'appelle Kaliningrad, et se demande ce que nous autres, les tard venus, y avons perdu.

L'historien Heinrich-August Winkler évoque l'attitude des responsables politiques ouest-allemands lors de la venue de Honecker en République fédérale en septembre 1987, deux ans avant la présente interview. À cette occasion, les représentants des partis politiques (CDU, SPD, FDP, les Verts) – Willy Brandt, Helmut Schmitt, Oskar Lafontaine, Hans-Dietrich Genscher, Petra Kelly... – sont unanimes pour marquer leur attachement à tout ce qui est « allemand » – le président Weiszäcker face à Honecker qualifié d'« Allemand au milieu d'Allemands » *(ein Deutscher unter Deutschen)*, tout comme Helmut Schmidt *(Honecker ist ein Deutscher...)*. Implicitement, ces appellations portent à croire que leurs auteurs adhèrent à l'idée de l'existence d'une sorte de nation allemande unissant l'ensemble des Allemands, à l'opposé de la position de Habermas. Winkler fait remarquer que seuls quelques Verts, dont la porte-parole du groupe parlementaire Waltraud Schoeppe, affirment qu'il existe en fait deux Allemagnes : d'où l'option des Verts en faveur de la solution de deux États allemands *(Zweistaatlichkeit)*, garante de la paix en Europe. Habermas défend donc, avec les Verts, une option qui, en 1987, apparaît très minoritaire (Winkler, *op. cit.*, p. 454-455).

Cela étant, au tournant de 1987-1988, Winkler note en République fédérale un changement d'attitude face à la question allemande, changement qu'il attribue à la « nouvelle pensée » de Gorbatchev.

Sous l'impulsion de la ministre des Relations intra-allemandes, Dorothee Wilms et du secrétaire général de la CDU, Heiner Geissler, la notion de « *Wiedervereinigung* » disparaît d'un papier préparatoire d'un Congrès du parti, mais la CDU veut préserver l'unité nationale, quoique avec deux États. Chez les Sociaux-Démocrates « *Wiedervereinigung* » est également critiqué. En 1984, Willy Brandt récuse également la notion : c'est comme si on voulait renouer avec l'Empire allemand à l'époque de Bismarck, dit-il ! Et, en 1988, il affirme que l'espoir d'une réunification est une grande illusion *(eine Lebenslüge)*.

Mais ce sont les Verts, à travers l'un de leurs fondateurs, Helmut Lippelt, qui, au même moment, réfutent avec force l'idée même d'une nation allemande. Ils se demandent non sans ironie, de quelle nation s'agit, d'une « nation RFA » ou d'une « nation RDA », ou d'une « nation culturelle allemande », ou encore de la « nation historique » qui a cessé d'exister en 1945. Et de rajouter que discuter tous les ans – comme le fait le Parlement ouest-allemand –, de « l'état de la nation divisée » est une « illusion historique ». Et Lippert de conclure que, nous autres Verts, nous exigeons le renoncement à la politique de réunification, parce que seul ce renoncement nous rend capables de mettre en œuvre une politique européenne efficace (Winkler, *op. cit.*, p. 474-476).

La même année 1988, Oskar Lafontaine, alors vice-président du SPD, publie *Die Gesellschaft der Zukunft: Reformpolitik in einer veränderten Welt (La société à venir : le dépassement de l'État national)*, livre dans lequel il exige le dépassement de l'État-nation, lequel n'a qu'une vision à court terme, alors que les problèmes auxquels nous sommes confrontés aujourd'hui sont « transnationalisés ». C'est pourquoi, en se référant à Habermas, il demande à ce que l'on ne remette pas en question l'intégration occidentale de la République fédérale. Pour lui, la réunification n'apparaît pas comme une « perspective réaliste », et il ne semble pas davantage souhaitable, ajoute-t-il, qu'elle nous fasse aboutir à un État national allemand (cité par Winkler, *op. cit.*, p. 477-478).

C'est là une tendance qui pointe à une année de la chute du mur dans la gauche du SPD et chez les Verts, et que Habermas fait visiblement sienne en affirmant, non sans une dose de cynisme, que l'Allemagne de l'Ouest pouvait « le cœur léger » renoncer aux rêves de réunification :

> « *In beiden Teilen Deutschlands ist der Nationalismus ausgereizt. Aber wir im Westen, habe ich das Gefühl, können relativ leichten Herzens auf Wiedervereinigungsträume verzichten. Die Bürden der Nachkriegsentwicklung waren nicht symmetrisch zwischen West und Ost verteilt. Deswegen mögen bei Ihnen andere Sentiments herrschen. Im "Spiegel" habe ich im vergangenen Jahr das Plädoyer von Rolf Schneider für eine Wiedervereinigung gelesen; das erinnerte mich an eine geographische Differenz der Perspektiven, die wir leicht vergessen. Auch den moralischen Aspekt der ungleichen Lasten leugne ich nicht. Gleichwohl sehe ich nicht, wer oder was die kulturelle Einheit der Nation bedrohen sollte – und warum der Zusammenhalt der Kulturnation nicht genügen sollte. Wir studieren doch Kant keinen Deut anders, seitdem Königsberg Kaliningrad heisst. Was sollte uns, den Nachgeborenen, da "verloren" gegangen sein?* » *(DnR, 97)*

En ce qui concerne plus précisément la question postnationale, en réponse à son interlocuteur, Habermas dit que celle-ci tend à s'imposer et à se développer dans le monde occidental, et dans ce contexte la République fédérale devrait privilégier une culture politique favorisant une « intégration normative », par rapport aux 75 années d'une unité nationale plus ou moins heureuse ! L'« intégration normative en question est donc bel et bien une intégration purement "culturelle" » !

Habermas fait ensuite l'apologie de l'intégration occidentale de la République fédérale fondée non sur le militaire ou l'économique, mais sur l'universalisme moral des Lumières occidentales. Nous avons, dit-il, après 1945, rompu avec les « attractions noires » de nos traditions, avec ce que Lukacs a appelé la « destruction de la raison ». Aussi, au lieu de faire fond sur Klages, sur le Heidegger tardif ou sur Carl Schmitt, ou encore sur la lignée du « Reich bismarckien », nous devrions établir une concurrence intellectuelle entre les deux États allemands, la RFA et la RDA, et qui porterait sur la manière de tirer le meilleur parti de notre héritage commun.

> « *Allgemein gesehen befinden sich auch die westeuropäischen Staatsnationen auf dem Wege zu postnationalen Gesellschaften. Das multiethnische Element wird immer stärker, und nach 1992 wird in Westeuropa die horizontale Mobilität und damit die Sprach- und Völkermischung noch stärker werden. Die beiden Weltmächte waren seit eh und je multiethnische Gebilde – die Sowjetunion bekommt ja das drastisch zu spüren. Da bietet es sich an, eine politische Kultur, die, wie Rousseau sagt, die "Verankerung der Gesetze in den Sitten" ermöglicht, als Ebene der normativen Integration ernster zu nehmen als 75 Jahre mehr oder weniger unglückliche staatliche Einheit.*
>
> *Die Westorientierung der Bundesrepublik hat nicht nur einen militärischen und einen ökonomischen Sinn. Der normative Sinn, nämlich die vorbehaltslose Zuwendung zum moralischen Universalismus der westeuropäischen Aufklärung, ist der Westorientierung bester und wichtigster Teil – vielleicht der einzige Garant dafür, dass der Trend unserer Nachkriegsentwicklung nicht umgekehrt wird. Wir haben nach 1945 mit den schwarzen Attraktionen unserer Überlieferungen, mit dem, was Lukacs die "Zerstörung der Vernunft" genannt hat, gebrochen. Lassen wir doch einfach mit Lessing und Kant, Freud, Kafka und Brecht unsere besten Traditionen fortsetzen, statt auf Klages, den späten Heidegger oder Carl Schmitt zurückzufallen – oder gar auf die geistige Traditionslinie des Bismarck-Reiches. Wenn sich zwischen den beiden deutschen Staaten eine vitale Konkurrenz darum, wer das Beste aus unserem gemeinsamen Erbe macht – eine intellektuelle Konkurrenz, keine von Parteiführern, Regierungsbeamten und Museumsgründern – entwickeln könnte – auf deutschem Boden gab es schon Schlimmeres, als es solche Konkurrenz zwischen der Bundesrepublik und der DDR sein würde, meinen Sie nicht?* » (DnR, 97-98)

Suivent des lettres de vœux : 70ᵉ anniversaire de Margarethe Mitscherlich ; 60 ans de Günther Busch ; de Siegfried Unseld – l'éditeur de Habermas – et Rudolf Withölter ; et, pour clore cette liste, un hommage à Ralf Dahrendorf à l'occasion de la réception par celui-ci du prix Sigmund Freud (chapitre 3).

Le chapitre 4 intitulé « Théorie et politique » a ceci de particulier que trois universitaires – spécialistes de philosophie politique, de sociologie urbaine et d'éthique de la discussion –s'entretiennent avec Habermas au sujet de l'*Aufklärung*, de la raison et de la déraison *(die existierende Unvernunft, die neuen Mythologien, die neuheidnischen Regressionen)*.

« Heute sind die Wahrheiten zerstreut über viele Diskursuniversen, die nicht mehr in eine Hierarchie zu bringen sind, aber in jedem dieser Diskurse suchen wir hartnäckig nach Einsichten, die alle überzeugen könnten. » (DnR, 83)

7.1.4. Interview avec Barbara Freitag (1969) : un bilan politico-culturel apaisé des 40 années de République fédérale

L'interview avec Barbara Freitag, une universitaire germano-brésilienne, avant un voyage de Habermas au Brésil, constitue une sorte de bilan des 40 années d'existence de la RFA – on est à la veille du 20ᵉ anniversaire. L'interlocutrice brésilienne titille les Allemands sur leur relation aux « révolutions des autres » !

Finalement, le bilan proposé par Habermas de 40 ans de République fédérale est le plus élogieux qu'on lui connaît : la défaite subie par l'Allemagne a été une chance pour elle ! Habermas juge positivement l'intégration occidentale, couplée avec une flexibilité et une ouverture envers l'Est – et ce sans retomber dans les rêveries d'une « *Mitteleuropa* ». La RFA a tourné le dos aux aspirations hégémoniques et a appris à être le ferment d'un ensemble supranational.

« Die Westdeutschen haben sich ja in den letzten Jahrzehnten eher durch ökonomische als durch geistige Produktivität hervorgetan. Aber aufs Ganze gesehen kann ein verlorener Krieg, eine Niederlage, die in moralische Dimensionen hineinreicht, auch eine Chance bedeuten. Nach 40 Jahren Bundesrepublik zeichnen sich einige Konstanten unserer Nachkriegsentwicklung ab: eine beharrliche Integration in den Westen, verbunden mit Flexibilität und Offenheit gegenüber dem Osten – ohne dabei klassische Mitteleuropaträume wiederzubeleben. Die Öffnung nach Osten steht unter den Prämissen der Friedenssicherung (es liegt einfach in unserem Interesse, dass wir die idiotischen Waffenarsenale auf deutschem Boden abbauen); sie ist deshalb von nationalen Revanchismus einigermassen entkoppelt. Die Westintegration besiegelt den Verzicht auf alle Grossmacht- oder auch nur Souveränitätsvorstellungen. In der Bundesrepublik hat man gelernt, dass die Deutschen nur noch als Ferment in einem grösseren, übernationalen Zusammenhang wirksam werden können. Das alles halte ich für vernünftig. Wir sind zum ersten Mal ein halbwegs normaler Bestandteil der westlichen Staatengemeinschaft geworden. » (DnR, 99)

« Freilich hat sich dieser Prozess zunächst ökonomisch und politisch, später in Ansätzen auch kulturell vollzogen. Dieser Prozess wird erst irreversibel wenn die kulturelle Verwestlichung die Mentalität der gesamten Bevölkerung durchdrungen haben wird. Das setzt auf der intellektuellen Ebene eine veränderte Aneignung unserer nationalen geschichtlichen Tradition voraus, nämlich eine kritische, das heisst sondierende Aneignung unserer Überlieferungen gerade im Licht jenes Erbes der europäischen Aufklärung, das bei uns während des 19. und in der ersten Hälfte des 20. Jahrhunderts niemals vorbehaltlos akzeptiert worden ist. Auch das kann man eine Revolution in den Köpfen nennen.

Im Marxschen Sinne "revolutionär" ist ja heute niemand mehr in der westlichen Welt. » (DnR, 99-100)

À l'occasion du bicentenaire de la Révolution française, Habermas rajoute l'apport de la Révolution française : la démocratie et les droits de l'homme qui ont généré des institutions de la liberté.

« Was vorbildlich geblieben ist, sind Demokratie und Menschenrechte. Sie erfördern poli-
tische Institutionen der Freiheit. Aber diese Institutionen werden vom Alltag der sozialen
Ungleichheit, der Repression und des Elends fortwährend dementiert, wenn nicht eine Politik
der Erneuerung auf Dauer gestellt werden kann, die in der politischen Kultur, d. h. in den
Herzen einer an Freiheit gewöhnten Bevölkerung verankert ist. Letztlich sehe ich die fortwir-
kenden Errungenschaften der Französischen Revolution in einer neuen Mentalität, [...] die
heute in nicht revolutionärer Form die Antriebskraft für Demokratisierungsprozesse geblieben
ist. Zu dieser Mentalität gehört ein historisches Bewusstsein, das mit dem Traditionalismus
blinder, fatalistisch hingenommener Kontinuitäten bricht; ein Verständnis von politischer
Praxis, das im Zeichen von Selbstbestimmung und Selbstverwirklichung steht; schliesslich das
Vertrauen auf einen öffentlichen, möglichst rational geführten Diskurs, an dem sich jede poli-
tische Herrschaft legitimieren soll. Das sind die Züge eines radikal innerweltlichen Begriffs
des Politischen, der nicht an Aktualität verloren hat [...].

Auch in den westlichen Industriegesellschaften sind die Menschenrechte noch nicht auf
ganzer Breite verwirklicht [...].

Die Entwicklungen in der Sowjetunion und deren Herrschaftsbereich verstehe ich eher so,
dass der bürokratische Sozialismus einen vergleichbaren Lernschritt, der ein Äquivalent
zum sozialstaatlichen Kompromiss in westlichen Gesellschaften bedeuten würde, erst noch
tun müsste. » (DnR, *101-102*)

Barbara Freitag interroge Habermas au sujet de la controverse récente sur
Heidegger, déclenchée par la parution du livre de Victor Farias. Habermas précise
son point de vue sur la pensée de Heidegger à partir de 1929, qu'il rejette, tout
en réaffirmant que cela ne touche en rien à l'impact « révolutionnaire » de *Sein*
und Zeit qu'il n'a cessé de défendre, comme l'ont fait les étudiants d'alors : Hannah Arendt, Herbert Marcuse et Jean-Paul Sartre – d'ailleurs, il avoue avoir été
« heideggerien » comme étudiant après la guerre, jusqu'en 1953 !

« Wenn man das Format und das unerhört Innovative von Sein und Zeit bedenkt, ist
es doch nur natürlich, dass Studenten wie Hannah Arendt und Herbert Marcuse vor
1933, auch ein so unpolitischer Intellektueller, wie es Sartre zu jener Zeit gewesen ist, von
diesem Denken angezogen werden mussten. Auch ich bin als Student nach dem Zweiten
Weltkrieg, nebenbei gesagt, Heideggerianer gewesen, bis ich 1953 die "Einleitung in die
Metaphysik" gelesen habe. » (DnR, *104*)

L'interview porte ensuite sur l'engagement de Habermas dans la controverse
du « *Historikerstreit* » et sa lutte contre les partisans du « point final » *(Schlussstrich)*
dans l'électorat allemand d'extrême droite, à savoir les « Républicains », dont il
relativise cependant l'importance. C'est que, selon lui, le curseur des partis politiques s'est déplacé et se trouve désormais placé entre la CDU-CSU et l'extrême
droite, ce qui contribue à clarifier la situation en évacuant les éléments « fascis-
toïdes » de la CDU-CSU vers cette extrême droite.

« Der Erfolg der Republikaner [...] sollte nüchtern eingeschätzt werden. Man kann ihn auch
unter dem Aspekt einer gewissen Normalisierung betrachten. Wir hatten in der Bundesrepu-
blik immer schon unter den Wählern ein autoritäres Potential von 10 bis 15%. Das ist bis
von kurzem von den konservativen Parteien aufgesogen worden. Dafür haben wir allerdings

einen hohen Preis bezahlt. Denn über ihrer Integrationsleistung sind diese Parteien gleichsam von innen vergiftet worden. Soweit es faschistoide Tendenzen gegeben hat, waren sie [...] am rechten Rande der etablierten christlichen Parteien – bis in deren Führungsspitzen hinein.

Heute wird nun diese Mentalität zum ersten Mal von pragmatischen Rücksichten entbunden und öffentlich greifbar. Dafür gibt es einen einfachen Grund. Wenn Sie den jetzigen Bundespräsidenten, Richard von Weizsäcker, als Integrationssymbol der Mitte verstehen, dann sehen Sie, dass der Schwerpunkt der politischen Integration nach links gewandert ist. Während bis vor wenigen Jahren, bis in die Anfänge der Regierungszeit von Kohl hinein, die Integrationskraft des politischen Systems nicht weiter gereicht hatte als bis zur linken Mitte der SPD, so dass die Linke in der Bundesrepublik sich niemals wirklich repräsentiert fühlen konnte, verläuft die Bruchlinie nunmehr durch das rechte Spektrum von CDU und CDU hindurch. Das ist eine Folge der Umstellung der Politik der CDU-Führung, die nach dem Spektakel von Bitburg begriffen hatte, dass die jüngeren Generationen nur noch mit einem liberalen Profil und einem offenen historischen Bewusstsein zu gewinnen oder bei der Stange zu halten sind.

Insofern mag auch der Historikerstreit mit dem Erfolg der Republikaner zusammenhängen. Wie das symbolische Verhalten unserer politischen Elite am 10. November des vergangenen Jahres, der 50. Wiederkehr der Pogrome von 1938 gezeigt hat, hat nun auch die CDU jene Strategie der Geschichtsverdrängung, die sie unter Adenauer eingeübt und bis vor kurzem praktiziert hat, aufgegeben. Nach dieser Kehrtwendung lassen sich die Potentiale am rechten Rand eben nicht mehr einbinden, aber so weiss man wenigstens, woran man ist. » (DnR, 105-106)

7.1.5. « *Le moment du sentiment national. Conviction républicaine ou conscience nationale ?*» (Die Stunde der nationalen Empfindung. Republikanische Gesinnung oder Nationalbewusstsein ?)

Le recueil *Die nachholende Revolution* se termine sur des contributions « non publiées et non datées » ; les indications fournies par l'auteur permettent de les situer juste après la chute du mur. Les textes sont traduits dans *L'usage public des idées* (p. 27-42) ; ils sont particulièrement denses et d'une lecture difficile ; il s'y déroule ce que Habermas appelle « la querelle de l'interprétation des émotions » *(der Streit über die Interprétation der Gefühle ; DnR, 157).*

Pour les conservateurs de la CSU et de la *FAZ*, la cordialité de l'accueil des transfuges de la RDA est l'expression d'une volonté de réunification ; pour Walter Momper, bourgmestre SPD de Berlin, ainsi que pour les Verts, la sympathie de l'Ouest pour les manifestations de masse qui ont précédé la chute du mur, expriment la fierté d'avoir été témoins de « la première révolution sur le sol allemand ».

« Eine Interprétation, auf die sich CSU und FAZ eingespielt haben, zielt dahin, dass der offenherzige Empfang der DDR-Flüchtlinge in der Bundesrepublik und die Euphorie vom 9. November den nationalen Willen zur "Wiedervereinigung" unmissverständlich

ausdrücken. Walter Momper und die Grünen meinen hingegen, dass unsere Sympathie für die Massenproteste in den Strassen der DDR den Stolz über die erste erfolgversprechende Revolution auf deutschem Boden zum Ausdruck bringe. Die einen hören den patriotischen Herzschlag der Nation, die anderen spüren im Enthusiasmus für die Freiheit, den Wunsch nach radikaler Demokratie. » (DnR, 158)

Il est à noter que le texte date du moment où la France commémore le bicentenaire de la Révolution française. Habermas évoque à ce sujet la Révolution française qui a associé le sentiment national et la conscience républicaine, à la différence de l'Allemagne qui les a opposés – à l'exception du mouvement révolutionnaire de 1848 – et qui les a de surcroît associés à la marginalisation, voire à l'exclusion, des ennemis intérieurs.

« Die Französische Revolution hat sich aus beiden Motiven gleichermassen gespeist. In Deutschland jedoch haben sich Nationalbewusstsein und republikanische Gesinnung das letzte Mal in der revolutionären Bewegung von 1848 so ergänzt wie in den klassischen Staatsnationen des Westens bis auf den heutigen Tag. Seitdem ist bei uns der Nationalismus – bis in seine rassistischen Konsequenzen hinein – eher auf Kosten des Republikanismusausgereizt worden, und dieses Nullsummenspiel der politischen Affekte hat die 75 Jahre des Deutschen Reiches geprägt. In den Köpfen der Deutschen war nationale Einheit und Stärke mit der Ausgrenzung innerer Feinde assoziiert. » (DnR, 158-159)

Pour ce qui est de l'avenir de la RDA, Habermas revendique pour la population est-allemande le droit à l'autodétermination et, pour les procédures à venir, il faut, dit-il, veiller à ce que les Allemands de l'Est ne soient pas mis en minorité *(überstimmt werden)*.

La suite de l'article évoque un propos du chancelier Kohl dans lequel celui-ci affirme qu'il n'existe pas de risque de résurgence d'un nationalisme en Allemagne. Habermas n'est pas de cet avis et réclame une clarification quant aux priorités du gouvernement Kohl : est-ce l'autodétermination démocratique qui doit venir en premier, et ce, sous la forme d'une « démocratisation radicale » – ce que lui, Habermas, souhaite – ou la réunion de tous les Allemands dans un État national, ce que privilégie le chancelier.

Cette alternative est reprise à la fin du recueil dans un texte non publié et non daté, écrit au lendemain de la chute du mur, sur le thème de la « révolution de rattrapage », intitulé « *Nachholende Revolution und linker Revisionsbedarf* » (DnR, 179-204).

On se souvient que, juste avant la chute du mur, Habermas pensait que le problème du nationalisme allemand était réglé, mais qu'il risquait de renaître immanquablement avec la création d'un État national. Il pensait pouvoir éviter cette résurgence en proposant la solution des deux États allemands *(Zweistaatlichkeit)* avec une culture commune aux deux États. Cette solution à deux États semble maintenant abandonnée par Habermas au profit de ce qu'il appelle une solution alternative : solution qui est, selon lui, ni véritablement une solution à deux États, ni une « absorption/annexion » de l'un par l'autre, obtenue avec une

« pseudo-autodétermination » et un financement « extérieur » *(aussenwirtschaft-lich)*. La solution alternative en question consiste en une « démocratisation radi-cale », décidée par ceux qui en supportent les conséquences – et qui ont manifesté dans la rue leur volonté de changement politique. Habermas fait remarquer à la fin de l'article que la population de la RDA peut se prévaloir à juste titre de s'être imposée comme « acteur » et a fait des autres (les Allemands de l'Ouest) des spec-tateurs, ce qui était pour elle une première, dont elle peut tirer une conscience de soi inconnue jusqu'alors.

> « *[…] die Selbstachtung und das Selbstbewusstsein, welches die Bevölkerung der DDR zum ersten Mal daraus ziehen kann, dass sie als Akteur aufgetreten ist und die anderen zu Zuschauern gemacht hat. Merkwürdigerweise scheint sich in der DDR eine eigene Iden-tität in dem Augenblick herauszubilden, wo viele Zuschauer das Ende der DDR schon für ausgemacht halten.* » *(DnR, 165)*

La solution alternative proposée par Habermas peut aussi se fonder sur l'ex-périence d'un « nouveau socialisme », en faveur de laquelle une majorité de la population pourrait toujours se décider, dit-il encore, une expérience qui saperait à jamais une bifurcation vers le capitalisme.

Habermas ne se fait cependant pas beaucoup d'illusions sur les chances d'une réforme radicale-démocratique de la société. Il pense toutefois que personne, ou presque, n'exclura d'emblée que le modèle qui est appliqué ici, à l'Ouest, d'un pouvoir partagé entre le marché, l'administration et la communication politique, ne puisse pas se présenter sous un jour différent et plus raisonnable – il évoque l'action de groupes marginaux relativement importants dans nos propres pays, mais aussi au-delà jusqu'à Lima, Le Caire et Calcutta, qui pourraient en être les initiateurs.

En tout cas, concernant la politique de l'Allemagne, il souhaite que toute solution nouvelle soit avancée sans ambiguïté et discutée publiquement. On a le choix, soit de soutenir les citoyens de la RDA dans leur cheminement vers la démocratie, soit de rechercher froidement leur annexion. De toute façon, l'alter-native ne consiste pas à choisir entre la solution d'une Allemagne à deux États *et* l'« Anschluss », mais à s'orienter vers l'objectif d'une démocratisation radicale, laquelle devrait au moins jouer un rôle de stimulant à nos propres efforts en vue de trouver les « nouvelles solutions » à nos problèmes.

> « *In der Deutschlandpolitik müssen die Karten auf den Tisch. Soll die demokratische Selbstbestimmung der Bürger in der DDR oder die Vereinigung aller Deutschen in einem Nationalstaat Vorrang haben? Diese Ziele müssen sich nicht ausschliessen. Aber je nach Priorität werden die nächsten Schritte, die Politiken verschieden sein. Nicht "Zweistaat-lichkeit" oder "Anschluss" sind die Alternative, sondern vorbehaltlose Orientierung am Ziel einer radikalen Demokratisierung, die denen, die die Konsequenzen tragen, auch die Entscheidung überlässt, oder Instrumentalisierung der Selbstbestimmungsrhetorik für eine mit aussenwirtschaftlichen Mitteln betriebenen Anschlusspolitik.* » *(DnR, 160)*

Il s'agit d'abord de laisser aux Allemands la possibilité juridico-politique à s'autodéterminer : les Allemands de l'Est ne doivent pas être mis en minorité par leurs « grands voisins » *(nicht überstimmt werden)*. Habermas affirme que, lors du « débat du Bundestag sur l'état de la nation » – une pratique institutionnelle du parlementarisme ouest-allemand, mais sans pouvoir de décision ! –, un accord s'est dessiné pour que les citoyens est-allemands puissent éventuellement décider par eux-mêmes, à travers des élections libres, s'ils voulaient oui ou non intégrer un futur État unifié. Mais la très conservatrice *FAZ* s'empresse de rappeler que dans la Loi fondamentale il est question du « droit du peuple allemand à l'autodétermination », et *non du droit à l'autodétermination des seuls Allemands de la RDA* ! Habermas reconnaît d'ailleurs que le principe d'autodétermination ainsi formulé rend impossible tout changement structurel du système politique !

> « *Schon kommentiert die FAZ besorgt, dass damit "aus dem Selbstbestimmungsrecht des deutschen Volkes in der zentralen Frage der deutschen Einheit ein Selbstbestimmungsrecht der Deutschen in der DDR geworden" sei.* »

Tel est en effet l'article 146 du GG qui stipule que la décision revient au libre choix du peuple allemand (dans sa totalité !).

> « *Dieses Grundgesetz verliert seine Gültigkeit an dem Tage, an dem eine Verfassung in Kraft tritt, die von dem deutschen Volk in freier Entscheidung beschlossen worden ist. […] Immerhin besteht heute ein Konsens darüber, dass der eine Teil den anderen nicht überstimmen darf. Die Bevölkerung der DDR soll nicht "bevormundet" werden. […] Wenn man sich das klarmacht, sieht man freilich auch, dass mit dem Selbstbestimmungsprinzip alle Forderungen unvereinbar sind, die über die prozedurale Frage einer Umgestaltung des politischen Systems hinauszielen.* » (DnR, 160)

Cela étant, un autre problème crucial se pose : l'avenir du système économique. Selon Habermas, on est à la croisée des chemins : les uns, dont lui-même, veulent accorder une aide économique collective, même si celle-ci doit servir à restructurer l'économie dans le sens d'une démocratie radicale. Les autres conditionnent celle-ci impérativement à la perspective d'une restructuration progressive de l'économie est-allemande en direction d'une économie capitaliste, ce qui impliquera un changement des formes de propriété. Si cette deuxième stratégie devait être adoptée, il s'agirait d'un premier pas en direction de l'« annexion » de la RDA. En effet, conclut-il avec amertume, une RDA qui, comme le réclament « Kohl et consorts », serait transformée en une « économie sociale de marché », ôterait toute raison d'être à un État indépendant.

> « *Hier zeichnet sich ein Konflikt ab, dessen Ausgang über die nächsten Schritte entscheiden wird. Die einen vollen eine effektive Wirtschaftshilfe auch (oder gerade) dann gewähren, wenn diese der radikaldemokratischen Umgestaltung einer Gesellschaft dienen könnte. Die anderen stellen Hilfe nur in Aussicht für eine schrittweise kapitalistische Umgestaltung der DDR-Wirtschaft; die Bedingungen, die sie stellen, zielen nicht nur auf die Differenzierung zwischen Wirtschaft und öffentlicher Verwaltung, auf eine fällige Dezentralisierung der Entscheidungsstrukturen, sondern auf eine Veränderung der Eigentumsformen. Mit dieser Strategie wäre der "Anschluss" der DDR an die Bundesrepublik vorprogrammiert, denn eine*

DDR, die, wie Kohl und andere fordern, kurzerhand auf "soziale Marktwirtschaft" umgestellt würde, müsste die raison d'être der Eigenstaatlichkeit einbüssen.

Der vorläufige Konsens über die Herstellung demokratisch rechtsstaatlicher Verhältnisse in der DDR lässt also Raum für verschiedene Prioritäten. Entweder gibt die Bundesrepublik jedem Weg eine Chance, den die Bürger in der DDR in freier Selbstbestimmung einschlagen wollen; oder sie nutzt ihre ökonomische Überlegenheit für eine Politik von Zuckerbrot und Peitsche und diktiert für das eigene anlagesuchende Kapital die betriebswirtschaftlich günstigsten Rahmenbedingungen. Eine kapitalistische Umgestaltung der Wirtschaft würde auf kaltem Wege die politische Eigenständigkeit der DDR aushöhlen. » *(DnR, 161)*

Ainsi donc, pour Habermas, la RDA ne pourra plus exister comme État à part entière dès lors qu'elle aura adopté l'économie sociale de marché. Il semble d'ailleurs résigné face à la perspective d'une unification, opérée sur le modèle ouest-allemand, qui semble inéluctable.

« Vielleicht ist die Situation in der DDR schon so verfahren, dass sich eine schleichende Assimilation ans bestehende westliche Modell so oder so vollziehen wird. Das wäre nicht das Schlimmste. » (DnR, 161)

Cependant, il ne baisse pas totalement la garde et consacre le dernier chapitre de son article aux conséquences néfastes qu'entraînera une éventuelle unification : il s'agit d'un « effet d'aspiration », généré par le syndrome nationaliste *(Die Sogwirkung des nationalen Syndroms)*, et qui peut s'avérer contagieux.

Habermas commence par évoquer un effet pervers de la libéralisation de la culture politique intervenue dans les années 1980.

Le phénomène a déchiré la droite : la CDU-CSU a vu s'affronter en son sein les libéraux et les nationaux-conservateurs : le renvoi du secrétaire général de la CDU, Rainer Geissler, ne présage rien de bon, selon Habermas, qui pointe l'essor d'un nouveau type de conservatisme, enclin au nationalisme, ainsi que le retour de l'idéologie d'une *Mitteleuropa* sous influence allemande.

« Unter dem symbolischen Schirm eines Bundespräsidenten von Weiszäcker hat sich die politische Kultur unseres Landes so weit liberalisiert, dass sich auch die Linke aus dem politischen System nicht mehr ausgegrenzt fühlt […]. Diese Linksverschiebung des Spektrums (in den 80er Jahren) hat freilich im politischen System eine andere Bruchlinie hervortreten lassen. Was Adenauer zubetoniert hatte, hat Risse. Und die Reaktionen auf diese Entfremdung zwischen den liberalen und den nationalkonservativen Teilen der CDU/CSU, die sich in Geisslers Rausschmiss nur symbolisierte, verheissen nichts Gutes. […] Hier in diesen Randgebieten sammeln sich Gewohnheitsrepublikaner […], nennen wir sie Republikaner auf Abruf. Dann stellt sich die Frage, ob die jetzt eingetretene Situation dieser neuen Sorte von Republikanern (innerhalb und ausserhalb der Parteien) eine Sogwirkung verschafft, erst recht dann, wenn auch die Regierung daran gehen sollte, nationale Naherwartungen zu nähren.

À propos Sogwirkung: Brigitte Seebacher-Brandt intoniert von neuem das alte Klagelied über die nationale Unempfindlichkeit der Linken. » (DnR, 163)

Ce regain nationaliste a été paradoxalement provoqué par la politique de détente de Gorbatchev, laquelle en libérant les Allemands du spectre de l'affrontement des grandes puissances – sur le sol allemand ! – a, par là même, libéré les Allemands du « syndrome national » de l'insécurité et a rouvert le « chemin vers la *Mitteleuropa* » !

> « *Eine Sogwirkung des nationalen Syndroms […] ein abrüstungswilliger Gorbatschow nimmt der Bevölkerung das Gefühl des Bedrohtseins. Die ungeliebte Politik der Nachrüstung wird gegenstandslos, das Feindbild der Nato von Tag zu Tag unwirklicher. Was bedeutet das für Republikaner auf Abruf […]der Weg nach Mitteleuropa scheint jetzt offen zu stehen. War das nicht von Friedrich Naumann bis Giselher Wirsing ein Stichwort für den Traum von der Vormachtstellung des Deutschen Reiches im Bündnis mit der Donaumonarchie?* » (DnR, 164)

Quels sont les effets de ces événements sur le socialisme en Allemagne ?

Il y a tout d'abord l'effet des informations télévisées quotidiennes, qui ne sont pas pour déplaire à Franz Josef Strauss, sur l'effondrement du « socialisme bureaucratique ». Pour Habermas, ce type d'information ne peut que favoriser une transformation capitaliste de l'économie et le rattachement pur et simple de la RDA à la République fédérale.

> « *Der zerfallende bürokratische Sozialismus beliefert unsere Fernsehschirme allabendlich mit Bildern, die der Wahlkämpfer Franz Josef Srauss nicht suggestiver hätte ausmalen können. Aus dieser Perspektive von Überbau und Basis wird die Forderung nach politischem Pluralismus und Selbstbestimmung mit einer kapitalistischen Umgestaltung der Wirtschaft und dem Anschluss der DDR an die Bundesrepublik beinahe synonym.* » (DnR, 165)

À supposer qu'on envisage une politique qui viserait plus particulièrement une transformation du mode de propriété, et qui viserait donc à préparer par le biais de l'économie, le rattachement à la République fédérale, celle-ci provoquerait selon Habermas trois sortes d'effets secondaires. Trois choses seraient ainsi sacrifiées :

1) le respect de soi et la conscience de soi que la population de la RDA peut tirer du fait qu'elle s'est imposée comme actrice, avec les autres comme spectateurs ;

2) l'expérience envisagée d'un « nouveau socialisme » – en faveur de laquelle une majorité de la population pourrait toujours se décider – serait à jamais sapée par une bifurcation vers le capitalisme ;

3) l'avenir d'un état d'esprit républicain qui, dans notre nation tardive, paraissait tout juste prendre des formes stables serait également sacrifié.

Trois conséquences sont à prévoir :

> « *Denken wir uns nun eine Politik hinzu, die vornehmlich die Veränderung von Eigentumsformen im Blick hat und die DDR auf dem Weg der ökonomischen Einflussnahme für den politischen Anschluss reifmachen soll […].*

Dann würden drei Dinge auf der Strecke bleiben:

1. *Zunächst die Selbstachtung und das Selbstbewusstsein, welches die Bevölkerung der DDR zum ersten Mal daraus ziehen kann, dass sie als Akteur aufgetreten ist und die anderen zu Zuschauern gemacht hat. Merkwürdigerweise scheint sich in der DDR eine eigene Identität in dem Augenblick herauszubilden, wo viele Zuschauer das Ende der DDR schon für ausgemacht halten.*

2. *Sodann müsste eine kapitalistische Weichenstellung dem Experiment eines "neuen Sozialismus" für das sich eine Mehrheit der Bevölkerung immerhin entscheiden könnte, das Wasser abgraben. Die Chancen für eine radikalde-mokratische Gesellschaftsreform sind gewiss nicht gross: und die sozialis-tische Linke hat heute mehr Gründe denn je, den ideologischen Speicher zu entrümpeln. Aber kaum jemand wird von vornherein ausschliessen, dass das hierzulande eingespielte Muster einer Gewaltenteilung zwischen Markt, admi-nistrativer Macht und öffentlicher Kommunikation anders und vernünftiger aussehen könnte […].*

3. *Mir geht es freilich vor allem um die Zukunft einer Mentalität, die bei uns Ver-gangenheit hat. Auf der Strecke bliebe wieder einmal der radikale Sinn eines Repu-blikanismus, der in der verspäteten Nation soeben erst festere Formen anzunehmen schien.* » *(DnU, 165)*

Après avoir exprimé ses inquiétudes et ses regrets face à la situation actuelle, Habermas exprime son point de vue sur les alternatives acceptables. Celles-ci doivent être clairement présentées et discutées publiquement.

Elles peuvent se résumer ainsi : ou bien nous – Allemands de la RFA –, nous soutenons sans réserve les citoyens de la RDA dans « leur cheminement vers la démocratie » *(auf ihrem Weg)*, ou nous recherchons froidement leur annexion. En tout cas, nous devrions faire en sorte qu'une certaine latitude permettant une solution alternative subsiste, ou au moins stimule nos propres efforts. Sinon, nous entrons dans la « post-histoire » qui consacre la victoire définitive du monde occi-dental ! – même si Habermas rappelle que la singularité du rationalisme occiden-tal, c'est qu'il génère sa propre alternative !

« *Die Bundesregierung darf nicht mit einem Formelkompromiss von Einigkeit und Recht und Freiheit davonkommen. Die Alternativen in der Deutschlandpolitik müssen unmiss-verständlich gestellt und öffentlich diskutiert werden. Wollen wir die Bürger der DDR ohne Wenn und Aber mit ihrem Wege zur Demokratie unterstützen, oder wollen wir den rhetorisch verschleierten Anschluss auf kaltem Wege. Wir sollten Spielraum lassen für die Möglichkeit einer Alternative, die für sich genommen nicht attraktiver sein müsste, um gleichwohl für unsere eigenen Anstrengungen ein Stimulans zu sein. Wenn wir in der nor-mativen Frage der Selbstbestimmung halbherzig bleiben, bestreiten wir nicht nur anderen die Fantasie und die Fähigkeit, neue Lösungen zu finden – die Halbherzigkeit kehrt sich auch gegen uns selbst. Die andere Option steht nämlich stillschweigend unter jener Prä-misse, die die "Washington Post" unter der Schlagzeile "Posthistoire" erläutert hatte: dass die Geschichte alternativenlos zu Ende gehe, weil sich der Status quo der westlichen Welt als ein non plus ultra herausgestellt habe. Das Eigentümliche des europäischen Geistes, des okzidentalischen Rationalismus wie Max Weber sagte, besteht aber darin, dass er ruhelos seine eigenen Alternativen erzeugt. Nur durch Selbstkritik und Selbstüberschreitung ist er mit sich identisch geblieben. » (DnR, 165-166)*

Notons que ce texte non publié *(unveröffentlicht)*, qui date très certainement de 1990, présente avec fermeté et clarté la position première manière de Habermas, formulée peu après la chute du mur !

7.1.6. La « révolution de rattrapage » et la nécessité d'une révision à gauche. Que veut dire « socialisme » aujourd'hui ?

Dans cet article, non publié, le second écrit après la chute du mur, peu de temps avant les élections du 18 mars, Habermas tente de répondre à la question : comment interpréter les changements révolutionnaires intervenus en Europe de l'Est et en Europe centrale ?

Alors qu'en Pologne ceux-ci ont été le résultat de la résistance durable du mouvement Solidarnosc, soutenu par l'Église catholique et qu'en Hongrie ils ont résulté d'une lutte pour le pouvoir à l'intérieur même des élites politiques, en RDA et en Tchécoslovaquie, ils ont pris la forme d'un renversement obtenu à l'arraché par des manifestations de masses pacifiques ; en Roumanie, c'est sous la forme d'une révolution sanglante et en Bulgarie sous une forme plus « visqueuse » qu'ils se sont accomplis.

Pour Habermas, en dépit de la diversité de ses formes, la révolution se présente comme allant, pour ainsi dire, à rebours, dégageant la voie à un *rattrapage* par rapport à des développements manqués.

En revanche, pour ce qui est des changements se produisant dans le pays d'origine de la révolution bolchevique, Habermas dit qu'il leur manque le caractère univoque d'une révocation.

« In Polen waren die revolutionären Veränderungen das Ergebnis des anhaltenden Widerstandes der von der katholischen Kirche gestützten Solidarnosc-Bewegung, in Ungarn die Folge eines Machtkampfes innerhalb der politischen Eliten; in der DDR und in der CSSR haben sie sich als ein von friedlich demonstrierenden Massen erzwungenen Umsturz, in Rumänien als blutige Revolution, zähflüssig in Bulgarien vollzogen. Trotz der Vielfalt der Erscheinungsformen lässt sich die Revolution in diesen Ländern an Ereignissen ablesen: die Revolution erzeugt ihre Daten. Sie ergibt sich als eine gewissermassen rückspulende Revolution zu erkennen, die den Weg freimacht, um versäumte Entwicklungen nachzuholen. Dagegen behalten die Veränderungen im Ursprungsland der bolschewistischen Revolution einen undurchsichtigen Charakter, für den die Begriffe noch fehlen. In der Sowjetunion fehlt der Revolution (bisher) der unzweideutige Charakter eines Widerrufs. » (DnR, 180)

En Pologne et en Hongrie, en Tchécoslovaquie, en Roumanie et en Bulgarie, la suppression de la démocratie populaire s'accomplit sous le signe d'un retour aux vieux symboles nationaux, en renouant avec les traditions et les structures politiques de l'entre-deux-guerres et en manifestant le désir de rejoindre l'héritage des révolutions bourgeoises.

Dans le cas de la RDA, il s'agit d'une annexion (à entendre ici au sens « littéral » de rattachement pacifique, non politico-militaire ; se rattacher, se joindre) ; en effet, dit-il, la République fédérale offre les deux choses à la fois : une société d'abondance et une structure démocratique. On souhaite rattraper ce qui, pendant quatre décennies, a séparé la partie occidentale de l'Allemagne de la partie orientale. On a donc bien affaire à une « révolution de rattrapage ». Ce type de révolution n'est pas sans ambiguïté : on renoue ici avec des « modèles anciens », dit-il ; les marxistes y voient une trahison, un retour à l'ancien régime d'avant la révolution d'Octobre ; les conservateurs y voient un « recommencement » !

« In Polen und Ungarn, in der Tschechoslowakei, Rumänien und Bulgarien, […] vollzieht sich die Abschaffung der Volksdemokratie im Zeichen einer Rückkehr zu den alten, nationalen Symbolen und, wo immer es sich anbietet, als eine Wiederanknüpfung an politische Traditionen und an Parteienstrukturen der Zwischenkriegszeit. Hier […] artikuliert sich auch am deutlichsten der Wunsch, verfassungspolitisch an das Erbe der bürgerlichen Revolutionen und gesellschaftspolitisch an die Verkehrs- und Lebensformen des entwickelten Kapitalismus, insbesondere an die Europäische Gemeinschaft, Anschluss zu finden. » (DnR, 180)

7.1.7. Le rejet par Habermas de la notion de « révolution de rattrapage »

Quand en Allemagne on parle de « révolution de rattrapage » à propos de la « chute du mur » et de la fin de la RDA, on entend par là un événement à double face : une ancienne et une nouvelle ; on rejette son propre système sociopolitique, en l'occurrence celui de la RDA pour rejoindre un autre système celui de la RFA, censé être socio-politiquement en avance par rapport au précédent. Dans notre cas de figure, ce type de révolution mène à une unification.

Or Habermas, dans l'entretien avec Hans-Peter Krüger, l'universitaire est-allemand, interviewé peu avant la chute du mur, s'est montré peu intéressé par « une unification politique » de l'Allemagne, sa préférence, on l'a vue, allant à une sorte d'« unité allemande culturelle », la culture pouvant être, selon lui, un bon entraîneur *(Schrittmacherfunktion)*.

D'ailleurs, l'expression « révolution de rattrapage » le fait penser aux conceptions prérévolutionnaires d'une succession de formes de pouvoir, à la manière de la « révolution des astres ».

« Verwirrend ist dieser Charakter einer nachholenden Revolution, weil er an den älteren, von der französischen Revolution gerade ausser Kraft gesetzten Sprachgebrauch erinnert, an den reformistische Sinn einer Wiederkehr politischer Herrschaftsformen, die aufeinander folgen und wie im Umlauf der Gestirne einander ablösen. »(DnR, 180-181)

Or une révolution politique n'a pas de visée précise : elle ne vise nul rattrapage ; elle chambarde tout !

Cela étant, Habermas relève six interprétations des « événements révolution-naires » qui ont eu lieu, dont la « troisième voie », qu'il verrait bien réalisée en Allemagne de l'Est :

1) les staliniens, défenseurs du statu quo, nient le caractère révolutionnaire des changements qu'ils considèrent comme contre-révolutionnaires ;

2) les léninistes, dont l'historien est-allemand Jürgen Kuszynski, parlent d'une « révolution conservatrice », avec l'idée de donner aux transforma-tions le statut d'une réforme autopurificatrice du socialisme d'État ;

3) la troisième position est incarnée à Prague par Alexandre Dubcek, tenant d'un socialisme démocratique, une sorte de « troisième voie » entre un capitalisme domestiqué par l'État social et un socialisme d'État, appelée aussi « socialisme réformateur », qui se fonde sur le marxisme occiden-tal et rejette la conception léniniste, étatiste et non démocratique, de la révolution bolchevique. Une voie qui n'est pas sans influencer l'opposition est-allemande, ainsi que des libéraux comme Marion Gräfin Dönhoff, qui pensent pouvoir concilier le socialisme et l'économie de marché !

> « *Auch ein grosser Teil der Oppositionellen, die die revolutionäre Bewegung in der DDR in Gang gesetzt und zunächst angeführt haben, liess sich vom Ziel eines demokratischen Sozialismus leiten – eines sogenannten Dritten Weges zwischen sozialstaatlich gebändig-tem Kapitalismus und Staatssozialismus, auch Reformkommunisten genannt. Im Ein-klang mit vielen theoretischen Strömungen des westlichen Marxismus gehen sie davon aus, dass das leninistische Selbstverständnis der bolschewistischen Revolution von Anbe-ginn den Sozialismus verfälscht, die Verstaatlichung anstelle einer demokratischen Verge-sellschaftung der Produktionsmittel gefördert und damit die Weichen gestellt habe für eine bürokratische Verselbständigung des totalitären Herrschaftsapparats.* » (DnR, 182-183)

Toutefois, la question de savoir si la révolution en RDA aurait pu emprunter une « troisième voie » reste sans réponse, ajoute-t-il : il eût fallu plus d'imagina-tion et de pragmatisme ! D'ailleurs, entre-temps, la grande majorité de la popu-lation a opté contre une telle réponse, ce que Habermas dit vouloir comprendre !

> « *Die Frage, ob die Revolution in der DDR einen Dritten Weg hätte beschreiten können, wird unbeantwortet bleiben müssen. [...] Die Masse der Bevölkerung hat sich inzwischen unmissverständlich dagegen entschieden. Nach dem vierzigjährigen Desaster kann man die Gründe verstehen.* » (DnR, 184)

Habermas évoque ensuite, pour la contredire, la critique postmoderne de la raison, inspirée sur le mode idéaliste par Nietzsche et Heidegger, pour laquelle les « renversements » *(Umwälzungen)*, sans effusion de sang quasiment, se présentent comme « une révolution mettant un terme à l'ère des révolutions ».

En guise de conclusion à cet essai de définition, Habermas dit que la révolu-tion dite « de rattrapage » est bien une révolution, en l'occurrence une révolution moderne qui emprunte ses moyens et ses critères au répertoire bien connu des révolutions modernes : c'est la présence des masses rassemblées sur les places et mobilisées dans la rue, qui a renversé un régime armé jusqu'aux dents.

C'est le prototype de l'action de masse spontanée, dit-il encore, qui a servi de modèle à tant de théoriciens de la révolution et qu'on a cru enterrée, dit-il. Et d'ajouter que, pour la première fois, une telle action s'est déroulée dans l'espace nullement classique d'une arène mondiale, rassemblant des spectateurs qui participent et prennent parti, une arène créée par des médias électroniques omniprésents.

> *« Aus der Sicht einer postmodernistischen Vernunftkritik stellen sich die weitgehend unblutigen Umwälzungen als eine Revolution dar, die das Zeitalter der Revolutionen beendet – ein Gegenstück zur französischen Revolution –, und die den aus Vernunft geborenen Terror ohne Schrecken an der Wurzel überwindet. Die unruhigen Träume der Vernunft, aus denen seit zweihundert Jahren die Dämonen aufsteigen, sind ausgeträumt. […] Die nachholende Revolution entlehnte ja ihre Mittel und ihre Massstäbe sehr wohl dem bekannten Repertoire der neuzeitlichen Revolutionen. Erstaunlicherweise war es die Präsenz der auf Plätzen versammelten, in Strassen mobilisierten Massen, die ein bis an die Zähne bewaffnetes Regime entmachtet hat. Es war jener schon totgeglaubte Typus der spontanen Massenaktion, der so vielen Revolutionstheoretikern als Vorbild gedient hatte. Zum ersten Mal vollzog sich freilich in dem klassischen Raum einer weltweiten, durch die stets gegenwärtigen elektronischen Medien hergestellten Arena von teilnehmenden, parteinehmenden Zuschauern. Und wiederum waren es die vernunftrechtlichen Legitimationen der Volkssouveränität und der Menschenrechte, aus denen die revolutionären Forderungen ihre Kraft bezogen.*
>
> *So dementierte die beschleunigte Geschichte das Bild von der stillgestellten Posthistoire; sie zerstörte auch das postmodern ausgemalte Panorama einer von allen Legitimationen losgerissenen, universal ausgebreiteten, kristallin erstarrten Bürokratie. Eher kündigt sich im revolutionären Zusammenbruch des bürokratischen Sozialismus ein Ausgreifen der Moderne an – der Geist des Okzidents holt den Osten ein, nicht nur mit der technischen Zivilisation, sondern auch mit seiner demokratischen Tradition. »* (DnR, 184-185)

Dans les pages qui suivent, Habermas traite de la position libérale face aux événements. Les Libéraux saluent la disparition, avec le socialisme d'État, des dernières formes de régimes totalitaires en Europe, et l'avènement, en Europe de l'Est de conceptions libérales avec l'État de droit, l'économie de marché et le pluralisme sociétal. En Allemagne, c'est Ralph Dahrendorf, dans *Die Zeit*, qui est en première ligne pour célébrer la fin de l'idéologie du socialisme d'État.

> *« Die liberale Deutung registriert, dass sich mit dem Staatssozialismus, die letzten Formen totalitärer Herrschaft in Europa aufzulösen beginnen. Eine Epoche, die mit dem Faschismus begann, geht zu Ende. Mit dem demokratischen Rechtsstaat, der Marktökonomie und dem gesellschaftlichen Pluralismus setzen sich liberale Ordnungsvorstellungen durch. Damit scheint sich die verfrühte Voraussage eines Endes der Ideologien endlich zu erfüllen. »* (Bell und Dahrendorf in Die Zeit vom 29. Dez. 1989)

La suite de l'article est consacrée aux déficiences et aux erreurs qui se manifestent dans la tradition théorique qui va de Marx et Engels à Kautsky – tout particulièrement le sort réservé à l'État de droit démocratique décrié par Marx. La question qui s'est posée : comment le marxisme, codifié par Staline, a pu dégénérer en pratique inhumaine, dénoncée en RFA par W. Biermann :

> « *Wenn man sich diese Defizite und Fehler, die in der Theorietradition von Marx und Engels bis Kautsky mehr oder weniger ausgeprägt waren, vor Augen führt, versteht man besser, wie der Marxismus in der von Stalin kodifizierten Gestalt zur Legitimationsideologie einer schlechthin unmenschlichen Praxis […] verkommen konnte. Freilich lässt sich der Schritt zum Sowjetmarxismus, den Lenin in der Theorie getan und in der Praxis eingeleitet hat, aus der Marxistischen Lehre nicht rechtfertigen, aber die Schwächen, die wir diskutiert haben, zählen immerhin zu den Bedingungen für einen Missbrauch, ja für die vollständige Verkehrung ihrer ursprünglichen Intention.* » (DnR, 191)

De cet ensemble, le réformisme social-démocrate *(Die nicht-kommunistische Linke)*, sous l'influence des austro-marxistes tels que Karl Renner et Otto Bauer, s'est détaché, en rejetant les préventions vis-à-vis de l'autonomie du marché, la conception dogmatique de la structure de classe et de la lutte de classe, la défiance envers l'État de droit démocratique, tout en restant attaché au paradigme productiviste propre à une société du travail.

Après la Seconde Guerre mondiale, les partis réformistes devinrent pragmatiques et se détachèrent de toute théorie, mais c'est alors qu'ils obtinrent leurs incontestables succès en imposant le compromis de l'État social jusque dans les structures de la société.

Cela étant, à force de tenter de réaliser la paix sociale par des interventions étatiques, les partis eux-mêmes ont été de plus en plus absorbés par l'appareil d'État. Ainsi, selon Habermas, la social-démocratie paie ses succès d'un double prix : elle est obligée de renoncer à la démocratie radicale et doit apprendre à vivre avec les conséquences de la croissance capitaliste. Ce prix à payer a maintenu en vie en Europe occidentale une gauche non communiste, située à gauche de la social-démocratie, le modèle qui a sa préférence.

> « *Demgegenüber hat sich der sozialdemokratische Reformismus, der wichtigste Anstösse von Austromarxisten wie Karl Renner und Otto Bauer erhalten hat, schon relativ früh von einem holistischen Gesellschaftsverständnis […], von einer dogmatischen Auffassung der Klassenstruktur und des Klassenkampfes, von einer falschen Einstellung gegenüber dem normativen Gehalt des demokratischen Rechtsstaates und von evolutionistischen Hintergrundannahmen gelöst. Nach dem Zweiten Weltkrieg haben sich die pragmatisch gewordenen, von Theorien abgekoppelten reformistischen Parteien ihre unbestreitbaren Erfolge bei der Durchsetzung eines sozialstaatlichen Kompromisses erzielt, der bis in die Gesellschaftsstrukturen eingedrungen ist. Die Tiefe dieses Eingriffs ist von der radikalen Linken stets unterschätzt worden. Allerdings ist die Sozialdemokratie überrascht worden vom systemischen Eigensinn der staatlichen Macht, der sie sich wie eines neutralen Instruments glaubte bedienen zu können, um eine sozialstaatliche Universalisierung der Bürgerechte durchzusetzen. Nicht der Sozialstaat hat sich als eine Illusion erwiesen, sondern die Erwartung, mit administrativen Mitteln emanzipierte Lebensformen zuwege bringen zu können. Im Übrigen werden die Parteien über dem Geschäft, die soziale Befriedung durch staatliche Interventionen herbeizuführen, selber von einem expandierenden Staatsapparat mehr und mehr aufgesogen. Mit dieser Verstaatlichung*

der Parteien verlagert sich aber die demokratische Willensbildung zu einem politischen System, das sich weitgehend selbst programmiert – was die von Stasi und Einparteienherrschaft befreiten Bürger der DDR während der jüngsten, von den Managern des Westens in Regie genommenen Wahlkampfes soeben mit Erstaunen registrieren. Die Massendemokratie westlichen Zuschnitts ist von Zügen eines gesteuerten Legitimationsprozesses geprägt.

So zahlt die Sozialdemokratie für ihre Erfolge einen doppelten Preis. Sie verzichtet auf radikale Demokratie und lernt mit den normativ unerwünschten Folgen des kapitalistischen Wachstums zu leben (DnR, 191-192). Dieser Preis hat in Westeuropa eine nicht-kommunistische Linke von der Sozialdemokratie am Leben erhalten. Sie tritt in vielen Varianten auf und hält die Erinnerung daran wach, dass mit Sozialismus einmal mehr gemeint war als staatliche Sozialpolitik. » (DnR, 193)

7.1.8. Le devenir de la tradition marxiste universitaire

Habermas rend compte de la situation de la tradition marxiste en milieu universitaire, où elle est devenue une composante, quoique marginale. Cette intégration au niveau de l'université a entraîné des révisions et l'hybridation avec d'autres approches théoriques – sur le modèle, à l'époque de Weimar, de la constellation alliant Marx et Max Weber. Depuis, l'autocritique du marxisme occidental s'est déroulée en grande partie dans le cadre des Universités, engendrant un certain pluralisme. Habermas cite les programmes de recherche d'inspiration marxiste des Français P. Bourdieu, C. Castoriadis ou A. Touraine ; des Anglo-Saxons J. Elster ou A. Giddens, de ses collègues allemands C. Offe ou U. Preuss.

« Wie die politische Praxis, so ist auch Theorietradition längst von der institutionellen Differenzierung eingeholt worden. An der Seite anderer Forschungstraditionen ist auch die marxistische mehr oder weniger marginal, zum Bestandteil des akademischen Betriebs geworden. Diese Akademisierung hat zu den fälligen Revisionen und zur Kreuzung mit anderen theoretischen Ansätzen geführt. Die Selbstkritik des westlichen Marxismus hat sich innerhalb der Universitäten vollzogen und einen Pluralismus hervorgebracht. Interessante und konträre Forschungsansätze, wie sie von Bourdieu, Castoriadis oder Touraine, von Elster oder Giddens, Offe und Preuss verraten etwas von der Virulenz des Anregungspotentials, das die von Marx ausgehende Tradition immer noch darstellt. Ihr ist ein stereoskopischer Blick eingepflanzt [...] der für die Ambivalenzen der die Gesellschaft zerfurchenden Rationalisierungsprozesse empfindlich macht. » (DnR, 193).

7.1.9. La solidarité générée par la communication

Un glissement s'opère avec l'arrivée au pouvoir en URSS de Gorbatchev qui annonce une nouvelle ère pour le socialisme. La question de l'avenir de ce dernier est désormais posée : la gauche doit-elle se contenter d'être une exigence morale, une idée ! Peut-on dire avec Biermann : le socialisme n'est plus un objectif !

« Wenn dies in wenigen Strichen die Situation kennzeichnet, in der sich selbst wahrnehmen konnte, als Gorbatchow den Anfang vom Ende einläutete – wie haben die dramatischen

Ereignisse des vergangenen Herbstes diese Szene verändert? Müssen sich die Linken auf den moralischen Standpunkt zurückziehen und den Sozialismus nur noch als Idee pflegen? Muss man mit Biermann sagen: "Der Sozialismus ist kein Ziel mehr?" » (DnR, 193-194)

La réponse de Habermas à cette question est sans ambages : le socialisme historique, qualifié maintenant de « socialisme romantique », compris au sens des *Manuscrits* de 1844, selon lesquels la suppression de la propriété privée était « l'énigme de l'histoire résolue », c'est-à-dire « la création de conditions de vie solidaires dans lesquelles l'homme n'est plus aliéné ». Ce socialisme est maintenant hors jeu !

« Sicher dann, wenn man ihn romantisch – spekulativ im Sinne der Pariser Manuskripte versteht, wonach die Aufhebung des Privateigentums an Produktionsmitteln das "aufgelöste Rätsel der Geschichte" bedeutet, nämlich die Herstellung solidarischer Lebensverhältnisse, unter denen der Mensch nicht länger vom Produkt seiner Arbeit, von den Mitmenschen und von sich selbst entfremdet wird. Die Aufhebung des Privateigentums bedeutet dem romantischen Sozialismus die vollständige Emanzipation aller menschlichen Sinne und Eigenschaften – die wahre Resurrektion der Natur und den durchgeführten Naturalismus des Menschen, die Auflösung des Widerstreites zwischen Vergegenständlichung und Selbstbetätigung, zwischen Freiheit und Notwendigkeit, zwischen Individuum und Gattung. » (DnR, 194)

Dans la société contemporaine devenue « complexe », la fonction d'établir la solidarité revient dès lors, selon Habermas, à la communication. Celle-ci est censée favoriser la vie en communauté solidaire *(solidarisches Zusammenleben)*, conçue « abstraitement » au moyen d'une auto-organisation rationnelle propre à une société de citoyens libres et égaux, élaborée selon des procédures démocratiques, dont l'objectif est de rendre possible « l'autonomie et l'individuation des sujets socialisés ». C'est le but assigné par Habermas à « l'agir communicationnel » qui repose sur l'ancrage de la raison dans le discours, ce qui est un moyen de parvenir à un consensus démocratique, lequel éteint le conflit de classe !

« In dieser konkretistischen Lesart ist Sozialismus gewiss kein Ziel mehr, und nie ist er ein realistisches Ziel gewesen. Angesichts komplexer Gesellschaften müssen wir die normativen Konfrontationen, die diese begriffliche Prägung des 19. Jahrhunderts mit sich führt, einer radikalen Abstraktion unterziehen. Gerade wenn man an der Kritik naturwüchsiger, nicht legitimierter Herrschaft und verschleierter sozialer Gewalt festhält, rücken jene Kommunikationsbedingungen ins Zentrum, unter denen sich ein berechtigtes Vertrauen in die Institutionen der vernünftigen Selbstorganisation einer Gesellschaft freier und gleicher Bürger herstellen kann. Gewiss, Solidarität kann konkret nur im Kontext angestammter oder kritisch angeeigneter […] Lebensformen erfahren werden. Aber im Rahmen einer grossräumig integrierten Gesellschaft, erst recht im Horizont eines weltweiten Kommunikationsnetzes, ist solidarisches Zusammenleben selbst seiner Idee nach nur in abstrakter Form zu haben, nämlich in Gestalt einer berechtigten intersubjektiv geteilten Erwartung. Alle müssten von den institutionalisierten Verfahren einer inklusiven Meinungs- und demokratischen Willensbildung erwarten dürfen, dass diese Prozesse öffentlicher Kommunikation die begründete Vermutung von Vernünftigkeit und Wirksamkeit für sich haben. » (DnR, 195)

« Die Vermutung der Vernünftigkeit stützt sich auf den normativen Sinn demokratischer Verfahren, die sicherstellen sollen, dass alle gesellschaftlich relevanten Fragen zum Thema gemacht, mit Gründen und Einfallsreichtum behandelt und zu Problemlösungen verarbeitet werden können, die – bei gleicher Achtung für die Integrität jedes Einzelnen und jeder Lebensform – im gleichmässigen Interesse aller liegen. Die Vermutung der Wirksamkeit berührt die materialistische Grundfrage, in welchem Sinne sich eine systemisch ausdifferenzierte Gesellschaft ohne Spitze und Zentrum überhaupt noch selbst organisieren kann, nachdem das "Selbst" dieser Selbstorganisation nicht mehr in Makrosubjekten, also in den sozialen Klassen der Klassentheorie oder im Volk der Volkssouveränität, verkörpert vorgestellt werden kann. » (DnR, 195-196)

« Der Witz einer abstrakten Fassung solidarischer Beziehung besteht darin, jene im kommunikativen Handeln vorausgesetzten Symmetrien gegenseitiger Anerkennung, die Autonomie und Individuierung der vergesellschafteten Subjekte erst möglich machen, von der konkreten Sittlichkeit naturwüchsiger Interaktionsverhältnisse abzulösen und in den reflexiven Formen der Verständigung und der Kompromisse zu verallgemeinern, sowie durch rechtliche Institutionalisierung zu sichern. Das "Selbst" dieser sich selbst organisierenden Gesellschaft verschwindet dann in jenen subjektlosen Kommunikationsformen, die den Fluss der diskursiv geprägten Meinungs- und Willensbildung so regulieren sollen, dass ihre falliblen Ergebnisse die Vermutung der Vernunft für sich haben. Eine solche intersubjektivistisch aufgelöste, anonymgewordene Volkssouveränität zieht sich in die demokratischen Verfahren und die anspruchsvollen kommunikativen Voraussetzungen ihrer Implementierung zurück. Sie finden ihren ortlosen Ort in den Interaktionen zwischen rechtsstaatlicher institutionalisierter Willensbildung und kulturell mobilisierten Öffentlichkeiten. » (DnU, 196)

« Was nun das Verständnis dieser Intention anbetrifft, so enthalten die revolutionären Veränderungen, die sich unter unseren Augen vollziehen eine unzweideutige Lehre; Komplexe Gesellschaften können sich nicht reproduzieren wenn sie nicht die Logik der Selbststeuerung einer über Märkte regulierten Wirtschaft intakt lassen. Moderne Gesellschaften differenzieren ein über das Geldmedium gesteuertes ökonomisches System, auf der gleichen Ebene aus wie das administrative System. Keines darf dem anderen subordiniert werden. » (DnR, 197-2)

7.1.10. Habermas aux intellectuels est-allemands : passer du socialisme au « réformisme radical d'une société capitaliste »

Selon Habermas, aujourd'hui, après la banqueroute du socialisme d'État, après la domestication sociale et écologique de l'économie de marché, après la querelle à propos des formes de propriété, le socialisme a perdu sa signification dogmatique.

Le projet d'État social est devenu réflexif. Ce qui est « socialiste » aujourd'hui, ce sont des relations sociales médiatisées par le droit et l'administration.

La gauche non communiste n'a aucune raison d'être déprimée. Mais le message adressé aux intellectuels est-allemands, c'est de « traduire les idées socialistes dans l'autocritique radicale-réformiste d'une société capitaliste », ou autre formulation : « assurer la maîtrise sociale et écologique de l'économie de marché ; ne pas se focaliser sur les formes de propriété ! ». C'est ce qu'il appelle aussi un « réformisme radical ».

« Heute bildet ein sozialstaatlicher Kompromiss, der sich in den Gesellschaftsstrukturen festgesetzt hat, die Grundlage, von der in unseren Breiten jede Politik ausgehen muss [...]. Es ist ja nicht so, als sei auch nur eines unserer systemspezifisch erzeugten Probleme durch den Sturz der Mauer gelöst worden. Die Insensibilität des marktwirtschaftlichen Systems gegenüber ihren externen, auf die sozialen und natürlichen Umwelten abgewälzten Kosten säumt bei uns nach wie vor die Pfade eines krisenhaften ökonomischen Wachstums mit den bekannten Disparitäten und Marginalisierungen im Innern, mit den ökonomischen Rückständen, sogar Rückentwicklungen, also mit den barbarischen Lebensverhältnissen, kulturellen Enteignungen und Hungerkatastrophen in der Dritten Welt, nicht zuletzt mit den weltweiten Risiken eines überlasteten Naturhaushaltes. Die soziale und ökologische Bändigung der Marktwirtschaft ist die Allerweltsformel, zu der sich das sozialdemokratische Ziel der sozialen Bändigung des Kapitalismus zustimmungspflichtig verallgemeinert hat. Sogar die dynamische Lesart vom ökologischen und sozialen Umbau der Industriegesellschaft findet über den Kreis von Grünen und Sozialdemokraten hinaus Zustimmung. Auf dieser Basis entbrennt heute der Streit. Es geht um die Operationalisierung, um den Zeithorizont und die Mittel zur Realisierung der gemeinsamen, jedenfalls rhetorisch bekräftigten Ziele. Konsens besteht auch über den Politikmodus einer von aussen ansetzenden indirekten Einflussnahme auf die Mechanismen der Selbststeuerung eines Systems, dessen Eigensinn nicht durch direkten Zugriff gebrochen werden darf. Darüber hinaus hat der Streit über die Eigentumsformen seine dogmatische Bedeutung verloren. » (DnR, 198)

« Moderne Gesellschaften befriedigen ihren Bedarf an Steuerungsleistungen aus drei Ressourcen: Geld, Macht und Solidarität. Ein radikaler Reformismus ist nicht mehr an konkreten Schlüsselforderungen zu erkennen, sondern an der auf Verfahren gerichtete Intention, eine neue Gewaltenteilung zu fördern: die sozialintegrative Gewalt der Solidarität soll sich über weit ausgefächerte demokratische Öffentlichkeiten und Institutionen gegen die beiden, Geld und administrative Macht, behaupten können. Das "Sozialistische" daran ist die Erwartung, dass sich die anspruchsvollen Strukturen gegenseitiger Anerkennung, die wir aus konkreten Lebensverhältnissen kennen, über die Kommunikationsvoraussetzungen inklusiver Meinungs- und demokratischer Willensbildungsprozesse auf die rechtlich und administrativ vermittelten sozialen Beziehungen übertragen. » (DnR, 199-200)

« Lebensweltliche Bereiche, die darauf spezialisiert sind, tradierte Werte und kulturelles Wissen weiterzugeben [...], sind immer schon auf Solidarität angewiesen. Aus denselben Quellen kommunikativen Handelns muss auch eine radikal-demokratische Meinungs- und Willensbildung schöpfen, die auf die Grenzziehung und den Austausch zwischen jenen kommunikativ strukturierten Lebensbereichen auf der einen, Staat und Ökonomie auf der anderen Seite Einfluss nehmen soll.

Ob freilich Konzepte für eine radikale Demokratie noch eine Zukunft haben, wird auch davon abhängen, wie wir Probleme wahrnehmen und definieren, welcher Typus von gesellschaftlicher Problemsicht sich politisch durchsetzt [...]. Tatsächlich sind aber die grossen Probleme, denen sich die entwickelten Gesellschaften konfrontiert sehen, kaum

von der Art, dass sie ohne eine normativ sensibilisierte Wahrnehmung, ohne Morali-
sierung der öffentlichen Themen gelöst werden können. » (DnR, 200)

« Ohne die Stimme der Majorität von Bürgern, die sich fragen und fragenlassen, ob sie
denn in einer segmentierten Gesellschaft leben wollen, wo sie die Augen vor Obdachlosen
und Bettlern, vor gettoisierten Stadtvierteln und verwahrlosten Regionen verschliessen
müssen, fehlt einem solchen Problem die Schubkraft, sei's auch nur für eine breitenwirk-
same öffentliche Thematisierung. Eine Dynamik der Selbstkorrektur kommt ohne
Moralisierung, ohne eine unter normativen Gesichtspunkten vollzogene Interessenve-
rallgemeinerung nicht in Gang. » (DnR, 201)

Habermas évoque la révolution en cours *(die gegenwärtige Revolution,*
H. M. Enzensberger) et l'action des « masses populaires » ; il y a eu d'abord un
phénomène latent d'évolution de l'opinion, avant que le socialisme « délégitimé »
ne se délite et qu'il soit remplacé par une « démocratie radicale ».

« Erst hat sich in der Masse der Bevölkerung ein latenter Einstellungswandel vollzogen, bevor
dem Staatssozialismus der Boden der Legitimation weggerutscht ist: nach dem Erdrutsch steht
das System als Ruine da, die ab- und umgebaut werden muss. Als Folgelast der gelungenen
Revolution entsteht eine in sich gekehrte Politik des Ab- und Umrüstens.

Auf dem Gebiet, auf dem diese Metapher entlehnt ist, hatte sich in der Bundesrepu-
blik während der achtziger Jahre ähnliches zugetragen. Die als Oktroy empfundene
Stationierung von Mittelstreckenraketen hatte das Fass zum Überlaufen gebracht und
eine Bevölkerungsmehrheit von der riskanten Sinnlosigkeit einer selbstdestruktiven Rüs-
tungsspirale überzeugt. Mit dem Gipfel von Reykjavik setzte dann (ohne dass ich einen
linearen Zusammenhang suggerieren möchte) die Wende zu einer Politik der Abrüstung.
Allerdings hatte sich bei uns der delegitimierende Wandel der kulturellen Wertorien-
tierungen nicht nur subkutan, wie in den privaten Nischen des Staatssozialismus, sondern
in aller Öffentlichkeit vollziehen können, schließlich sogar vor den Kulissen der größten
Massendemonstration, die die Bundesrepublik je gesehen hat.

Dieses Beispiel illustriert einen Kreisprozess, indem sich ein latenter Wertewandel aus
aktuellen Anlässen verkettet mit Prozessen der öffentlichen Kommunikation, Veränderun-
gen in den Parametern der verfassten demokratischen Willensbildung und Anstößen zu
neuen Politiken der Ab- und Umrüstung, die ihrerseits auf die veränderten Wertorien-
tierungen zurückwirken […].

Die Herausforderungen des 21. Jahrhunderts werden nach Typus und Größenordnung
von den westlichen Gesellschaften Antworten verlangen, die ohne eine interessenverallge-
meinernde radikaldemokratische Meinungs- und Willensbildung wohl kaum gefunden
und implementiert werden können.

In dieser Arena findet die sozialistische Linke ihren Platz und ihre politische Rolle. Sie
kann das Ferment bilden für politische Kommunikationen, die den institutionellen
Rahmen des demokratischen Rechtsstaates davor bewahren, auszutrocknen. Die nicht-
kommunistische Linke hat keinen Grund zur Depression. Es mag sein, dass sich manche
Intellektuelle in der DDR auf eine Situation, in der sich die westeuropäische Linke seit

Jahrzehnten befindet – die sozialistischen Ideen umsetzen zu müssen in die radikalreformistische Selbstkritik einer kapitalistischen Gesellschaft, die in den Formen einer rechts- und sozialstaatlichen Massendemokratie gleichzeitig mit ihren Schwächen auch ihre Stärken entfaltet hat. Nach dem Bankrott des Staatssozialismus ist diese Kritik das einzige Nadelöhr, durch das alles hindurch muss. Dieser Sozialismus wird erst mit dem Gegenstand seiner Kritik verschwinden – vielleicht eines Tages, wenn die kritisierte Gesellschaft ihre Identität so weit verändert hat, dass sie alles, was sich nicht in Preisen ausdrücken lässt in seiner Relevanz wahrnehmen und ernst nehmen kann. » (DnR, 202-203)

Pour Habermas, il n'est donc plus question de « révolution de rattrapage ». Seuls les conservateurs et les libéraux-conservateurs recourent à ce langage : c'est que, pour eux, les nouveaux arrivants « rattrapent » effectivement la révolution anciennement faite par les premiers.

Par contre, Habermas propose aux arrivants de participer à une « nouvelle révolution » visant l'avènement d'une « démocratie radicale ».

Notons toutefois que la « démocratie radicale » ou le « réformisme radical » proposés par Habermas ne sont pas univoques : ils se trouvent employés par des philosophes – politologues de bords différents. Il s'agit dans le cas présent de la philosophe belge Chantal Mouffe –interviewée à l'occasion de la parution de son dernier livre *La Révolution démocratique verte* (*Le Point* du 19 mars 2023), présentée comme étant une « théoricienne du radicalisme de gauche », qui dit avoir pour objectif l'établissement d'un « réformisme radical ». Un langage qui se confond avec celui de Habermas, qu'elle cite d'ailleurs dans l'interview, le traitant de « technocrate rationaliste ». Cela étant, à la différence du « réformisme » de Chantal Mouffe, qui vise à « renverser le capitalisme », celui de Habermas tient à le préserver et se contente de le « maîtriser » !

7.1.11. L'identité allemande aujourd'hui

Dans le dernier chapitre du recueil VII *Die nachholende Revolution*, intitulé « *Nochmals: Zur Identität der Deutschen. Ein einzig Volk von aufgebrachten Wirtschaftsbürgern ?* » (DNU, 205-223), mars 1990 (trad. fr. « L'identité des Allemands : une fois encore », *Écrits politiques*, 319-344), Habermas s'interroge sur les effets du processus d'unification sur « l'identité des Allemands réunifiés », et plus particulièrement l'effet du « deutsche Mark » sur la « conscience républicaine », celui-ci étant à ce point valorisé qu'il risque de générer une « conscience nationale de caractère économique » (*Wirtschaftsnationale Gesinnung*) qui prendra le pas sur la conscience républicaine.

« Was wird aus der Identität der Deutschen? Lenken die wirtschaftlichen Probleme den Einigungsprozess in nüchterne Bahnen? Oder wird die D-Mark libidinös und in der Weise emotional aufgewertet, dass eine Art wirtschaftsnationale Gesinnung das republikanische Bewusstsein überwältigt? » (DnR, 205)

Habermas fait une présentation satirique du « prédateur » Helmut Kohl qui, avec son « nationalisme mafflu » mène un combat inégal face à sa « proie », le

Premier ministre de la RDA, « aussi probe que fragile ». Kohl ne connaît que les intérêts allemands et reste sourd face aux attentes des pays de l'Est, en particulier face aux demandes de réparation des « travailleurs polonais recrutés de force » *(polnische Zwangsarbeiter)* : le mot « obscène » est tombé » !

> « *Es fällt schwer, auf die ersten Blüten eines pausbäckigen DM-Nationalismus keine Satire zu schreiben. Der auftrumpfende Kanzler liess den schmächtig-redlichen Ministerpräsidenten die Bedingungen wissen, unter denen er die DDR ankaufen wird; währungspolitisch machte er den Wählern einer von ihm erpressten "Allianz für Deutschland" Mut; verfassungspolitisch stellte er die Weichen über GG Artikel 23 auf Anschluss; aussenpolitisch verwahrte er sich gegen den Ausdruck "Siegermächte" und hielt die Frage der polnischen Westgrenze offen. [...] Deutsche Interessen werden in deutscher Mark gewogen und durchgesetzt. Gewiss, schlimmer als dieser Code war die Sprache der Stukas. Aber obszön ist dieser Anblick des deutschen Muskelspiels allemal.* » *(DnR, 205-206)*

Suit une rétrospective sur la situation politico-culturelle de la RFA début des années 1980 : la réunification allemande n'a plus intéressé les Allemands de l'Ouest, constate-t-il ; et de citer l'exemple de l'ancien chancelier Willy Brandt proclamant en 1984, dans les *Kammerspiele*, à Munich, que la question allemande n'est plus « ouverte » : l'affaire est réglée !

> « *Wer hatte, bei aller Rhetorik, noch mit so etwas wie der Wiedervereinigung gerechnet- und wer hatte sie noch gewollt? Willy Brandt jedenfalls hatte 1984 in den Münchner Kammerspielen behauptet, dass die deutsche Frage nicht mehr offen sei; und das Publikum war's zufrieden. Ausserhalb des Theaterraums, draussen auf dem Land, dürfte die Stimmung so verschieden nicht gewesen sein.* » *(DnR, 206)*

Habermas fait ensuite un historique politico-culturel de l'attitude des Allemands face à la « nation allemande ». Il débute par la fameuse proclamation de Karl Jaspers de 1960 sur « la fin de l'histoire de l'État national allemand », puis évoque les travaux de Wolfgang Mommsen de 1983 sur les « métamorphoses de l'identité nationale » des Allemands de la RFA au cours des années 1950 et 1960 : alors que les « pères de la Loi fondamentale » pensaient pouvoir renouer avec les traditions nationales de la République de Weimar et du « petit Empire bismarckien », pendant les années 1950 et 1960, une identité marquée par le pragmatisme s'est peu à peu affirmée dans la population – au détriment de l'identité nationale.

> « *Während die Politiker der ersten Generation, die "Väter des Grundgesetzes", noch glaubten, die nationalstaatliche Tradition der Weimarer Republik und damit des kleindeutschen Bismarck-Reiches ohne tieferreichende Problematisierung fortsetzen zu können, hatte sich während der fünfziger und sechziger Jahre in der breiten Bevölkerung ein eher pragmatisches Selbstverständnis herausgebildet, das die Frage der nationalen Identität zurücktreten liess. Mommsen zufolge ist dieses Bewusstsein durch vier Elemente geprägt:*

1. *durch die Dethematisierung der jüngsten Vergangenheit und eine eher ungeschichtliche Definition des eigenen Standortes;*

2. *ferner durch die aggressive Abgrenzung gegenüber den Systemen Osteuropas, insbesondere gegenüber der DDR, das heisst durch eine Fortschreibung des historisch verwurzelten antikommunistischen Einstellungssyndroms;*

3. *weiterhin durch die Orientierung an den Werten und Verkehrsformen der westlichen Zivilisation, besonders der "Schutzmacht" USA;*

4. *und last not least durch den Stolz auf die eigenen wirtschaftlichen Leistungen. Mommsen vermutet wohl mit Recht in diesem Element, im Selbstbewusstsein einer erfolgreichen Wirtschaftsnation, den Kern des politischen Selbstverständnisses der Bevölkerung der Bundesrepublik – und ein Substitut für den weithin fehlenden Nationalstolz. Daraus erklärt sich auch, dass die hohe Akzeptanz der Verfassung und der Institutionen der rechtsstaatlichen Demokratie nicht eigentlich in normative Überzeugungen verankert ist.* » (DnR, 206-207)

Habermas se range derrière Mommsen qui conclut que l'histoire de la question allemande est aujourd'hui revenue à une situation normale […], à savoir à une situation dans laquelle existe, dans le centre de l'Europe, une nation culturelle allemande divisée en plusieurs nations politiques allemandes. Tout semble dire que la phase de 1871-1913, d'un État allemand total et consolidé, a été un épisode de l'histoire allemande, et que nous avons à nouveau atteint […] la réalité qui existait après 1815, à savoir celle d'une pluralité d'États allemands appartenant à une nation culturelle commune.

« *Wenn nicht alles täuscht, so ist die Geschichte der deutschen Frage heute in ihre Normallage zurückgekehrt […] nämlich (in die) der Existenz einer deutschen Kulturnation in der Mitte Europas, die in mehrere deutsche Staatsnationen gespalten ist. Alles spricht dafür, dass die Phase des konsolidierten nationalen Gesamtstaates von 1871-1933 eine Episode der deutschen Geschichte gewesen ist und dass wir wieder, freilich auf höherer Ebene, den Zustand erreicht haben, der in Deutschland nach 1815 bestand, nämlich einer Mehrheit deutscher Staaten mit gemeinsamer kulturnationaler Zugehörigkeit.* » (DnR, 207)

« *Selbstbesinnung und lässt Zeit für eine Diskussion über den Vorrang europäischer Gesichtspunkte.* » (DnR, 217-218)

« *Nur der Volksentscheid über einen Verfassungsvorschlag, und zwar zu der Alternative zwischen einem gesamtdeutschen Bundesstaat und einer Föderation, die der Bundesrepublik das Grundgesetz beizubehalten erlaubt, räumt allen Bürgern die Chance ein, Nein zu sagen, […]. Erst angesichts einer frei zu entscheidenden Alternative kann zu Bewusstsein kommen, was unter den Jüngeren ohnehin ein weitverbreitetes Gefühl ist: dass die Konstituierung einer einzigen Staatsbürgernation auf den bisherigen Territorien der BR und der DDR nicht schon durch vorpolitische Gegebenheiten der Sprachgemeinschaft, der Kultur oder der Geschichte präjudiziert ist. Deshalb möchte man wenigstens gefragt werden.* » (DnR, 221)

7.2. « Le passé comme avenir » (*Vergangenheit als Zukunft*, 1993)

Le recueil *Vergangenheit als Zukunft*, publié en 1993, hors collection KPS, chez Piper (non traduit), apparaît comme le recueil le plus travaillé et le plus dense. Il se présente sous la forme d'un dialogue avec l'universitaire des médias Michael Haller, dialogue qui a eu lieu de l'été 1991 au printemps 1992. Habermas y revient sur différentes thématiques anciennes : l'unification des deux Allemagnes, les conséquences idéologico-politiques de l'effondrement du socialisme d'État et de la Guerre du Golfe. À travers ces événements se dessine « la place de l'Allemagne en Europe » et s'ouvre « le débat sur le droit d'asile ».

7.2.1. « *Les déficits normatifs de l'unification* » : *une rétrospective critique de l'*« *Anschluss* » *selon Kohl* (die kohlsche Anschlusspolitik)

Habermas délaisse désormais l'aspect institutionnel pour s'intéresser à l'aspect politico-culturel, voire psycho-politique, de la manière dont l'unification est en train de se faire.

Le premier reproche vise la vitesse de réalisation : il faut plus de temps non seulement aux Allemands de l'Est pour qu'ils puissent se confronter à leur passé, mais aussi à ceux de l'Ouest, qui, n'ayant pas vécu eux-mêmes une telle situation, ne sont pas armés pour dialoguer et débattre sur cette question.

Il y a ensuite la question de la démarche constitutionnelle selon l'article 116 du GG, qui avait la faveur de Habermas, laquelle a été considérée comme un obstacle qu'on a fini par écarter, en considérant ses promoteurs comme des utopistes.

Habermas se demande s'il ne faut pas avant tout prendre conscience de ce que cela représente pour toute une population d'avoir subi la domination de la Stasi. Pour cela, il faut d'abord, pour les Allemands de l'Est, créer les conditions qui permettent une confrontation « autonome » avec un passé dans lequel toute une population a été impliquée. Il faut ensuite entamer un dialogue entre les deux partenaires sur la base d'une histoire commune, à la condition que l'autre sache sur quoi l'un parle.

Habermas cite ensuite le pasteur et homme politique SPD en RDA, Richard Schröder, qui s'en prend aux médias ouest-allemands qui, selon lui, continuent incessamment le travail délétère de la Stasi, alors qu'ils ne l'ont pas vécu eux-mêmes : il faut que nous, Allemands de l'Est, dit-il, nous leur disions ce qui s'est passé, et qu'ils nous écoutent, au moins sur ce point !

Pour finir, il évoque le « traitement juridique » (*Abwicklung*) « obscène », humiliant pour l'Est, d'institutions entières, opéré par les « agents » ouest-allemands. Pour ce qui est des fichiers de la Stasi (*Stasi-Akte*), ils ont pu, *in extremis*, rester en mains est-allemandes ! Cela étant, cette façon de procéder n'a pas contribué à (re)donner aux Allemands de l'Est l'estime de soi (*Selbstbewusstsein*) !

« Die Kritik richtet sich nicht gegen die staatliche Einigung selbst, sondern gegen den Modus, wie dieses Ziel erreicht worden ist. Lassen Sie mich an drei Dinge erinnern.

Zunächst einmal an die neue Dimension der Bewusstmachung einer politischen Vergangenheit, in die unter der Stasi-Herrschaft eine ganze Bevölkerung auf heillose Weise verstrickt ist. Viele der Argumente für ein langsameres Tempo zielten ja nicht nur darauf ab, den Bürgern der DDR überhaupt Zeit zur Selbstbesinnung zu lassen, zur Konfrontation mit der eigenen Vergangenheit. Es waren vor allem Argumente für die Herstellung von Verhältnissen, die einen autonomen Umgang mit dieser Art von heiklen Problemen gestatten sollten [...]. Legitimität gewinnen öffentliche Debatten der Selbstverständigung [...] nur auf der Basis einer gemeinsam geteilten Geschichte, nämlich unter der Voraussetzung, dass der andere [...] weiss, worüber der eine spricht. (VaZ, 66-67)

« Richard Schröder, der Theologe und ehemaliger Fraktionsvorsitzende der SPD in der Volkskammer, fragt uns, ob die Zersetzungsarbeit der Stasi endlos weitergehen solle – nämlich mit Hilfe der Westmedien: "Das Thema muss öffentlich diskutiert werden. Aber von wem? Gerade beim Stasi-Thema fehlt den Westlern eines unwiederbringlich. Sie haben das alles nicht selbst erlebt [...]. Sie müssen sich von uns erzählen lassen, wie es war, und hier wenigstens mal zuhören, auch wenn es schwerfällt. Und wir Ostler müssen nach diesem turbulenten Jahr einige Anstrengungen aufbieten, um uns korrekt zu erinnern, wie wir gelebt und gedacht haben vor diesem Jahr, ehe die Enthüllungen über uns hereinbrachen…" » (FAZ vom 2. Jan. 1991)

« Wie soll in einer zwei Mal, nach 1933 und seit 1949, gedemütigten Bevölkerung ein politisches Selbstbewusstsein entstehen können, wenn ihnen auch noch das, was nur sie selbst leisten können, von Agenten abgenommen wird. In einem späten Akt der Notwehr gegen diese dritte Demütigung hat die Volkskammer, buchstäblich in letzter Stunde, vorerst verhindern können, dass die Stasi-Akten in westdeutsche Hände gelangen. Inzwischen musste sich der ostdeutsche Sonderbeauftragte der Bundesregierung für die Stasi-Akten, der Bürgerrechtler Joachim Gauck, gegen das Ansinnen der CDU zur Wehr setzen, seine ~~Behörde mit Experten des westdeutschen Verfassungsschutzes zu besetzen. Das Gerangel~~ *um das "Aktengesetz" verheißt nichts Gutes.*

Dasselbe Problem taucht wieder auf in Zusammenhang mit der juristischen Abwicklung ganzer Institutionen. Die Peinlichkeiten mag man sich gar nicht ausmalen, z.B.: die moralische Obszönität der Aufgabe, mit der inzwischen unzählige West-Kommissionen befasst sind, wenn sie ihre östlichen Kollegen in Hochschulen, Akademien, Gerichten, Verwaltungen und Betrieben einer mit politischer Gesinnungsprüfung verquickten Leistungskontrolle unterziehen sollen. » (VaZ, 67-68).

7.2.2. Discussion autour d'une nouvelle Constitution

La discussion autour d'une nouvelle Constitution a été considérée par le gouvernement Kohl comme un obstacle au processus administratif envisagé, et a été écartée, ses partisans présentés comme des utopistes. Habermas ne pense pas que cela aurait été utopique si le gouvernement, ou au moins le SPD, avait intégré des impulsions du *« Runder Tisch »*. Il aurait au moins pu se servir des médias publics pour ancrer la nouvelle République fédérale, constituée de parties aussi inégales, dans la conscience des citoyens et promouvoir une culture commune qui ne soit pas uniquement économique.

Certes l'unification a été légitimée par des élections démocratiques. Mais le mode de scrutin choisi fait que les quatre cinquièmes des électeurs n'ont pas pu se décider librement ; ils ont tout au plus confirmé l'« *Anschluss* » réalisé. Le « déficit normatif » réside dans le fait que ni à l'Ouest ni à l'Est, le travail d'explicitation de l'enjeu n'a été fait.

> *« Die Verfassungsdiskussion ist als Hindernis für einen reibungslosen administrativen Vollzug betrachtet und beiseitegeschoben worden. Die, die ihn gefordert haben, wurden als Utopisten belächelt oder gerieten in den Geruch, mangelnder Verfassungstreue [...] War es utopisch zu erwarten, dass die Bundesregierung oder wenigstens die SPD die vom "Runden Tisch" ausgehenden Impulse aufnehmen könnten – Impulse, die heute nur noch von einem Kuratorium für einen demokratisch verfassten Bund deutscher Länder weitergetragen werden? Ist es zu viel verlangt, dass man im Medium öffentlicher Kommunikation Anstrengungen unternimmt, damit eine aus so ungleichen Teilen zusammengesetzte neue Bundesrepublik im Bewusstsein ihrer Bürger als etwas Gemeinsames verankert – und nicht nur als Nebenprodukt der forcierten Herstellung eines erweiterten Währungsgebietes erfahren wird? » (VaZ, 69-70)*

> *« Natürlich ist die staatliche Vereinigung durch demokratische Wahlen legitimiert worden. Aber der Modus des Beitritts hat vier Fünftel der Wahlbevölkerung die Chance genommen sich frei zu entscheiden. Sie sind gar nicht gefragt worden; sie konnten lediglich den vollzogenen Anschluss bestätigen. Das normative Defizit besteht darin, dass sich die politische Klasse [...] nicht darum bemüht hat, die Mehrheit der westdeutschen Wahlbevölkerung, die viel zu jung ist, um mit dem ziemlich fremden Staat DDR viel verbinden und viel anfangen zu können, für das mühsame Projekt einer gemeinsamen Nation von Staatsbürgern zu gewinnen. Auf der anderen Seite ist ein ähnliches Defizit entstanden, weil sich niemand, ausser mit hurtigen Persilscheinen für eine "Allianz für Deutschland", der Masse der DDR-Bevölkerung, die keine persönlichen Erinnerungen mehr an die Zeit vor 1933 haben kann, den normativen Gehalt der im Grundgesetz verkörperten demokratischen und rechtsstaatlichen Prinzipien näherzubringen. » (VaZ, 70-71)*

En conclusion de « *Die normativen Defizite der Vereinigung* », Habermas dit ne pas vouloir noircir le tableau. L'unification est bel et bien réalisée, selon le scénario de la chancellerie, mais de façon précipitée. Il est toutefois persuadé que les problèmes qui vont immanquablement en résulter peuvent être mieux maîtrisés si on prend conscience du déficit normatif causé par cette unification précipitée.

> *« Ich erinnere an diese Stossrichtungen der Kritik nicht um nachzukarten. Der Einigungsprozess ist nun einmal nach dem Szenario des Kanzleramtes abgelaufen. Ich bin aber so unverbesserlich zu glauben, dass man die Probleme, die nach diesem Fahrplan heute, wie man sieht, auf uns zukommen, besser bewältigen kann, wenn man sich über das normative Defizit der überstürzten Anfahrt Rechenschaft abgibt. » (VaZ, 73)*

Cette modération dans la critique habermassienne de l'unification selon Kohl peut s'expliquer par la prise de conscience de Habermas quant à son rôle spécifique en tant qu'intellectuel dans ce moment historique. Il avoue que l'unification réalisée par le gouvernement de Kohl s'est trouvée inévitablement face à des impondérables. Mais même dans ces conditions, dit-il, ce serait un manquement grave de la part des intellectuels s'ils n'attiraient pas l'attention sur les dommages non prévus.

Habermas ne manque d'ailleurs pas de rappeler ici l'existence du « pouvoir dual » *(Doppelherrschaft)* exercé conjointement par la « politique restaurative » et l'« opposition intellectuelle » de l'« ère Adenauer », un mode de fonctionnement – une dyarchie – qu'il aimerait reproduire dans le moment présent de l'unification allemande !

Et de rajouter que sa critique ne vise nullement l'unification en tant que telle, mais la manière dont elle a été réalisée !

> « *Nehmen wir einmal an, ich würde mich heute erneut über die historische Bedeutung dessen täuschen, was mir als die Kohlsche Anschlusspolitik erscheint. Nehmen wir ferner an, dass es, wie Ihre Fragen unterstellen, zu dieser Politik gar keine Alternative gegeben hat. Nehmen wir for the sake of the argument an, Kohl hätte sogar ein Bewusstsein für die politisch-kulturellen Unwägbarkeiten und für die moralischen Kosten, die er als unvermeidlich lediglich in Kauf nähme – selbst dann wäre es doch ein Versäumnis, wenn die Intellektuellen nicht auf diese imponderabilen Schäden aufmerksam machen würden. Die Kritik richtet sich ja nicht gegen die staatliche Einigung selbst, sondern gegen den Modus, wie dieses Ziel erreicht worden ist.* » (VaZ, 65-66)

Rappelons que Habermas se défend vigoureusement contre le reproche lancé par la *FAZ*, laquelle prétend qu'avec sa critique de l'unification allemande, lui, Habermas, invente une nouvelle « *Dolchstosslegende* » – le « coup de poignard dans le dos » de sinistre mémoire, une accusation aberrante (*FAZ*, 19 décembre 1990) !

> « *Das ist eine grotesk-böswillige Verkehrung. Nach dem Ersten Weltkrieg hat die Legende vom "Verrat der Heimatfront" zur Destabilisierung der Weimarer Republik beigetragen. Die Kritik, die ich mit vielen anderen geübt habe, richtet sich gerade gegen die Unterschätzung und Ausdünnung jenes politisch-kulturellen Polsters, in das der demokratische Staat eingebettet sein muss, um stabil zu bleibend.* » (VaZ, 64)

7.2.3. La société allemande après 1989 : les dégâts sociaux et psycho-politiques collatéraux de l'unification

Dans le troisième chapitre du recueil *Vergangenheit als Zukunft*, Habermas quitte le domaine politique pour traiter de la société, principalement à l'Est. Les effets de l'unification y sont considérés comme globalement désastreux : montée des inégalités, du chômage, etc. Il relève le nombre élevé de suicides comme un « signal qui ne trompe pas » !

Situation provoquée, selon lui, par la déception des Allemands de l'Est qui sont descendus dans la rue pour un « socialisme renouvelé », dont il n'est plus question quelques mois plus tard. Quant aux effets socio-économiques de l'unification, il les considère comme globalement désastreux !

« *Im November 1989 gingen die Menschen für einen erneuerten Sozialismus auf die Strasse; nur ein paar Monate später sprach praktisch jemand mehr davon […].*

Welche Interessen, welche Stimmungen, welches Denken wird sich mit Kohls Deutschlandpolitik durchsetzen? Bei dem Strukturumbruch in der ehemaligen DDR wird es deutliche Verlierer und Gewinner geben. Der Preis für die Einführung der Marktwirtschaft muss in der Münze von sozialer Ungleichheit, ganz neuer Spaltungen und hoher und übrigens nicht nur vorübergehender Arbeitslosigkeit entrichtet werden […].

Die hohe Selbstmordrate in den neuen Bundesländern ist ein Signal. Im Übrigen werden die, die im alten System nicht allzu anstössige Positionsvorteile genossen haben, auch unter den neuen Verhältnissen von ihrem Organisationsvorsprung und ihrer Kompetenz eher als andere profitieren. » *(VaZn 74-75)*

À l'Ouest, les profiteurs sont les entreprises qui profitent du nouveau marché de l'ex-RDA sans y investir et y créer des emplois, dit-il : l'Union monétaire fonctionne pour eux comme un énorme programme de relance conjoncturelle ! Les inégalités progressent et le climat politique se dégrade.

Les conséquences politico-culturelles ne sont pas moins graves. L'unification profite tout d'abord aux conservateurs. La reconstruction de la RDA et les problèmes soulevés par la liquidation du passé *(Abwicklung)* font que les thématiques qui ont marqué la conscience politique de la RFA depuis les années 1960, en relation avec une prospérité croissante, à savoir les « nouveaux mouvements sociaux » avec leurs « valeurs postmatérielles », tout cela est passé à la trappe !

« *Wer im Westen vom Einigungsprozess profitiert, […]. es sind zunächst die Firmen, die in der ersten Phase der Umstellung ihre Kapazitäten ausweiten, indem sie die ostdeutschen Märkte übernehmen, ohne dort zu investieren und an Ort und Stelle Arbeitsplätze zu schaffen. Für die westdeutsche Wirtschaft funktioniert die Währungsunion bis jetzt wie ein riesiges, über Kredit finanziertes staatliches Konjunkturprogramm. […]. Auf mittlere Frist wird sich die, von Lambsdorff verkörperte Wirtschaftspolitik auch im Westen etwas rücksichtsloser als früher […] durchsetzen.*

Die viereinhalb Prozent Wirtschaftswachstum, die der westdeutschen Wirtschaft für 1991 prognostiziert wurden, bedeuten auch ein Wachstum an sozialer Ungleichheit, nämlich steigende Gewinne bei fallender Lohnquote. Sie bedeuten eine noch stärkere Segmentierung der Gesellschaft; wenn die Reichen reicher werden, werden die Armen nicht nur ärmer, sondern immer mehr Arme werden aus dem System hinaus- und in die Unterklassen derjenigen abgedrängt, die über keine Vetomacht verfügen, d. h. ihre Lebenslage nicht mehr durch eigene Anstrengung verbessern können. Mit einem Wort: das soziale Klima wird erheblich kälter werden.

Im Übrigen profitieren vom Stimmungsumschwung die konservativen Parteien. Die Rekonstruktion der DDR-Wirtschaft, die Probleme mit der Abwicklung, der Reorganisation wichtiger Funktionsbereiche […] schieben jene Themen in den Hintergrund, die in der prosperienden BRD allmählich ins öffentliche Bewusstsein eingedrungen waren. Ich meine die Themen, die die neuen sozialen Bewegungen im Zeichen "postmaterieller" Wertorientierungen zur Geltung gebracht hatten. » *(VaZ, 75-77)*

Les conséquences politiques ne sont pas moins importantes : Habermas déplore que le chemin emprunté jusqu'à présent par la RFA vers une démocratie moderne à caractère participatif, dotée d'une culture de protestation – ce qui lui a permis de « dompter le capitalisme » –, ce chemin paraît désormais bouché !

L'ancienne RFA apparaît ici comme l'exemple d'une réussite économique sans pareille, laquelle risque d'être compromise.

Quant à la situation politique, celle qu'a connue l'« ancienne République fédérale », elle risque d'être elle aussi remise en question. Encore en novembre 1989, on a raisonnablement cru que le « SPD de Lafontaine », dopé par le « Programme de Berlin », allait pouvoir remplacer le gouvernement en place par une coalition rouge-verte. Or les élections de l'année précédente (décembre 1990) ont été le signal d'un changement de tendance : dans l'ex-RDA se manifeste une mentalité qui fait penser à l'ère Adenauer – la RDA n'a pas connu d'équivalent à la « révolte étudiante » ouest-allemande, ce qui a favorisé la victoire éclatante des forces conservatrices.

« *Die alte Bundesrepublik war ja auf dem guten Weg zu einer modernen demokratischen Gesellschaft mit verstärkter politischer Partizipation und einer Protestkultur, die die Zweidrittelgesellschaft an die Aufgaben der sozialen und ökologischen Zähmung des Kapitalismus oder an neue Strategien erinnerte, die über die bisher bevorzugten administrativen Formen der sozialstaatlichen Pazifizierung hinausweisen. Die Tertianisierung der Wirtschaft, eine gute Konjunktur, die Bildungsexpansion und der im ganzen progressive Wandel in Motiven und Einstellungen hatten dafür günstige Voraussetzungen geschaffen.*

Noch über den November 89 hinaus hatte sich die Lafontaine-SPD, die sich mit dem Berliner Programm diesen neuen Aufgaben stellte, begründete Hoffnungen machen können, die Bundesregierung mit einer rotgrünen Koalition abzulösen. Die Wahlen des vergangenen Jahres haben eine Trendumkehr signalisiert […]. In den neuen Bundesländern herrscht eine Mentalität vor, die wir aus der Adenauer-Zeit kennen. Denn die DDR hat den dramatischen Wandel der Wertorientierungen, der sich in der BRD seit den späten sechziger Jahren vollzogen hat, noch nicht nachgeholt. So nimmt es nicht wunder, dass sich die Wählerpräferenzen im vereinigten Deutschland anders verteilen […]. Die lezte Bundestagswahl hat die in der alten BRD sich abzeichnenden Mehrheiten zum Kippen gebracht und den konservativen Kräften […] ein drastisches Übergewicht verschafft. » *(VaZ, 77-78)*

7.2.4. Critique par Habermas des élections de décembre 1990

Les Allemands de l'Est sont sous l'emprise des promesses démagogiques de ceux qui leur promettent l'accession la plus rapide au niveau de vie occidental. La tendance conservatrice (CDU et FDP) l'emporte aisément, même chez les jeunes travailleurs de l'Est qui votent CDU. Le SPD stagne ; les Verts n'arrivent plus aux

5 % requis. Pour Habermas, c'est un retour à la « mentalité de la reconstruction » de l'ère Adenauer ! Il mise toutefois sur la jeunesse pour les temps à venir !

> *« Als Bewohner eines wirtschaftlich, sozial-politisch und ökologisch rückständigen Landes stand den ostdeutschen Landsleuten das Schönwetter-Modell vor Augen, das ihnen das Fernsehen vom politischen und gesellschaftlichen System der Bundesrepublik vermittelt hat. Sie haben den gewählt, der ihnen vollmundig die schnelle Angleichung der Lebensverhältnisse in beiden Teilen versprochen hat. Dieser konservative Sog wird durch das autoritäre Potential verstärkt, das – nach allen einschlägigen Umfragedaten – in der ehemaligen DDR deutlicher ausgeprägt ist als in der bisherigen Bundesrepublik.*
>
> *Im Gefolge der Mentalitätsunterschiede in Ost und West hat sich auch die soziale Zusammensetzung der Wählerbasis der beiden grossen Parteien verändert – im Osten hat sich die Arbeiterschaft mehrheitlich für die CDU entschieden. Die Gewinne der FDP in beiden Teilen zeigen, dass die Stimmung für den Wirtschaftsliberalismus im Dezember noch gut war. Aber trotz des fehlenden Aufschwungs wird die Aufbau-Mentalität der 50er Jahre auch weiterhin Antrieb erhalten.*
>
> *Das sind sehr grobe Indikatoren für einen Stimmungsumschwung, der sich allerdings weniger eindeutig darstellt, wenn man die wachsende Kluft zwischen den Generationen berücksichtigt. Die jüngeren Leute haben andere Interessen und Gefühle, andere Lebensorientierungen als das Kartell der Bonner Politiker, das den Ton angibt – jetzt, nachdem die Grünen aus dem Bundestag heraus sind und nachdem die Neuerer in der SPD, die es mit dem ökologischen Umbau ernst meinen, zurückstecken müssen. »* (VaZ, 77-79)

Résultats des élections du Bundestag du 2 décembre 1990 : CDU 44,3 ; SPD 35,7 ; FDP 10,6 ; Grüne 4,8 ; PDS 0,3.

7.2.5. Le nouveau « *paysage intellectuel* »

Habermas évoque ce qu'on appelle alors le « silence des intellectuels *(Schweigen der Intellektuellen)* – il s'agit des intellectuels de gauche. Habermas n'aime pas l'expression, tout en reconnaissant que ces derniers n'ont pas vraiment manifesté leur enthousiasme.

Autre reproche : il fait le constat d'un « retour en arrière » ! L'unification en train de se réaliser replonge intellectuellement l'Allemagne dans les années 1950 : Habermas cite quelques intellectuels comme témoins.

1. Le politologue Dieter Oberndörfer constate une « régression » vers les années 1950, l'impression d'un « déjà vu » : les fameuses « vertus secondaires » refont surface, dit-il, tout comme l'irruption dans la culture politique de la « fierté nationale » tirée de la réussite économique *(Wirtschaftsstolz)*.

> *« Er [D. Oberhöfer.] kam in der Analyse der ersten gesamtdeutschen Wahl zu dem Schluss, dass sich eine Parteienlandschaft herausschäle, die erstaunlich den Konstellationen der 50er Jahre ähnelt […].; das Täuschende déjà vu wird geschichtswirksam […]. Es steigen Bilder auf aus den eigenen Anfangsphasen, als die deutschen Sekundartugenden*

aus ihrer politischen Verbrämung – und Verbräunung – hervortraten und aggressiv ins geschichtslos Private ausschlugen. Die Bilder von damals, als der Nationalstolz lautlos in den Wirtschaftsstolz überging, kamen nach dem November 89 wieder und nehmen seitdem die Phantasie in Beschlag, deren Beweglichkeit für die Bewältigung von Zukunftsproblemen doch nötig wäre. » (VaZ, 88)

2. Habermas, pour sa part, note le rapprochement fait par certains entre la « *Währungsunion* » de 1990 et la « *Währungsreform* » de 1948. Il considère cette dernière comme un modèle erroné, auquel le gouvernement Kohl n'a pas pu résister : il s'en est servi – avec succès ! – lors de dernières élections avec des spots publicitaires à la Ludwig Erhard avec son basset ! *(mit Werbespots von Ludwig Erhard und seinem Dackel)* (VaZ, 89).

> Le titre du chapitre, qui reprend celui du recueil, « le passé comme avenir » *(Vergangenheit als Zukunft)*, signifie, dans le cas présent de l'unification, que le passé allemand a servi de modèle à la politique d'unification de Kohl qui s'en trouve disqualifiée !

« *[…] die Neigung Modelle der Vergangenheit als Muster der Interprétation des Künftigen zu wählen, scheint unwiderstehlich zu sein. Ein bewusster Akt der Verfassungsgebung hätte eine zukünftige Vergangenheit geschaffen. Stattdessen wird die Zukunft in der Vergangenheitsform wahrgenommen -packen wir's, so wie wir es schon einmal gepackt haben.* » (VaZ, 89)

3. Habermas cite ensuite les socio-psychologues Hans et Sophinette Becker qui ont comparé, à la suite de Ralph Giordano, deux fautes : le refoulement du « passé Stasi » au refoulement du « passé nazi ». Or c'est contre une « troisième faute » que H. et S. Becker mettent en garde : il s'agit de l'affirmation selon laquelle, en RDA, tout le monde a été victime du système et qu'à l'exception de quelques « bonzes », personne n'en a profité. Affirmation qui empêche qu'une véritable confrontation avec sa propre implication ait pu avoir lieu !

« *Die gegenwärtige Diskussion in der ehemaligen DDR über die Zeit von 1945 bis 1989 wirkt oft wie eine Karikatur der Situation in der BRD nach 1945: Alle waren Opfer des Systems, alle sind betrogen worden, bis auf ein paar Bonzen hat niemand profitiert etc. Eine wirkliche Konfrontation mit der eigenen Beteiligung findet mehrheitlich nicht statt, nur das eigene Leid ist Thema […]. Aber Becker und Becker stellen ihre sozialpsychologische Analyse einleuchtend in den Kontext der Geschichte deutscher Mentalitäten. Ein grosser Teil der Reaktionen hüben und drüben erklärt sich daraus, dass heute Ressentiments aufgewühlt werden, die tief in der Geschichte des Zweiten und des Dritten Reiches verwurzelt sind.* » (VaZ, 89-91)

4. Un quatrième cas de figure est fourni par les « observations psycho-historiques » de l'écrivain est-allemand Jurek Becker – exclu du SED, mais

ayant obtenu l'autorisation de résider à Berlin-Ouest –, aux yeux de Habermas un observateur sans pareil de ses ex-compatriotes. Pour Becker, les Allemands de l'Est sont contraints, par malchance historique, et ce du fait que l'histoire de leur pays a été soumise à deux reprises à des régimes « totalitaires », à la « soumission à l'autorité » *(Zwang zur Anpassung)*. Dans son commentaire, Habermas recourt au concept freudien de « compulsion » *(Wiederholungszwang)* : il s'agirait de l'existence d'une contrainte intérieure, accompagnée d'une angoisse plus ou moins consciente qui pousse les individus à accomplir un acte, à utiliser un mécanisme de défense !

« Ohne Zweifel waren DDR-Menschen einem besonders starken Unterwerfungszwang ausgesetzt. Im Ernst, es war ein Alarmsystem installiert, das jeden kenntlich machte, der sich auf unerlaubte Weise verhielt, und zudem ein System von Strafen, von kleinen, mittleren und höchst groben. Diese Art des Umgangs eines Staates mit seiner Bevölkerung war in Deutschland nichts Neues. Die damals stalinistische Besatzungsmacht Sowjetunion konnte dort weitermachen, wo die Nazis aufgehört hatten, und die Partei führte, kaum war die DDR gegründet, das Geschäft nahtlos fort. [...] Ich wage die Behauptung, dass der Zwang zur Anpassung von den meisten DDR-Bürgern viel härter empfunden wurde als es im Dritten Reich der Fall gewesen ist; denn vermutlich war die Identifizierung der Bewohner mit dem Nazistaat viel grösser als später in der DDR. Ich kann mir nicht vorstellen, dass bei freien Wahlen die NSDAP sich eine ähnliche Abfuhr geholt hätte wie vor kurzem die SED, auch unmittelbar nach dem Krieg nicht…

Die Rede vom "kollektiven Wiederholungszwang" scheint mir angesichts solcher Reaktionen nicht ganz unbegründet zu sein. » (VaZ, 91-92)

5. Dans le même ordre d'idées, Lutz Niethammer, spécialiste de l'histoire sociale de la RDA, a mis en évidence l'existence de mutations politico-culturelles dans la jeunesse est-allemande : la génération post-années 1960, soutien du régime (HJ/FDJ-Génération), montre une disposition à se soumettre au régime *(unterstellungsbereit)* qui rappelle les communistes de la première heure *(Altkommunisten)*. En somme, un constat qui rejoint celui de Jurek Becker sur une certaine disposition à la soumission à l'autorité, propre à la RDA.

Cette série de témoignages d'écrivains, d'intellectuels, d'artistes – tous politico-culturellement proches de Habermas –, en défaveur des Allemands de l'Est, a quelque chose de désespérant : ceux-ci ont été à ce point malmenés par l'histoire qu'on peut se demander s'il est possible de s'entendre avec eux ! En tout cas, en ce début des années 1990, le désenchantement marque ces derniers écrits, plus particulièrement l'épilogue de « mai 1993 » (VaZ, 187-217).

Habermas se dit déçu : l'Allemagne unifiée ne répond pas à son attente d'une libéralisation du socialisme qui aurait pu aboutir à un équivalent du compromis social-démocrate de l'Allemagne de l'Ouest.

Par ailleurs, le changement espéré pour l'Est – la *Perestroïka* – a fait long feu. Habermas dit avoir cru au « Printemps de Prague » et espéré que le socialisme bureaucratique se libéralisera et fera faire à l'ensemble des pays de l'Europe de l'Est un « pas en avant ». Cela n'a pas abouti et pour finir, avec la chute du mur, l'espoir s'est envolé !

> « [...] Natürlich habe ich, zur Zeit des Prager Frühlings mal mehr, in der Breschnew-Ära mal weniger, die Hoffnung gehabt, dass sich der bürokratische Sozialismus eines Tages liberalisieren und einen Lernschritt tun würde, der ein funktionales Äquivalent sein könnte für den Lernschritt des sozialstaatlichen Kompromisses im Westen. Dann hätten sich, gewiss auf einem niedrigeren Entwicklungsstand, die systemspezifischen Vor- und Nachteile komplementär gegenübergestanden, sagen wir vereinfachend: Produktivkraftentfaltung und Innovativität hier, grössere soziale Sicherheit und womöglich ein qualitativ gesteuertes Wachstum dort. Diese Hoffnung ist nun begraben. » (VaZ, 100-101)

> « Darin (in"Sinn und Form" (November 1988) und der "Nachholenden Revolution" (1990)) habe ich die Hoffnung geäussert, dass die Politik der Perestroika endlich auch auf das widerstrebende Honecker Regime durchschlagen und auch dort zu einer Pluralisierung des politischen Systems führen würde. Ich sah und sehe keine Gründe die apriori gegen ein demokratisches Entwicklungspotential eines von Innen revolutionierten Staatssozialismus gesprochen hätten. Spätestens mit der Öffnung der Mauer sind aber alle Dämme gebrochen. » (VaZ, 101-102)

7.2.6. L'Allemagne dans l'Europe au début des années 1990 : « les problèmes allemands sont de moins en moins allemands » (die deutschen Probleme werden weniger deutsch)

Le désordre de l'économie et de la finance mondiale, la dispersion incontrôlée de l'arme nucléaire, la pression migratoire des populations déracinées, créent une situation confuse et explosive qui réclame la création d'une force internationale. Telle est la perception par Habermas de la situation « explosive » du désordre mondial dans lequel s'inscrit l'unification allemande !

> « Aus der disparitären Entwicklung der Weltwirtschaft, dem entwicklungspolitischen Misserfolg der Weltbank, der unkontrollierten Verbreitung von Atomwaffen, dem Migrationsdruck von traditionell entwurzelten und mobil gewordenen Bevölkerungen aus den unterentwickelten Ländern, bildet sich eine ebenso unübersichtliche wie explosive Gemenge-Lage. Sie verlangt einen neutralen und wirksamen Polizeischutz durch internationale Streitkräfte. » (VaZ, 103)

Or, dans ce monde bouleversé, certains rejouent, selon Habermas, des partitions anciennes ; chacun reste englué dans son passé. Habermas contre-attaque : sa conception de l'unification ne s'est pas réalisée – les intellectuels libéraux et de gauche n'ont « pas fait le poids », dit-on dans la presse de droite. Mais les intellectuels de son bord, dit-il, « démontrent » que la « *Deutschlandpolitik* » de Kohl est passéiste, régressive !

Au total, Habermas est d'une extrême sévérité : envers l'Ouest et envers l'Est. Cela étant, il prend acte du caractère irréversible des événements et envisage leurs conséquences, en particulier politico-économiques. Il évoque les menaces qui pèsent désormais sur l'Allemagne et l'Europe de l'Ouest et les conséquences qu'il convient d'en tirer : suite au désarmement, un redéploiement budgétaire et une restructuration industrielle sont à opérer ; par ailleurs, une amélioration des conditions de vie dans l'ex-RDA devra stopper l'exode des habitants et posera inévitablement la question des relations entre l'Europe de l'Ouest et l'Europe de l'Est !

> « *Die Um- und Abrüstung setzt den militärisch-industriellen Komplex unter Druck und wird auch bei uns eine Umschichtung der öffentlichen Haushalte und eine Umstrukturierung volkswirtschaftlich wichtiger Sektoren zur Folge haben. […].*
>
> *Die unmittelbaren Konsequenzen für Deutschland und Westeuropa liegen auf der Hand. Das Problem, vor dem die innerdeutsche Entwicklungspolitik steht, möglichst schnell die Lebensverhältnisse im anderen Teil aufzuheben, schon um die Wanderung von Ost nach West zu stoppen, stellt sich unter anderen Prämissen auch für die Beziehungen zwischen West – und Osteuropa.* » (VaZ, 102-104)

Les conséquences de la dislocation de l'Empire soviétique, auxquelles l'Europe ne peut échapper, constitueront pour celle-ci une « sanction économique » d'un nouveau type, sous la forme de gigantesques flux migratoires que Habermas estime à 20 ou 30 millions d'Européens de l'Est. Leur ampleur sera telle qu'ils pourront avoir un effet bénéfique pour les Allemands de l'Ouest : les sortir de leurs préoccupations narcissiques ! Ils exigeront une aide au développement sans pareille. C'est que les destinées des sociétés et de la culture de l'Europe sont fortement imbriquées depuis la disparition du rideau de fer. Jamais auparavant la responsabilité pour l'anomie, la guerre civile et le chaos n'a autant pesé sur l'Europe de l'Ouest, l'« appendice occidental de l'Europe » (VaZ, 104) !

Telle pourrait être, selon Habermas, une « *Ostpolitik* » – au-delà de l'Oder-Neisse – qui concernerait toute l'Europe de l'Est, en lieu et place des « rêves d'unification ». Sa formule en guise de conclusion : « les problèmes allemands sont en train de devenir moins allemands » !

> « *Eine Wirtschaftssanktion neuer Art, die der Westen nur durch eine beispiellose Entwicklungshilfepolitik für die zweite Welt abwehren könnte, sind die riesigen Migrationswellen von 20 bis 30 Millionen Osteuropäern, mit denen die Statistiker im Augenblick rechnen. Das ist die faktische Kehrseite der normativen Verpflichtungen, die der Zerfall des Sowjetimperiums dem Westen auferlegt. Noch nie waren die Schicksale der eurasischen Gesellschafen und Kulturen so eng miteinander verflochten wie seit dem Verschwinden des Eisernen Vorhangs; auf unserem Kontinent hat sich noch nie die Waage der Verantwortung für Anomie, Bürgerkrieg und Chaos, die sich in den Weiten des Ostens ausbreiten, so eindeutig zu Lasten Westeuropas, des kleinen geographischen Ausläufers im Westen, gesenkt.*

Weil diese Probleme eine so beunruhigende Grössenordnung haben, relativieren sich auch die Sorgen, die wir bisher besprochen haben. Ich denke, dass der Druck von aussen die Deutschen von ihrer narzisstischen Beschäftigung mit ihren eigenen, vergleichsweise kleinen Problemen abbringen wird. Die Relevanzen werden sich verschieben; das spricht für die Erwartung, dass auch die intellektuellen Fronten der Nachkriegszeit obsolet werden, dass wir und innerhalb eines anderen Koordinatensystems streiten werden und für eine unerwartete Lage ganz neue Interprétationen finden müssen. Die deutschen Probleme werden weniger deutsch. » (VaZ, 104-105)

7.2.7. L'Allemagne confrontée à une situation internationale « confuse » et « explosive » au début des années 1990

Habermas se réfère au politologue de Francfort Ernst-Otto Czempiel pour esquisser les perspectives qui s'offrent à la scène internationale : l'État national ainsi que la conception hobbesienne du pouvoir ne sont plus à même de répondre à la « nouvelle complexité ». Le monde actuel n'est plus un « monde d'États » *(Staatenwelt)* reposant sur la force militaire, mais un « monde sociétal » *(Gesellschaftswelt)* avec une administration dépolitisée et une économie sensibilisée à ses nuisances *(externe Kosten)*, fonctionnant non pas avec des catégories de bien-être et de liberté individuelle, mais de justice et de participation politique.

Il rajoute pour conclure qu'il faut également, compte tenu de la « nouvelle complexité », une « perestroïka » pour l'Ouest.

« Die Organisationsform des Nationalstaates, überhaupt der territorialen Staatsanstalt, hat ebenso abgewirtschaftet wie der vom Primat der Ordnungsgarantie bestimmte Begriff des Politischen – der Hobbesschen Begriff, der das Politische herleitet aus der Funktion der inneren und äusseren Stabilisierung von Herrschaft. Die europäische Staatenwelt, die sich 1648 formiert hat, ist schon lange zugrundegegangen [...]. Diese Konstellation ist der neuen Komplexität nicht mehr gewachsen. Das lehrt ein Blick auf den Zustand eines Imperiums [...] das seinen Handlungsspielraum eingebüsst hat [...].

Die Architektur der Weltpolitik ist nicht mehr die alte; die Welt ist keine Staatenwelt mehr, in der Besitz militärischer Gewaltmittel Macht und Einfluss zuteilen. Sie ist auch noch keine Weltgesellschaft, die auf Verfügung über Gewaltmittel verzichtet und sie einer Zentralgewalt überantwortet hat. Diese neue Welt ist am ehesten eine Gesellschaftswelt, die von der staatlichen Organisation formiert, aber von den Interessen der Gesellschaft bestimmt wird. » (citation de Czempiel) (VaZ, 107-108)

Habermas : *« Er meint, dass der "sozioökonomische Aufstieg der Gesellschaft" nur um den Preis verminderter Herrschaft zu haben ist. [...] Im Hintergrund stehen unverkennbar Saint-Simon und Marx [...].*

Die Gesellschaft verändert ihre Stellung gleichzeitig gegenüber Staat und Wirtschaft: in der politischen Öffentlichkeit klagt sie von beiden Seiten die Gebrauchswerte ein, nicht nur in Kategorien von Wohlstand und subjektiver Freiheit, sondern auch in Kategorien von Gerechtigkeit und politischer Partizipation. Das formuliert man besser normativ: in

einem Rahmen, der aus radikalisierten Freiheiten der politischen Kommunikation gezim-
mert wird, soll sich die Gesellschaft als "Zivilgesellschaft" konstituieren. Damit würde
sich die Teilung der Gewalten gesellschaftlicher Integration zwischen Geld und adminis-
trativer Macht auf der einen, Solidarität auf der anderen Seite verschieben. Mit dieser
Perspektive einer "Entpolitisierung" der staatlichen Administration zugunsten der zivilge-
sellschaftlichen Sensibilisierung der Wirtschaft für ihre externen Kosten entsteht immerhin
eine Zukunftsperspektive für die auch im Westen notwendig gewordene Perestroika. Die
auf militärische Sicherheit und Herrschaftsstabilisierung abgestellten Organisationen des
modernen Staatensystems sind baufällig geworden: das gilt trotz des Golf-Krieges. » (VaZ,
109-110)

7.2.8. Les intellectuels de « Osteuropa / Mitteleuropa » comme modèles pour les « démocrates-radicaux » occidentaux ; les « Grünen » s'affirment, mais le « Neues Forum » échoue

Tous ces pays de l'Europe de l'Est risquent de retomber dans d'« autres pas-sés », dans le nationalisme et l'antisémitisme, sortis tout droit de l'« Orcus » du XIXᵉ siècle : à leur sujet on peut parler du « passé comme avenir ». C'est une chance que l'Europe de l'Ouest échappe à cette régression. Pour ce qui est du niveau de vie, de protection sociale et de liberté politique, les pays de l'Est connaissent certes un besoin de rattrapage et il leur faut reconstruire une société civile/bour-geoise *(bürgerliche Gesellschaft)*, mais ils disposent avant tout d'une intelligentsia *(Intellektuellenschicht)* – si l'on fait abstraction de l'Allemagne de l'Est, ajoute-t-il !

D'où il conclut que « société civile » ou « société de citoyens » sont pour les dissidents d'Europe de l'Est des notions centrales de leur univers politique et sont devenues pour leurs « amis démocrates-radicaux de l'Ouest » des mots clés.

« Aber in all diesen Ländern, auch in Jugoslawien, Rumänien und Bulgarien, stellt sich
heute die Alternative des Rückfalls in andere Vergangenheiten, in Nationalismus und
Antisemitismus, in alle möglichen ethnozentrischen Legenden, die aus dem Orkus des
19. Jahrhunderts aufsteigen […]. Für die slawischen Länder hat das Menetekel der Ver-
gangenheit als Zukunft einen ganz handgreiflichen Sinn. Es ist eher Glück als Verdienst,
dass Westeuropa in einer vergleichsweise günstigeren Situation in den Sog dieser regres-
siven Stimmungen nicht hineingerät. » (VaZ, 110-111)

En réponse à la question sur un éventuel besoin de rattrapage pour l'Europe centrale, Habermas répond que les masses aspirent à rattraper le niveau de vie, de sécurité sociale et de liberté politique, mais souhaitent aussi reconstruire une « société civile », bien que le terme soit difficile à cerner. Mais une intelligentsia a continué à exister, contrairement à la situation est-allemande.

La notion de « société civile » est devenue centrale pour l'identité politique des dissidents en Europe de l'Est. Elle a une incidence sur l'image de soi, sur le sens de l'identité personnelle ; elle articule ce qui manque à cette identité, ce qui l'altère.

> « *Nun, das "Nachholen" betrifft sicher das, was sowohl die Eliten wie die Massen wünschen und wollen. Anschluss gewinnen an das im Westen erreichte Niveau von Wohlstand, sozialer Sicherheit und politischer Freiheit. Dabei spielt, was man Rekonstruktion der bürgerlichen Gesellschaft nennen kann, eine wichtige Rolle. Aber was genau versteht man unter "bürgerlicher Gesellschaft"? Eine Intellektuellenschicht gab es ja, wenn man von der besonderen Situation im geteilten Deutschland absieht, noch am ehesten. Und eine Restituierung der Vorkriegsbourgeoisien ist vermutlich weder wünschenswert noch möglich.*

> *"Bürgerliche" oder "zivile Gesellschaft" ist unter den Dissidenten in Osteuropa zu einem zentralen Begriff der politische Selbstverständigung – und, wie gesagt, für ihre radikaldemokratischen Freunde im Westen zu einem Schlüsselwort – geworden, weil sich darin spezifische Verlusterfahrungen artikulieren […]. Eine dieser Pathologien hat Elemer Hankiss als den systematischen Verlust von Verantwortungsbewusstsein beschrieben Entzug von Möglichkeiten, Motivationen und Fähigkeiten […]. » (VaZ, 115-118)*

Au fur et à mesure que le contrôle bureaucratique se relâche, une multitude de groupes autonomes, d'associations, de cercles, de clubs, qui se définissent par leur opposition à l'État, en tant que « société », sortent de terre.

Habermas note à ce sujet le changement de signification de l'expression « société bourgeoise » *(bürgerliche Gesellschaft)* telle que Marx l'a empruntée à Hegel, et qui signifie dès lors cette multiplicité.

La question est alors de savoir si les espaces publics qui se sont formés spontanément peuvent se structurer en relation avec les mouvements de citoyens et les associations « institutionnalisées », et s'ils arrivent à survivre aux régimes totalitaires contre lesquels ils se sont constitués – et ce contrairement au « Nouveau forum » qui n'a pas voulu se transformer en parti et rester un mouvement social, et qui a échoué !

> « *Sobald sich die Kontrollen der Staatsbürokratien lockerten, sind in der ersten Phase der Liberalisierung unzählige autonome Gruppen, Vereinigungen, Kreise, Clubs, Bündnisse und Organisationen aus dem Boden geschossen, die sich durch ihre Opposition zum Staat definierten – eben als Gesellschaft. Dadurch hat sich die Bedeutung des Konzepts der "bürgerlichen Gesellschaft", wie Marx es von Hegel übernommen hatte, verändert. Aber die Semantik ist weniger wichtig als die Realität. Wiederum stellt sich die Frage, ob sich die spontan entstandenen politischen Öffentlichkeiten zusammen mit der neuen Struktur von Bürgerbewegungen und Assoziationen festigen und in institutioneller Form konsolidieren – wie lange sie den Augenblick der Ablösung vom totalitären Regime überleben können. Ein gutes Beispiel bot in der DDR das Neue Forum, das sich als soziale Bewegung verstand und den Schritt zur Parteibildung nicht vollziehen wollte. Auch am Scheitern dieses Versuchs zeigt sich, dass in der DDR zunächst die Vergangenheit über die Zukunft herrscht. » (VaZ, 118)*

Si le concept de « société civile » issu de la dissidence politique à l'Est a inspiré les théories de la « démocratie radicale » à l'Ouest, avec ses « Nouveaux Mouvements Sociaux », ceux-ci diffèrent cependant de leurs inspirateurs, tant en ce qui concerne leur base – plus diversifiée à l'Ouest – que leur finalité : à l'Ouest, on ne bat pas seulement pour plus de « libéralité », mais pour de nombreux autres objectifs.

En conclusion, Habermas dit qu'il faut appliquer aux Nouveaux Mouvements Sociaux, pour les juger, de nouveaux critères : la grève générale et le « romantisme de l'action de masse » appartiennent au passé, remplacés par des kilomètres de « chaînes humaines » comme lors des manifestations de masse à Bonn en 1983 et des manifestations pacifistes après le déclenchement de la guerre du Golfe.

De fait, ce n'est plus la psychologie des masses que les politiques doivent maîtriser, mais la dynamique massive des flux de communication qui sont seuls à même de réaliser la participation démocratique et un vrai pluralisme, conclut-il !

> « *Die radikaldemokratischen Theorien im Westen haben sich von der semantischen Verschiebung im Begriff der "Zivilgesellschaft", die im politischen Selbstverständnis der Dissidenten stattgefunden hat, inspirieren lassen. Man muss aber die Realitäten, die hier und dort bestehen, auseinanderhalten. In Osteuropa sind, fürchte ich, die zivilgesellschaftlichen Strukturen so sehr Spiegelbild des panoptischen Staatsapparates, dass sie in der Phase seines Zerfalls hervortreten, aber auch mit dessen Untergang verschwinden – zunächst jedenfalls.*
>
> *In Gesellschaften des westlichen Typs haben die Neuen sozialen Bewegungen eine andere Basis. Sie gehen aus anderen Motiven hervor, stehen in einem anderen Kontext und haben andere Ziele schon deshalb, weil das Mass der Liberalität, für das man im Osten kämpft, hier erfüllt ist. Wie im Reagenzglas wurden diese Differenzen sichtbar, als die Bürgerrechtler und die Grünen der DDR mit den "Grünen" der Bundesrepublik zusammentrafen.* » (VaZ, 119-120)
>
> « *Die Neuen sozialen Bewegungen sind selber zum Motor für Vervielfältigung und Individualisierung geworden. Sie drücken einen Abstraktionsprozess aus, dem die Vorstellung von Demokratie heute folgen muss, um realistisch zu bleiben. Nicht die Psychologie der Massen, sondern die massenhafte Dynamik öffentlicher Kommunikationsströme ist das Vehikel, über das sich demokratische Partizipation verwirklicht und ein realer Pluralismus entfaltet. Nur über öffentliche Kommunikationen können sich die Institutionen der Freiheit mit der Substanz einer vernünftigen politischen Meinungs- und Willensbildung erfüllen.* » (VaZ, 123)

Habermas dresse ensuite un bilan flatteur pour « Die Grünen » ; un vrai morceau d'anthologie ! Il rend hommage aux Verts et à leur incontestable réussite : bien que parti d'opposition, ils ont réussi à imposer à l'opinion leurs deux grands thèmes : l'écologie et le désarmement, sans oublier la cause du féminisme. Dans le fonctionnement du système politique, ils ont réussi à obtenir une plus grande souplesse et fait avancer l'esprit de tolérance. D'où cette conclusion on ne peut plus élogieuse : les Verts sont malgré tout une « force civilisatrice », dit-il ! Il ajoute cependant qu'il ne leur a jamais donné sa voix à cause d'un relent de nationalisme de gauche et d'un reste d'autoritarisme dans le fonctionnement du parti !

> « *Die Grünen in der BRD: so erfolgreich, wie sie es aus der Opposition heraus nur sein konnten; sie haben eines ihrer beiden Themen, die Ökologie, jedenfalls als Thema,*

durchgesetzt; das andere Thema, Abrüstung und Frieden, war durch die neue Weltkonstellation bis zum Ausbruch des Golfkrieges etwas in den Hintergrund getreten [...]. Allerdings haben auch die Grünen dem kriminellen Waffenexport das Handwerk nicht legen können. Aber sie haben dem Feminismus Schubkraft verliehen – auch in der politischen Klasse selbst. Schliesslich haben sie im politischen Betrieb und im Parlament, sagen wir: stilbildend gewirkt, sie haben den Toleranzspielraum kräftig erweitert. Erinnern Sie sich beispielsweise an die prüden Begriffe von "Verfassungstreue", die in den 70er Jahren Gang und Gäbe waren und die sich so schnell keiner leisten wird. Am kräftigsten haben die Grünen die politischen Umgangsformen, Partizipationsspielräume, eine unorthodoxe Beweglichkeit, die Streitkultur in der Öffentlichkeit verändert. Wer hätte es für möglich gehalten, dass bei braven deutschen Bürgern eine Partei, die sich nur streitet und chaotisch darstellt, über Jahre Sympathien und Stimmen hinzugewinnt? Ihr grösstes Verdienst: sie haben das Muster eines linken Populismus nicht reproduziert, weil sie Politik weniger als Stimmung, denn als Diskurs betrieben haben. Auch ein wüster Diskurs ist immer noch wesentlich demokratischer als ein durch Werbung plus Demagogie aufgepeitschter und zusammenschweissender Affekt. Die Grünen waren und sind, trotz allem, eine zivilisierende Kraft. Dieses hohe Lied auf die Grünen singe ich übrigens, obwohl ich sie nicht gewählt habe: mir waren die linksnationalen Ränder und die Kaderreste nie ganz geheuer. Rückblickend halte ich das aber für den Ausfluss einer sozialdemokratischen Über-Vorsicht. Im übrigen kann man es den Grünen nicht zur Last legen, dass es auf Bundesebene zur Nagelprobe einer rot-grünen Koalition nicht gekommen ist. Die innenpolitisch eher regressiven Rückwirkungen der administrativ vollzogenen Einigung [...], haben die Grünen ebenso hart getroffen wie eine SPD zwischen Lafontaine und Rappe gespalten ist. » (VaZ, 120-122)

« *Kurzum, vom Scheitern des basisdemokratischen Experiments kann man nur sprechen, wenn man es, wie manche Grüne selber, zu konkretistisch versteht. Die Neuen sozialen Bewegungen gehören ja nicht mehr zum Typus jener Massenbewegungen, die die Strassen – und die Träume der Revolutionstheoretiker – im 19. und 20. Jahrhundert besetz hatten. Die traditionellen Modelle waren der Massenstreik auf der einen Seite, der uniformierte faschistisch Mob auf der anderen Seite. Je weiter die Massenzivilisation fortschreitet, umso mehr verblasst diese Romantik der Massenaktion – trotz Leipzig und Wenzelsplatz. Das hat nichts mit absoluten Zahlen zu tun. Die mehr als hundert Kilometer langen Menschenketten und die beschwingten Massendemonstrationen des Jahres 1883 in Bonn und anderswo (gegen Nato-Doppelbeschluss mit Rede von Willy Brandt), noch die riesige Friedensdemonstration im Bonner Hofgarten nach Ausbruch des Golfkrieges waren ein lebendiges Dementi des Glaubens an die Gewalt, an die zum Grosssubjekt verschmolzene Masse in Aktion. Das ist natürlich aus dem alt-bundesrepublikanischen Blickwinkel betrachtet. Die Demonstrationen, in denen sich die Empörung über das soziale Elend in der ehemaligen DDR ausspricht, gehören wohl – wie die PDS- und Gewerkschaftsparolen, die den Zorn kanalisieren – eher zum traditionellen Typus. Dennoch, der Glaube an Subjekte im Grossformat und an den direkten Zugriff auf grosse Systeme ist Gottseidank dahin.* » (VaZ, 122-123)

En conclusion de ce chapitre de VaZ qui a donné son nom au recueil, Habermas donne maintenant dans la « critique culturelle » en fustigeant la « culture industrielle » – ou, comme il l'appelle encore, la « culture matérielle », issue de la fusion funeste des besoins locaux et étrangers, laquelle exerce un pouvoir impérialiste dans le monde, à São Paulo tout comme au Caire, et l'on peut se demander si l'Europe garde une seconde chance pour « civiliser » le globe ! Ici il n'est plus question de l'Allemagne, mais de l'Occident.

Il faut que le rationalisme occidental quitte son aveuglement, dit-il, pour s'ouvrir au dialogue avec les autres traditions. Et ce grâce à la capacité qu'a l'Europe à s'autocritiquer, à se transformer en recourant à des pratiques solidaires, à se relativiser en répudiant l'eurocentrisme. L'ultime utopie : trancher le nœud gordien à l'aide des « pratiques solidaires » de la démocratie !

« *Als Nachgeborene sehen wir ja heute ziemlich klar die Zerstörungen, die die globale und gewaltsame Ausbreitung der Industriekultur angerichtet hat […]. Was sich einst in Kolonialherren und Missionaren verkörpert hat, besorgen heute auf anonyme Weise Weltmarkt und Fernsehen alleine, selbst wenn es nicht zur Barbarei einer hochtechnisierten Kriegführung kommt. Die imperialistische Herrschaft ist weitgehend anonym geworden, ist "aufgehoben" in der Herrschaft systemischer Zwänge – auch im heimlichen Curriculum einer Lebensform, die der materiellen Infrastruktur der Weltmetropolen des 21. Jahrhunderts eingeschrieben ist und alle alteuropäischen Vorstellungen sprengt – in São Paulo und Kairo nicht anders als Tokio. Dieses Anonymwerden zeigt aber auch, dass sich da ein vitiöser Zirkel eingespielt hat – dass die fremden mit den einheimischen Bedürfnissen eine unheimliche und unheilige Fusion eingegangen sind. Erst diese Verbindung hat die materielle Weltkultur, die von Europa ausgegangen ist, zu einer stumm-alternativen Gewalt gemacht […]. Dieses Faktum zu sehen, heisst nicht es gutzuheissen. Wir werden ja nicht gefragt, ob wir das hätten wollen können […].*

Gefragt werden wir, ob Europa die zweite Chance, die es heute erhält, zur Zivilisierung des Erdballs nützen wird, zum Ausbrechen aus dem verzweiflungsvollen Kreislauf imperialer Machtpolitik. » (VaZ, 126-127)

« *Damit will ich nicht etwa sagen, dass der alternativlos gewordenen materiellen Weltkultur nun auch eine zweite Missionierung im Sinne der geistigen Unterjochung folgen solle. Der okzidentale Rationalismus muss in sich selbst zurückgehen und seine eigenen Blindheiten überwinden, um sich dialogisch für das zu öffnen, was er aus den geistigen Traditionen der anderen Kulturen lernen kann. Eine interkulturelle Begegnung, die diesen Namen verdient, würde auch in unseren Traditionen Verschüttetes zutage fördern. Europa muss eine seiner Stärken, nämlich sein selbstkritisches Potential, seine Kraft zur Selbsttransformation nutzen, um sich am Anderen Fremden und zunächst Unverstandenen radikaler als bisher zu relativieren. Das ist das Gegenteil von Eurozentrismus. Aber diesen können wir nur aus dem besseren Geist Europas überwinden. Nur wenn uns das gelingt, lassen sich die Wunden, die der zur materiellen Weltkultur gewordene Eurozentrismus einer von ihm lebenden und an ihm leidenden Welt geschlagen hat, vielleicht nicht heilen, aber wenigstens behandeln.*

Nicht die Philosophen können die Welt verändern. Was wir brauchen, ist ein kleines mehr an solidarischen Praktiken; ohne das bleibt auch das intelligente Handeln bodenlos und ohne Folgen. Solche Praktiken brauchen allerdings ihrerseits vernünftige Institutionen, brauchen Regeln und Kommunikationsformen, die die Staatsbürger moralisch nicht überfordern, sondern die Tugend der Gemeinwohlorientierung nur in kleiner Münze erheben. » (VaZ, 126-128)

> « *Wenn ich mir einen Rest Utopie bewahrt habe, dann ist es allein die Vorstellung, dass Demokratie – und der offene Streit um ihre besten Formen – den Gordischen Knoten der schier unlösbaren Probleme zerhauen kann. Ich sage nicht, dass es uns gelingen wird. Wir wissen nicht einmal, ob es uns gelingen könnte. Aber weil wir es nicht wissen, müssen wir es wenigstens versuchen. Apokalyptische Stimmungslagen verzehren Energien, aus denen solche Initiativen sich speisen. Optimismus und Pessimismus sind hier keine einschlägigen Kategorien.* » (VaZ, 128-129)

Habermas finit par saluer les bouleversements qu'ont connus la RDA et l'ensemble de l'Europe de l'Est et donne étonnamment quitus au gouvernement Kohl pour l'instauration de la démocratie et de l'État de droit. Il trouve le processus de l'unification « légitime », bien qu'il se soit déroulé selon les normes de « notre ordre politique », et que tous les partis politiques aient eu une stratégie électorale condamnable !

> « *Zunächst müssen wir doch erklären können, warum wir die Umwälzung in der DDR – und in ganz Osteuropa – für einen begrüssenswerten Prozess halten [...]. Jedenfalls haben sich hier gegen die Repressionen eines gespenstischen Überwachungsstaates, Institutionen der rechtsstaatlichen Demokratie durchgesetzt. Mit dieser politischen Verfassung kommen Rechts- und Gerechtigkeitsprinzipien zur Geltung, die vernünftig begründet werden können. Das heisst eben: sie können in einem praktischen Diskurs die wohlüberlegte Zustimmung aller Betroffenen finden.*
>
> *Was nun den faktischen Verlauf des Einigungsprozesses angeht, so muss man nüchtern feststellen, dass er grosso modo im Einklang mit den Normen unserer politischen Ordnung verlaufen ist [...]. Die Politik des Kanzleramts, über die wir uns politisch streiten, war natürlich legal, lag innerhalb des der Regierung verfassungsmässig eingeräumten Spielraums. Als die Parteipolitik überhand nahm, fast alle Parteien das Wahlrecht nur noch als Manövriermasse für eigene Spekulationen behandelten, hat das Bundesverfassungsgericht diesem Treiben Einhalt geboten. Das ist die verfassungsrechtlich legitime Seite des Vorgangs. Die Staatsverträge sind, wenn auch als Paket, von den Parlamenten gebilligt worden. Es haben demokratische Wahlen stattgefunden usw.* » (VaZ, 138-139)

Cela étant, ce qu'il appelle le « déficit normatif de l'unification » réside dans le fait de l'absence d'un débat public sur l'autocompréhension de la République fédérale « élargie et composite » !

> « *Die von den Intellektuellen von Anbeginn beklagten normativen Defizite des Einigungsprozesses bestehen vor allem darin, dass eine öffentliche Debatte über das Selbstverständnis der erweiterten, aus heterogenen Teilen zusammenwachsenden Bundesrepublik nicht stattgefunden hat.* » (VaZ, 163)

Après avoir fait le point sur la question allemande, Habermas traite de la société « postmoderne », vue à travers les « théories » des intellectuels marquants, qu'il passe en revue, avec leurs projets de « formes de vie ». Notons que la postmodernité, qui s'est trouvée récusée jusqu'à présent, se trouve en quelque sorte réhabilitée à travers ses promoteurs :

– Heidegger et Wittgenstein, à l'origine du virage pragmatique en linguistiqu*e (Sprachpragmatische Wende)* ;

– Luhmann qui, avec sa « théorie des systèmes », a mis en lumière la complexité des sociétés modernes interconnectées *(Vernetzung)* et mondialisées *(Weltgesellschaft)* ;

– Derrida qui, avec son concept de « différend », qui a montré l'incroyable libération des cultures et des formes de vie qui s'ouvrent aujourd'hui les unes aux autres *(Entschränkung)* ;

– Foucault avec ses micro-analyses du pouvoir et sa révélation de la dialectique invisible entre les tendances égalitaires de notre époque et les nouvelles atteintes aux libertés, situées dans les pores d'une communication faussée *(verzerrt)* ;

– Adorno et son esthétique qui porte les marques indélébiles de l'émigré ayant échappé par chance aux camps d'extermination ;

– Habermas, qui clôt la liste, évoque à son tour son apport : le choc que lui ont causé les images des camps l'a marqué à vie, mais il dit qu'il savait qu'ils (les Allemands), allaient, malgré tout, devoir continuer à vivre et à agir, tout en redoutant les régressions. C'est pourquoi, depuis ce moment, il s'applique à trouver les traces d'une raison qui réunit, dit-il, sans oublier les différences, et en respectant l'autre dans son altérité.

> *« Ich bin, wie die anderen, eine Generation jünger. Als mich der Schock dieser Bilder und Nachrichten erreichte, war ich sechzehn Jahre. Ich wusste, dass wir, trotz allem, in der Angst vor Regressionen weiterleben würden und weitermachen müssten. Seitdem stochere ich, mal hier, mal da, nach Spuren einer Vernunft, die zusammenführt, ohne Abstände zu tilgen, die verbindet ohne Verschiedenes gleichnamig zu machen, die unter Fremden das Gemeinsame kenntlich macht, aber den Anderen seine Andersheit lässt. » (VaZ, 157-158)*

Notons que les « grands théoriciens » cités ici sont européens, plus précisément franco-allemands, à la différence des décennies précédentes marquées par la prééminence américaine. Habermas évoque d'ailleurs ici une proximité amicale avec Bourdieu, alors qu'il récuse habituellement le poststructuralisme (postmodernisme) de celui-ci. Étonnamment, il dit être en désaccord avec Rawls et Notzig (VaZ, 133) sur l'élaboration d'une théorie politique normative !

> *« Trotz allem Gerede über eine Postmoderne sind aber zu diesen Lebensformen keine vernünftigen Alternativen abzusehen. Was bleibt uns denn anderes übrig, als innerhalb dieser Lebensformen nach praktischen Verbesserungen wenigstens zu suchen? » (VaZ, 141)*

7.2.9. « *La terreur de droite* » (der rechte Terror) *et le* « *deuxième automne allemand* » (der zweite deutsche Herbst)

Dans un texte issu d'une conférence faite à Paris en janvier 1993, Habermas commence par évoquer les mouvements de population à l'échelle du monde, provoqués par les guerres civiles et la paupérisation des régions sinistrées, vers les régions prospères d'Europe et d'Amérique du Nord.

L'Allemagne et la France sont aujourd'hui particulièrement concernées, alors qu'ils ne sont pas, contrairement aux États-Unis et au Canada, des pays classiques d'immigration.

Bien qu'elle ait, jusqu'à la Première Guerre mondiale, accueilli près de 1,2 million d'immigrants du travail et, depuis 1955, des « travailleurs-immigrants » *(Gastarbeiter)*, l'Allemagne continue à se considérer comme un pays d'émigration. D'où la nécessité pour elle de procéder, selon Habermas, au douloureux processus du passage à un pays d'immigration. Aujourd'hui, les « *Gastarbeiter* » constituent en France et en Allemagne une part importante des travailleurs. Entre-temps, leurs familles les ont rejoints et une seconde et troisième génération est née dans le pays. Finalement, les immigrés sont devenus des compatriotes. Si l'on veut régler le problème, il faut en faire des citoyens, juridiquement et culturellement, dit-il.

Or le problème de l'intégration de ces « étrangers » se pose aujourd'hui dans un contexte particulier. Deux faits sont intervenus : les conséquences économiques et politiques de l'unification d'une part, le terrorisme de droite d'autre part.

Pour ce qui est des conséquences de l'unification, Habermas revient à son reproche classique du « déficit normatif » qui serait à l'origine d'un choc des mentalités, d'une stéréotypisation réciproque croissante, qui empêchent de combler le fossé économique et social entre les deux parties.

Dans cette situation tendue, l'irruption inattendue de la violence d'extrême droite, du « terrorisme de droite » selon son expression, fait l'effet d'un choc. Pour l'année 1992, on a compté 17 morts et 800 à 900 blessés dans environ 2200 attentats. Le changement de mentalité intervenu suite à ces mouvements est « effrayant ». Non seulement du fait que les jeunes manifestants exhibent pour la première fois des symboles nazis ! Ce qui est plus effrayant encore, c'est que cette forme de criminalité politique réveille dans la population le syndrome connu de la haine de l'étranger, laquelle a souvent basculé dans l'antisémitisme ou le ressentiment envers les handicapés ou envers d'autres groupes marginaux. Ou encore dans une critique virulente envers des intellectuels comme Günter Grass et dans une critique – néoconservatrice – des valeurs libérales, ces dernières étant accusées de générer l'extrémisme de droite !

Pour Habermas, la gravité de ce nouveau terrorisme réside dans la nature de réactions de la population, des administrations et des milieux politiques :

– Pour le chef du gouvernement, la gravité des événements se réduit à l'image négative donnée par l'Allemagne à l'étranger !

– Pour ce qui concerne l'administration et la police, ni l'une ni l'autre ne se sont montrées à la hauteur de la tâche : Habermas parle de « capitulation » devant les agresseurs !

– En parlant de la population, il évoque les affrontements de Hoyerswerda (entre le 17 et le 23 septembre 1991) quand près de 500 personnes, pendant plusieurs jours, se sont « attaqués » à un bâtiment abritant des travailleurs saisonniers ainsi qu'à un hébergement d'immigrés ; la population des alentours a épaulé les assaillants, les encourageant de ses applaudissements et… en faisant griller des saucisses pour ces derniers ! Quant aux médias, ils ont participé à l'« escalade » !

« Die Einigung hat auf beiden Seiten Enttäuschungen ausgelöst; die von den Intellektuellen von Anbeginn beklagten "normativen Defizite" des Einigungsprozesses bestehen vor allem darin, dass es keine öffentliche Debatte über das Selbstverständnis der erweiterten, aus heterogenen Teilen zusammengewachsenen Bundesrepublik stattgefunden hat. Eine Verfassungsdebatte hat nicht stattgefunden und die Stellvertreterdebatte über die neue Hauptstadt Berlin ist nach schiefen Fronten verlaufen. Umso härter stossen die im Westen und Osten verschieden ausgeprägten Mentalitäten aufeinander; es ist eine Spirale gegenseitiger Stereotypisierung in Gang gekommen, welche die Überwindung des wirtschaftlichen und sozialen Gefälles zwischen den Landesteilen weiter erschwert. » (VaZ, 163).

« In dieser angespannten Situation wirkt der unerwartete Ausbruch rechtsradikaler Gewalt wie ein Sprengsatz. Die Jahresbilanz des Hamburger Amtes für Verfassungsschutz […] ist erschreckend. Im vergangenen Jahr sind von Rechtsradikalen 17 Menschen ermordet, 800 bis 900 Personen verletzt, insgesamt 2200 Anschläge verübt worden. […] Der Mentalitätswandel, der sich schon seit einigen Jahren angebahnt, aber in der Öffentlichkeit erst während der letzten Monate manifestiert hat, erschreckt nicht so sehr dadurch, dass sich der Jugendprozess zum ersten Mal auf drastische Weise der alten Nazisymbole bedient. Erschreckend ist vielmehr, dass diese medienwirksame politische Kriminalität in breiteren Bevölkerungskreisen ein bekanntes Syndrom von Vorurteilen weckt. Der Fremdenhass ist vielfach in Antisemitismus umgeschlagen, auch in Ressentiments gegen Behinderte und andere Randgruppen. In diesem Zusammenhang stehen eine verschärfte Kritik an linken Intellektuellen wie Günter Grass und der groteske Versuch der Neokonservativen den Rechtsextremismus auf jenen liberalen Werte- und Einstellungswandel zurückzuführen, der sich in der Bundesrepublik während der letzten zwei Jahrzehnten durchzusetzen schien. » (VaZ, 163-165)

« Als die sympathisierende Bevölkerung in Rostock vor brennenden Asylanten-Heimen Würstchenbuden aufstellte, war für die Mehrheitsbeschaffer keine offensive Überzeugungsarbeit angesagt, sondern symbolische Politik – eine Politik der Verfassungsänderung, die nichts kostet, auch nichts ändert, aber den dumpfesten Gemütern die Botschaft zukommen lässt: das Problem am Fremdenhass sind die Fremden. […]. Aber auch nach Rostock kam von dort kein Zeichen der moralischen Empörung und des Mitleides, des demokratischen Zornes über die Wiederkehr von Affekten, die jedes Gemeinwesen zerstören müssen. Zornig reagierte der Bundeskanzler nur über die Handvoll Störer auf der Berliner Grossdemonstration, weil diese das Ansehen Deutschlands in der Welt beschädigten – das war für ihn "das eigentliche Verbrechen". […] Selbst nach Mölln kam der FAZ (vom 24. Nov. 1992) nur "die Liebe zum eigenen Land, das man der Schande nicht aussetzen darf" in den Sinn. » (VaZ, 166)

En somme, c'est la population allemande dans sa totalité, ses gouvernants qui n'ont pas pris la mesure de la catastrophe morale, avec son administration et sa police désemparées, démunies, avec sa presse amplifiant le phénomène, qui font dire à Habermas que c'est tout cet ensemble – « décivilisateur de la société » – qui constitue le « second automne allemand ».

> « *Erst die Reaktionen auf den rechten Terror – die aus der politischen Mitte der Bevöl-*
> *kerung und die von oben: aus der Regierung, dem Staatsapparat und der Führung der*
> *Parteien – bilden das Phänomen eines "zweiten deutschen Herbstes". Nicht den Opfern*
> *und der Entzivilisierung unserer Gesellschaft galt die erste Sorge, sondern dem Ansehen*
> *des Industriestandorts Deutschland.* » (VaZ, 166-167)

Habermas fait le constat le plus alarmant : l'absence de solidarité, d'empathie
avec l'autre, avec l'étranger. On tourne le dos aux valeurs de fraternité : la reprise
de l'image d'un automne sanglant (celui de 1977) est de retour en 1991 : Habermas désespère de son pays, de ceux qui le gouvernent.

7.2.10. *Le débat sur l'asile* (Asyldebatte)

C'est sur ce fond de désespérance que Habermas rend compte du débat qu'il
considère comme capital pour le fonctionnement de la société allemande : le débat
sur l'asile *(Asyldebatte)* (VaZ, 159-186), qui est aussi un débat sur l'immigration
(Einwanderungsdebatte). Notons que, selon Habermas, les députés de la coalition
(CDU-CSU, FDP) visent tout particulièrement ce qu'ils appellent l'« *Asylmiss-*
brauch », l'abus du droit d'asile, afin d' éviter que leurs électeurs n'aillent grossir
les rangs du NPD et pour pouvoir discréditer le SPD en l'accusant d'être à l'origine de l'afflux grandissant de demandeurs d'asile !

Le débat prend une place importante dans les écrits de Habermas du début des
années 1990. Il commence par une controverse.

1. La politique d'immigration du gouvernement est, selon lui, « brouillée »
    (vernebelt), hypocrite, insincère : il recourt – c'est rare chez lui – à la
    notion « sartrienne » de « mauvaise foi » *(Unaufrichtigkeit)*. C'est que le
    problème est mal posé : il n'est question que des abus du droit d'asile
    (Asylmissbrauch). Or le vrai problème est que l'Allemagne a besoin d'une
    politique qui offre aux immigrants d'autres options que le seul droit
    d'asile et qu'il ne faut pas disjoindre les deux : la politique d'immigra-
    tion et le droit d'asile.

Ce n'est pas du droit d'asile seul qu'il faut débattre, dit-il, mais de ce que dans
Faktizität und Geltung (1992, p. 656) il appelle « droit à l'immigration » *(Recht*
auf Immigration) (sur ce point, cf. Denis Goeldel, *Recherches germaniques*, 2018,
p. 88).

> « *Die Rede vom Missbrauch des Asylrechts verschleiert den Umstand, dass wir eine*
> *Einwanderungspolitik brauchen, die für Immigranten andere Optionen eröffnet. Fragen*
> *des politischen Asyls und der Einwanderung bilden ein Junktim.* » (VaZ, 168)

Certes, selon Habermas, le désir de vouloir échapper à la misère qui règne
dans le pays de départ, ne fonde pas, comme la persécution politique, pour la personne concernée un droit juridique à l'asile. Cependant, la personne en question
peut se fonder sur un devoir politico-moral des sociétés de bien-être, de venir en

aide dans la mesure du possible, à ceux qui désirent immigrer. Habermas rajoute
à cela le fait que la population européenne qui a largement tiré profit depuis 1800
des mouvements intercontinentaux de population, a un devoir moral particulier
à cet égard. Il cite l'exemple des États-Unis qui viennent d'augmenter le quota
des immigrants admis annuellement. Alors qu'en Allemagne on n'ose même pas
ouvrir le débat sur la taille et la spécificité d'éventuels contingents de candidats à
l'immigration susceptibles d'être admis. C'était d'ailleurs un sujet annoncé dans
le préambule du « compromis » entre la CDU-CSU et le SPD – tout comme
la politique d'intégration *(Einbürgerungspolitik)* –, et qui, finalement, ne se
retrouvent pas dans l'« *Asylkompromiss* » !

> « *Der Wunsch, dem existentiellen Elend zu entfliehen, begründet nicht, wie politische
> Verfolgung, einen individuellen Rechtsanspruch auf Asyl, aber er kann sich auf eine gut
> begründete moralisch-politische Verpflichtung der Wohlstandsgesellschaften stützen, den
> Immigrationswilligen im Rahmen des Möglichen zu helfen. Zudem trägt Europa, dessen
> Bevölkerung seit 1800 an den interkontinentalen Wanderungsbewegungen überpropor-
> tional beteiligt war, eine besondere historische Verantwortung: bisher hat es nämlich von
> den Migrationen hin und her profitiert. Trotz der grossen Zahl illegaler Einwanderer
> haben die USA beispielsweise die offizielle Einwanderungsquote auf jährlich 714 000
> erhöht. Bei uns wagt niemand die Diskussion über Grössenordnung und Spezifizierung
> von Einwanderungskontingenten auch nur anzustossen; sie dürfte sich ja, wie die Kirchen
> mit Recht fordern, nicht nur auf "gerngesehene Fachkräfte" beschränken. Auch diejeni-
> gen, die das Tabu berühren, reden lieber von einer "Zuwanderungsbegrenzung". Der
> Geburtsfehler, des Anfang Dezember 1992 zwischen Regierung und SPD vereinbarten
> Asylkompromisses besteht darin, dass in der Präambel eine Einwanderungspolitik – und
> eine veränderte Einbürgerungspolitik – versprochen, aber im Text nicht behandelt wer-
> den. Nach wie vor verkünden die Richtlinien zum Einbürgerungsrecht, dass wir kein
> Einwanderungsland sind und sein wollen. » (VaZ, 168-169)*

2. Habermas désapprouve par ailleurs l'interprétation et les conséquences de
   l'article 116, 2, de la Loi fondamentale qui permet la réintégration *(Wie-
   dereinbürgerung)* dans la nationalité allemande des anciens nationaux du
   Reich qui avaient perdu celle-ci. Il dénonce le « privilège », accordé aux
   Polonais et aux Russes, auxquels il suffit d'apporter la preuve d'une origine allemande, pour recouvrer la nationalité allemande : 220 000 ont
   ainsi été accueillis, « s'ajoutant », dit-il, aux 500 000 demandeurs d'asile de
   1992 (dont 130 000 proviennent des régions exposées à la guerre civile de
   l'ex-Yougoslavie), au risque de porter préjudice à ces derniers.

On peut s'étonner que Habermas refuse de prendre en considération le fait
que les anciens nationaux qui ont perdu leur nationalité, ou en ont été déchus
pour des « raisons politiques, raciales ou religieuses », ont un droit à cette réintégration, comme le stipule l'article GG 116, 2. C'est que pour lui des considérations de provenance *(Abstammung)*, de langue et d'éducation ne peuvent
justifier aucun « privilège » – il va jusqu'à qualifier les bénéficiaires de l'article
en question de « soi-disant nationaux » *(die sogenannten Volksdeutschen)*.

L'auditoire français de cet « exposé parisien » de Habermas aurait très certainement été intéressé par un débat franco-allemand sur cette question clivante, la France métropolitaine ayant « rapatrié » entre avril et juillet 1962 près de 4500 personnes qui avaient quitté l'Algérie.

> *« Die Unaufrichtigkeit setzt sich fort in der Informationspolitik. […] Den 440 000 Asylbewerbern des vergangenen Jahres stehen 220 000 Aussiedler gegenüber, die auf Grund einer fragwürdigen Interprétation des Art. 116 GG als "Deutschstämmige" ein Anrecht auf die deutsche Staatsbürgerschaft besitzen. Oskar Lafontaine hat schon 1990 die Frage aufgeworfen, ob die Konstruktion des sogenannten Status-Deutschen mit Grundsätzen einer liberalen Verfassung überhaupt vereinbar ist. Das Argument, dass deutsche Staatsbürger eine Rechtsgemeinschaft und keine Volksgemeinschaft bilden, hat jedoch keine Wirkung gezeigt. […]*
>
> *Diese Beispiele sollen zeigen, dass eine realistische Aufschlüsselung der globalen Zahlen fehlte. Ihnen müsste der Bedarf an Zuwanderern gegenübergestellt werden, die die schrumpfende Bundesrepublik schon aus eigenem Interesse braucht, wenn die sozialen Sicherungssysteme nicht in zwanzig Jahren unter der kopflastigen Alterspyramide zusammenbrechen sollen. »* (VaZ, 169-170).

3. Autre grief : l'article 16 a, introduit dans la Loi fondamentale, permet d'expulser sans recours juridique les réfugiés venus d'États tiers soi-disant « sûrs ». On se débarrasse ainsi des immigrés en les renvoyant vers l'Europe de l'Est, autrement dit, vers nos voisins de Pologne, République tchèque, Slovaquie, Hongrie et Autriche, pays qui ne sont guère préparés à régler ce problème d'une façon juridiquement irréprochable. La limitation de la protection juridique assurée aux réfugiés venant de pays qui, du point de vue de la RFA, sont définis comme « non-persécuteurs » *(verfolgungsfrei)* est tout aussi problématique pour Habermas.

Au lieu de faciliter l'acquisition de la nationalité allemande par les étrangers déjà établis en Allemagne, en particulier les travailleurs immigrés jadis recrutés dans leur pays *(Gastarbeiter)*, le compromis rejette toute modification du droit existant en matière de naturalisation *(Einbürgerungspolitik)*. On refuse par ailleurs à ces derniers la double nationalité […]. Même leurs enfants nés en Allemagne n'obtiennent pas automatiquement les droits civiques. De même les étrangers qui souhaitent renoncer à leur nationalité antérieure ne peuvent être naturalisés qu'au terme de quinze années de séjour en Allemagne.

> *« Der Fehler des jetzt beschlossenen Asylkompromisses besteht freilich nicht nur darin, die Last der auf dem Landweg einreisenden Asylbewerber aus Osteuropa auf unsere Nachbarn – Polen, die Tschechei, die Slowakei, Ungarn und Österreich, abzuwälzen […]. Der Asylkompromiss begeht aber vor allem den Fehler, beim Einbürgerungsrecht alles beim Alten zu lassen, statt den in Deutschland bereits ansässigen Ausländern den Erwerb der Staatsbürgerschaft zu erleichtern. Im Gegensatz zu Frankreich, wo nach dem Territorialprinzip verfahren wird, wird die Staatsangehörigkeit in Deutschland nach dem Prinzip der Abstammung geregelt. Das hatte beispielsweise zur Folge, dass bis zur Wiedervereinigung nicht nur die Bürger der Bunderepublik, sondern auch alle Bürger der DDR die deutsche Staatsbürgerschaft besassen.*

Nach wie vor haben die sogenannten Volksdeutschen, also vor allem die Polen und Russen, die eine deutsche Abstammung nachweisen können, eine Anwartschaft auf die deutsche Staatsbürgerschaft.

Dem entspricht auf der anderen Seite, dass den ansässigen Gastarbeitern eine doppelte Staatsangehörigkeit verweigert wird und ihre in Deutschland geborenen Kinder auch nicht wie in Frankreich üblich, ohne weiteres die Staatsbürgerschaft erhalten. Während in Frankreich Einwanderer die Staatsbürgerschaft nach fünf Jahren erwerben können, ist das in Deutschland selbst für die, die auf ihre bisherige Staatsbürgerschaft verzichten wollen, erst nach 15 Jahren möglich. » *(VaZ, 172-173)*

Pour Habermas, ces différences en termes de politiques d'intégration procèdent de différences de conception de l'identité nationale en France et en Allemagne : en France, l'identité nationale s'est développée dans le cadre de l'État territorial existant, alors qu'en Allemagne elle a dû s'associer à l'idée romantique, inspirée par la bourgeoisie cultivée, d'une nation culturelle. Celle-ci se présente sous la forme d'une unité imaginaire, obligée de se fonder sur une langue, des traditions et une origine commune, pour s'imposer face à une multitude d'États minuscules dans une Allemagne ballottée entre des ambitions contraires, émanant de petits et de grands États.

Par ailleurs, alors qu'en France la conscience nationale s'est développée parallèlement à la conquête des droits de l'homme, le nationalisme allemand est issu de la guerre contre Napoléon, c'est-à-dire contre un ennemi extérieur, et ce bien avant la constitution de l'État national par Bismarck et indépendamment de la conquête des droits démocratiques. D'où ce que Habermas appelle le particularisme allemand *(Sonderbewusstsein)* d'un nationalisme fondé principalement sur la culture et les origines ethniques *(Abstammung)*.

« *In Frankreich hat sich die nationale Identität im Rahmen eines bestehenden Territorialstaates ausbilden können, während sie sich in Deutschland zunächst mit der romantisch inspirierten bildungsbürgerlichen Idee einer Kulturnation verbinden musste. Diese stellt eine imaginäre Einheit dar, die damals in den Gemeinsamkeiten der Sprache, der Tradition und der Abstammung Halt suchen musste, um über die Realität der bestehenden Kleinstaaten und über die umstrittene Alternative zwischen klein- und grossdeutschen Lösungen hinausgreifen zu können.* » *(VaZ, 174)*

7.2.11. Le retour d'un « particularisme allemand » à la faveur de l'unification (das alte deutsche Sonderbewusstsein)

Habermas redoute le retour en grâce de ce « patriotisme ethnique » *(volkstumbezogen)* suite à l'unification. Les manifestations récentes de corporations d'étudiants (janvier 1993) et le débat sur le droit d'asile font qu'il se demande si la « République fédérale élargie » va poursuivre ou non son action politique civilisatrice *(politische Zivilisierung)* – une formulation qu'il affectionne –, ou si l'« ancien particularisme » va fêter son retour ! Ce sont les réactions de la population face à la poussée de l'extrémisme de droite et l'épisode du « débat sur l'asile » qui lui font craindre ce retour en arrière.

> « *Von diesem Sonderbewusstsein hatte sich die Bundesrepublik nach 1945, nach dem erst allmählich erarbeiteten Schock über den Zivilisationsbruch der nationalsozialistischen Massenverbrechen abgewendet. Dem kam die Randlage einer zwischen zwei bipolar aufgeteilten Welt entgegen. Die Auflösung der Sowjetunion und die Wiedervereinigung haben diese Konstellation gründlich verändert. Deshalb haben die Reaktionen auf den wiederaufflammenden Rechtsradikalismus – und in diesem Zusammenhang auch die Asyldebatte – die Frage nahegelegt, ob die erweiterte Bundesrepublik heute den Weg der politischen Zivilisierung fortsetzen wird oder ob sich das alte Sonderbewusstsein in anderer Gestalt erneuert. Die Antwort darf freilich nicht pauschal ausfallen; sie muss im Hinblick auf neue und alte Bundesländer differenziert gegeben werden.* » (VaZ, 176)

Il s'en prend par ailleurs au discours dominant, selon lequel « la RFA n'est pas un pays d'immigration » et n'a donc pas à ouvrir ses frontières aux migrants. Pour lui, cette idée reçue est non seulement en contradiction avec l'évidence des rues et des métros des cités allemandes – Francfort en compte 26 % (chiffre de 1992) –, mais aussi avec le fait que l'Allemagne a engagé, en dépit d'un chômage relativement important, de façon systématique des travailleurs à bon marché, hommes célibataires recrutés dans le sud et le sud-est de l'Europe. Ces recrutements ont cessé en 1973. Mais aujourd'hui, dit-il, les familles et les enfants de ces « travailleurs immigrés » qui ne sont pas rentrés chez eux se trouvent dans une situation paradoxale d'être « des immigrants sans perspectives claires d'immigration » : « Allemands porteurs de passeports étrangers », s'exclame-t-il ! Habermas est sensible aux incohérences et, d'une certaine façon, à l'hypocrisie d'une Allemagne, qui est, *de facto*, « terre d'immigration ».

Or, selon lui, la résistance opposée à « l'intégration complète » de ces étrangers, sans lesquels l'essor économique, qui n'est comparable qu'à celui du Japon, n'aurait pas été possible, est encore plus incompréhensible si l'on considère qu'en 1990 l'ancienne République fédérale avait intégré 15 millions de réfugiés. Habermas conclut que si, en dépit de ces évidences, il est néanmoins possible d'affirmer que « nous ne sommes pas un pays d'immigration », cela trahit une mentalité plus profonde et indique qu'il est nécessaire de procéder à un douloureux changement de la manière dont la nation conçoit son identité collective. Ce n'est pas un effet du hasard si on décide de la naturalisation en fonction du droit du sang *(nach dem Prinzip derAbstammung)*, et non pas, comme dans d'autres pays occidentaux, en fonction du droit du sol *(nach dem Territorialprinzip)*. Habermas attribue les déficiences relatives à la gestion du problème de l'immigration en Allemagne à la conception de l'identité collective des Allemands centrée sur la culture et la langue, et donc considérée comme une identité de « nationaux ». D'où cette interrogation sur le fait de savoir si la République fédérale *élargie* continuera, aujourd'hui, à se « civiliser du point de vue politique » *(den Weg der politischen Zivilisierung fortsetzen)* ou si la « vieille conscience de sa particularité » *(Sonderbewusstsein)* reprendra vie sous une autre forme.

La clarification de la conception de leur identité collective qu'ont les citoyens des deux États, du point de vue de l'éthique politique, n'a toujours pas eu lieu en 1992, déplore-t-il. C'est pourquoi, dit-il en conclusion, il est essentiel, aujourd'hui, d'adapter le rôle politique de la RFA à de nouvelles réalités, *sans* interrompre les progrès de la civilisation politique accomplis depuis 1989, et sans abandonner l'acquis normatif que représente une conception de l'identité nationale fondée sur des bases non plus ethniques, mais civiques (IR, 334).

Habermas tente d'expliquer le retour à une « vieille mentalité allemande » qui s'est opéré en Allemagne de l'Est par une double « dévalorisation » : dévalorisation du « capital industriel », provoquée par la « *Treuhand* » qui a « bradé » la richesse nationale et provoqué un chômage de masse, et dévalorisation du « capital intellectuel » qui s'est opérée à travers les licenciements *(Abwicklungen)* et les mises au pas *(Gleichschaltungen)* dans tous les secteurs culturels et tout particulièrement lors de la controverse littéraire *(Literaturstreit)* (1990-1992) qui a fini par neutraliser l'intelligentsia est-allemande. Si l'on ajoute à cela le fait qu'à l'Est une certaine mentalité allemande s'est mieux conservée qu'à l'Ouest, et que celle-ci s'est trouvée de surcroît alimentée par le « néonazisme » de l'Ouest, on ne s'étonnera pas du surgissement d'un « extrémisme de droite », en particulier dans la jeunesse – un « *Deutschtum* » autoritaire, voire agressif *(Der Spiegel*, 11 janvier 1993).

> « *Die Entwertung des industriellen Kapitals verdichtet sich symbolisch in der "Treuhand", die das Volksvermögen verscherbelt. Die Entwertung des lebensgeschichtlichen Kapitals ganzer Generationen findet ihren Ausdruck in den anonymen Schicksalen der Massenarbeitslosigkeit; die Entwertung des intellektuellen Kapitals wird sichtbar in der Abwicklung von Akademien und Hochschulen, in der Gleichschaltung der Medien, und äussert sich nicht zuletzt im Verstummen der mit Fleiss diskreditierten Sprachmächtigen von einst: der sogenannte Literaturstreit hat seinen Zweck erfüllt. Wenn man hinzunimmt, dass sich im staatssozialistischen Gehäuse die Züge einer ziemlich "deutschen" Mentalität besser als im Westen konservieren konnte, dann nehmen die sozialen Konflikte, nehmen Jugendbanden, die mit Baseballschlägern Autos demolieren und Straßenschlachten auslösen, nimmt selbst der Rechtsradikalismus nicht Wunder. Dazu heißt es im Spiegel (11. 1. 1993): "In die von Sorgen, Zorn und Orientierungslosigkeit geprägte Jugendszene der zusammengebrochenen DDR waren gleich nach der Wende die Alt- und Neonazis aus dem Westen gestoßen." (Man war sich) einig in der Wiederaufrichtung eines autoritär bis aggressiv geprägten "Deutschtums". » (VaZ, 176-177)*

En conclusion de ce bilan angoissant, Habermas évoque sa version de la seconde imposture *(zweite Lebenslüge)* des Allemands ; la première ayant été attribuée à Adenauer : nous sommes tous des démocrates ! Pour Habermas, s'il devait y en avoir une seconde, elle consisterait à annoncer que « nous sommes enfin redevenus normaux » dès lors que nous avons donné congé à l'« ancienne » République fédérale.

> « *Die von oben lancierte Lebenslüge der Adenauer-Zeit, mit der wir es damals zu tun hatten hiess: Wir alle sind Demokraten. Daran hatte die Bundesrepublik lange zu knacken: es bedurfte eine Jugendrevolte, um sie von den verheerenden sozialpsychologischen Folgen dieser*

Selbsttäuschung zu befreien. Wenn seit 1989 eine zweite Lebenslüge im Entstehen begriffen sein sollte, dann eher die, dass wir endlich wieder normal geworden sind.

Ein Gefühl der Erleichterung steckt hinter der zweideutigen Formel von der "Verabschie-dung der alten Bundesrepublik". Über den trivialerweise richtigen Sinn hinaus wird nämlich dieser "Abschied" mit merkwürdig irrationalen Deutungen aufgeladen. Die aufatmend-triumphierende Feststellung: "Wir sind endlich wieder ein normaler Natio-nalstaat" sinnt uns eine Perspektive an, aus der die eben noch gefeierte Erfolgsgeschichte der Bundesrepublik als der eigentliche "Sonderweg" erscheint – in ihr soll sich die erzwungene Abnormalität einer geschlagenen und geteilten Nation verkörpert haben. » (VaZ, 179-180)

Cette « nouvelle normalité » implique

- qu'il nous faille quitter notre état de claustration,
- que nous n'ayons plus à nous comporter comme des élèves modèles,
- que nous ne puissions plus nous soustraire aux dures réalités,
- que nous ne devions plus faire des manières et prendre nos responsabilités au lieu de pleurnicher face aux événements mondiaux.

« Die Floskeln sind in aller Mund: wir müssen aus unserer Nischenexistenz heraus; wir brauchen uns nicht mehr als moralische Musterschüler zu überanstrengen; wir dürfen uns nicht an den harten Realitäten vorbeidrücken; wir sollen uns nicht länger zieren, eine europäische Führungsrolle zu übernehmen, statt weinerlich auf die Weltgeschichte zu reagieren. » (VaZ, 180)

C'est l'historien et politologue Arnulf Baring qui illustre cette nouvelle atti-tude qui consiste à retourner la thèse du « Sonderweg » allemand pour faire de l'Allemagne un « État national normal ». Baring qualifie désormais de « Son-derweg » la République fédérale de 1949 à 1990, alors que dans cette période le terme désignait dans l'historiographie libérale-républicaine occidentale le fait que l'Allemagne divergeait politico-culturellement des démocraties occidentales. Il ironise d'ailleurs sur l'Allemagne d'Adenauer en la comparant à l'éphémère « Confédération du Rhin ». En revanche, pour lui, 1990 consacre la fin de l'anor-malité et le retour à la « normalité » de l'Allemagne de Bismarck, laquelle, selon lui, n'a jamais cessé d'exister !

Ce retour à la situation d'avant signifie pour Baring une prise de distance par rapport à l'Europe occidentale et un réancrage de l'Allemagne dans « le milieu de l'Europe », et en tant que « puissance relativement dominante » : c'est ce qu'il appelle un « État national normal ». Cela implique, contrairement au passé, d'assumer des responsabilités plus importantes. Il faut que nous réapprenions à défendre nos intérêts, que nous habituions nos concitoyens à prendre leurs res-ponsabilités, à développer un sentiment national sain et à changer la relation à notre histoire, en remontant en arrière, par-delà 1945, en rétablissant ainsi une continuité qui a été interrompue.

Arnulf Baring va jusqu'à imaginer l'Allemagne à la tête d'une Confédération européenne de 20, 30 ou 40 membres, en gardant si possible le Mark allemand, la monnaie étant le symbole de notre confiance en nous-mêmes.

> *« Arnulf Baring macht sich zum beredten Anwalt dieser pikanten Umkehrung der "Sonderwegthese". In einem Vortrag vor der Hans-Martin-Schleyer Stiftung untersucht er die neue deutsche Interessenlage, die seit der Vereinigung wieder die alte sei: "Wir leben noch immer, leben seit 1990 wieder im Deutschland Bismarcks." Deutschland sei kein rein westeuropäisches Land mehr, liege wieder in der Mitte Europas. Damit falle uns eine Position in den Schoss, "die wir am Anfang des Jahrhunderts mit Gewalt zweimal herbeizuzwingen versuchten: Deutschland als relative Vormacht Europas zu etablieren". Wir haben vor 1945 Europa unseren Willen aufzunötigen versucht – sehr unbegabt wie ich zugebe, und im Ergebnis mit katastrophalen Folgen. Jetzt sind wir in Gefahr, den umgekehrten Fehler zu machen, uns der neuen Aufgabe, die die Situation uns stellt: einer grösseren Verantwortung zu verweigern. Wir müssen wieder lernen, die eigenen Interessen wahrzunehmen, unseren Mitbürgern Zumutungen plausibel zu machen, ein gesundes Nationalgefühl zu entwickeln, wir sollen ein tieferes Verständnis, ein anderes Verhältnis zu unserer Geschichte gewinnen […] weiter zurückgehen als bis 1945.*
>
> *Die Normalität des deutschen Nationalstaates bedeutet nicht nur Ausdehnung im sozialen Raum, sondern Wiederherstellung einer zeitweise unterbrochenen Kontinuität in der Zeit. Im Rückblick erscheint die alte Bundesrepublik als der "Adenauersche Rheinbund" […]. » (VaZ, 180-181)*
>
> *« Es (Deutschland) soll sich an die Spitze eines europäischen Staatenbundes mit 20, 30 oder 40 Mitgliedern stellen, aber tunlichst an der eigenen Währung festhalten, "weil die Währung nicht nur ein Zahlungsmittel ist, sondern auch ein Symbol unseres Selbstvertrauens". » (VaZ, 181-182)*

Pour Habermas, le « nationalisme du D-Mark » de l'historien Baring, féru de politique étrangère, se manifeste déjà :

- dans la préconisation d'une participation militaire à la guerre du Golfe,
- dans la demande réitérée d'un siège permanent de l'Allemagne au Conseil de sécurité et dans la volonté de participation aux interventions armées de celui-ci,
- dans l'opposition à Maastricht et à une Union européenne ancrée dans le monde occidental,
- dans les lamentations sur une Allemagne qui préfère la « redingote européenne » à la « chemise allemande » !

> *« Dieser facettenreiche, mit historischem Feinsinn aufbereiteten DM-Nationalismus, der sich des Primats der Aussenpolitik erinnert […] verriet sich schon: in der Befürwortung einer militärischen Teilnahme am Golfkrieg; im Drängen auf einen deutschen Sitz im Sicherheitsrat der UNO und auf Teilnahme an internationalen Kampfeinsätzen; am Widerstand gegen Maastricht und gegen eine im Westen verankerte Europäische Union; in der Klage über jenes Deutschland "dem zuweilen der europäische Rock näher zu liegen schien als das nationale Hemd" (FAZ). » (VaZ, 182)*

Habermas cite un autre historien néo-conservateur Karlheinz Weissmann avec sa formule : « le rappel à l'histoire » (*Rückruf in die Geschichte*, 1992). Lui aussi inverse la thèse du « Sonderweg » et congédie l'ancienne République fédérale qu'il considère comme un « intérim plus ou moins pathologique » : elle a réinterprété la « défaite de 1945 » pour en faire une « libération » !

Selon Weissmann, le peuple allemand a été berné par l'histoire. C'est pourquoi il faut que l'« intelligentsia patriotique » éduque à nouveau le peuple à la nation et que l'Allemagne recouvre « sa normalité », ce que Weissmann considère comme une nécessité absolue pour elle comme pour ses voisins.

Weissmann revient à la thèse du Ernst Nolte de la querelle des historiens, dont le présent texte apparaît comme un remake. Il reprend l'idée selon laquelle les projets utopiques de la « démocratie mondiale » et de la « révolution mondiale » – tous deux issus de l'*Aufklärung* –, qui se sont affrontés depuis 1917 dans la « guerre civile mondiale » *(Weltbürgerkrieg)*, ont fait dérailler l'histoire qui a perdu son « rythme naturel ».

Ce n'est qu'après 1989 que celle-ci reprend son cours naturel : Leningrad redevient Saint-Pétersbourg et, à la fin des Empires du XXᵉ siècle, nous entrons dans une phase de balkanisation. Weissmann recourt à ce terme, connoté négativement dans l'historiographie européenne dominante, et positivement chez lui !

Et de rajouter que c'est à ce moment que les vaincus de 1945 ont recouvré leur « existence historique ». Ils doivent, dit-il, redevenir acteurs d'une politique de puissance plus ou moins social-darwiniste. Et surtout, il faut qu'ils se libèrent des entraves d'une gestion du passé octroyée.

Pour Habermas, il ne fait pas de doute : en même temps qu'il renonce à l'Europe, Weissmann regarde vers l'Est, car, selon lui, les anciennes provinces de l'Allemagne orientale, à savoir la Prusse orientale, la Silésie, la Poméranie et le Brandebourg oriental, n'ont pas été touchées par la réunification !

Cette conception qualifiée de « révisionniste » par Habermas, reste centrée sur l'idée que la nation constitue le cœur de l'État moderne. C'est cette « balkanisation », souhaitée par Weissmann, que Habermas appelle le « pouvoir du passé sur le présent » ; en d'autres termes un « retour à la normalité » et aux positions d'Ernst Nolte et de Carl Schmitt dans le style des années 1950.

« *Auch er (Karl-Heinz Weissmann) kehrt die "Sonderwegthese" um und verabschiedet die alte Bundesrepublik als ein mehr und weniger pathologisches Interim. Denn diese hat die Niederlage von 1945 als eine Befreiung umgedeutet und war vom Bewusstsein eines "von der Geschichte widerlegten Volkes" beherrscht. Heute steht deshalb die patriotische Intelligenz vor der Aufgabe einer neuen Nationalerziehung. Weissmann erklärt ihr, warum die Deutschen sich und ihren Nachbaren die "Rückkehr zur Normalität" schulden; Damit wird Ernst Noltes These vom Ende des Weltbürgerkriegs aus den Beständen Carl Schmitts im Stile der 50er Jahre angereichert und variiert.* » (VaZ, 211-212)

« *Seit 1917 hatten sich – zunächst mit Wilson und Lenin als deren Exponenten – die utopischen Projekte der Weltdemokratie und der Weltrevolution gegenübergestanden. Beide* _waren Produkte der Aufklärung. In dem Masse wie die diese Grossabstraktionen geschicht-liche Dynamik entwickelten, verlor die Geschichte ihren naturwüchsigen Rhythmus. [...] Erst 1989 ist sie in ihren natürlichen Aggregatszustand zurückgekehrt: aus Leningrad wurde wieder St. Petersburg. Konsequenterweise versteht Weissmann die neu aufge-brochenen Nationalitätenkonflikte als Zeichen der Normalisierung: "Wenn wir nach dem Ende der Imperien des 20. Jahrhunderts in eine Phase der Balkanisierung eintreten, folgt die Geschichte einem ihrer wenigen wirklich erkennbaren Gesetze." Damit sind auch die Besiegten von 1945 in ihre "geschichtliche Existenz" eingetreten. Sie müssen wieder zum Subjekt einer mehr oder weniger solidardarwinistischen Machtpolitik werden. Vor allem müssen sie sich von den Fesseln einer ihnen oktroyierten Vergangenheitsbewältigung befreien. » (VaZ, 212-213)_

« Nachdem die Zeitgeschichte derart auf Vordermann gebracht worden ist, liegen die Schlussfolgerungen auf der Hand. Die Absage an Europa verbindet sich mit dem Bick gegen Osten, denn "die alten Kernprovinzen des deutschen Ostens, also Ostpreussen, Schlesien und die östlichen Teile Pommerns und Brandenburgs (sind) von der Wiederve-reinigung der Reststaaten gar nicht berührt worden". » (VaZ, 213-214)

« Das revisionistische Weltbild, ob nun in dieser oder in einer moderaten Lesart, steht und fällt mit der Voraussetzung, dass die Nation die Bezugsgrösse des modernen Staates bleibt – in Weissmanns Worten. "Die Nation wird die konstitutive Ordnung bleiben, solange der Planet als Pluriversum existiert." Diese These, die heute vielen einzuleuchten scheint, wird durch die zeitgenössischen Evidenzen keineswegs gestützt. Was Weissmann als Balkanisierung preist, ist die Herrschaft der Vergangenheit über die Zukunft.

Gewiss erringt ein Kollektiv, das sich als eine Gemeinschaft mit eigener Identität versteht, mit dem Schritt zur Eigenstaatlichkeit eine neue Stufe der Anerkennung, die ihr als vorpo-litischer Sprach- und Abstammungsgemeinschaft versagt bleibt. Das Bedürfnis, als Staats-nation anerkannt zu werden, verstärkt sich zumal in Zeiten der Krise, wenn sich – wie nach Auflösung des Sowjet-Imperiums – die Bevölkerung an die askriptiven Merkmale einer erneuerten kollektiven Identität klammert. Aber dieser Halt verspricht ziemlich fra-gwürdige Kompensationen, sei es auch für begründete Zukunftsängste und soziale Verun-sicherungen. Die Nationen, auf die sich Nationalstaaten zu stützen scheinen, sind höchst artifizielle Gebilde. Als fiktive Einheiten sind sie das Ergebnis gewaltsamer Homogeni-sierungsprozesse. Wie die Geschichte der Nationalstaatsbildung zeigt, entstehen mit neuen Staatsgrenzen nur neue nationale Minderheiten; die alten Probleme verschwinden nicht, es sei denn um einer systemisch immer dichter zusammenwachsenden Welt. Das 21. Jah-rhundert konfrontiert uns mit Herausforderungen, denen selbst die klassischen Staatsna-tionen nicht gewachsen sind. » (VaZ, 214-215)

Habermas conclut le recueil en s'appuyant sur la thèse de Paul Kennedy, his-torien britannique des relations internationales et de géostratégie, qui s'interroge sur l'avenir des États nationaux. Pour Kennedy, ceux-ci sont à la fois trop grands pour régler certains problèmes et trop petits dans d'autres cas. D'où la nécessité de déplacer l'autorité à la fois vers le haut et le bas en concevant des structures mieux adaptées, du type de l'UE, complexes et démocratiques !

« Nicht zufällig laufen seine Analysen auf einen Punkt zu – die Zukunft des Nationalstaates. Für viele Bevölkerungsgruppen scheint er die falsche Art von Einheit geworden zu sein, um *unter den neuen Umständen agieren zu können. Für einige Probleme ist er zu gross, um effektiv operieren zu können, für andere zu klein. Infolgedessen gibt es starke Tendenzen, eine Verlagerung der Autorität sowohl nach oben als auch nach unten zu erreichen, um Strukturen zu schaffen, die besser in der Lage sind, auf die heutigen und zukünftigen Kräfte des Wandels zu reagieren (Kennedy P., 1993, "In Vorbereitung auf das 21. Jahrhundert"). » (VaZ, 216)*

« Heute steht deshalb die Bildung komplexerer Einheiten bei gleichzeitiger Demokratisierung der bestehenden politischen Institutionen auf der Tagesordnung. Nur wenn es gelingt, die Kräfte demokratischer Verfassungsstaaten in grösseren politischen Einheiten – wie einer Europäischen Union- zu bündeln ; wenn es gelingt, regional handelnde zwischenstaatliche Konferenzen und Bündnisse zu schaffen, sowie die Vereinten Nationen aus einem beschliessenden in ein handelndes Gremium zu verwandeln; nur dann besteht überhaupt die Chance, dass Bürger über politische Öffentlichkeiten und demokratische Verfahren auf die weltweiten systemischen Entwicklungen mit Willen und Bewusstsein noch Einfluss nehmen. » (VaZ, 216-217)

7.2.12. Retournement de la situation intérieure en RFA fin 1992 : la « culture de protestation de gauche » se manifeste (die Bevölkerung ist besser als ihre Politiker und ihre Wortführer)

Après avoir dramatisé la situation et rempli sa fonction d'« alarmiste », Habermas reprend espoir : la résistance s'organise dans les villes allemandes depuis novembre 1992. La culture de protestation de gauche organise des « festivals de rock politique » qui ont réuni plus de 200 000 jeunes, ainsi que des « chaînes de solidarité » qui ont également réuni entre 200 000 et 400 000 participants.

Habermas tient à préciser que la population vaut mieux que ses politiciens et leurs meneurs et que la protestation signifie qu'ils veulent poursuivre le processus civilisateur à l'œuvre en RFA !

« In den Straßen der deutschen Großstädte regt sich freilich seit dem November 1992 Widerstand. Es ist, wie Klaus Hartung bemerkt, die linke und die liberale Massenbasis, die […] den halbherzigen und zweideutigen Reaktionen von oben ein Ende macht. Wie die jüngsten Demonstrationen zeigen, zieht die in den achtziger Jahren herangereifte Protestkultur heute schon weitere Kreise. Ein politisches Rock-Festival auf dem Frankfurter Messgelände hat über 200 000 Jugendliche auf die Beine gebracht […]. Die Initiative zu diesen unüberschaubaren Lichterketten, an denen sich jeweils zwischen 200 000 und 400 000 Menschen beteiligten, ging nicht von den politischen Parteien aus – sie entstand spontan aus der Mitte der Bürgergesellschaft. Der Mord an den drei Türkinnen in Mölln hat einen politischen Affekt ausgelöst, der unverkennbar ist: Die Menschen auf der Straße verteidigen die Standards eines in der alten Bundesrepublik eingeübten und halbwegs selbstverständlich gewordenen zivilen Umgangs miteinander. Die Bevölkerung ist besser als ihre Politiker und ihre Wortführer. Ihr vielstimmiger Protest will die Zivilisierung der Bundesrepublik fortsetzen. Er steht, wenn ich mich nicht täusche, in der Kontinuität jener besseren Traditionen der alten Bunderepublik, die allein aus der reflektierten Abkehr von einer heute wieder als vorbildlich beschworenen "Normalität" erwachsen konnten. Hinter den Särgen der Opfer der rechten Gewalt scheint das republikanische Bewusstsein wieder

wach zu werden. Hier klären sich vielleicht die Alternativen, die die Wortführer und die Politiker nicht auf den Begriff bringen, weil sie in alten Frontstellungen verharren. Tatsächlich formiert sich ja die politische Szene neu, aber nicht, weil eine Linke zerfällt, sondern weil sich die Liberalkonservativen spalten. Nachdem das einigende Band des Antikommunismus zerfallen ist, trennen sich die Republikaner von den Gewohnheitsrepublikanern, die zu neuen Ufern aufbrechen. Jetzt müssen sich die Liberalen von denen trennen, die sich lieber an den sozialdarwinistisch abgenutzten Bildern der kollektiven Selbstbehauptung einer Nation erwärmen, als in den spröden Begriffen der freiheitsverbürgenden Prozeduren einer Rechtsgemeinschaft zu denken. » (VaZ, 184-186)

7.3. « La normalité d'une République de Berlin » (*Die Normalität einer Berliner Republik*, 1995)*

7.3.1. *Que signifie le « travail de mémoire » aujourd'hui ? (*Was bedeutet "Aufarbeitung der Vergangenheit" heute ?*)

Le tome VIII des *Kleine Politische Schriften* de 1995, intitulé *Die Normalität einer Berliner Republik* continue la problématique du tome précédent. Il s'ouvre sur une question : « *Aus der Geschichte lernen ?* » – texte traduit dans *De l'usage public des idées* sous le titre : « Quel enseignement tirer de l'histoire » (pp. 45-56) – et répond sur ce point à l'historien Michael Stürmer, que Habermas présente comme un tenant du « nationalisme élitiste de la nouvelle Allemagne ». Réponse dans laquelle la statue du Commandeur, le « porte-voix » de Stürmer, adresse son funeste message : pour redevenir une nation normale, nous devons rompre avec notre fixation autocritique sur Auschwitz.

> « *In zunehmenden Begründungsnöten aber erhebt sich die Frage, wie lange es dem steinernen Gast aus der Vergangenheit noch gestattet sein soll für alle Zukunft und alle Vergangenheit über Bürgertugend und Vaterlandsliebe sein Veto zu werfen. Das Menetekel des steinernen Gastes muss man wohl so verstehen: um wieder eine normale Nation zu werden, sollten wir uns der selbstkritischen Erinnerung an Auschwitz wehren. Der Historiker, der doch selbst in der Rolle eines Geschichtspädagogen auftritt, empfindet offenbar den Impuls, aus der Geschichte lernen zu wollen, als einen Fluch.* » (DNeBR, 9)

À vrai dire, pour Habermas, la réponse à la question ne consiste pas à dire que telle ou telle tradition, pourvu qu'elle soit intéressante, puisse tenir lieu de mentor. Les enseignements des traditions fécondes, nous les tirons sans nous en rendre compte. Pour lui, la question centrale est celle-ci : sommes-nous capables de tirer des leçons des événements *(Begebenheiten)* dans lesquels se reflètent les défaillances des traditions ? D'où il conclut que l'histoire fonctionne comme une instance qui nous incite non aux imitations, mais aux révisions.

Et de citer l'exemple, pour sa génération, de l'année 1945. Pour lui, c'est une de ces dates qui ouvrent les yeux. En dévoilant rétrospectivement la montée, la chute et les crimes du régime nazi, 1945 rend manifeste l'épouvantable échec d'une

---

*   KPS VIII (DN)

population qui disposait pourtant d'un haut niveau de culture. C'est pourquoi les Allemands, du moins les intellectuels, devraient examiner scrupuleusement comment les « traditions transmises » ont pu échouer, et ce dans tous les secteurs de la vie intellectuelle et sociale.

Stürmer, par contre, se trompe, dit-il, en refusant de tirer la leçon de l'histoire, en ignorant les « démentis » qu'elle révèle et les « révisions » nécessaires qu'elle implique.

En somme, pour Habermas, les leçons à tirer de l'histoire allemande ne peuvent être que critiques : en aucun cas, elles ne peuvent être de l'ordre des « imitations » ou des « continuités ».

> « Aus tragenden Traditionen lernen wir stets auf unauffällige Weise; die Frage ist aber, ob wir aus jenen Begebenheiten lernen können, in denen sich das Versagen von Traditionen spiegelt [...]. Ich meine enttäuschende Situationen wo Erwartungshorizonte – und somit auch die erwartungsstabilisierenden Überlieferungen selbst – in eine Krise geraten. Wenn die Geschichte überhaupt zur Lehrmeisterin taugt, dann als eine kritische Instanz, an der, was wir im Lichte unseres kulturellen Erbes bislang für richtig gehalten haben, scheitert. Dann fungiert die Geschichte als eine Instanz, die uns nicht zur Nachahmung, sondern zu Revisionen herausfordert. » (DN, 15).

Pour ma génération, dit-il, certains événements historiques sont marquants : tout particulièrement l'année 1945 qui, rétrospectivement, fait apparaître la montée du nazisme, sa chute et ses crimes, comme une succession d'événements critiques qui ont révélé l'effroyable échec d'une population pourtant culturellement brillante. 1945 a pour le moins poussé les intellectuels allemands à opérer une analyse scrupuleuse des traditions qui ont échoué, à mettre au jour la manière dont l'ancienne intelligentsia a été mutilée et remplacée. Mais il faut aussi s'interroger comment non seulement les intellectuels, mais aussi une grande partie de la population allemande a succombé à l'irrationalisme, et s'est laissé mobiliser contre les Idées de 1789, et ce dès 1914 !

> « Für meine Generation war das Jahr 1945 ein solches augenöffnendes Datum; es hat im Rückblick Aufstieg, Fall und Verbrechen des Naziregimes enthüllt, nämlich als eine Kette von kritischen Begebenheiten sehen lassen, die das entsetzliche Scheitern einer kulturell hoch entwickelten Bevölkerung offenbar machte. Dieses Jahr hat mindestens die deutschen Intellektuellen zu einer skrupulösen Überprüfung einer gescheiterten Tradition herausgefordert. Wir müssten uns über die Selektivität einer eigentlich verstümmelten Wirkungsgeschichte klar werden. Diese hatte einen Kant ohne Mendelsohn, einen Novalis ohne Heine, einen Hegel ohne Marx, C.G. Jung ohne Freud, Heidegger ohne Cassirer, Carl Schmidt ohne Hermann Heller präsentiert; sie hat eine Philosophie ohne Wiener und ohne Frankfurter Schule, juristische Fachbereiche ohne Rechtspositivismus, eine Seelenkunde ohne Psychoanalyse übriggelassen; sie hatte aus Jakob Böhme, Hamann, Baader, Schelling und Nietzsche den antiwestlichen Popanz einer "deutschen" Philosophie errichtet.
>
> Was damals endgültig problematisch geworden war, ging freilich nicht nur die Intellektuellen an. Der zuoberst gekehrte irrationalistische Unterstrom der deutschen Überlieferung hatte schon 1914 große Teile der Bevölkerung ergriffen und gegen "die Ideen von 1789" mobilisiert. » (DN, 15-16)

Cela étant, il n'existe pas de réponse théorique à la question de savoir comment apprendre de l'histoire. Celle-ci peut tout au plus être une instance critique qui nous apprend comment ne pas faire ! Et ce à condition de ne pas repousser ou refouler les problèmes non résolus : c'est seulement ainsi que nous restons ouverts à la critique, sinon nous ne pouvons pas saisir les moments historiques comme des démentis, comme des espoirs déçus.

> *« Aus der Geschichte lernen? Das ist eine jener Fragen auf die es theoretische Antworten nicht gibt. Die Geschichte mag allenfalls eine kritische Lehrmeisterin sein, die uns sagt, wie wir es nicht machen sollen. Als solche meldet sie sich freilich nur zu Wort, wenn wir uns eingestehen, dass wir versagt haben.*

> *Um aus der Geschichte zu lernen, dürfen wir ungelöste Probleme nicht wegschieben und verdrängen; wir müssen uns für kritische Erfahrungen offenhalten, sonst werden wir historische Begebenheiten gar nicht erst als Dementis – als Belege für gescheiterte Erwartungen – wahrnehmen. » (DN, 17)*

> *« Beispiele für solche Dementis liefert der Prozess der deutschen Einigung; Beispiele anderer Art (von Dementis) sind die rechtsradikalen Gewaltakte oder die ethnischen Konflikte im ehemaligen Jugoslawien und anderswo, auch der Golf-Krieg und die Intervention in Somalia. Wenn wir aus solchen Enttäuschungen lernen wollen, stoßen wir stets auf einen fragwürdig gewordenen Hintergrund von enttäuschten Erwartungen. [...] Michael Stürmers Appell an den fraglosen Besitz von « Bürgertugend oder Vaterlandsliebe » ist hingegen der sicherste Weg, um sich gegen Lehren aus der Geschichte zu immunisieren. » (DN, 18)*

7.3.2. *« Le double passé » : le « passé Stasi » et le « passé nazi »* (Die doppelte Vergangenheit: die Stasi-Vergangenheit und die Nazi-Vergangenheit)

Habermas poursuit son questionnement en l'étendant au « travail de mémoire aujourd'hui » *(Aufarbeitung der Vergangenheit heute?)* – traduit dans *De l'usage public des idées* sous le titre « Que signifie aujourd'hui le "travail de mémoire" ? Remarques sur un "passé dédoublé" ». De fait, le « travail de mémoire » impacte le « climat politique » (DN, 26) dans la première décennie de l'Allemagne « unifiée », et ce de deux manières.

Habermas se réfère bien entendu à Adorno qui a ouvert le débat en 1959 avec son opuscule *Was bedeutet Aufarbeitung der Vergangenheit ?* Or la question est redevenue d'actualité en 1992 et se pose de manière identique à 1959 : une trop grande insistance ne risque-t-elle pas de susciter un rejet et d'aboutir au contraire du but recherché ? La réponse d'Adorno en 1959 est ambivalente : d'une part, Adorno persiste dans une réflexion sans concession sur un passé mortifiant ; d'autre part, il dit que celle-ci ne peut être salutaire que si elle n'est pas utilisée comme arme dirigée contre nous, de l'extérieur : elle doit venir de l'intérieur comme autoréflexion.

Pour sa part, Habermas pense que, pour que le traitement éthico-politique du passé puisse marquer les mentalités et produire une culture politique libérale, il faut qu'il soit complété par des procédures juridiques et par une disposition à un auto-examen existentiel. Ce qui confère au traitement du passé le caractère d'une entreprise multidimensionnelle et collaborative.

> « *Aus dieser psychoanalytisch aufgeklärten Perspektive behandelte auch Adorno die heute wieder aktuell gewordene Frage, "wie weit es geraten sei, bei Versuchen zur öffentlichen Aufklärung aufs Vergangene einzugehen, und ob nicht gerade die Insistenz trotzigen Widerstand und das Gegenteil dessen bewirke, was sie bewirken soll". […] Adornos Antwort ist ambivalent. Einerseits beharrt er auf der schonungslosen Reflexion einer kränkenden Vergangenheit, die uns mit einem anderen Selbst konfrontiert als dem, was wir zu sein glauben und sein möchten. Auf der anderen Seit kann diese Reflexion nur dann heilen, wenn sie nicht von Außen als Waffe gegen uns eingesetzt wird, sondern von innen als Selbstreflexion wirksam wird: "Was propagandistisch geschieht, bleibt zweideutig." Diese dialektische Antwort nennt Maßstäbe für die Beurteilung der gegenwärtigen Diskussion.* » (DN, 21)

> « *Solche Probleme stellen sich freilich nicht nur aus der Perspektive der ersten Person Singular, aus der wir uns über unsere je enge Existenz aufzuklären versuchen; sie stellen sich auch in Zusammenhängen einer ethisch-politischen Selbstverständigung, die wir als Bürger eines Gemeinwesens aus der Perspektive der ersten Person Plural vornehmen – vor allem dann, wenn dieses Gemeinwesen mit einer politisch kriminellen Vergangenheit belastet ist.* » (DN, 23)

> « *[…] Nun stehen Überlieferungen keinem einzelnen zur Disposition, sondern sind gemeinsamer Besitz. Deshalb lassen sie sich in bewusster Weise auch nur im Medium des öffentlichen Streits um die jeweils richtige Interpretation verändern.*

> *Die öffentlich ausgetragene ethisch-politische Selbstverständigung ist die zentrale, wenngleich nur eine Dimension dessen, was Adorno "Aufarbeitung der Vergangenheit" genannt hat. Sie mag sich in Kanäle von Publizistik und Massenmedien, von Volks- und Schulpädagogik, von wissenschaftlicher und literarischer Öffentlichkeit, von Bürgerforen und staatlichen Enquetekommissionen verzweigen. Aber sie darf nicht verwechselt werden mit der existentiellen Aufarbeitung persönlicher Schuld und der juristischen Verfolgung strafbarer Handlungen. Schuld im moralischen wie im rechtlichen Sinne wird einzelnen zugerechnet, während die Bürger eines politischen Gemeinwesens für die darin praktizierten oder gar legalisierten Verletzungen menschlicher Würde "haften".* » (DN, 23-24)

> « *Damit die ethisch-politische Aufarbeitung der Vergangenheit eine mentalitätsbildende Kraft erlangen kann und für eine freiheitliche politische Kultur Anstöße geben kann, muss sie allerdings durch juristische Verfahren und die Unterstellung einer gewissen Bereitschaft zur existentiellen Selbstprüfung ergänzt werden. So ist die Aufarbeitung der Vergangenheit ein mehrdimensionales und arbeitsteiliges Unternehmen.* » (DN, 25).

Pour ce qui est de l'ouverture des archives sur le passé de la RDA par la République fédérale « unifiée », des problèmes se posent, dus au décalage culturel et sociopolitique entre les parties Est et Ouest, ainsi qu'à la différence de mentalité.

Pour l'ex-RDA, Habermas fait remarquer l'existence d'un retard – il parle d'un « déficit » – dans le traitement du passé nazi, dû, selon lui, à l'orientation antifasciste du régime, concentré sur l'opposition à l'Ouest. Cette divergence par rapport à l'ancienne RFA se manifeste tout particulièrement dans la gestion des « lieux de mémoire ».

> « *Weil die antifaschistischen Legitimationsfiguren des alten Regimes einer tiefreichenden Auseinandersetzung mit der NS-Vergangenheit eher im Wege gestanden haben, mehren sich im Osten des Landes Symptome jenes Aufarbeitungsdefizits, auf das übrigens Ministerpräsident de Maizière in seiner Antrittsrede überzeugend reagiert hat. Die asymmetrische Aufarbeitung der NS-Vergangenheit in Ost und West verrät sich beispielsweise in Kontroversen über die Gedenkstätte des KZ Buchenwald oder über den Bau jenes unseligen Supermarkts, der auf dem Gelände des ehemaligen KZ Ravensbrück errichtet werden sollte.* » (DN, 26)

En ce qui concerne la RFA, le « climat politique » s'est également modifié suite à l'unification. Habermas fait remarquer que la tentative faite par les gouvernants conservateurs de « normaliser un passé qui ne veut pas passer » a pu être contrée une fois de plus trois ans avant l'unification, lors de la « querelle des historiens ». Mais aujourd'hui, il ne s'élève quasiment aucune voix contre ces sémillants historiens qui n'hésitent pas à vanter les continuités depuis l'Empire bismarckien et à mettre en balance comptable l'impulsion modernisatrice donnée par le nazisme et ses crimes de masse. « On tient la "dé-stasification" pour une variante de la dénazification, ajoute-t-il, et l'on tend à mettre sur le même pied la première et la seconde dictature, le *MfS* et la Gestapo. […] Les conservateurs libéraux se muent en nationaux allemands ; les jeunes conservateurs (comme pendant la guerre du Golfe) caressent l'extrême droite dans le sens du poil. »

> « *Allerdings hat die staatliche Vereinigung das politische Klima auch in Westdeutschland verändert. Die von prominenter Seite unternommenen Versuche, eine Vergangenheit "die nicht vergehen will" zu "normalisieren" oder in übergreifende nationalgeschichtliche Zusammenhänge "einzuordnen", konnte, drei Jahre vor der Vereinigung, im sogenannten Historikerstreit, noch einmal aufgehalten werden. Heute erhebt sich kaum mehr eine Stimme gegen die forschen Historiker, die ziemlich unverfroren die Kontinuitäten des Bismarck-Reichs herausstreichen oder den Modernisierungsschub des Nationalsozialismus gegen dessen Massenverbrechen aufrechnen. Die Entstasifizierung gilt als eine Art Entnazifizierung und legt nivellierende Vergleiche zwischen der ersten und der zweiten Diktatur, zwischen MfS und Gestapo nahe. Freilich ist die lockere Rede von den "beiden Diktaturen" immer noch besser als hintersinnige Differenzierungen, die das NS-Regime als eine vergleichsweise zivilisierte Herrschaftsform erscheinen lassen. Liberalkonservative mausern sich zu Deutschnationalen, Jungkonservative reden – wie während des Golfkriegs – den Rechtsextremen nach dem Mund.* » (DN, 26-27)

7.3.3. Le « *travail de mémoire* » sur le second passé (Die Aufarbeitung der zweiten Vergangenheit: der Stasi-Vergangenheit)

Le débat sur le « passé Stasi » réveille l'ancienne « discussion sur le fascisme » *(Faschismus-Diskussion)*.

« Ich erwähne die Träume dieses traumatisierten Geistersehers als ein extremes Beispiel dafür, auf welche Weise die Debatte um die Stasi-Vergangenheit den Interprétationsstreit um die NS-Vergangenheit wieder aufrührt. » (DN, 28)

Habermas fait remarquer qu'à la différence du nazisme, la Stasi n'est pas seulement un organe de répression et de contrôle social, mais qu'elle est aussi un dispensateur paternaliste d'aides de toutes sortes et de « privilèges ». C'est pourquoi, en RDA, la population est davantage tombée dans les rets du pouvoir bureaucratique : nombreux ont été ceux qu'on peut considérer comme des « victimes », dont les cas se sont avérés difficiles à traiter.

« Die Stasi verstand sich nicht nur als Organ der Unterdrückung und der sozialen Kontrolle, sondern zugleich als paternalistischer Betreuer und Privilegienverteiler, sogar als Ersatz für normale Kanäle der Interessenartikulation, die der bevormundeten Bevölkerung versperrt waren. Diese wurde dadurch stärker als unter den Nazis in das bürokratische Netz der Herrschaftsausübung verstrickt. Die stereotype, aus der Nachkriegszeit bekannte Beteuerung, dass alle Opfer waren, ist heute sogar glaubwürdiger als damals, weil eben viele ins Räderwerk der politischen Macht eingespannt waren. Dieser ambivalente, im Fall Stolpe deutlich gewordene Charakter der poststalinistischen Verstrickungen, macht im Übrigen die moralische Beurteilung der komplexen Einzelfälle umso schwieriger. Diese Vorgänge stellen an das Differenzierungs- und Einfühlungsvermögen erheblich höhere Anforderungen als die Naziverbrechen, die wegen ihrer Ungeheuerlichkeiten einfach zu bewerten waren. » (DN, 29-30).

L'historien ouest-allemand Ernst Jäckel pense qu'on ne peut pas pratiquer la « déstasification » sur le modèle de la « dénazification ». Habermas est de cet avis : on a trop tardé à dénazifier et, maintenant, on réagit trop rapidement. Cependant, s'agissant du « travail de mémoire » concernant le second passé allemand, les choses se présentent plutôt bien : dans le remplacement des élites dans la sphère publique – toutefois critiquée pour sa radicalité ! –, dans la mise en place d'une justice politique et la transformation démocratique de la conscience collective. En tout cas, la comparaison avec la dénazification sous le « régime Adenauer » fait apparaître une plus grande célérité et une meilleure efficience – dans ce texte de 1992, Habermas dit « faire confiance au médium du débat public pour parvenir, d'un point de vue éthico-politique, à une vision claire de soi-même » !

« So besteht heute für das "Aufarbeiten" der zweiten deutschen Vergangenheit eine vergleichsweise günstige Ausgangslage. Das gilt für alle drei Ziele: für die Auswechslung der politisch belasteten Eliten, für die Herstellung politischer Gerechtigkeit und für den demokratischen Bewusstseinswandel der Bevölkerung. […]. Natürlich gibt es Bremsversuche und warnende Stimmen. Aber die Voraussetzungen für eine ethisch-politische Selbstverständigung sind günstiger als nach 1945. Unter diesen Umständen können freilich auch die problematischen Aspekte dieses ebenso unerlässlichen und wünschenswerten wie mühsamen Prozesses in Erscheinung treten. Weil heute, im Gegensatz zur Adenauerzeit, der juristische und gesellschaftliche Prozess zur Aufarbeitung im Prinzip von allen Seiten als notwendig anerkannt wird und faktisch in Gang gekommen ist, erhalten wir die Chance aus falschen Tönen und schrillen Praktiken zu lernen, was dem Medium der öffentlichen Kommunikation zugemutet werden kann und was nicht. » (DN, 33-34)

Les anciens défenseurs des droits civils et politiques en RDA, autour de Schorlemmer, Thierse et Ullmann voulaient instituer quelque chose comme des « tribunaux », afin que des appréciations morales soient permises, là où ce qui était du ressort de la justice pénale était tenu dans certaines limites. Ils souhaitaient que soient menés des entretiens cathartiques entre criminels et victimes *(kathartische Gespräche)* en présence d'experts susceptibles d'émettre un jugement impartial. Toutefois, le danger que ces débats sur le travail de mémoire tournent à une judiciarisation est devenu manifeste. Le groupe entend alors initier des « forums publics d'éclaircissement » *(öffentliche Foren der Aufklärung)* affranchis de tous les éléments conformes à la procédure judiciaire et à l'autorité de l'État. Les demandes non justiciables de justice politique – comme toutes les contributions à la compréhension éthico-politique de soi – ne peuvent d'ailleurs, selon eux, être prises en compte que sur le long terme et à condition de passer par le processus à travers lequel se forge la formation de la volonté et de l'opinion publique – en dehors de toute procédure institutionnalisée.

Ces forums sont partie intégrante de l'espace public politique – et non de l'entreprise politique en tant qu'elle s'est constituée en droit. Dans de tels cas, le droit de regard sur la biographie n'a de pertinence publique que pour autant qu'il puisse nous éclairer sur une défaillance significative dans des circonstances particulières ou nous apprendre quelque chose sur les mécanismes de pression auxquels on peut être soumis.

Dans l'espace public, il ne peut être question que des aspects structurels témoignant d'un contexte social et historique, dans lequel les critères moraux censés présider à un comportement ayant des conséquences politiques se voient détruits. C'est en ce sens que Schorlemmer, Ullmann et Thierse souhaiteraient restaurer les « critères du droit et du non-droit » : sans éclaircissement *(Aufklärung)* des mobiles et des contraintes qui ont amené des hommes à soutenir le système du SED, tout le monde continue d'être éclaboussé par la défaillance collective ; sont également discrédités les victimes et les bourreaux !

> « *Die DDR-Bürgerrechtler um Schorlemmer, Thierse und Ullmann wollten zunächst so etwas wie "Tribunale" einrichten, "um da, wo die strafrechtliche Bewältigung ihre Grenzen hat, zumindest moralische Bewertungen zu ermöglichen". "Gemeint waren kathartische Gespräche zwischen Tätern und Opfern in Gegenwart unparteilich urteilender Experten." Aber im Verlauf der Suche nach "strengen Formen des Gesprächs über den elementaren Zusammenhang zwischen einem System und dem Verhalten der Menschen, die in ihren unterschiedlichen Rollen und Verantwortlichkeiten zum Funktionieren dieses Systems beigetragen haben", sind wohl die Gefahren einer Tribunalisierung der Aufarbeitungsdebatten deutlicher zu Bewusstsein gekommen.*
>
> *Die "öffentlichen Foren der Aufklärung", die diese Gruppe jetzt landesweit initiieren will, sind inzwischen frei von Elementen des gerichtsförmigen Verfahrens und der staatlichen Autorisierung […].* » (DN, 35-36)

*« Nun [...] zielen sie (die Selbstverständigungsdiskurse) in erster Linie auf einen Men-
talitätswandel der Bevölkerung, aus dem eine liberale politische Kultur hervorgehen
kann. Das muss der Fokus des gesellschaftlichen Prozesses der Aufarbeitung einer politisch belastenden Vergangenheit, in die auf diese Weise alle verstrickt waren. Fragen der
politischen Gerechtigkeit treten dann zurück hinter der ethisch-politischen Grundfrage
nach den prägenden Dispositionen und Überlieferungen einer Lebensform fehlgeschlage-
ner Normalität. Unter diesem Aspekt wird eher die gemeinsame Pathologie zum Thema
als die unter dem Gesichtspunkt politischer Gerechtigkeit notwendige Differenzierung
zwischen Opfern und Tätern. Dieser Impuls wird in Fragen deutlich, die Rainer Eppelmann von der Enquetekommission des Bundestages geklärt sehen möchte.*

*Warum haben eigentlich Hunderttausende von DDR-Bürgern am 1. Mai oder am
7. Oktober, dem DDR-Gründungstag, auf der Straße bei Demonstrationen denen zuge-
jubelt, die sie Dreißig Jahre lang eingesperrt gehalten haben fallen umso schwerer ins
Gewicht als das SED-Regime in der Bevölkerung sehr viel weniger spontane Unterstützung genossen hat als das NS-Regime [...] Uns geht es um die Aufarbeitung des ganz
gewöhnlichen Lebens in der DDR, darum, dass sich Menschen zu 95% haben organisieren lassen und zu Zettelfaltern geworden sind. » (DN, 37-38)*

Habermas est d'accord avec les procédures envisagées, mais, dit-il, il faut du
temps pour avoir des résultats. D'où, selon lui, la nécessité d'un bon travail de la
Commission d'enquête – qui doit rassembler le savoir que nous avons déjà sous
la main – sur les structures du pouvoir dictatorial, les mécanismes de pression
apparents ou occultes, les formes de résistance politique, les formes de suivisme
et d'apathie.

*« Dazu ist historisches Wissen nötig [...]. So "soll die erwähnte Enquetekommission das
bereits vorhandene Wissen über die diktatorischen Machtstrukturen, die offenen und
verdeckten Mechanismen der Unterdrückung, die Formen des politischen Widerstandes,
des Mitläufertums und der Apathie sammeln. Sie soll der Aufbereitung historischen Wissens für den öffentlichen Gebrauch dienen". » (DN, 38)*

Pour Habermas, un problème majeur se pose toutefois : la République fédérale « élargie » n'est pas le bon cadre, dit-il, pour mener à bien une recherche
éthico-politique qui devrait pouvoir être réalisée dans des conditions de symétrie,
et à partir d'une perspective commune, qui est celle du « nous ». Or, en réalité,
on a affaire à une asymétrie totale : l'une des parties ne cesse d'évaluer l'autre. Ce
qui fait s'exclamer un Schorlemmer courroucé : « Nous autres Allemands de l'Est,
n'avons jamais grand-chose à dire. Peu nombreux, sont ceux qui *parlent* encore.
D'ailleurs, on nous considère, chez nous, comme des demeurés et des étrangers. »

Qui plus est, les Allemands de l'Ouest se chargent trop volontiers de super-
viser le processus par lequel leurs frères et sœurs de l'Est doivent également parvenir à une vision claire d'eux-mêmes. Et de conclure : « Le processus de travail
de mémoire doit être défini, de bout en bout, comme une entreprise concernant
les Allemands dans leur ensemble, ceux qui sont le plus concernés constituent une
"relativement faible minorité". »

« Die erweiterte Bundesrepublik ist der falsche Rahmen für eine ethisch-politische Selbstverständigung, die aus intern zwingenden Gründen, unter symmetrischen Bedingungen und aus einer gemeinsamen Wir-Perspektive geführt werden müsste. Aber vorerst gibt es zwei ungleiche Parteien von denen eine die andere in mehr als einer Hinsicht "evaluiert". Die scheinbar großherzige, aber vorschnelle rhetorische Einebnung jener Differenzen, […] führt nur zu falschen Symmetrien. […]. "Die Westdeutschen begegnen uns zuweilen – beklagt Schorlemmer mit Recht –, sowohl als die Schatzmeister wie auch als die Richtmeister. Wir Ostdeutschen haben immer weniger zu sagen. Kaum jemand redet noch. Zu Dümmlingen und Fremdlingen werden wir wiederum im eigenen Land gemacht." Die Westdeutschen übernehmen nur zu gerne die Supervision über den Selbstverständigungsprozess ihrer Brüder und Schwestern. Aber dem kann man nicht […] mit einem Appell an falsche Gemeinsamkeiten begegnen. Der Aufarbeitungsprozess lässt sich nicht bruchlos als ein gesamtdeutsches Unternehmen definieren. » (DN, 43)

« Durch die Selbstauflösung der DDR ist die Achse der politischen Entscheidungsprozesse auf ein größeres Gemeinwesen verschoben worden, in dem die an der Aufarbeitung der zweiten Vergangenheit direkt Beteiligten und von ihr betroffenen eine relativ schwache Minderheit bilden. Ohne eine Rückkoppelung des Mentalitätswandels mit politischen Entscheidungen, die man sich selbst zuschreiben kann, fehlen aber wichtige Erfolgskontrollen für eine gelingende kollektive Selbstverständigung. » (DN, 44)

Cependant, la partie n'est pas gagnée ! Habermas s'empresse de rappeler que le « climat » politique n'est pas des plus propices, marqué par un appel au sentiment national et à une nouvelle normalité allemande, à une désaffection pour l'Europe et à une défense « hystérique » du DM. Tout cela converge vers un retour aux continuités intellectuelles et politiques, à la « singularité heideggerienne » *(das Eigenste)*, à tout ce que la République fédérale a, difficilement et pour la première fois, réussi à contrer.

« Im Klima eines erstarkenden nationalen Selbstbewusstseins und der Beschwörung einer "neuen deutschen Normalität", im Klima einer geschichtsvergessenen, großmäuligen Kroatienpolitik, der Abkehr von Europa und der geradezu hysterischen Verteidigung unseres nationalen Symbols, der "DM", gegen die Überfremdung durch den welschen "Ecu" – in einem solchen Klima legt der Appell an die Schicksalsgemeinschaft der Deutschen die verheerende Konsequenz nahe, wir sollten nun wieder zu jenen geistigen Kontinuitäten zurückkehren, gegen die wir uns doch in der Bundesrepublik, mühsam genug und zum ersten Mal in der jüngeren deutschen Geschichte mit Erfolg, zur Wehr gesetzt hatten.

Der Gewinn dieser reinigenden Selbstreflexion würde wieder verspielt, wenn wir zu jener teutonischen Mischung aus dumpfen und tiefen Gedanken zurückkehrten, die einem Heidegger einmal, als das "Eigenste" gegolten hatte. » (DN, 44)

Cela étant, dans sa conclusion, Habermas redevient combatif et affirme que, dès lors que le travail de mémoire sur l'héritage stalinien de la RDA porte sur un passé « dédoublé », il faut que la perspective adoptée soit également dédoublée. Et de citer Wolfgang Thierse qui dit que la manière dont les Allemands de l'Est appréhendent leur histoire dépendra de la façon dont les Allemands de l'Ouest avanceront dans « leur propre élaboration de l'histoire ».

L'interview avec Gerd Heidenreich, un Allemand de l'Ouest, président du Pen-Club ouest-allemand, paru dans la *Süddeutsche Zeitung* du 2 mars 1992 va également dans ce sens. Pour Heidenreich, la question fondamentale, c'est que la mentalité de « concierge-espion des nazis » (le gardien d'immeuble chargé d'espionner ses concitoyens) s'est maintenue sans discontinuer dans toute une partie de l'Allemagne. Si nous sommes honnêtes, nous devons présupposer qu'elle se serait également maintenue, ici à l'Ouest. Le solde des comptes avec la Stasi ne se dissocie pas de la question : quels sont les fondements communs aux États allemands, les présupposés historiques, qui font que ces États ne souffrent pas la contradiction en leur sein ?

Finalement, les mentalités entre les deux populations ne divergent pas comme on a pu le faire croire : un avis visiblement partagé avec Habermas.

> « *Ein Ausgangspunkt für diese Diskussion ist beispielsweise die Überlegung, die Gerd Heidenreich, der Präsident des westdeutschen PEN-Zentrums in einem Interview geäußert hat: "Die Grundfrage lautet doch eigentlich, was waren die Bedingungen, die Anlässe und die Gründe dafür, dass sich die Blockwart-Mentalität der Nazis bruchlos fortgesetzt hat in einem Teil Deutschlands. Und wenn wir ehrlich sind, müssen wir voraussetzen, dass sie sich auch hier, im Westen, fortgesetzt hätte, wenn sie denn ermuntert, mit Vorteilen versehen worden wäre. Die Stasi-Abrechnung entbindet ja nicht von der Frage: Was sind die gemeinsamen Grundlagen der deutschen Staaten, die historischen Voraussetzungen für einen Staat, der keine Widersprüche in sich duldet" (Gerd Heidenreich, Präsident des Westdeutschen PEN-Zentrums).* » (DN, 45)

7.3.4. Réponses aux questions d'une commission d'enquête (Antworten auf Fragen einer Enquête-Kommission)

La commission d'enquête du Bundestag, réclamée par les défenseurs des droits de l'homme (Schorlemmer, Thierse, Ullmann, Eppelmann…) – et par Habermas – se justifie, selon eux, par le fait que la population est-allemande ne dispose pas d'un espace public politique à elle et qu'elle ne peut donc pas mener le « débat pour l'autocompréhension » de son « second passé », chez elle. Ce qui exige de la part de l'Ouest une certaine réserve !

> « *Die Bevölkerung der ehemaligen DDR verfügt nicht mehr über eine eigene, von den Westmedien entkoppelte politische Öffentlichkeit, sie kann den Selbstverständigungs-diskurs über ihre zweite Vergangenheit nicht im eigenen Haus führen. Das verlangt eine besondere Zurückhaltung von uns aus dem Westen, die wir den spezifischen Verstrickun-gen des Staatssozialismus ganz ohne eigenes Verdienst entgangen sind.* » (DN, 54-55)

La Commission d'enquête du Bundestag semble recueillir l'unanimité ! Schorlemmer dit attendre d'elle qu'elle éclaire la vie ordinaire en RDA, le fait que 95 % de la population se soient laissé embrigader.

> « *Uns geht es um die Aufarbeitung des ganz gewöhnlichen Lebens in der DDR, darum, dass sich Menschen zu 95 Prozent haben organisieren lassen und zu Zettelfaltern gewor-den sind.* » (DN, 38)

Habermas y voit le moyen de mieux connaître les structures de pouvoir dictatoriales, les mécanismes de la soumission, les formes de résistance politique, de collaboration et d'apathie. Il s'agit de rassembler les connaissances historiques pour un usage public.

« *[Die] erwähnte Enquete-Kommission [soll] das bereits vorhandene Wissen über die diktatorischen Machtstrukturen, die offenen und verdeckten Mechanismen der Unterdrückung, die Formen des politischen Widerstandes, des Mitläufertums und der Apathie sammeln. Sie soll der Aufbereitung historischen Wissens für den öffentlichen Gebrauch dienen.* » (DN, 38)

C'est ce que Habermas appelle l'aspect « réflexif » du travail de la commission, laquelle doit être une « instance critique ». Il rajoute une condition pour que cette pédagogie n'ait pas d'effet déstabilisant. Il faut certes un « usage réflexif » du passé et considérer la Commission comme une « instance critique », dit-il. Mais il prend en compte la mise en garde par les adversaires de la procédure contre l'effet déstabilisant que peut, selon eux, avoir une telle pédagogie pour les traditions dont se nourrit l'autocompréhension politique du pays. C'est pourquoi il insiste sur le fait qu'il faut que l'histoire ne puisse être notre « maîtresse » qu'en tant qu'« instance critique », opérant de la même manière pour 1989 comme pour 1945 !

« *Der Ausdruck "Aufarbeitung der Vergangenheit" entstammt dem Titel eines Aufsatzes aus dem Jahre 1959; darin hatte sich Adorno für eine öffentliche Thematisierung der NS-Zeit eingesetzt. Seitdem begleitet uns die Kontroverse um Nutzen und Nachteil eines reflexiven Umgangs mit der Vergangenheit, auch mit deren schwärzesten Aspekten. Die Gegenseite fürchtet die destabilisierende Wirkung einer solchen Geschichtspädagogik; die Dauerreflexion, so heisst es, verunsichert die Traditionen aus denen sich das politische Selbstverständnis einer Nation speisen müsse. Anstelle einer Bewusstmachung verstörender verlangt man die Mobilisierung zustimmungsfähiger Vergangenheiten.* » (DN, 46-47)

« *In der Forderung nach Aufarbeitung der Vergangenheit spricht sich kein blindes Vertrauen in die Dynamik des Bewusstmachens aus. Darin spiegelt sich vielmehr die Einsicht, dass wir nur aus einer Geschichte lernen können, die wir als kritische Instanz betrachten. [...] Historisch lernen wir bestenfalls aus dem Dementi von geschichtlichen Begebenheiten, die uns vor Augen führen, dass Traditionen versagen, dass wir mit unseren bis dahin handlungsleitenden Überzeugungen an den Problemen, die gelöst werden müssen, scheitern. Viele Daten der jüngeren deutschen Geschichte, nicht nur das Jahr 1945, haben eine solche dementierende Kraft.* » (DN, 49)

« *Wenn wir heute in der guten Absicht, Fehler einer problematischen "Vergangenheitsbewältigung" (nach 1945) wettzumachen, andere Massstäbe anlegen als seinerzeit, verstossen wir, im historischen Vergleich, gegen den Grundsatz der Gleichbehandlung. Diese paradoxe Form einer nicht ganz unbegründeten Unfairness zeigt sich vor allem an den persönlichen Härten eines im Prinzip wünschenswerten jedoch rigoroser durchgeführten Elitenwechsel (z.B. im Bereich der Universitäten).* » (DN, 53).

« *Wer beispielsweise die Sonderwegthese kurzerhand umkehrt und die Bundesrepublik zu einem mehr oder minder pathologischen Interim erklärt, gewinnt freie Hand um die*

Zäsur von 1945 als "antifaschistische Umgründung" zu bagatellisieren und stattessend die Rückkehr zu Konstellationen des Bismarck-Reiches eröffnet.

Wer hingegen den Untergang der Weimarer Republik als Zäsur betrachtet, wird, wenn er an einer demokratischen Kultur interessiert ist, aus der 1990 wiedergewonnenen "nationalstaatlichen Normalität" weniger Hoffnung schöpfen als aus dem Stand der politischen Zivilisierung, der in der alten Bundesrepublik bis dahin erreicht worden war. » *(DN, 60)*

Habermas conclut en évoquant la relation qu'il peut y avoir entre la manière dont nous traitons le passé et la façon dont nous gérons notre relation avec les minorités, ainsi que le problème de l'immigration, ou encore la question européenne.

« *Deshalb kommuniziert die Aufarbeitung der Vergangenheit mit politischen Fragen der Gegenwart. Die Selbstverständigung lässt sich nicht in abstracto auf "Werte" beziehen, sondern steht in einem hermeneutischen Zusammenhang mit der Verständigung über aktuelle Herausforderungen. Beides korrigiert sich wechselseitig. Die Lehren, die wir aus unseren Erfahrungen mit zwei Diktaturen ziehen – die Traditionen, die wir uns aneignen, und die, die wir revidieren –, haben heute Bedeutung etwa für die Frage, wie wir unser Zusammenleben mit Minderheiten regeln, welche Einwanderungspolitik wir betreiben, welches Europa wir anstreben sollen, wie wir unsere Interessen gegenüber Mittel- und Osteuropa, wie die neue Rolle der UNO und, in deren Rahmen, die Aufgabe der Bundeswehr definieren wollen.*

Diese Optionen werfen auch ihrerseits neues Licht auf die Vergangenheit, sie haben Einfluss auf die Entscheidung, ob wir uns auf einen Aufarbeitungsprozess, mit welchem Ausgang auch immer, überhaupt einlassen oder ob wir ihm von vornherein jeden Sinn bestreiten, damit wir endlich, wie es immer wieder heisst, "Besiegtenmentalität" und "Schuldmetaphysik" abschütteln können. Auf diese Weise verbinden sich im Selbstverständigungsdiskurs die Deutung der Herkunft und die Orientierung an der Zukunft wie zwei kommunizierende Röhren. » *(DN, 60-61)*

7.3.5. Incertitudes allemandes (deutsche Ungewissheiten)

7.3.5.1. Des regards français, des craintes françaises (französische Blicke, französische Befürchtungen)

Habermas commence par un bilan positif de la « révolution de rattrapage » qualifiée d'émancipatrice, mais tombe rapidement dans l'énumération des difficultés rencontrées, principalement d'ordre économique : la rétro-transformation d'une économie d'État en ruine en une économie capitaliste fondée sur la propriété privée ; le retour des conflits ethniques, une reconfiguration de l'Europe centrale, sans oublier les « anciens problèmes », d'avant 1989 : les 17 millions de chômeurs de l'UE qui menacent de fissurer la société européenne, la crise écologique qui menace…

Notons que les problèmes dépassent ici le seul cadre allemand, ce qui amène Habermas à conclure que les solutions nationales étriquées à ces multiples problèmes sont devenues illusoires !

« *Nun, die nachholende Revolution, der wir mit Staunen und Enthusiasmus beigewohnt haben, kann man doch eine Emanzipation nennen. Gewiss, niemand hat mit diesem Bankrott des Staatssozialismus gerechnet. Ein unerwartetes Ereignis von welthistorischer Grössenordnung bringt natürlich neue Probleme mit sich. Probleme von denen uns vor Jahren nichts hätten träumen lassen – die Rückübersetzung einer maroden Staatswirtschaft in privatkapitalistische Eigentumsverhältnisse, die Wiederkehr ethnisch motivierter Bürgerkriege und nationalistischer Konflikte, den Zerfall der bipolaren Weltordnung und eine neue Konstellation der Kräfte in Mitteleuropa. Andererseits erzeugen tiefe Zäsuren auch ihre eigenen Illusionen: wir vergessen, dass die neuen Probleme kein neues Licht auf unsere alten Probleme werfen. Davon lenken sie nur ab.*

Heute haben wir in der EG 17 Millionen statistisch erfasste Arbeitslose. Für das kommende Jahr sind 36 Millionen Arbeitslose in den OECD-Ländern prognostiziert. [...]. Das bedeutet, dass sich die Tendenzen zu einer Segmentierung unserer Gesellschaften verstärken werden – mit den aus den USA bekannten Konsequenzen der Gettoisierung, der Verwahrlosung der Innenstädte, der steigenden Kriminalität usw. Gar nicht zu reden von den Problemen der Einwanderung, der Ökologie, der Gleichstellung der Frauen usw. Kurzum, jene Probleme, die wir bis 1989 unter Gesichtspunkten eines sozialen und ökologischen Umbaus des Industriekapitalismus behandelt haben, sind nur noch hartnäckiger geworden. Allerdings hat die drastisch wachsende Interdependenz der Weltereignisse auch dem letzten die Illusion geraubt, dass wir diese Dinge weiterhin aus unseren national beschränkten Perspektiven behandeln könnten. Die Verantwortung, die der Westen für das wachsende Elend in Osteuropa zu spüren bekommt, die weltweiten Migrationsströme, deren Ursachen ohne eine Rekonstruktion der ehemals Dritten Welt nicht zu beseitigen wären, der Druck der internationalen Konflikte und die neue Rolle der UNO – das alles hat uns empfindlicher gemacht für die globale Dimension der Gleichzeitigkeit des Ungleichzeitigen. » *(DN, 68-69).*

La question posée par les deux intervieweurs concerne la situation politico-culturelle de l'Allemagne unifiée qui, à la différence des autres pays de l'Est qui peuvent aller de l'avant, doit se battre contre les fantasmes de « grande puissance au milieu de l'Europe » qui la traversent !

« *Als der engste Partner Frankreichs und als Mitglied der EG sind wir glücklicherweise nicht alleine. Zudem bleibt für ein derart von Exporten abhängiges Land die formell wiederhergestellte Souveränität ein bisschen fiktiv. Andererseits können solche Fiktionen, wenn sie die Phantasie der Massen – oder auch nur der Eliten – beflügeln, ein eigenes Gewicht erhalten. Manche träumen wieder von einer erneuten europäischen Grossmacht Deutschland in der Mitte Europas. Deswegen ist es wichtig mit welcher politischen Mentalität die Deutschen aus ihrer Selbstbegegnung herauskommen werden. Viele Westdeutsche haben das Gefühl im Osten einem Stück ihrer Vergangenheit zu begegnen. Dadurch werden legitime Erinnerungen und nostalgische Gefühle, aber auch unbewusste Motive aufgerührt, die längst vergessen schienen. Selbst unter Intellektuellen begegnet man merkwürdigen Sentiments, z.B. dem Aufatmen darüber, dass wir mit der nationalen*

Teilung auch eine angebliche kulturelle Überfremdung überwunden hätten – und nun erst zu unserem Eigensten zurückkehren könnten. Statt das schmoren zu lassen, brauchten wir eine offene Debatte über die Rolle des neuen Deutschlands. Diese Selbstverständigung hätte im Rahmen einer Verfassungsdebatte stattfinden sollen. Das war wegen des überstürzten Tempos der Wiedervereinigung nicht möglich. » (DN, 70)

Les fantasmes en question ne sont pas sans influer sur l'attitude des Allemands face à la question migratoire qu'ils ont contribué à radicaliser en agissant sur les tendances xénophobes et antisémites sous-jacentes. Pour Habermas, il faut agir sur deux points :

– réformer la politique migratoire pour proposer aux migrants davantage d'options, afin que tous les candidats à l'immigration ne soient pas obligés de demander l'asile politique ;

– faciliter l'intégration *(die Einbürgerung)* des étrangers que nous avons fait venir depuis le milieu des années 1950, en particulier d'Europe du Sud et de l'Est, en tant que travailleurs immigrés *(Gastarbeiter)* – dont on a fait paradoxalement « des Allemands avec des passeports étrangers » –, et qui, de surcroît, se sentent aujourd'hui menacés par les incendiaires d'extrême droite !

« *Vor dem Hintergrund der erwähnten Mentalitätsverschiebungen und jener Konfliktpotentiale, die sich als Folgen der Einigung angesammelt haben, hat die skrupellose Anheizung des Asylthemas den ohnehin wachsenden Fremdenhass und den Antisemitismus noch geschürt. Für das Immigrationsproblem gibt es so oder so keine einfachen Lösungen. Aber in Deutschland sind, gleichviel wie man zu der vom Bundestag beschlossenen Asylrechtsänderung steht, zwei Dinge nötig. Erstens brauchen wir eine Einwanderungspolitik, damit andere rechtliche Optionen offenstehen und nicht jeder, der einwandern will, politisches Asyl beantragen muss; zweitens müssen wir die Einbürgerung jener Ausländer erleichtern, die wir seit Mitte der fünfziger Jahre vor allem aus Südosteuropa als Gastarbeiter ins Land geholt haben und die in der paradoxen Rolle von Deutschen mit fremdem Pass bei uns leben – und nun Angst haben, wie in Mölln oder Solingen Opfer von rechtsradikalen Brandanschlägen zu werden.* » (DN, 70)

Habermas attribue les attentats et les meurtres au terrorisme de droite, particulièrement actif dans l'Allemagne de l'Est qui connaît un chômage élevé, mais aussi en Allemagne de l'Ouest où d'anciens préjugés, qui remontent au nazisme et bien au-delà, refont surface !

« *Obwohl die Anschläge und Morde mit rechtsterroristischem Hintergrund in Ostdeutschland überproportional häufig aufgetreten sind, bieten die katastrophalen Belastungen dort, in den nunmehr desindustrialisierten Gebieten mit einer regionalen Arbeitslosenquote bis zu 40%, immerhin eine Erklärung. Aber im Westen Deutschlands haben sich nicht die Umstände geändert, hier haben sich die Schleussen geöffnet: Die Alten Vorurteile waren einer informell wirksamen Zensur unterworfen und sprudeln nun wieder. Dann hat aber der aktuelle Hass auf sauf alles Fremde und nur irgendwie Abweichende eine Genealogie, die – durch welche unauffälligen Traditionen auch immer – bis in die Nazizeit zurück und wahrscheinlich durch sie hindurch reicht.* » (DN, 71-72)

7.3.5.2. « *L'exceptionnalité allemande se régénère d'heure en heure* » (Das deutsche Sonderbewusstsein regeneriert sich von Stunde zu Stunde)[14]

Si, avant l'unification, les tendances conservatrices se sont inspirées de la pensée jeune-conservatrice des Schmitt, Jünger, Heidegger, Freyer, Gehlen, etc., et à quelques exceptions près, cela s'est fait dans la discrétion. Or, en 1989, ces tendances ont commencé à renoncer à la prudence et (mis à part Armin Mohler, Bernd Wilms) « célèbrent » désormais l'adieu à la République fédérale et le retour aux « continuités allemandes » : l'Allemagne doit redevenir une « grande puissance au cœur de l'Europe ». C'est le retour d'un particularisme allemand à travers une « nouvelle Allemagne ».

> « *Diese Kreise haben ja schon immer das jungkonservative Erbe eines Schmitt, Jünger, Heidegger, Freyer, Gehlen usw. feinsinnig gepflegt; allerdings waren sie vorsichtig genug, um sich zu den politischen Nachkriegsressentiments dieser aus dem Tritt geratenen Rechtsintellektuellen nicht ebenso vorbehaltlos zu bekennen wie die im Abseits bleibenden Schüler vom Typus Armin Mohler oder Bernd Willms. Aber 1989 konnten sie ihre Zurückhaltung aufgeben; seitdem zelebrieren sie den Abschied von der alten Bundesrepublik und die Rückkehr zu den deutschen Kontinuitäten einer "Vormacht in der Mitte Europas" nicht weniger ungeniert als die vorpreschenden Enkel. Das deutsche Sonderbewusstsein regeneriert sich von Stunde zu Stunde. Der ganze intellektuelle Müll, den wir uns vom Hals geschafft hatten, wird wieder aufbereitet, und das mit dem avantgardistischen Gestus, für das Neue Deutschland die neuen Antworten parat zu halten.* » (DN, 85-86)

7.3.6. Le besoin de « *continuités allemandes* » (das Bedüfniss nach deutschen Kontinuitäten)

7.3.6.1. *Lettre à Christa Wolf* (Brief an Christa Wolf)

Habermas commence par critiquer les modalités de l'unification, qui n'ont laissé d'autres possibilités aux nouveaux arrivants que de s'adapter ou de se soumettre !

> « *[…] sind doch die Weichen so gestellt worden, dass den Beitrittswilligen nicht viel mehr als Anpassung und Unterwerfung, jedenfalls kein politischer Handlungsspielraum mehr geblieben ist.* » (DN, 102)

Après cette critique des gouvernants de l'Ouest, Habermas tend la main à ses collègues de l'Est. À défaut d'un nouveau départ, face aux « tendances régressives », une entente est nécessaire, dit-il, entre ceux qui, à l'Est et à l'Ouest, ne s'alignent pas sur l'opinion dominante.

---

[14]   Interview avec le *Frankfurter Rundschau* (1993).

Mais à peine a-t-il exprimé le désir d'entente avec l'Est qu'il évoque ce qui peut apparaître comme une critique de l'Est : après l'unification, des ressentiments ont surgi à l'Est, puis se sont transmis à l'Ouest, dans lesquels se manifestent les « régressions allemandes », des survivances de la mentalité des années 1930 et 1940, lesquelles alimentent les « fronts nationaux » de différents pays de l'Ouest.

> *« Wenn aber ein neuer Anfang so leicht nicht zu machen sein wird, ist eine Verständigung, ist eine Kooperation zwischen denen, die weder im Osten noch im Westen in den Spuren des Mainstreams laufen umso dringlicher. Mein Wunsch entspringt weniger einem Koalitionsbedürfnis […]. Zusammenfinden müssen wir uns aber angesichts jener regressiven Tendenzen, die Friedrich Schorlemmer beim Namen genannt hat.*
>
> *Auch wenn das SED-Regime mit seinen durchgescheuerten Propagandaformeln vierzig Jahre lang den Rechtsradikalismus als äussere Gefahr beschworen hat – es hat ja diese Gefahren unter den eigenen Fittichen selbst ausgebrütet. Etwas von den Mentalitäten der dreissiger und vierziger Jahre scheint konserviert worden zu sein. Jedenfalls ist nach der Vereinigung eine kritische Masse von Ressentiments entstanden, die auch die Mentalität im Westen verändert hat. Wie in den dreissiger Jahren spielen diese deutschen Regressionen natürlich auch Verschiebungen des internationalen Milieus – ich meine sowohl die täglich stärker werdenden « nationalen Fronten » in beinahe allen westlichen Ländern wie jene Gespenster, die in den mittel- und osteuropäischen Ländern aus den Grüften des 19. Jahrhunderts aussteigen. » (DN, 101-102)*

Pour contrer ces régressions, l'Allemagne unifiée a besoin des intellectuels libéraux et de gauche de l'ancienne RDA : il s'agit de combattre le « populisme de droite » qui s'étend en RFA et auquel le SPD et la CDU s'adaptent, tout comme le FDP qui répudie ses principes libéraux.

D'où un diagnostic pessimiste, que Habermas attribue à l'héritage que la RDA a apporté à l'unification : « l'État ouvrier et paysan » a abusé des idées progressistes pour se légitimer et a ainsi déclenché une « dialectique de la dévalorisation » que Habermas juge des plus ruineuses pour l'« hygiène mentale » de l'Allemagne.

> *« Wir sind auf die liberalen und linken Intellektuellen in der ehemaligen DDR angewiesen, wenn das Netz einer halbwegs zivilen politischen Kultur unter den neuen Belastungen nicht reissen soll: […] wenn sich in der Bundesrepublik ein Rechtspopulismus breitmacht, an den sich die SPD wie die CDU anpasst, während die FDP auf ihre Prinzipien pfeift und unsere "grüne" FDP nur noch die Mentalität linker Renegaten pflegt. » (DN, 104-105)*
>
> *« Diese pessimistische Diagnose hatte mich veranlasst, auf eine Konsequenz der staatlichen Vereinigung hinzuweisen, die bei Ostintellektuellen zu meinem Erstaunen auf völliges Unverständnis gestossen ist. In dem Interviewbändchen, das ich Ihnen seinerzeit geschickt habe (Vergangenheit als Zukunft) habe ich Ihnen gesagt, dass die Entwertung unserer besten und schwächsten Traditionen für mich einer der bösesten Aspekte an dem Erbe sei, welches die DDR in die erweiterte Bundesrepublik einbringt. Dieser Arbeiter-und Bauernstaat hat mit seiner politischen Rhetorik fortschrittliche Ideen zu seiner Legitimation missbraucht; er hat sie durch eine unmenschliche Praxis höhnisch dementiert und dadurch in Misskredit gebracht. Ich fürchte, dass diese Dialektik der Entwertung für die geistige Hygiene in Deutschland ruinöser sein wird als das geballte Ressentiment*

von fünf, sechs Generationen gegenaufklärerischer, antisemitischer, falsch romantischer deutschtümelnder Obskurantisten. » (DN, 105)

Après ce diagnostic assassin de l'héritage légué par l'Allemagne de l'Est à l'Allemagne unifiée, Habermas en vient à parler de « la lettre » par laquelle Christa Wolf le remercie pour une invitation à une conférence sur la « Wende » en RDA, une lettre qui tourne au règlement de compte !

Christa Wolf y développe le phénomène psycho-politique qui consiste pour un pays, pour une population, à s'adapter à la mentalité et à la culture du pays qui a gagné la guerre et qui devient l'occupant du pays vaincu : selon Christa Wolf, ce dernier finit par s'approprier des éléments culturels du vainqueur, lesquels affectent son identité au point de le rendre « dépendant » *(befangen)*. Ainsi donc, les Allemands de l'Est seraient devenus culturellement dépendants des Russes, comme les Allemands de l'Ouest le sont devenus des Américains ! Ce faisant, les deux Allemagnes se sont également éloignées, chacune à sa manière, du potentiel constitué par les traditions de la « culture allemande unique préexistante » !

Habermas récuse bien entendu cette « thèse de la convergence » fondée, selon lui, sur une fausse symétrie, même si elle a d'éminents défenseurs, comme Martin Walser ! D'ailleurs, il se demande – ironiquement – s'il y aura entre les deux partis un dissensus sur les traditions à perpétuer !

« Nicht nur im Osten, auch im Westen des durch rigorose Abschirmung getrennten und in sich selbst zerrissenen Deutschlands hat es Anpassungen an die Mentalität und Kultur der beiden Teilstaaten jeweils dominierenden Weltmächten gegeben. Anpassungen, die Spuren hinterlassen haben und die zu einer Differenz der Identitäten von Ostdeutschen und Westdeutschen geführt hat. Jahrzehntelange Existenz an einer Grenze, die das eigene Land teilt und die Hälften mit äusserster Intensität gegeneinander stellt, beengt das Denken auf beiden Seiten. Die deutsche Zweistaatlichkeit hat sich in beiden Bevölkerungsteilen nach innen ausgewirkt, sie hat eine östliche und eine westliche intellektuelle und emotionale Befangenheit erzeugt, eine Befangenheit die unter anderem auch dazu geführt hat, dass sich beide in verschiedener Weise vom Traditionspotential der vorgängigen einheitlichen deutschen Kultur entfernt haben. » (DN, 106)

Habermas ne veut pas se prononcer sur la pertinence de la thèse de Christa Wolf concernant l'Allemagne de l'Est, mais exprime son désaccord avec ce qu'elle affirme concernant l'Allemagne de l'Ouest.

Il affirme avec force que l'ouverture intellectuelle aux traditions occidentales a toujours constitué pour lui une libération et que l'authenticité de la production des intellectuels allemands n'a pas été affectée par elle.

« Ich habe die nach 1945 möglich gewordene intellektuelle Öffnung gegenüber den Traditionen des Westens immer für etwas Befreiendes gehalten. […] Ich entdecke […] an dem, was deutsche Intellektuelle in der Nachkriegszeit produziert haben, keine Beschädigungen – jedenfalls nicht die von Ihnen diagnostizierten Züge, die darauf schliessen liessen, dass irgendeiner von uns sich von bewahrenswerten Impulsen der eigenen geistigen Existenz hätte abgeschnürt fühlen müssen. » (DN, 107)

Il énumère ensuite l'impressionnant apport des philosophies américaines et françaises, sans oublier les traditions allemandes opprimées et marginalisées (Kant, Marx, le marxisme occidental, Freud, le « Wiener Kreis », Wittgenstein…).

> « *Diese Westorientierung hat keine Verkrümmung der deutschen Seele bedeutet, sondern die Einübung in den aufrechten Gang. Die vorbehaltslose Aneignung von aufklärerischen Traditionen auf ganzer Breite hat nicht nur[…] den amerikanischen Pragmatismus von Peirce bis Dewey, das Vernunftrecht des 17. und 18. Jahrhunderts bis zu Rawls und Dworkin, die analytische Philosophie, den französischen Positivismus, die sozialwissenschaftliche Denkweise der Franzosen und Amerikaner von Durkheim auf Parsons eingeschlossen; sie hat sich auch auf das erstreckt, was in der nun wahrhaft verkrümmten deutschen Tradition bis dahin unterdrückt oder marginalisiert worden war: auf Kant als Exponent und nicht als sogenannten Überwinder der Aufklärung, auf Hegel als radikalen Interpreten und nicht als Gegner der Französischen Revolution, auf Marx und den westlichen Marxismus, auf Freud und die Freudsche Linke, den Wiener Kreis, Wittgenstein usw.* » (DN, 108-109)*

Il rappelle ensuite le rôle joué par les intellectuels émigrés – les « Francfortois », comme il les appelle – qui s'étaient réfugiés dans les pays occidentaux et qui reviennent d'exil : ils ont dès lors joué un rôle de catalyseur, selon le philosophe Albrecht Wellmer de la *Freie Universität Berlin*, et ce du fait qu'ils ont radicalement rompu avec le fascisme, sans avoir pour autant rompu radicalement avec la tradition culturelle allemande, c'est-à-dire avec leur propre identité culturelle. Habermas explique ainsi l'effet marquant de ces revenants, qui a été non seulement corrosif-critique, mais avant tout libérateur !

> « *In diesem Prozess waren für uns die aus dem Westen zurückkehrenden Emigranten von grösserer Bedeutung als das verquaste Eigene, das sich durch die NS-Zeit hindurch erhalten hatte. […] Mein Freund […] Albrecht Wellmer erklärt die katalysatorische Rolle der aus dem amerikanischen Exil zurückgekehrten Frankfurter damit, dass sie einen radikalen Bruch mit dem Faschismus ohne einen ebenso radikalen Bruch mit der deutschen kulturellen Tradition und das heisst einen radikalen Bruch mit der eigenen kulturellen Identität, denk-möglich machten. Ich glaube das die ungeheure, eben nicht nur destruktiv Kritische, sondern vor allem befreiende Wirkung Adornos und Horkheimers nicht zuletzt aus dieser einzigartigen Konstellation zu erklären ist.* » (DN, 109)

En conclusion, Habermas dit souhaiter que les intellectuels de l'Est et de l'Ouest puissent se mettre d'accord, malgré les différences qui les séparent. Mais en même temps, il affirme que vouloir bâtir sur des substrats supposés communs, est, malgré la bonne volonté, une impossibilité !

On peut regretter la rudesse avec laquelle il oppose une fin de non-recevoir à la « thèse », il est vrai abrupte, de Christa Wolf, alors qu'il n'a cessé de regretter l'absence de dialogue entre la partie Est, dont les anciens membres du SED, et la partie Ouest de l'Allemagne !

> « *Wenigstens die Intellektuellen sollten sich im Bewusstsein der bestehenden Distanzen, und über diese hinweg, miteinander verständigen. Mit dem gut gemeinten, aber kurzschlüssigen Appel an vermeintliche Gemeinsamkeiten folgen wir doch nur einem*

Zug, für den andere die Weichen gestellt haben, ratifizieren wir auch noch die Fehler des Schäuble/Krauseschen Anschluss- und Unterwerfungsszenarios. » (DN, 111)

7.3.6.2. *Retour en grâce de Carl Schmitt*

Habermas note en 1989 un revirement d'opinion par rapport à Carl Schmitt et son « rêve » d'un État fort et d'une nation homogène, largement repris dans la « presse révisionniste » et les éditions Ullstein. Schmitt se trouve ici associé à Heidegger : les deux, discrédités en raison de leur prise de position spectaculaire en faveur des nazis – et ce bien qu'ils se soient sentis infiniment supérieurs aux nazis et qu'ils espéraient « guider le guide » *(führen den Führer!).*

Tous deux, après 1945, refusèrent la moindre responsabilité et ont cependant réussi à s'assurer, en particulier auprès des gens plus jeunes, « une forme d'allégeance fascinée ».

« Vorbereitet durch die "postmoderne" Rezeption der achtziger Jahre, hat Carl Schmitt seit 1989 erst recht Konjunktur: Nachholbedarf im Osten, freie Bahn im Westen für die Einstiegsdroge in den Traum vom starken Staat und von der homogenen Nation. Die "Nouvelle droite" wusste es schon länger: mit Carl Schmitt lässt sich den Themen "innere Sicherheit", "Überfremdung" oder "Durchrassung" ein gewisser intellektueller Glanz verleihen. In den Büchern der revisionistischen Zeithistoriker, die bei Ullstein vom Fliessband gehen, spiegelt sich die Virulenz von Carl Schmitts und Martin Heideggers Zeitdeutungen – auch jener aparten Mischung von Schmitt und Heidegger, aus der die Geschichtsphilosophie Ernst Noltes ihre Inspiration zieht. » (DN, 112)

Carl Schmitt qui, contrairement à Heidegger, a refusé la procédure de dénazification, fut « chassé de la fonction publique ». En réaction à ce bannissement de l'Université, il a réuni, chez lui, à Plettenberg, des cercles de discussion informels et des groupes d'amis, et a fondé en 1949 l'« Academia Moralis » – une association officiellement déclarée, comme un de ces cercles d'« anciens », suivie en 1957 par les « cours d'été d'Ebrach », mis sur pied par son « disciple » Ernst Forsthoff.

Parmi ces membres figurent des anciens du *Tat-Kreis*, Giselher Wirsing et Hans Zehrer – anciens « jeunes conservateurs » de la République de Weimar, régulièrement dénoncés par Habermas pour leurs projets de « *Mitteleuropa* » – mais bien traités dans le présent contexte.

C'est que Habermas se montre admiratif devant le succès rencontré par Schmitt dans le monde intellectuel par ses « disciples » *(seine Schüler)* : le philosophe Joachim Ritter, l'historien Nicolaus Sombart (fils de Werner Sombart), les sociologues Alfred Weber (frère de Max Weber) et Helmut Schelsky… Habermas parle de « partisans fascinés » *(faszinierte Anhänger)* et note tout particulièrement l'écho rencontré par le « Maître » dans « la jeune génération ».

Et, contrairement aux années précédentes, il ne semble plus croire que, en ce début des années 1990, ce courant de la pensée jeune-conservatrice puisse déstabiliser la culture politique de la RFA.

> « *In jedem Falle entspricht die Liste illustrer Namen für sich selbst: viel Konservatives, aber kein Hauch von rechtem Underground. Auf diesen Pfaden hat Carl Schmitt die politische Kultur der Bundesrepublik gewiss nicht destabilisiert. Die abweichenden Motive des jungkonservativen Denkens werden heute eher von Intellektuellen mit ganz anderen Bildungsgeschichten – wie Hans Magnus Enzensberger, Karl Heinz Bohrer oder Botho Strauss – am Leben erhalten.* » (DN, 118)

Cependant, par-delà ces considérations de caractère psycho-politique, Carl Schmitt, vu par Habermas, intéresse la culture politique ouest-allemande de l'après 1945, en ce qu'il représente une position antagoniste *(Gegentyp)* à celle de ses anciens collègues « dénazifiés » – qui ont certes pu se décharger sur lui de leur mauvaise conscience. Mais cette position n'est pas sans intérêt pour lui. Contrairement à ses ex-collègues, il n'était pas tenu au silence : il pouvait, lui, évoquer les « continuités allemandes », que les autres ne pouvaient pas aborder !

> « *In der frühen Bundesrepublik hat keine Abwicklung stattgefunden. In deren sozialpsychologischem Haushalt bildete deshalb Carl Schmitt – als der Gegentyp , auf den die Rehabilitierten und die Mitläufer projektiv die verdrängten oder verschwiegenen Anteile ihrer eigenen Biographie abladen konnten – eine funktional notwendige Ergänzung zur stillschweigenden Integration der alten Trägerschichten. Auf der anderen Seite war Carl Schmitt dadurch den bevorzugten Kollegen in einer weniger beachteten Hinsicht auch überlegen – und unter diesem Aspekt kann seine enorme Wirkungsgeschichte und seine erneute Aktualität seit 1989 verständlich werden: Carl Schmitt, der sich nicht hatte entnazifizieren lassen, brauchte auch nicht wie die anderen zu schweigen: er durfte die deutschen Kontinuitäten zur Sprache bringen, mit denen die anderen wortlos weiterlebten.* » (DN, 120)

Carl Schmitt est de façon plus générale en opposition frontale avec l'intelligentsia libérale et de gauche de l'Allemagne de l'Ouest : il se met en scène comme un opposant à la culture politique dominante, un « refusnik » allemand *(Verweigerer)* et un promoteur des « continuités allemandes En somme l'adversaire politico-culturel principal de Habermas.

> « *Aber von jenen beiden (Theodor Maunz und C. S.) hält nur der eine, der sich der herrschenden politischen Kultur verweigert und sich als der diffamierte Verweigerer selbst inszeniert, hält also nur Carl Schmitt die Ressourcen bereit aus denen das wiedererwarte Bedürfnis nach deutschen Kontinuitäten gestillt werden kann.* » (DN, 121)

Pour Habermas, Carl Schmitt participe à l'entreprise de réhabilitation des « grands jeunes conservateurs » marqués par la défaite – non seulement militaire, mais aussi « mentale » – de 1918 et qui sont apparus comme les vrais gardiens de la tradition nationale. Ils n'avaient rien à se reprocher en 1945, parce qu'ils estimaient avoir été trahis, après coup, par le « mouvement » – qu'ils ont soutenu en 1933 !

Habermas fait remarquer que c'est à la lumière de leurs idées qu'ils ont reçu le national-socialisme comme une variante de ce que l'Allemagne a « en propre » *(das Eigene)* et qu'ils ont considéré – après coup – Hitler comme un « misérable

sous-prolétaire » qui s'est introduit dans le « temple de la culture ». Le biographe
de Carl Schmitt a parlé à ce propos d'« innocence de la bourgeoisie allemande » !

> « *Darin sehe ich ein Motiv für jenen [...] jahrzehntelang verbissen ausgefochtenen Kampf
> um die politisch-intellektuelle Rehabilitation der grossen Jungkonservativen. Sie nämlich,
> die spezifisch deutschen Sprösslinge des auch mental verlorenen Ersten Weltkrieges,
> erscheinen als die wahren Hüter einer ununterbrochenen nationalen Tradition. Sie hat-
> ten nach eigenem Bekunden 1945 nichts zu bereuen, weil sie sich von der "Bewegung",
> die sie 1933 unterstützt hatten, nachträglich getäuscht fühlen konnten. Es waren ja ihre
> Ideen, in deren Licht sie den Nationalsozialismus immerhin als eine Variante des "Eige-
> nen" wahrgenommen hatten. So erscheint Hitler in Carl Schmitts Rückspiegel als der
> "obdachlose Lumpenproletarier", der in den "Bildungstempel" eingebrochen ist, um mit
> den "reinen Ideen" bitter Ernst zu machen: Umgekehrt waren diese bisher ziemlich rein
> gedachten Affekte und Formeln überrascht und glücklich, ernstgenommen zu werden.
> Schmitts Biograph Paul Noack spricht deshalb von "einer Art Unschuld des deutschen
> Bürgertums, insbesondere seiner Intelligenz, im Jahre 1933".* » (DN, 121-122)

Habermas explique l'attrait de la jeune génération pour la pensée de Carl Schmitt par un besoin de ressourcement. Schmitt leur fournit des « ressources spiri-
tuelles » pour « digérer » *(verarbeiten)* la défaite : il incite les « vaincus » à braver
et à défier le vainqueur, la tête haute *(der Trotz des selbstbewussten « Besiegten »)* !

Il conclut que la bravade et le déni fièrement assumés par les « vaincus », pra-
tiqués par Schmitt et Heidegger, ont pu constituer une alternative pour ceux qui
étaient à la recherche de leur voie.

> « *Gleichwohl ist dieser Carl Schmitt den Jüngeren, jedenfalls einigen von ihnen, als jemand
> erschienen, der zwei existentielle Bedürfnisse erfüllt: Er schien die Ursachen der Niederlage
> begreiflich zu machen und die Kontinuität einer in Frage gestellten deutschen Überlieferung
> überzeugend zu repräsentieren. Der junge Sombart fragt ihn in einem Brief: "Wie hat man
> in Deutschland geistig die Niederlage verarbeitet, gibt es ein spirituelles Gegengewicht zum
> Wirtschaftswunder?" Und Kesting erwünscht sich Schmitt als "einen geheimen Prinzipe im
> unsichtbaren Reich deutscher Geistigkeit" – er soll "unser aller Avancierriese" sein. Für diese
> Erwartung war die wichtigste Voraussetzung das gemeinsame Gefühl, 1945 "besiegt" worden
> zu sein.*
>
> *Das politische Bewusstsein einer Generation mag durch dasselbe Problem bestimmt
> werden, aber nicht alle Angehörigen reagieren darauf in derselben Weise. So haben
> benachbarte Jahrgänge "1945" verschieden erlebt und verschieden interpretiert: für die
> einen bedeutete das Datum die schmähliche Niederlage, ja Kapitulation des deutschen
> Volkes, für die anderen die Befreiung von einem verbrecherischen Regime – oder doch
> eine Zäsur, die man im Licht der damals enthüllten Massenverbrechen als Chance zu
> begreifen lernte. Für die Jahrgänge, die als Soldaten ihre Haut für Volk und Führer oder
> auch nur fürs Vaterland zu Markte getragen hatten, war diese Einsicht wohl schwerer zu
> fassen als für andere. Die, die "1945" nicht als neuen Anfang, nicht als Herausforderung
> verstanden, mit den Traditionen des deutschen Sonderbewusstseins zu brechen, hatten
> freilich die Wahl, sich unprätentiös an die Verhältnisse anzupassen. Der Trotz des selbs-
> tbewussten "besiegten", den Schmitt und Heidegger mit grosser Gebärde verkörperten war
> anscheinend eine Alternative, gerade für die Bewussteren, die nach Aufklärung suchten.* »
> *(DN, 119)*

En somme, à part la citation par Habermas d'un commentaire cinglant d'un passage du *Glossarium* où Schmitt révèle « son antisémitisme brutal » et « sa haine aveugle pour les émigrés », Habermas apparaît plutôt conciliant avec son « alternative » politique », comme il lui arrive de l'appeler !

7.3.6.3. « *Le faux dans ce qui nous est propre* » (Das Falsche im Eigenen)

Selon Habermas, c'est la critique de ce qu'il appelle le « faux » – ou « les fausses continuités » – qui a valu à Adorno la notoriété dans la jeune République fédérale auprès des étudiants et des assistants et d'un public intéressé par ses essais et ses émissions de radio. Un public qu'il a sensibilisé aux mutilations qu'ont subies ces traditions « proprement allemandes », à leur marginalisation.

Il cite son collègue Albrecht Wellmer pour qui Adorno est l'un des rares philosophes qui appartiennent tout à la fois totalement à la modernité et à la tradition allemande, et qui, par là même, ont eu une influence libératrice : il a été immunisé contre toute tentation de donner dans l'archaïsme et a su préserver en même temps une impulsion « romantique », et ce en mettant en lumière tout ce que la pensée humaniste occidentale doit à la tradition allemande – dont il a également montré l'ambivalence.

Cela lui a valu, le jour du vingt-cinquième anniversaire de sa mort, des propos haineux dans le « *Feuilleton* » de la *FAZ* qui ne lui a pas pardonné d'avoir dénoncé les « fausses continuités » et d'avoir porté ce regard ethnologique sur le « barbarisme » allemand le plus intime.

Or c'est ce regard sur les profondeurs qui, selon Habermas, a apporté aux Allemands la distance nécessaire d'une critique de leurs traditions et leur a permis, aujourd'hui, de s'identifier à celles-ci.

Et ce sont ces « fausses continuités » qui alimentent la « pensée jeune-conservatrice » de Syberberg et Bergfleth à Heinrich Müller et Botho Strauss. C'est pourquoi Habermas doute que la pensée adornocienne, qui s'attache à ne trouver d'assurance en soi-même qu'à travers la critique, puisse se perpétuer dans la normalité « kohlienne » de la « *kritischer Selbsvergewisserung in der Zapfenstreich-Normalität der Berliner Republik wird fortsetzen lassen* » (DN, 131).

7.3.7. « *Droit et démocratie : entre faits et normes* » (Faktizität und Geltung. Ein Gespräch über Fragen der politischen Theorie, 1993-1994)

En réponse à la question de ses deux intervieweurs suédois et néerlandais sur la situation internationale après la fin du « socialisme réellement existant » et de la « guerre froide », Habermas dresse un tableau des plus sombres de la situation : au lieu d'un monde pacifié, on se trouve face à des guerres civiles, à du racisme et à une nouvelle pauvreté, sans oublier la destruction continue de l'environnement. La « révolution paisible » de 1989 n'a pas tenu ses promesses ! D'où sa question : que faire après la banqueroute du socialisme d'État ?

« Der Untergang des sogenannten real existierenden Sozialismus und das Ende des kalten Krieges haben nicht zu einer befriedeten Welt geführt. Stattdessen sehen wir uns heute mit Bürgerkriegen, Rassismus, neuer Armut und einer fast ungebremsten Zerstörung der Umwelt konfrontiert. Die Verheissungen, die die sanfte Revolution von 1989 für manch einen mit sich brachte – Fukuyama sprach sogar von einem Ende der Geschichte – wurden schon schnell Lügen gestraft. » (DN, 135)

Habermas se montre sceptique devant le manque de solutions constructives, les théories marxistes s'étant focalisées sur la seule analyse des crises.

Il récuse par ailleurs le socialisme autogestionnaire, tout comme l'« expertocratie ». Ou encore le « revenu universel » *(Grundeinkommen)*.

« Die in den achtziger Jahren diskutierte Idee eines Grundeinkommens hat gewiss den interessanten Aspekt, dass die materielle Basis für die Selbstachtung und die politische Autonomie des Staatsbürgers unabhängig gemacht würde von dem mehr oder weniger kontingenten Erfolg der Privatperson auf dem Arbeitsmarkt. Aber diese Dinge können nur sinnvoll im Zusammenhang mit den komplizierten Aufgaben einer Rekonstruktion des vom Abbau bedrohten Sozialstaates beurteilt werden. » (DN, 146)

Certains proposent la création d'un « socialisme de marché » *(Marktsozialismus)* : un modèle qui concilie l'efficacité et la capacité à innover de l'économie de marché sans reproduire les inégalités que celle-ci génère, un modèle qui lui semble convenir.

« Wie sie selbst sagen, bildet ja die skeptische Einschätzung der gegenwärtigen Weltlage den Hintergrund meiner Überlegung.

Andererseits waren die in der marxistischen Tradition entwickelten Gesellschaftstheorien zu sehr auf blosse Krisenanalyse angelegt, so dass heute konstruktive Modelle fehlen. Den destruktiven Folgen eines weltweit ausgebreiteten Kapitalismus, auf dessen Produktivität wir nicht verzichten wollen, stehen wir ja einigermassen ratlos gegenüber. Das erklärt die erneute Aktualität der rein normativ ansetzenden Modelle für einen "Marktsozialismus". Diese Modelle nehmen den richtigen Gedanken auf, die effektiven Steuerungsleistungen und Innovationsreize einer Marktwirtschaft beizubehalten, ohne die negativen Folgen einer systematisch reproduzierten Ungleichverteilung von bads and goods in Kauf zu nehmen. » (DN, 145)

Cela étant, Habermas finit par dire que tous ces modèles se heurtent au mur de la globalisation, à savoir à l'autonomisation des marchés interconnectés. Ce qui suppose une réorganisation des relations économiques internationales et un renforcement du rôle de l'ONU, ainsi que des autres organisations mondiales.

« Die Krux aller dieser Modelle sind freilich die schwindenden Eingriffsmöglichkeiten. Die politische Handlungsfähigkeit der alten Nationalstaaten, auch der neueren Staatenvereinigungen und der auf Dauer gestellten internationalen Konferenzen steht ja in keinem Verhältnis zur Selbststeuerung der global vernetzten Märkte. Die Probleme einer längst überfälligen Reorganisation weltwirtschaftlicher Beziehungen werden deshalb ein neues Licht auf den desolaten Zustand der internationalen Beziehungen, die Rolle der UNO und anderer Weltorganisationen. » (DN, 146)

En conclusion, Habermas exprime sa perplexité face aux évolutions en cours : assèchement de l'engagement politique des citoyens d'un côté ; de l'autre la tendance à réagir à la nouvelle complexité par le recours à l'homme fort.

La politique semble dépassée tant par les problèmes intérieurs qu'extérieurs. Même si le capitalisme l'a emporté sur le socialisme d'État, c'est lui qui risque de provoquer la désintégration sociale et l'instabilité politique. Or c'est dans ce type de situation que la République fédérale doit venir à bout d'une absorption précipitée et maladroite de l'ex-RDA !

« Auf der einen Seite sind die Bürger unzufrieden damit, dass sie auf den ausgetretenen Pfaden einer verstaatlichten Parteienlandschaft keine hinreichenden Möglichkeiten für ein sinnvolles politisches Engagement sehen; an den leerlaufenden Aktivitäten der Ortsvereine unserer Parteien sieht man wieviel brachliegende Energien dort verwaltet und stillgestellt werden.

Auf der anderen Seite wird dieser Wunsch nach mehr Demokratie durchkreuzt von dem autoritären Wunsch, eine überkomplexe Welt durch schlichte Rezepte und starke Männer zu vereinfachen. Die alten Stereotype einer unpolitischen Abkehr vom "Gerede" und "Parteiengezänk" erhalten schliesslich Auftrieb durch Befürchtungen von Einkommens- und Statusverlusten, die einer politisch nicht mehr beherrschten, dem Muster eines "jobless growth" folgenden wirtschaftlichen Entwicklung zugeschrieben wurden. Offensichtlich ist die Politik inzwischen von den weltweit und nun auch im Inneren aufgebrochenen Problemen überfordert. Die Systemkonkurrenz mit dem Staatssozialismus hat ja nicht etwa der Kapitalismus gewonnen, sondern ein in den günstigen Konstellationen der Nachkriegszeit sozialstaatlich gezähmter Kapitalismus; und der ist heute in Auflösung begriffen. Diese objektiv schwierige Situation erfordert neue Lösungen für die bisher die Phantasie nicht ausreicht.

Vor diesem allgemeinen Hintergrund hat die Bundesrepublik die Folgeprobleme eines überlasteten, administrativ und mit irreführenden Parolen durchgepaukten Anschlusses der ehemaligen DDR zu verkraften. Wie weit die soziale Desintegration fortschreiten und wie weit die Gefahr für die innere Stabilität anwachsen wird, kann heute niemand abschätzen. » (DN, 161-162)

Habermas ne croit pas que la population se laisse tenter par le nationalisme. Par contre, il note l'existence de tendances nationalistes chez les élites. Ce qui lui fait peur, c'est que ce sont elles qui ont refusé de reconnaître la rupture de 1945 et qui se font les promoteurs de la « nouvelle normalité » en proclamant la « mort de l'ancienne RFA » ! Il redoute que le « processus civilisateur », qui a réussi à progresser dans la RFA jusqu'en 1989, ne puisse se poursuivre et que la « RFA élargie » soit rattrapée par le passé !

« In der breiten Bevölkerung sind nationalistische Tendenzen angesichts der innerdeutschen Verteilungsprobleme nicht sehr ausgeprägt. » (DN, 161-162)

« Was wir beobachten, ist ein von Intellektuellen mitgetragener Elitennationalismus, der die moralische Lücke der 1990 ängstlich vermiedenen republikanischen Neugründung mit zweifelhaften Appellen und rückwärts Konstruktionen ausfüllen will. Angst macht mir,

dass die, die den politisch-kulturellen Bruch von 1945 nie wahrhaben wollten, jetzt die "neue Normalität" und den "Abschied von der alten Bundesrepublik" am lautesten ausrufen. Bis 1989 hat die politische Zivilisierung der Bundesrepublik Fortschritte gemacht; die Frage ist, ob wir diesen Prozess in der erweiterten Bundesrepublik fortsetzen können — oder ob uns die Vergangenheit wieder einholt. » (DN, 163)

D'où il conclut que cette nouvelle Allemagne a besoin de l'union politique pour se défendre contre ses propres tentations d'une Allemagne-puissance au milieu de l'Europe, lorgnant vers l'Est ! Nos voisins ont d'ailleurs intérêt à insérer l'Allemagne dans une politique extérieure, tout comme dans une politique de sécurité commune, et ce dans le cadre d'une Constitution européenne élaborée ensemble – malgré le fait qu'il n'existe pas encore d'espace public européen pour en débattre ! Pour ce faire, il faut que les intellectuels s'engagent davantage !

« Wir Deutschen brauchen die politische Union schon deshalb, um uns vor uns selber, vor den wiederaufsteigenden Phantasien einer "nach Osten blickenden Grossmacht im Herzen Europas zu schützen". Aus demselben Grund müssten unsere Nachbarn ein Interesse daran haben, Deutschland in eine gemeinsame Aussen- und Sicherheitspolitik einzubinden. Dies ist aber effektiv nur im Rahmen einer gemeinsamen europäischen Verfassung zu haben. Soweit die Widerstände in Skandinavien und anderswo nur gegen ein Europa der Brüsseler Bürokratie gerichtet sind, also gegen die systemisch hergestellte Einigung, der eine gemeinsame politische Lebenswelt noch nicht nachgewachsen ist, könnten sich doch solche Impulse in ein Verlangen nach einem demokratischen Europa umsetzen.

Das einzige echte Hindernis besteht im Fehlen einer gemeinsamen politischen Öffentlichkeit, im Fehlen einer Arena, in der Themen gemeinsamer Relevanz verhandelt werden können.

Ob sich ein solcher Kommunikationszusammenhang herstellt, hängt ironischerweise von keiner Gruppe mehr ab als von den Intellektuellen selbst, die endlos über Europa räsonnieren, ohne etwas dafür zu tun. » (DN, 163-164)

7.3.8. « *Apprendre de quelle histoire ?* » (Aus welcher Geschichte lernen?)

« 1989 dans l'ombre de 1945. Sur la normalité de la future République de Berlin » (traduit dans *De l'usage public des idées*, pp. 145-170) : « *Im Schatten von 1945. Zur Normalität einer künftigen Berliner Republik* ». Il s'agit du discours prononcé par Habermas à la *Paulskirche* de Francfort en 1995 à l'occasion du cinquantième anniversaire de l'armistice du 8 mai 1945.

Habermas rappelle le problème posé par la date du 8 mai 1945, qui connaît deux interprétations opposées : pour les uns, elle signifie la capitulation de l'armée allemande ; pour les autres, la « libération » du peuple allemand de la dictature nazie. Si la capitulation est un fait historique incontesté, la « libération » fait problème, du moins dans l'optique de la population allemande. Pour celle-ci, dont Habermas rappelle qu'elle a très majoritairement et très longtemps adhéré à la devise « un peuple, ein *Volk*, ein *Reich*, ein *Führer*, et qu'elle ne pouvait pas avoir oublié cette complicité. Pour elle, dit-il, la fin de la guerre signifiait à la rigueur une « libération » au sens psychologique, selon le dicton : « une fin dans la terreur vaut mieux qu'une terreur sans fin ». En règle générale, le 8 mai n'a pas été perçu politiquement comme une libération !

« *Eine Nation feiert den Tag, an dem sie nach fast sechsjährigem Eroberungskrieg vor der Übermacht der gegnerischen Streitkräfte bedingungslos kapitulieren musste, als Tag der Befreiung. Diese Interprétation des 8. Mai 1945, dem der Bundespräsident von Weizsäcker erst vor zehn Jahren zu offizieller Anerkennung verholfen hat, ist nicht im politischen Sinn von der niedergeschlagenen Bevölkerung als Befreiung erfahren worden. Es gab damals keine Resistance, die hätte siegen können. Der misslungene Staatsstreich einer Elite ist kein Bürgerkrieg, aus dem eine siegreiche Partei hätte hervorgehen können. Für sie bedeutete das Kriegsende eine "Befreiung" allenfalls in dem psychologischen Sinne, dass ein Ende mit Schrecken besser ist als ein Schrecken ohne Ende.*

Gleichwohl gedenken wir dieses Tages auch mit einem Element von Genugtuung über die Wende zum politisch Besseren [...]. Wir, die Bürger der Bundesrepublik, können den 8. Mai als "Tag der Befreiung" nur dann aufrichtig zum Ausgangspunkt einer politischen Selbstverständigung machen, wenn wir uns dieser retrospektiven Deutung zugleich als des Ergebnisses eines Jahrzehnte währenden Lernprozesses vergewissern.

Dieser kollektive Lernprozess konnte sich in der Bundesrepublik anders und leichter vollziehen als in der DDR. Zur Rechenschaft über den historischen Abstand gehört deshalb Fairness gegenüber diesen Unterschieden. » (DN, 167-168)

Habermas cite les grands axes du processus d'apprentissage : la restauration de l'État de droit démocratique, l'intégration à l'alliance occidentale et l'amélioration fondamentale de la situation économique. Il rappelle aussi les pesanteurs de la République de Weimar qui ont été abolies : le centralisme prussien, le déséquilibre et la division des confessions religieuses, l'hégémonie de l'armée, ainsi que l'importance politique des élites dans les structures traditionnelles de la société.

« *Die Wiederherstellung des demokratischen Rechtsstaates, die Einbeziehung in die westliche Allianz und die gründliche Besserung der wirtschaftlichen Lage waren die zentralen Weichenstellungen. Beiseite gerückt waren aber auch Bürden, die noch die Weimarer Republik belastet hatten: der preussische Zentralismus, das Ungleichgewicht und die Spaltung der Konfessionen, die Vormachtstellung und traditionsbildende Kraft des Militärs, überhaupt die politische Bedeutung der in traditionalen Gesellschaftsstrukturen verwurzelten Eliten.* » (DN, 168-169)

À côté de ces transformations politico-stratégiques consécutives à l'ancrage à l'Ouest, Habermas met en avant l'importance de la mutation politico-culturelle qui s'en est suivi.

« *Aus der Gewöhnung an die Vorzüge einer politisch-strategischen Anlehnung an den Westen musste eine politisch-kulturelle Westorientierung erst noch hervorgehen. Die Bürger mussten sich von der normativen Substanz der im Westen ausgebildeten Traditionen überzeugen und in den eigenen Traditionen das verstümmelte Erbe von Humanismus und Aufklärung wiederentdecken. Denn eine Republik ist letztlich so stabil, wie die*

Prinzipien der Verfassung in den Überzeugungen und Praktiken ihrer Bürger Wurzeln schlagen. Eine solche Mentalität kann sich nur im Kontext einer freiheitlichen und streitbaren politischen Kultur herausbilden; sie kommt zustande durch Kritik und Auseinandersetzung in den Arenen einer nicht-entmündigten, Argumenten noch zugänglichen, von keinem Privatfernsehn ruinierten Öffentlichkeit. Ein solches, mit administrativen Mitteln nicht herstellbares Geflecht aus Motiven und Gesinnungen, Kommunikationsformen und Praktiken ist der Gradmesser für die politische Zivilisierung eines Gemeinwesens. » (DN, 169-170)

La thèse de Habermas, c'est que la République fédérale n'a pu acquérir une culture politique libérale qu'à partir du moment où ont été levées les résistances qui l'empêchaient de penser la « rupture de civilisation » qui s'était produite. C'est cette confrontation publique à un passé traumatisant, à Auschwitz, qui a dû faire l'objet d'un apprentissage. Ce n'est donc qu'après Auschwitz, et à travers Auschwitz, à travers la réflexion sur l'inconcevable, dit-il, que cette culture politique s'est développée, que l'idée de n'exclure personne de la communauté politique, de respecter l'intégrité de chacun dans son altérité, s'est imposée.

« Meine These ist nun, dass sich die Bundesrepublik erst in dem Masse politisch zivilisiert hat, wie sie, wie sich unsere Wahrnehmungssperren gegen einen bis dahin undenkbar gewesenen Zivilisationsbruch gelockert haben. Wir mussten lernen, uns mit einer traumatischen Vergangenheit zu konfrontieren. Dass sich in einer kulturell hoch zivilisierten Gesellschaft wie der deutschen eine liberale politische Kultur erst nach Auschwitz hat ausbilden können, ist eine schwer zu fassende Wahrheit. Dass sie sich durch Auschwitz, durch die Reflexion auf das Unbegreifliche, ausgebildet hat, ist weniger schwer zu vestehen, wenn man sich bedenkt, was Menschenrechte und Demokratie im Kern bedeuten: nämlich die einfache Erwartung, niemanden aus der politischen Gemeinschaft auszuschliessen und die Integrität eines jeden in seiner Andersheit gleichermassen zu achten. » (DN, 170)

Telle est la thèse de Habermas au sujet de la césure de 1945 dans l'histoire allemande. Cela étant, il lui semble que beaucoup de ses concitoyens n'y adhèrent pas vraiment. Aussi évoque-t-il, comme « veilleur » les nouvelles inquiétudes allemandes – en particulier autour de la question de la normalité. Inquiétudes suscitées par le propos des « révisionnistes » qui tous annoncent vouloir revenir à l'État national dans toute sa splendeur, dans la continuité du « *Bismarck-Reich* », lequel fera apparaître l'ancienne République fédérale comme une anomalie historique !

« Bis 1989 hatten wir gute Gründe, 1945 zwar nicht als Nullpunkt, aber als eine Zäsur in der jüngeren deutschen Geschichte zu betrachten. Seit 1989 stellen sich viele die Frage, wie tief dieser Einschnitt tatsächlich reicht. Mit diesem Datum verbinden sich neue deutsche Ungewissheiten. » (DN, 170)

« Wesentliche Fragen des politischen Selbstverständnisses sind offengeblieben, insbesondere die Frage wie wir die "Normalität" der auf uns zukommenden Berliner Republik verstehen sollen. » (DN, 171)

« In der alten Bundesrepublik hatte sich ein gewisses Gespür für die Dialektik der Normalisierung herausgebildet – also dafür, dass nur die Vermeidung eines auftrumpfend-zudeckenden Bewusstseins von "Normalität" auch in unserem Land halbwegs normale Verhältnisse hat entstehen lassen. Soll damit nun Schluss sein? Müssen wir unser Verständnis der Zäsur von 1945 im Licht der Ereignisse von 1989/90 revidieren? » (DN, 171)

« Beide Lesarten stimmen in der Konsequenz überein, dass die Epochenwende von 1989/90 eine vorübergehende Anomalie beendet, die scheinbare Zäsur von 1945 eingeebnet und den Zivilisationsbruch wohltuend relativiert hat. Sie verheißt dem souverän gewordenen Deutschland eine normale Existenz in der Mitte Europas "ohne Angst vor der Macht". Die Epochenschwelle, die zugleich die Rückkehr zu einem glücklicheren Status quo ante ebnet, weckt eine dialektische Erwartung: einerseits verlangen die ganz neuen Probleme ganz neue Antworten; die aber sollen aus den versiegelten Tresoren einer Überlieferung geborgen werden, mit der wir seit 1945 "unrühmlich" gebrochen haben. » (DN, 173)

En conclusion Habermas – quoique non-historien, dit-il –, propose une longue réflexion sur les réussites passées de l'État national, suivie par l'évocation de ses limites – voire de son échec – face à la globalisation en cours qui finit par obliger celui-ci à agir au plan supranational.

« Ich will die folgende These entwickeln: Die verschiedenen Tendenzen zur Globalisierung des Verkehrs und der Kommunikation, der wirtschaftlichen Globalisierung des Verkehrs und der Kommunikation, der wirtschaftlichen Produktion und ihrer Finanzierung, des Technologie- und Waffentransfers, des Drogenhandels und der Kriminalität, vor allem der strategischen wie ökologischen Gefahren konfrontieren uns mit Problemen, die innerhalb des nationalstaatlichen Rahmens nicht mehr bewältigt werden können. Die Aushöhlung der nationalstaatlichen Souveränität wird fortschreiten und dem weiteren Ausbau politischer Handlungsfähigkeiten auf supranationaler Ebene nötig machen. » (DN, 174-175)

En réaction aux effets négatifs de la mondialisation – accusée de générer une « désolidarisation » de la société –, Habermas propose de préserver et de faire progresser les acquis sociaux et les valeurs républicaines de la « République de Berlin », et ce dans le cadre européen.

« Heute müssen wir das republikanische Erbe des Nationalstaates auf europäischer Ebene fortzuführen suchen. Eine Berliner Republik ohne den fatalen Beigeschmack falscher Kontinuitäten würde sogar weniger autonom sein und doch initiativreicher operieren als die alte Bundesrepublik. Sie würde sich nicht, mit dem Blick nach Osten, als souveräne Vormacht gerieren, sondern konzertiert handeln. Sie würde ihren Einfluss innerhalb des institutionellen Rahmens einer demokratisch ausgebauten Europäischen Union geltend machen und drauf einwirken, dass die Europäer gemeinsam nach aussen wie nach innen, ihrer Verantwortung gerecht werden. Als Teil eines grösseren, zu Solidarität genötigten Ganzen würde diese Republik nicht länger den Argwohn gegen Supermarkt und Grossmachtaspiration wecken. Statt von Berlin aus klirrende Entscheidungen zu treffen, müsste sie in Strassburg und Brüssel Mehrheiten gewinnen. Derart entlastet, brauchte sie Perspektiven nicht zu scheuen. Sie könnte an der Operationalisierung langfristiger Ziele

arbeiten, von denen ja erst Motivationsschübe ausgehen können, wenn sie nicht länger unter Utopieverdacht stehen. Die Europäer tragen Verantwortung für beides er auswegloser globalen Probleme endlich fit gemacht und dafür, dass in den eigenen Gesellschaften der Verfall der erreichten sozialen Standards sowie die daraus folgende wohlstandschauvinistische Spaltung aufgehalten werden. » (DN, 187-188)

7.4. La « constellation postnationale » (*Die postnationale Konstellation*, 1998)[15]

Dans la préface à son texte, Habermas évoque une « perplexité éclairée » face à la question qui le préoccupe : quel avenir pour la « démocratie sociale » par-delà les frontières nationales et la pratique néo-libérale régnante ? Existe-t-il une alternative ?

> « *Der zeitdiagnostische Rückblick auf das kurze 20. Jahrhundert versucht, die gegenwärtig verbreitete Stimmung aufgeklärter Ratlosigkeit zu erklären. Er lenkt den Blick auf ein beunruhigendes Problem des kommenden Jahrhunderts: Lässt sich auch über nationale Grenzen hinaus die sozialstaatliche Demokratie erhalten und entwickeln? Der Titel-Essay spürt den politischen Alternativen zur herrschenden neoliberalen Praxis nach – ohne Vertrauen in die Rhetorik eines "dritten Weges" jenseits von Neoliberalismus und alter Sozialdemokratie […]*
>
> *Im nationalen Rahmen fällt es freilich der Politik immer schwerer, mit einem globalisierten Wettbewerb Schritt zu halten. Eine normativ befriedigende Alternative, die etwas Neues in Bewegung setzen kann, sehe ich nur in der föderalistischen Ausgestaltung einer sozial- und wirtschaftspolitisch handlungsfähigen Europäischen Union, die dann den Blick auf die Zukunft einer differenzempfindlichen und sozialausgleichenden kosmopolitischen Ordnung richten kann. Ein Europa, das sich für eine Domestizierung von Gewalt in jeder, auch in sozialer und kultureller Gestalt engagiert, würde gegen den postkolonialen Rückfall in Eurozentrismus gefeit sein. Auch im interkulturellen Diskurs über Menschenrechte kann sich eine solche, hinreichend dezentrierte Perspektive bewähren. » (DpK, 7-8)*

Pour lui, l'alternative ne peut être que la construction européenne sur la base de l'Accord de Maastricht entré en vigueur en 1993, complété par l'Accord d'Amsterdam en 1998. Sur la base de ces accords, l'Union européenne doit dépasser le stade de la seule politique économique : elle doit englober tout particulièrement la politique sociale et, dans tous les domaines concernés, une « solidarité abstraite » impliquant l'acceptation des décisions prises devra voir le jour ; ce qui vaudra pour les Danois comme pour les Espagnols, pour les Grecs comme pour les Allemands : chacun doit se considérer comme étant « l'un des nôtres » !

---

[15]   Non KPS (DpK).

7.4.1. *Tirer la leçon des catastrophes* (Aus Katastrophen lernen? Ein zeitdiagnostischer Rückblick auf das kurze 20. Jahrhundert)

La violence et la barbarie marquent indubitablement cette époque. On peut toutefois se demander s'il n'existe pas un envers de ces catastrophes. C'est que l'année 1945 avec la défaite du fascisme constitue une césure, un tournant vers un monde meilleur, vers une domestication de la violence.

Au plan économique, les pays de l'OCDE – qui représentent les trois quarts de l'industrie et du commerce mondial – ont tiré la leçon de la catastrophe et ont pratiqué une politique de stabilité et de protection sociale qui a permis de maîtriser le capitalisme. Ce qui a fait dire à « l'historien marxiste » Eric Hobsbawm que les années d'après-guerre ont été un *« Golden Age »*.

« Die Phänomene von Gewalt und Barbarei bestimmen die Signatur des Zeitalters. Von Horkheimer und Adorno bis Baudrillard, von Heidegger bis Foucault und Derrida haben sich die totalitären Züge des Zeitalters in die Struktur der Zeitdiagnosen selber eingegraben. Das veranlasst mich zur Frage, ob diesen negativistischen Deutungen, die sich vom Grauen der Bilder gefangen nehmen lassen, vielleicht eine Kehrseite dieser Katastrophen entgeht. […]

Für die Nationen, die 1914 die Welt in einen technologisch entgrenzten Krieg hineinge-zogen haben, und für die Völker, die nach 1914 die Welt in einen technologisch entgrenzten Krieg hineinzogen haben, und für die Völker, die nach 1939 mit den Massenverbrechen eines ideologisch entgrenzten Vernichtungskampfes konfrontiert waren, markiert das Jahr 1945 auch einen Wendepunkt – eine Wende zum Besseren, zur Zähmung jener barbarischen Kräfte, die in Deutschland aus dem Boden der Zivilisation selbst hervorgebrochen sind. Sollten wir aus den Katastrophen der ersten Hälfte des Jahrhunderts doch etwas gelernt haben? » (DpK, 74)

« Die Regierungen der OECD-Länder, die in den beiden Jahrzehnten drei Viertel der Weltproduktion und vier Fünftel zum Welthandel mit Industrieprodukten beitrugen, hatten aus den katastrophalen Erfahrungen der Zwischenkriegszeit immerhin so viel gelernt, dass sie eine intelligente, auf innere Stabilität bedachte Wirtschaftspolitik verfolgten und bei relativ hohen Wachstumsraten umfassende soziale Sicherungssysteme auf- und ausbauten. In der Gestalt sozialstaatlicher Massendemokratien ist hier die hochproduktive Wirtschaftsform des Kapitalismus zum ersten Mal gebändigt und mit dem normativen Selbstverständnis demokratischer Verfassungsstaaten mehr oder weniger in Einklang gebracht worden.

Diese drei Entwicklungen sind für einen marxistischen Historiker wie Eric Hobsbawm Grund genug um die Nachkriegsjahrzehnte als "Golden Age" zu feiern. » (DpK, 78)

Mais, après ces années fastes, les choses ont changé : la résignation a remplacé l'optimisme. C'est la globalisation économique qui constitue désormais le plus grand défi. Dans les pays de l'OCDE, on assiste à un démontage du système social consécutif à la nouvelle politique de l'offre, à l'abandon du keynésianisme, à la dérégulation du marché et aux vagues de privatisations. D'où une paupérisation croissante d'une partie de la population : Habermas parle d'une « désolidarisation » de la société.

« Aber spätestens seit 1989 hat die Öffentlichkeit das Ende dieser Ära wahrgenommen. In den Ländern, wo der Sozialstaat mindestens im Rückblick als gesellschaftliche Errungenschaft wahrgenommen wird, breitet sich Resignation aus. Das Ende des Jahrhunderts steht im Zeichen der strukturellen Gefährdung eines sozialstaatlichen gezähmten Kapitalismus.

Hobsbawm kommentiert die schwer-mutig-ratlose, vom Triller Techno-Musik übertönte Stimmung in der Tonlage eines spätrömischen Schriftstellers; "Das kurze 20. Jahrhundert endete mit Problemen für die niemand eine Lösung hatte oder auch noch zu haben vorgab. Während sich die Bürger des Fin de siècle einen Weg durch den globalen Nebel um sich herum in das dritte Jahrhundert bahnten, wussten sie mit Gewissheit nur, dass ein historisches Zeitalter zu Ende gegangen war. Sehr viel mehr wussten sie nicht." » (DpK, 77-79)

« Die wirtschaftliche Globalisierung bildet für die im Nachkriegseuropa entstandene politische und soziale Ordnung die zentrale Herausforderung.

Ungeachtet grosser Unterschiede hatte sich der sozialpolitische Sektor in Ländern wie den USA, Japan und der BR bis in die achtziger Jahre hinein ausgedehnt. Aber seitdem hat in allen OECD-Ländern eine Trendwende eingesetzt. Die Höhe der Leistungen verringert sich, gleichzeitig wird der Zugang zu den Sicherungssystemen erschwert und der Druck auf die Arbeitslosen verstärkt. Der Um- und Abbau des Sozialstaates ist unmittelbar die Folge einer angebotsorientierten Wirtschaftspolitik, die auf eine Deregulierung von Märkten, auf den Abbau von Subventionen und Verbesserung von Investitionsbedingungen abzielt und die eine antiinflationäre Geld- und Zinspolitik, sowie die Senkung direkter Steuern, die Privatisierung von Staatsunternehmen und ähnliche Massnahmen einschliesst.

Die Aufkündigung des sozialstaatlichen Kompromisses hat freilich zur Folge, dass die Krisentendenzen, die er aufgefangen hatte, wieder aufbrechen. Es entstehen soziale Kosten, die die Integrationsfähigkeit einer liberalen Gesellschaft zu überfordern drohen. Unmissverständlich sind die Indikatoren für die Zunahme von Armut und soziale Unsicherheit bei wachsenden Einkommensdisparitäten, unverkennbar sind auch die Tendenzen zur gesellschaftlichen Desintegration. Die Kluft zwischen den Lebensbedingungen der Beschäftigten, der Unterbeschäftigen und der Arbeitslosen vergrössert sich. Wo sich die Exklusionen – von Beschäftigungssystem und Weiterbildung, von staatlichen Transferleistungen, Wohnungsmarkt, familiären Ressourcen usw. – bündeln, entstehen "Unterklassen". Diese pauperisierten und von der übrigen Gesellschaft weitgehend segmentierten Gruppen können ihre soziale Lage nicht mehr aus eigener Kraft wenden. Eine solche Desolidarisierung muss jedoch auf längere Sicht eine liberale politische Kultur zerstören, auf deren universalistisches Selbstverständnis demokratisch verfasste Gesellschaften angewiesen sind. » (DpK, 80-81)

« Von Neoliberalen, die ein höheres Mass an sozialer Ungleichheit akzeptieren und zudem an die inhärente Gerechtigkeit der "Standortbewertung" durch weltweite Finanzmärkte glauben, wird diese Situation natürlich anders eingeschätzt als von denen, die dem "sozialdemokratischen Zeitalter" nachhängen, weil sie wissen, dass gleiche soziale Rechte die Korsettstangen demokratischer Staatsbürgerschaft sind.

> *Im Rahmen einer globalisierten Wirtschaft können Nationalstaaten die internationale Wettbewerbsfähigkeit ihrer "Standorte" nur auf dem Wege einer Selbstbeschränkung staatlicher Gestaltungsmacht verbessern; das rechtfertigt "Abbau"-Politiken, die den sozialen Zusammenhalt beschädigen und die demokratische Stabilität auf eine harte Probe stellen. Unter Bedingungen einer globalisierten Wirtschaft funktioniert der "Keynesianismus in einem Lande" nicht mehr.* » (DpK, 83)

Les fonctions de l'État social ne peuvent être remplies que si elles sont transférées de l'État national sur des entités politiques qui maîtrisent une économie « transnationalisée ». La question qui se pose alors concerne la possibilité de susciter une solidarité cosmopolitique, afin d'aboutir à une « politique intérieure mondiale ».

Or Habermas s'interroge sur la possibilité de réaliser des institutions supranationales. Il faut d'abord que les politiques des États concernés se mettent à converger. Il faut ensuite que dans les sociétés civiles et les espaces publics émerge la conscience d'une nécessaire solidarisation. Ce n'est que sous l'effet d'une prise de conscience des citoyens que le projet peut avancer – et non du fait des élites gouvernantes.

> « *Die sozialstaatlichen Funktionen sind im bisherigen Ausmass offensichtlich nur noch dann zu erfüllen, wenn sie vom Nationalstaat auf politische Einheiten übergehen, die eine transnationalisierte Wirtschaft gewissermassen einholen. "Daher richtet sich der Blick vor allem auf den Aufbau supranationaler Institutionen."*

> *Die Einzelstaaten müssten innenpolitisch wahrnehmbar in bindende Kooperationsverfahren einer kosmopolitisch verpflichtenden Staatengemeinschaft eingebunden werden. Die entscheidende Frage ist deshalb, ob in den Zivilgesellschaften und den politischen Öffentlichkeiten grossräumig zusammengewachsener Regime ein Bewusstsein kosmopolitischer Zwangssolidarisierung entstehen kann. Nur unter diesem Druck einer innenpolitisch wirksamen Veränderung der Bewusstseinslage der Bürger wird sich auch das Selbstverständnis global handlungsfähiger Akteure dahingehend ändern können, dass sie sich zunehmend im Rahmen einer internationalen Gemeinschaft als Mitglieder verstehen, die alternativenlos zur Kooperation und damit zur gegenseitigen Interessenberücksichtigung genötigt sind. Ein solcher Perspektivenwechsel von "internationalen Beziehungen" zu einer Weltinnenpolitik ist von den regierenden Eliten nicht zu erwarten, bevor nicht die Bevölkerungen selbst aus wohlverstandenem Eigeninteresse einen solchen Bewusstseinswandel prämiieren.* » (DpK, 88)

Un exemple encourageant est fourni par la « conscience pacifiste » qui s'est manifestée dans de nombreux pays après deux guerres meurtrières et a suscité les déclarations de l'ONU sur les guerres d'agression et les crimes de guerre, aux effets encore insuffisants. Habermas insiste sur la nécessité de politiques mondiales de partage des richesses ainsi que d'une prise de conscience que la population mondiale se trouve, sans le vouloir, transformée en « communauté à risque ».

> « *Ein ermutigendes Beispiel ist das pazifistische Bewusstsein, das sich nach den Erfahrungen von zwei barbarischen Weltkriegen öffentlich artikuliert und – ausgehend von den unmittelbar beteiligten Nationen – in vielen Ländern ausgebreitet hat. Wir wissen dass*

dieser Bewusstseinswandel lokale Kriege und zahllose Bürgerkriege in anderen Regionen der Welt keineswegs verhindert hat. Aber infolge des Mentalitätswandels haben sich immerhin die politisch-kulturellen Parameter der zwischenstaatlichen Beziehungen so geändert, dass die UNO-Menschenrechtserklärung mit der Ächtung von Angriffskriegen und der Inkriminierung von Verbrechen gegen die Menschlichkeit die schwache normative Bindungswirkung von öffentlich anerkannten Konventionen gewinnen konnte. Für die Institutionalisierung von weltwirtschaftlich relevanten Verfahren, Praktiken und Regelungen, die die Lösung globaler Probleme erlauben würden, reicht das nicht aus.

Eine Regulierung der entfesselten Weltgesellschaft erfordert Politiken, die Lasten umverteilen. Das wird nur auf der Grundlage einer bisher fehlenden weltbürgerlichen Solidarität möglich sein, die allerdings eine schwächere Bindungsqualität haben würde als die innerhalb von Nationalstaaten gewachsene staatsbürgerliche Solidarität.

Die Weltbevölkerung ist objektiv längst zu einer unfreiwilligen Risikogemeinschaft zusammengeschlossen worden. Nicht ganz unplausibel ist deshalb die Erwartung, dass sich hinter diesem Druck jener grosse, historisch folgenreiche Abstraktionsschub vom lokalen und dynastischen zum nationalen und demokratischen Bewusstsein fortsetzt. » (DpK, 88-89)

« Die Institutionalisierung von Verfahren zur weltweiten Interessenabstimmung, Interessenverallgemeinerung und zur einfallsreichen Konstruktion gemeinsamer Interessen wird sich nicht in der organisatorischen Gestalt eines (auch gar nicht wünschenswerten) Weltstaates vollziehen können ; sie wird der Eigenständigkeit, Eigenwilligkeit und Eigenart ehemals souveräner Staaten Rechnung tragen müssen [...]. Institutionelle Innovationen kommen in Gesellschaften, deren politische Eliten überhaupt zu einer solchen Initiative fähig sind, nicht zustande, wenn sie nicht Resonanz und Abstützung in den vorgängig reformierten Wertorientierungen ihrer Bevölkerungen finden. Deshalb sind die ersten Adressaten eines solchen Projektes nicht Regierungen, sondern soziale Bewegungen und Nicht-Regierungsorganisationen, also die aktiven Mitglieder einer nationale Grenzen überschreitenden Zivilgesellschaft. Jedenfalls verweist die Idee, dass den globalisierten Märkten politische Regelungskompetenzen nachwachsen müssen, auf komplexe Zusammenhänge zwischen der Kooperationsfähigkeit von politischen Regimen und einer neuen Integrationsform weltbürgerlicher Solidarität. » (DpK, 89-90)

7.4.2. La constellation postnationale et l'avenir de la démocratie (Die postnationale Konstellation und die Zukunft der Demokratie, 1998)

La situation de la société de l'Allemagne réunifiée apparaît à Habermas en cette fin de siècle comme problématique, tout comme est alarmante la différence de niveau de vie entre le Nord et le Sud. Sans oublier le « tic-tac des horloges écologiques » et la « libanisation » de nombreuses régions.

« Als politische Herausforderungen empfinden wir es immer noch, dass in der Bundesrepublik neben 2,7 Millionen Sozialhilfeempfänger weitere Millionen Bürger unterhalb der offiziellen Armutsgrenze leben, dass der saisonbereinigte monatliche Zuwachs der registrierten Arbeitslosigkeit vom noch schnelleren Anstieg der Aktienkurse und Unternehmensgewinne begleitet wird, dass im vergangenen Jahr die Straftaten mit rechtsextremem

Hintergrund um ein Drittel zugenommen haben usw., empfinden wir auch das Wohlstandsgefälle, das sich zwischen dem wohlhabenden Norden und den von Chaos und Selbstdestruktion heimgesuchten Armutsregionen des Südens immer noch vertieft, oder die kulturellen Konflikte, die sich mit einem weithin säkularisierten Westen und der fundamentalistisch bewegten islamistischen Welt auf der einen, den soziozentrischen Traditionen des Fernen Ostens auf der anderen Seite abzeichnen – ganz zu schweigen von den Alarmsignalen der unbarmherzig tickenden ökologischen Uhren, von der Libanisierung der in Bürgerkriegen und ethnonationalen Konflikten zerfallenen Regionen usw. » (DpK, 92-93)

Dans ces conditions, la « démocratie sociale de masse de type occidental » est arrivée à son terme. Après deux siècles d'existence, l'État social connaît des difficultés qu'on peut subsumer sous la notion de « mondialisation » ou de « globalisation ».

« Die wohlfahrtsstaatliche Massendemokratie steht allerdings am Ende einer zweihundertjährigen Entwicklung, die mit dem aus der Revolution hervorgegangenen Nationalstaat begonnen hat. [...] Der Territorialstaat, die Nation und eine in nationalen Grenzen konstituierte Volkswirtschaft haben damals eine historische Konstellation gebildet, in der der demokratische Prozess seine mehr oder weniger überzeugende institutionelle Gestalt annehmen konnte. [...]. Diese Konstellation wird heute durch Entwicklungen in Frage gestellt, die inzwischen unter dem Namen Globalisierung breite Aufmerksamkeit finden. » (DpK, 94)

Habermas donne sa définition de la mondialisation : elle intensifie certes les circulations, les communications et les échanges, mais ses effets pervers n'en sont pas moins graves : elle mine les frontières rendues poreuses, rogne le pouvoir des administrations nationales affaiblies, favorise la criminalité organisée, etc. Elle provoque un affaiblissement généralisé du pouvoir des États nationaux.

« [...] der Begriff "Globalisierung" kennzeichnet den zunehmenden Umfang und die Intensivierung von Verkehrs-, Kommunikations- und Austauschbeziehungen über nationale Grenzen hinweg. » (DpK, 101)

« Gegenüber der territorialen Verankerung des Nationalstaates beschwört der Ausdruck "Globalisierung" das Bild von anschwellenden Flüssen, die die Grenzkontrollen unterspülen und das nationale Gebäude zum Einsturz bringen können. » (DpK, 103-104)

« "Entmächtigung" des Nationalstaates.» (DpK, 107)

« Der "Verwaltungsstaat" wird geschwächt: die Staatsgrenzen werden porös. Das gilt für die organisierte Kriminalität, vor allem für den Droge- und Waffenhandel. »

Malgré tous ces griefs, Habermas entrevoit une alternative aux méfaits du néolibéralisme : il s'agit de trouver, par-delà l'État national, des formes adaptées au processus démocratique afin de contrer les « poussées de dénationalisation ». L'une de ces formes pourrait être le recours au *soft power* des organisations non gouvernementales comme *Wordwide Fund for Nature, Greenpeace* ou *Amnesty International*, dont l'influence grandit.

> « *Eine Alternative zur aufgesetzten Fröhlichkeit einer neoliberalen Politik, die sich selbst "abwickelt", könnte jedoch darin bestehen, für den demokratischen Prozess geeignete Formen auch jenseits des Nationalstaates zu finden. Unsere nationalstaatlich verfassten, aber von Entnationalisierungsschüben überrollten Gesellschaften "öffnen" sich heute gegenüber einer ökonomisch angebahnten Weltgesellschaft.* » *(DpK, 95-96)*

> « *Offensichtlich wird die klassische Machtpolitik nicht nur normativ in das Regelwerk der UNO eingebunden, sondern noch wirksamer durch den Einsatz von "soft power" zurückgedrängt… Nicht-Regierungsorganisationen wie der "Worldwide Fund for Nature", "Greenpeace" oder "Amnesty International" haben an Einfluss gewonnen: sie sind vielfach in das Netz informeller Regelungsinstanzen einbezogen.* » *(DpK, 109)*

Cela étant, la désolidarisation *(Entsolidarisierung)* progresse : Habermas parle d'une « impuissance face à la globalisation » :

– celle-ci provoque des réactions ethnophobes dans les populations concernées face aux étrangers et aux minorités ;

– elle affecte les finances publiques des États, tout particulièrement les budgets sociaux ;

– avec la disparition des politiques keynésiennes et l'apparition d'une concurrence « sauvage », elle bouscule les marchés et affaiblit les syndicats.

> « *In unseren Wohlstandsgesellschaften mehren sich ethnozentrische Reaktionen der einheimischen Bevölkerung gegen alles Fremde – Hass und Gewalt gegen Ausländer, gegen Andersgläubige und Andersfarbige, aber auch gegen Randgruppen und, wieder einmal, gegen Juden. In diesem Zusammenhang gehören auch Entsolidarisierungen […], die zur politischen Fragmentierung führen können.* » *(DpK, 111)*

> « *Wie sich die wirtschaftliche Globalisierung über das Schrumpfen des Steueraufkommens auf die staatliche Sozialpolitik auswirkt liegt auf der Hand. Auch wenn in der Bundesrepublik noch nicht wie in England und in den USA ernstlich von einem "Abbau des Sozialstaates" die Rede sein kann, lässt sich allgemein für die OECD-Gesellschaften seit Mitte der siebziger Jahre ein Rückgang der Sozialhaushalte sowie eine Verschärfung der Zugangsbedingungen zu den Versicherungssystemen belegen.*
>
> *Ebenso wichtig wie die Krise der öffentlichen Haushalte ist das Ende der keynesianischen Wirtschaftspolitik. Unter dem Druck globalisierter Märkte büssen nationale Regierungen immer stärker die Fähigkeit zur politischen Einflussnahme auf den gesamtwirtschaftlichen Kreislauf ein.* » *(DpK, 118-119)*

> « *Unter Bedingungen eines globalen, zur "Standortkonkurrenz" verschärften Wettbewerbs sehen sich die Unternehmen mehr denn je genötigt, die Arbeitsproduktivität zu steigern und den Arbeitsablauf insgesamt so zu rationalisieren, dass der langfristige technologische Trend zur Freisetzung von Arbeitskräften noch beschleunigt wird. Massenentlassungen unterstreichen das wachsende Drohpotential beweglicher Unternehmen gegenüber einer insgesamt geschwächten Position von ortsgebunden operierenden Gewerkschaften […].*

Die Verdrängung der Politik durch den Markt zeigt sich also daran, dass der Natio-
nalstaat seine Fähigkeit, Steuern abzuschöpfen, Wachstum zu stimulieren und damit
wesentliche Grundlagen seiner Legitimität zu sichern, zunehmend verliert, ohne dass
funktionale Äquivalente entstehen. Denn im Hinblick auf diese beiden Funktionen wer-
den die Defizite nicht auf supranationaler Ebene kompensiert. » (DpK, 120)

« Nicht einmal eine Vereinbarung über die sog. Tobin-Tax ist zustandegekommen, ganz
zu schweigen von weiterreichenden marktkorrigierenden Vereinbarungen über eine
Koordinierung auf Gebieten der Steuer-, Sozial- und Wirtschaftspolitik der zu obszönen
Gewinnen und drastischen Einkommensdisparitäten, zu steigender Arbeitslosigkeit und
zur sozialen Marginalisierung einer wachsenden Armutsbevölkerung führt. » (DpK, 120-
121)

« Diese nicht gerade ermutigende Diagnose führt auf Seiten der Politiker zur Abrüstung
der Programme und auf Seiten der Wähler zu Apathie oder Protest. Der weitgehende Ver-
zicht auf politische Gestaltung der sozialen Verhältnisse und die Bereitschaft normative
Gesichtspunkte zugunsten der Anpassung an vermeintlich unausweichliche Imperative des
Weltmarktes einzuziehen, beherrschen die öffentlichen Arenen der westlichen Welt. Clin-
ton oder Blair empfehlen sich als tüchtige Manager, die ein angeschlagenes Unternehmen
schon irgendwie reorganisieren werden, und verlassen sich auf Leerformeln wie "It's Time
for a Change". Der programmatischen Entleerung einer Politik, die auf den "Politikwech-
sel" an sich zusammenschrumpft, entspricht beim Wähler informierte Abstinenz oder die
Bereitschaft, "persönliche Ausstrahlung" zu quittieren. Es geht sogar ohne die schillernden
Figuren wie Ross Perot oder Berlusconi, die aus dem Nichts kommen und unternehme-
rischen Erfolg suggerieren. Wenn die Verzweiflung gross genug ist, genügen ein bisschen
Geld für rechts radikale Slogans und ein ferngesteuerter Ingenieur aus Bitterfeld, den
niemand kennt und der über nichts anderes als ein Handy verfügt, um aus dem Stand fast
13 Prozent Protestwähler zu mobilisieren. » (DpK, 122).

« Die Parole "Ohnmacht durch Globalisierung" ist, wenn unsere Analyse stimmt,
keineswegs aus der Luft gegriffen. [...] Die fiskalische Grundlage der Sozialpolitik wird
schmaler, während gleichzeitig die Fähigkeit zur wirtschaftlichen Makrosteuerung
abnimmt. Ausserdem lässt die Integrationskraft der herkömmlichen nationalen Lebens-
form nach, die vergleichsweise homogene Basis der staatsbürgerlichen Solidarität ist
erschüttert. Für einen Nationalstaat, der in seinem Handlungsspielraum eingeschränkt
und in seiner kollektiven Identität verunsichert ist, wird es aber schwieriger, seinen Legiti-
mitätsbedarf zu decken. Wie soll man darauf reagieren? » (DpK, 122-123)

7.4.3. *Une démocratie cosmopolitique* (Eine kosmopolitische Demokratie)

La « démocratie cosmopolitique », appelée à contrer la globalisation, a trois objectifs :

- élaborer le statut politique des citoyens du monde qui seront représentés dans un Parlement mondial ;
- mettre sur pieds une Cour de justice internationale qui engage les gouvernements nationaux ;

– renforcer le Conseil de sécurité dans le secteur des droits de l'homme et de la politique de l'environnement.

La participation d'organisations non gouvernementales aux institutions internationales peut être prévue : celles-ci pourraient servir de relais avec les opinions publiques internationales. Il serait aussi souhaitable de donner aux institutions internationales le droit d'organiser des référendums, afin de favoriser l'émergence de débats publics sur des thèmes communs.

« *Die Befürworter einer "kosmopolitischen Demokratie" verfolgen drei Ziele; erstens die Schaffung des politischen Status von Weltbürgern die [...] über die von ihnen gewählten Repräsentanten in einem Weltparlament vertreten sind; zweitens die Einrichtung eines mit den üblichen Kompetenzen ausgestatteten internationalen Strafgerichtshofs, dessen Urteile auch die nationalen Regierungen binden und schliesslich den Ausbau des Sicherheitsrates in eine handlungsfähige Exekutive – die jedoch nur in den begrenzten Zuständigkeitsbereichen einer reaktiven Sicherheits- und Menschenrechtspolitik sowie einer vorbeugenden Umweltpolitik mehr oder weniger effektiv tätig werden können.* » (DpK, 160-161)

« *Vermeintlich schwache Legitimationsformen erscheinen dann in einem anderen Licht. So würde beispielsweise eine institutionalisierte Beteiligung von Nicht-Regierungsorganisationen an den Beratungen internationaler Verhandlungssysteme in dem Masse die Legitimierung des Verfahrens steigern; wie es auf diesem Wege gelingt, transnationale Entscheidungsprozesse der mittleren Ebene für nationale Öffentlichkeiten transparent zu machen und mit Entscheidungsprozessen dieser unteren Ebene rückzukoppeln.*

Unter diskurstheoretischen Prämissen ist auch der Vorschlag interessant, die Weltorganisation mit dem Recht auszustatten, von den Mitgliedstaaten zu wichtigen Themen jederzeit die Durchführung von Referenden zu verlangen. Auf diese Weise kann- wie im Falle der UNO-Gipfelkonferenzen zur Umweltbelastung, zur Gleichberechtigung der Frauen, zur strittigen Auslegung der Menschenrechte, zur weltweiten Armut usw. – wenigstens eine Thematisierung von regelungsbedürftigen Materien erzwungen werden, die ohne solche öffentlichen Inszenierungen nicht wahrgenommen werden und auf keine politische Agenda gelangen. » (DpK, 167)

Cela étant, on ne peut pas faire fond sur les gouvernements pour réaliser cette « re-régulation » des relations internationales vers une « politique intérieure mondiale » : il faut au préalable que s'opère un changement d'orientation dans la conscience des populations. La question est alors de savoir si en Europe et en RFA un tel État cosmopolite a la chance de voir le jour. Pour y parvenir, il faut des « mouvements citoyens » et des « nouveaux partis politiques » non encore inféodés au système et dotés d'une vision européenne !

« *Der Perspektivenwechsel von "internationalen Beziehungen" zu einer Weltinnenpolitik ist aber von Regierungen nicht zu erwarten, wenn nicht die Bevölkerungen selbst einen solchen Bewusstseinswandel prämiieren. Innovationen kommen nicht zustande, wenn die politischen Eliten nicht auch in den vorgängig reformierten Wertorientierungen ihrer Bevölkerungen Resonanz finden [...]. Die entscheidende Frage, ob sich in den Zivilgesellschaften, in*

Europa und in der Bundesrepublik, ein weltbürgerliches Bewusstsein – gewissermassen ein Bewusstsein kosmopolitischer Zwangssolidarisierung ausbilden wird.

Die Reregulierung der Weltgesellschaft hat bisher nicht einmal die Gestalt eines exemplarisch, an Beispielen erläuterten Projektes angenommen. Seine ersten Adressaten sind nicht Regierungen, sondern Bürgerbewegungen. Aber soziale Bewegungen kristallisieren sich erst, wenn sich für die Verarbeitung von Konflikten, die als ausweglos empfunden werden, normativ befriedigende Perspektiven öffnen. Die Artikulation einer Blickrichtung ist auch die Aufgabe von politischen Parteien, die sich noch nicht ganz aus der Bürgergesellschaft ins politische System zurückgezogen und drin verbarrikadiert haben. Parteien, die sich nicht am Status quo festkrallen, brauchen eine Perspektive, die über diesen hinausreicht. Und der Status quo ist heute nichts als der Strudel einer sich selbst beschleunigenden Modernisierung, die sich selbst überlassen bleibt.

Die politischen Parteien, die sich noch Gestaltungskraft zutrauen, müssen den Mut zur Antizipation auch in anderer Hinsicht aufbringen. Sie müssen nämlich innerhalb des nationalen Spielraums – des einzigen, in dem sie aktuell handeln können – auf den europäischen Handlungsspielraum vorausgreifen. Diesen wiederum müssen sie programmatisch mit der doppelten Zielsetzung erschließen, ein soziales Europa zu schaffen, das sein Gewicht in die kosmopolitische Waagschale wirft. » (DpK, 167-169)

8.
Le XXe siècle *(Das zwanzigste Jahrhundert 2001-2011)*

8.1. « Une époque de transition » *(Zeit der Übergänge, 2001)*[16]

8.1.1. La coalition « rouge-verte » (Die rot-grüne Koalition)

Habermas commence par une comparaison entre l'arrivée au pouvoir de la gauche et des libéraux en 1969, laquelle a mis fin à l'« ère Adenauer », et celle des socialistes alliés aux Verts en 1998, mettant fin au long « règne » de Kohl. Dans le premier cas, on a parlé d'un basculement du pouvoir *(Machtwechsel)* qui a soulevé l'enthousiasme ; dans le second cas, Habermas se contente d'annoncer sèchement qu'un « changement de mentalité n'a pas eu lieu » ! Pour ce qui est de la « césure » de 1969, il fait remarquer que celle-ci a été rendue possible grâce à dix années d'une opposition intellectuelle acharnée et grâce aux dix années de confrontation qui ont suivi ! En 1999, par contre, un an après l'arrivée au pouvoir de la « coalition rouge-verte », il n'est pas question d'un changement majeur ; on est entré, dit-il, dans « une période de transitions bloquées », en économie comme en politique.

> *« Die rot-grüne Regierung befindet sich immer noch im Übergang zur Berliner Republik – zu deren lautstark beschworener Normalität. […] Ein Mentalitätswandel lässt sich eben nicht lancieren. Der ins Stocken geratene ökonomische Aufschwung scheint einer Zeit der stockenden Übergänge die Signatur zu verleihen. » (ZdÜ, 7)*

> *« Als am Wahlabend [1969] das beispiellose Ausmass der linken Stimmenmehrheit klar wurde, haben sich wohl viele von uns Älteren an einen Tag im Frühjahr 1969 erinnert. Heinemann hat damals, nach seiner Wahl zum Bundespräsidenten, von einem "Stück Machtwechsel" gesprochen. Und den hat Willy Brandt wenig später mit einer hauchdünnen Mehrheit für die sozialliberale Koalition vollzogen. Damals fand das lange verzögerte Ende der Ära Adenauer in der integren Person seines Gegenspielers Heinemann eine überzeugende Verkörperung. Politisch-moralisch hatte ich die vorangegangene Zeit als eine durch fatale personelle und mentale Kontinuitäten vergiftete Periode erlebt. Aber jene Zäsur war durch zehn Jahre verbissener intellektueller Opposition und dann durch weitere zehn Jahre offensiver Konfrontation vorbereitet worden. Die Politik hat damals den Umschlag des kulturellen Klimas bloss nachvollzogen.*
>
> *Davon kann heute keine Rede sein. Am diffusen und lähmenden kulturellen Klima hat sich hier seit Jahren nichts geändert, auch nicht durch die paar Muntermacher, die an*

---

[16] KPS IX (ZdÜ).

den Schnittstellen von pausbäckigem Neoliberalismus und verbleibender Postmoderne ihre Spässe treiben. Die Aufregung über den Erdrutsch von gestern ist ja heute schon fast vergessen. » *(ZdÜ, 12)*

Habermas se demande s'il existe vraiment un « projet rouge-vert » et répond qu'un tel projet a effectivement existé, mais seulement jusqu'à la fin des années 1980, quand on pouvait escompter une victoire d'Oskar Lafontaine – ce projet, dit-il, qui émanait de la gauche du SPD, n'a pas survécu à l'unification et à la globalisation de l'économie, et s'est trouvé fortement amputé – et ce malgré le rajout de quelques « bribes » écologiques. Au final, il reproche à cette coalition l'absence d'une nouvelle perspective, susceptible d'alimenter le débat public.

> « *Ein rotgrünes Projekt gab es bis zum Ende der achtziger Jahre, solange man mit dem Sieg Oskar Lafontaines bei der nächsten Bundeswahl rechnen konnte.*
>
> *Unter den Realitätszwängen von deutscher Einheit und globalisierter Wirtschaft ist dann das Projekt zum Schlagwort "Modernisierung und soziale Gerechtigkeit" abgemagert – gesalbt mit einem Tropfen ökologischer Steuerreform, wenn auch nur zur Gegenfinanzierung. Daran stört mich weniger die pragmatische Ernüchterung, denn die ganze Perspektive hing an der falschen Prämisse, dass sich der angestrebte soziale und ökologische Umbau im nationalen Rahmen auf den Weg bringen liesse. Inzwischen muss sich eine weitgehend defensiv gewordene Politik auf Bedingungen einer veränderten, und zwar postnationalen Konstellation einstellen. Was mich stört, ist das Fehlen einer neuen Perspektive. In der Politik bewegt sich nichts ohne ein Thema, an dem sich die Geister scheiden. Und das fehlt.* » *(ZdÜ, 13)*

En fait, pour Habermas, le cœur du problème, c'est que les orientations sociales et économiques de la coalition ont été conçues dans le cadre national, alors qu'il eût fallu les inscrire dans la « constellation postnationale ». D'où leur caractère « défensif » et l'absence de nouvelles perspectives. Or ce sont ces perspectives que Habermas propose afin de régénérer la politique pour qu'elle puisse « rattraper les marchés transnationaux » et éviter la « course intra-européenne à la dérégulation ». Ce qui implique l'existence d'un pouvoir démocratique par-delà l'État national, en l'occurrence une Europe politique efficace capable d'harmoniser les politiques sociales et économiques, ce qui ne semble pas être la préoccupation du gouvernement.

> « *Das Problem muss man nicht lange suchen, es brennt der neuen Regierung unter den Nägeln: Was kann sie gegen die Massenarbeitslosigkeit tun? Nun ist aber der Handlungsspielraum nationaler Regierungen geschrumpft. […]. Der Staat kann die Steuerressourcen der einheimischen Wirtschaft immer weniger effektiv ausschöpfen. Die Politik muss sich fragen, ob sie sich mit einer Politik der Deregulierung immer weiter abwickeln soll. Übereinfachend formuliert: Weist der Wirkungsverlust der nationalen Politik in die Richtung einer Abdankung von Politik überhaupt, oder kann sich das politische Medium auf anderen Ebenen regenerieren und den transnationalen Märkten nachwachsen? Damit stellt sich das Thema: Kann und soll es eine demokratisch legitimierte Machtausübung jenseits des Nationalstaates geben? Die politischen Ziele ergeben sich dann aus dem Regelungsbedarf*

der vor der eigenen Tür entsteht, nachdem der Europäische Binnenmarkt mit der gemein-
samen Geldpolitik vollendet worden ist. » (ZdÜ, 14)

À la question de l'avenir des partis politiques dans le nouvel ordre économique mondial, Habermas répond que l'État national, basé sur des partis politiques, reste un acteur important, mais qu'avec une population plus intelligente, sinon mieux formée, informée et intéressée, des « contre-mouvements » – des formes de contre-pouvoirs – peuvent apparaître. Même si les Verts ont encore une fois choisi le chemin classique d'un parti politique, dit-il, les choses peuvent évoluer : d'autres initiatives s'affirment en tant que « contre-organisations », comme Greenpeace, et connaissent un succès mondial.

« *Der Nationalstaat ist nach wie vor und auf längere Zeit der wichtigste politische Aktor […] Aber an den Abhängigkeiten des Staates von den gründlich veränderten weltwirtschaftlichen Bedingungen ändert das nichts. Die Frage ist, ob die postnationale Konstellation auch andere handlungsfähige politische Akteure braucht.*

Damit stellt sich die Frage nach der Zukunft der Parteiendemokratie, die auf intakte Öffentlichkeiten angewiesen ist. Erleben wir in diesen Jahren das langsame Ende der Pateiendemokratie? Die Parteien sind in immer geringerem Masse ein Ort für die Austragung und Politisierung der Politik. […]

Auf der anderen Seite muss man sich die jüngere Generation ansehen. Die breite Bevölkerung ist heute intelligenter, jedenfalls besser ausgebildet, besser informiert, in vielen Hinsichten sogar interessierter als früher. Wenn sich die Formen der politischen Beteiligung ändern, muss das nicht schon per se ein Schaden sein. Wenn sich die politischen Parteien immer weiter verstaatlichen und ihre Arbeit immer stärker vermarkten, können in der Zivilgesellschaft Gegenbewegungen einsetzen. Die Grünen haben noch einmal den klassischen Weg zur Partei zurückgelegt. Das muss nicht so bleiben. Andere Initiativen verharren im Stadium der Gegenorganisation und erobern sich manchmal, wie Greenpeace, weltweiten Einfluss. » (ZdÜ, 18-19)

Habermas finit toutefois par relativiser son propos en disant qu'on est loin, en Europe, de la fin des partis politiques et de leur mission en matière de choix et de formation du personnel politique. Il leur conseille d'ailleurs de s'ouvrir à des personnes venant d'autres horizons !

« *Allerdings sind wir in Europa von einem Ende der Parteiendemokratie weit entfernt. Die Parteien wählen nach wie vor das Personal aus und schulen es. Der Professionalisierungsgrad unserer Politiker ist gar nicht so schlecht. Quereinsteiger muss es geben können, aber Gott behüte uns vor schillernden Figuren wie Berlusconi oder Ross Perot, die sozusagen von dem Nichts aufsteigen.* » (ZdÜ, 19-20)

À propos des tendances conservatrices qui affleurent dans l'Allemagne réunifiée, Habermas note le retour d'une sorte de pessimisme culturel, un fatalisme consécutif aux catastrophes du siècle. Mais le phénomène marquant réside dans le ressentiment qu'éprouvent certains grands intellectuels de droite qui ont mal vécu leur exclusion de l'Université – et dont la FAZ se fait l'écho. Ces intellectuels se disent porteurs des « continuités allemandes » et prétendent que l'orientation culturelle pro-occidentale coupe l'Allemagne de ses racines ; d'où l'obsession de cette « nouvelle droite » : redonner aux Allemands la conscience de leur propre valeur. Mais, en 1995, la tentative d'y parvenir à travers le débat sur le sens que peut avoir rétrospectivement pour eux le 8 mai 1945, a échoué.

8.1.2. Le conflit du Kosovo : de la politique de puissance à la société de « citoyens du monde » (Von der Machtpolitik zur Weltbürgergesellschaft)

Dans *Die Zeit* du 29 avril 1999, Habermas prend position sur le « conflit du Kosovo », une « guerre contre le nettoyage ethnique », comme il l'appelle encore. Cette guerre contre la Yougoslavie, une « première » pour la Bundeswehr, met un terme à une longue période de « retenue » qui a marqué la mentalité allemande de l'après-guerre. Il s'agit certes d'une intervention armée déclenchée par l'OTAN, sans l'accord d'une instance internationale, mais que l'Alliance justifie par la nécessité de porter secours à une minorité ethnique en difficulté.

> « *Mit dem ersten Kampfeinsatz der Bundeswehr ging die lange Periode einer Zurückhaltung zu Ende, die sich den zivilen Zügen der deutschen Nachkriegsmentalität eingeprägt hat.* » (ZdÜ, 27)

Cela étant, il s'agit quand même d'une guerre, mais d'un nouveau type – attaques aériennes réalisées avec une « précision chirurgicale », afin d'épargner la population civile, et où l'Allemagne tient d'ailleurs un rôle mineur *(halbbeteiligt)*, mais à laquelle la population allemande participe néanmoins quotidiennement via la télévision.

> « *Es ist Krieg. Gewiss, die "Luftschläge" der Allianz wollen etwas anderes sein als ein Krieg der traditionellen Art. Tatsächlich haben die "chirurgische Präzision" der Luftangriffe und die programmatische Schonung der Zivilisten einen hohen legitimatorischen Stellenwert. Das bedeutet die Abkehr von einer totalen Kriegsführung, die die Physiognomie des bis zu Ende gehenden Jahrhunderts bestimmt hat. Aber auch wir Halbbeteiligte, denen das Fernsehen den Kosovokonflikt allabendlich serviert wird, wissen, dass die jugoslawische Bevölkerung, die sich unter den Luftangriffen duckt, nichts anderes als Krieg erfährt.* » (ZdÜ, 27).

Dans cette guerre « télévisée », l'opinion publique garde le calme, contrairement à la guerre du Golfe, quand les va-t-en guerre et les pacifistes s'affrontaient !

Habermas se félicite de la position prise par la coalition rouge-verte qui s'est prononcée en faveur de l'idée d'une « domestication de l'état de nature », laquelle caractérise les relations internationales actuelles.

Pour lui, la nouveauté réside dans le fait que dans la République fédérale les tenants d'un État-puissance marchent désormais la main dans la main avec les pacifistes qui, il y a peu de temps, ont manifesté contre l'implantation des fusées américaines.

Il se dessine une sorte d'« Union sacrée » : les adversaires d'hier, Dregger et
Bahr, Schäuble et Eppler, etc., se retrouvent côte à côte, à la grande satisfaction
de Habermas qui se félicite du fait que le débat public et le climat politique en
Allemagne ne diffèrent pas de ceux du reste de l'Europe occidentale ; le *Sonderweg*
a cessé d'exister !

> « *Glücklicherweise fehlen in der deutschen Öffentlichkeit die dumpfen Töne. Keine Schick-
> salssehnsucht, kein intellektueller Trommelwirbel für den guten Kameraden. Während des
> Golfkriegs ist noch die Rhetorik des Ernstfalls, die Beschwörung von staatlichem Pathos, von
> Würde, Tragik und männlicher Reife gegen eine lautstarke Friedenbewegung aufgefahren
> worden. [...]*
>
> *An der Seite der alten Demokraten [...] berufen sich die Minister Fischer und Scharping
> auf die Idee einer menschenrechtlichen Domestizierung des Naturzustandes zwischen den
> Staaten. Damit steht die Transformation des Völkerrechts in ein Recht der Weltbürger
> auf der Agenda. Nach dem Scheitern der Verhandlungen von Rambouillet führen sie
> die angedrohte militärische Strafaktion gegen Jugoslawien mit dem erklärten Ziel durch,
> liberal Regelungen für die Autonomie des Kosowo innerhalb Serbiens durchzusetzen.* »
> *(ZdÜ, 27)*
>
> « *Die machtpolitisch Denkenden, die der normativen Zügelung der souveränen Staats-
> gewalt grundsätzlich misstrauen, finden sich Arm in Arm mir Pazifisten wieder, [...] die
> vor kurzem noch gegen die Stationierung der Pershing II auf die Strasse gegangen sind.
> Dregger und Bahr stehen neben Stroebele, Schäuble und Ruhe neben Eppler. Kurzum,
> die Linke an der Regierung und der Vorrang normativer Argumente, beides erklärt nicht
> nur die eigentliche Schlachtordnung, sondern den beruhigenden* Umstand, dass öffent-
> liche Diskussion und Stimmung in Deutschand nicht anders sind als in anderen westeu-
> ropäischen Ländern. Kein Sonderweg, kein Sonderbewusstsein. » *(ZdÜ, 28)*

Néanmoins, Habermas ne peut cacher ses inquiétudes relatives à l'opportunité
et à la proportionnalité des attaques militaires, ainsi qu'aux buts poursuivis. Aussi
faut-il, selon lui, institutionnaliser les procédures de règlement concernant les
droits de l'homme. Il ajoute toutefois qu'il faut, pour ce faire, avoir un « Conseil
de sécurité qui fonctionne » – sinon l'OTAN ne peut se fonder que sur des principes moraux, et recourir au « paternalisme », au lieu de fonder ses interventions
sur le droit. Il faut aussi qu'aux Nations Unies, la représentation des gouvernements soit complétée par des représentants des citoyens du monde ; mais c'est là
une réforme des Nations Unies qui n'est pas à l'ordre du jour. Pour le moment, les
droits de l'homme restent « sous-institutionalisés » au niveau global.

> « *Eine durchgreifende Verrechtlichung internationaler Beziehungen ist nicht ohne eta-
> blierte Verfahren der Konfliktlösung möglich [...]. Aber nötig ist wenigstens ein gut
> funktionierender Sicherheitsrat, die bindende Rechtsprechung eines internationalen
> Strafgerichtshofes und die Ergänzung der Generalversammlung von Regierungsvertre-
> tern durch die "zweite" Ebene einer Repräsentation der Weltbürger. [...] Denn solange
> die Menschenrechte auf globaler Ebene vergleichsweise schwach institutionalisiert sind,
> kann sich die Grenze zwischen Recht und Moral [...] verwischen. Weil der Sicherheitsrat*

blockiert ist, kann sich die Nato nur auf die moralische Geltung des Völkerrechts berufen – auf Normen, für die keine effektiven, von der Völkergemeinschaft anerkannten Instanzen der Rechtsanwendung, und durchsetzung bestehen. » (ZdÜ, 35)

D'où sa conclusion, prudente et conciliante. En attendant de pouvoir passer d'une politique de puissance à une institutionnalisation des règlements des conflits à l'échelle du monde, il conseille d'agir avec prudence et souhaite que la manière tranchante dont l'OTAN a procédé dans le conflit de Bosnie reste l'exception. On est, dit-il, dans une « période d'apprentissage » !

« Eine Sache ist es, wenn die USA in den Spuren einer wie auch immer bewundernswerten politischen Tradition die menschenrechtlich instrumentierte Rolle des hegemonialen Ordnungsgaranten spielen. Eine andere Sache ist es, wenn wir den prekären Übergang von der klassischen Machtpolitik zu einem weltbürgerlichen Zustand über die Gräben eines aktuellen, auch mit Waffen ausgetragenen Konflikts hinweg als gemeinsam zu bewältigenden Lernprozess verstehen. Die weiter ausgreifende Perspektive mahnt auch zu grösserer Vorsicht. Die Selbstermächtigung der Nato darf nicht zum Regelfall werden. » (ZdÜ, 38-39)

8.1.3. Pointer du doigt ! Les Allemands et leur mémorial (Der Zeigefinger. Die Deutschen und ihr Denkmal)

Le projet d'un « mémorial pour les juifs d'Europe assassinés », d'origine associative, date de novembre 1989. Il vient au Bundestag dix ans plus tard, après un débat lancé par Martin Walser. Dans son article de 1999, Habermas livre son interprétation : il considère que le vote sur le projet est un moment essentiel dans l'histoire de la République fédérale : c'est la première fois en cinquante ans que le Bundestag va se prononcer sur un projet d'une telle importance pour l'identité collective « épurée » des Allemands.

« In der fünfzigjährigen Geschichte der Bundesrepublik ist dies der erste Zeitpunkt, an dem ein parlamentarisches Votum für ein solches unübersehbar in die Zukunft hineinragendes Zeichen einer geläuterten kollektiven Identität der Deutschen überhaupt in den Bereich des Möglichen rückt. » (ZdÜ, 47)

Il s'interroge sur le sens d'un tel mémorial après avoir longuement rappelé les nombreux moments et endroits où s'est posée la question des traditions nationales et de l'identité allemande, en relation avec le passé national-socialiste : les scandales et les procès – bien entendu le premier « procès d'Auschwitz » à Francfort –, les films et les séries télévisées, les débats du *Bundestag* sur l'autocompréhension des Allemands.

« Die Katastrophengeschichte des 20. Jahrhunderts hat fast überall die nationalen Traditionen aus ihrer Fraglosigkeit aufgescheucht. Die kollektive Identität von Staatsbürgernationen ist auch andernorts in Fluss geraten. Aus mehr oder weniger kontingenten Anlässen, Skandalen und Gerichtsverfahren, sensiblen Gesetzesvorhaben, historischen Darstellungen, Filmen, Fernsehserien usw., entstehen öffentliche Kontroversen, die Fragen des politischen Selbstverständnisses berühren. Dann wird darüber gestritten, welches Bild die Bürger eines

Landes von sich haben – wer sie sind und sein wollen. In der frühen Bundesrepublik gab es zahlreiche Anlässe dieser Art – die Politik der Wiederbewaffnung, den Fall des Ministerrats Globke, die Aufführung von Veit-Harlan-Filmen, die Entführung des Verfassungsschutzprä-sidenten John, die Frage der Verjährung von Straftaten der NS-Zeit, das Tragen von Orden des Dritten Reichs, die atomare Aufrüstung der Bundeswehr, natürlich den ersten grossen Auschwitz-Prozess in Frankfurt, der den Vorwurf zur "Ermittlung" von Peter Weiss abgab.

Diese Anlässe haben sich bis heute, bis zur Wehrmachtsaustellung, zur Goldhagen-De-batte, zur Frage der Verwicklung der Banken und Grossunternehmen in die NS-Vernich-tungspraktiken, vervielfacht. » (ZdÜ, 48-49)

8.1.3.1. Habermas contre un « *mémorial de l'Holocauste* » qui serait un « *mémorial de la honte* » (Schandmal)

Habermas en arrive à la question centrale, selon lui : nous, qui succédons à la génération des « coupables », dit-il, sommes-nous prêts à accepter la responsabi-lité historique pour les conséquences de leurs crimes ? Est-ce que nous acceptons d'intégrer à notre conscience politique le souvenir autocritique d'Auschwitz et de ce qui s'y est passé ? Acceptons-nous la responsabilité d'une identité brisée ?

C'est que la rupture dans la continuité de nos traditions est la condition d'une estime de soi retrouvée.

Dès lors, poursuit-il, le mémorial ne peut pas signifier que nous commémo-rons les morts juifs aussi dans le pays des bourreaux, comme le font les descen-dants des victimes, en Israël et aux États-Unis. Il est donc hors de question que les juifs reçoivent de nous, les Allemands, un mémorial de l'Holocauste. Dans le contexte de notre culture politique, cela doit se faire d'une autre manière. Avec le mémorial, les générations d'aujourd'hui, qui sont les descendants des bour-reaux, doivent parvenir à une conscience de soi politique, qui fait que les crimes contre l'humanité commis par ces derniers et tolérés – et l'indicible subi par les victimes – ébranlent ces générations et restent gravés dans leur mémoire comme un avertissement !

« Wenn das geplante Denkmal die Antwort auf diese Fragen sein soll, kann es nicht primär den Sinn haben, dass wir der jüdischen Opfer auch im Land der Täter gedenken – und zwar auf die nämliche Weise gedenken wie die Nachkommen der Opfer in Israel und den USA, wie die Nachdenklichen in aller Welt.

Es kann nicht darum gehen, dass die Juden von uns Deutschen ein Holocaust-Denkmal erhalten. Dieses muss im Kontext unserer politischen Kultur einen anderen Sinn haben.

Mit dem Denkmal bekennen sich die heute lebenden Generationen der Nachkommen der Täter zu einem politischen Selbstverständnis, in das die Tat – das im Nationalsozialismus begangene und geduldete Menschheitsverbrechen – und damit die Erschütterung über das Unsagbare, das den Opfern angetan worden ist, als persistierende Beunruhigung und Mahnung eingebrannt ist […]. » (ZdÜ, 49-50)

En tout cas, Habermas rejette l'idée d'un mémorial de la honte : la mémoire des victimes ne doit pas être instrumentalisée ! Il faut qu'elle garde une place centrale dans la prise de conscience de la jeune génération, alors qu'une concentration exclusive sur les crimes et leurs auteurs viderait le contenu moral de la pitié de sa substance. Si le mémorial se transforme en monument de la honte, la solidarité anamnestique risque de se perdre.

D'ailleurs, ceux pour qui Auschwitz est notre honte, dit-il, sont intéressés par l'image que les autres se font de nous, et non par l'image que les citoyens de la République fédérale se font d'eux-mêmes, après la rupture civilisationnelle qu'ils ont vécue, pour pouvoir se regarder en face et s'estimer les uns les autres.

« Andererseits darf das Gedenken an die Opfer für diese Selbstreferenz nicht einfach funktionalisiert werden. Die Erinnerung an den Massenmord steht gewiss im Zusammenhang der politischen Selbstverständigung der heutigen Generationen. Aber eine ausschliessliche Konzentration auf das, was die Tat und die Täter für uns bedeuten, müsste den moralischen Kern des Mitleidens mit den Opfern aushöhlen [...]. Der Opfer [...] können wir ernsthaft nur um ihrer selbst willen gedenken [...].

Der Wert der schwachen, ja vergeblichen Kraft anamnetischer Solidarität geht erst recht verloren, wenn sich der Selbstbezug narzisstisch verselbständigt – und das Denkmal zum "Schandmal" wird. Wer Auschwitz für "unsere Schande" hält, ist an dem Bild interessiert, das andere von uns haben, nicht an dem Bild, das die Bürger der Bundesrepublik im Rückblick auf den Zivilisationsbruch von sich ausbilden, um sich selbst ins Gesicht sehen und gegenseitig achten zu können. » (ZdÜ, 51)

8.1.3.2. Du monument pour commémorer au monument pour exhorter (vom Denkmal zum Mahnmal)

Habermas conclut qu'un monument pour les juifs assassinés doit nous permettre à nous, Allemands, d'être au clair avec nous-mêmes. Certes, ce faisant, nous ne répondons pas aux attentes des contemporains *(Zeitgenossen)*, dit-il, ici ou en dehors de l'Allemagne. Mais ce n'est pas à eux que Habermas s'adresse, c'est à leurs descendants *(die Nachkommen der Opfer)*, auxquels il propose de surmonter un passé qui sépare et bloque toute action commune. C'est pourquoi le « monument de l'Holocauste » lui apparaît comme une façon de manifester une attitude respectueuse *(zivile Rücksichtnahme)* envers les descendants des victimes.

« Mit einem Denkmal für die ermordeten Juden versuchen wir mit uns selbst ins Reine zu kommen. Wir erfüllen damit keine Erwartung von Zeitgenossen, sei es innerhalb oder ausserhalb Deutschlands. Diese gespaltene Vergangenheit wird das gemeinsame Handeln der Bürger in der Gegenwart nur dann nicht blockieren, wenn die eine Seite glaubwürdig für Verhältnisse einsteht, die für die andere Seite ein Zusammenleben erst möglich und vielleicht erträglich machen. Ein Holocaust-Denkmal ist auch Ausdruck dieser zivilen Rücksichtnahme auf die Nachkommen der Opfer. » (ZdÜ, 51)

Cependant, il ne faut pas que le mémorial ait pour but de faire de l'Holocauste le « mythe fondateur de la République fédérale » : ce n'est que la « dernière station » d'un processus apparu dès le premier jour du gouvernement national-socialiste avec la discrimination des Juifs, des Communistes, des étrangers, désignés comme des « ennemis intérieurs ».

C'est une triste évidence, dit-il, mais il faut éviter qu'elle focalise notre attention sur la « rampe » d'Auschwitz. Une telle focalisation risque de bloquer notre « mémoire culturelle » et nous empêche de remonter à la période d'avant le nazisme. Aussi cette prise de conscience qui s'opère à la faveur de l'érection du monument doit-elle concerner les générations futures, afin qu'elles prennent position sur ce que représente Auschwitz pour l'identité allemande un demi-siècle après. Il ne faut pas qu'ils se soustraient à cette prise de position.

Ainsi donc, le mémorial qui commémore les victimes *(Denkmal)* doit s'entendre au sens d'une exhortation à réfléchir *(Mahnmal)* !

> « *Diese traurige Tatsache ist keine "Obsession", sondern eine Tatsache. Sie soll uns keineswegs derart auf die Rampe von Auschwitz fixieren, dass das kulturelle Gedächtnis blockiert wird und nicht mehr hinter die Nazizeit zurückreicht. […] Aber der historische Rückbezug auf Auschwitz soll und kann den Blick der Bürger (und nur um deren Selbstverständnis geht es, nicht um die historische Forschung!) nicht auf "das Eine" fixieren, das alles andere ausblendet […].*
>
> *Das Denkmal hat den Zweck, künftige Generationen zur Stellungnahme aufzufordern. Sie sollen zu dem Stellung nehmen, was das Denkmal ausdrückt – was Auschwitz für die Identität der Deutschen ein halbes Jahrhundert danach bedeutet hat. Sie sollen sich diese Stellungnahme, wie immer sie ausfallen mag, nicht durch Wegsehen und Gleichgültigkeit entziehen. In dieser Hinsicht wird das Denkmal […] zu einem "Mahnmal".* » (ZdÜ, 53)

8.1.3.3. Quelle destination pour le monument ?

Habermas finit par dire que l'importance incontestable des Juifs pour la société et la culture allemandes ne doit pas nous faire oublier l'obligation morale tout aussi incontestable d'une égalité de traitement de toutes les victimes. Certes le monument ne porte pas de nom, à part celui des différents lieux où ont été implantés les camps de concentration. Le « nom collectif » d'Auschwitz, homonyme de « Holocauste », s'est trouvé employé par l'administration. Mais pour Habermas le nom collectif « Holocauste » ne se rapporte pas seulement à la tragédie des Juifs : en tant que « partie pour le tout » il désigne le processus d'extermination dans son ensemble !

> « *Die Intuition der hervorgehobenen gesellschaftlichen und kulturellen Bedeutung der Juden für uns Deutsche darf das unangreifbare moralische Gebot der gleichmässigen Achtung im Gedenken aller Opfer nicht neutralisieren […].*
>
> *Das Denkmal selbst trägt keinen Namen, es sei denn die an einem Ort eingravierten Namen der Vernichtungslager. Es braucht gleichwohl einen Namen für den administrativen Gebrauch, für die Wegweiser, vor allem im öffentlichen Bewusstsein. Heute wird der zuerst eingebürgerte Kollektivname "Auschwitz" fast gleichbedeutend mit dem später*

überkommenen Ausdruck "Holocaust" gebraucht. Tatsächlich erstreckt er sich aber nicht nur auf das Schicksal der Juden. Als pars pro toto meint er das komplexe Vernichtungsgeschehen im Ganzen. » *(ZdÜ, 57-59)*

N.B. Un mémorial en souvenir des 500 000 « Sinti et Roma » d'Europe, victimes du nazisme, a été inauguré en 2012 *(im Grossen Tiergarten Berlins)*.

8.2. « L'Occident divisé » (*Der gespaltene Westen*, 2004)[17]

8.2.1. Le 15 février, ou : ce qui unit les Européens (Der 15. Februar – oder: Was die Europäer verbindet)

Habermas commence par évoquer deux dates mémorables de cette période. La première, c'est celle du jour où les journaux ont annoncé à leurs lecteurs stupéfiés que le ministre-président espagnol et certains de ses collègues on fait part de leur soutien au président Georges W. Bush qui vient de déclarer la guerre à l'Irak.

L'autre date à ne pas oublier : le 15 février 2003 quand, à Londres et à Rome, à Madrid et à Barcelone, Berlin et Paris, les opposants à Bush ont manifesté en masse, comme jamais ! Habermas pense voir dans ce moment historique le signal de la naissance d'un espace public politique.

> « *Zwei Daten sollten wir nicht vergessen: Nicht den Tag, an dem die Zeitungen ihren verblüffenden Lesern von jener Loyalitätsbekundung gegenüber Busch Mitteilung machten, zu der der spanische Ministerpräsident die kriegswilligen europäischen Regierungen hinter dem Rücken der anderen EU-Kollegen eingeladen hatte. Aber ebenso wenig den 15. Februar 2003, als die demonstrierenden Massen in London und Rom, Madrid und Barcelona, Berlin und Paris auf diesen Handstreich reagierten. Die Gleichzeitigkeit dieser überwältigenden Demonstrationen – der grössten seit dem Ende des zweiten Weltkriegs – könnte rückblickend als Signal für die Geburt einer politischen Öffentlichkeit in die Geschichtsbücher eingehen.* » *(DgW, 43-44)*

Ce sont donc ces manifestations qui sont présentées comme un moment historique. Habermas y voit un signal pour un renforcement de l'Europe, à commencer par son « noyau dur », afin qu'elle puisse s'affirmer sur l'échiquier international et contrebalancer l'hégémonie américaine !

Les États-Unis sont accusés par Habermas d'avoir envahi l'Irak au mépris du droit international, d'avoir bafoué l'ONU et provoqué la rupture du monde occidental. D'où le titre *L'Occident divisé (Der gespaltene Westen)* du recueil de textes de 2004 consacré à cet épisode. Dans la préface, Habermas décrit l'effet néfaste de la politique du président des États-Unis en Europe et en Allemagne, où elle affecte tous ceux qui se reconnaissent dans les meilleures traditions américaines : les racines de l'*Aufklärung*, les apports du pragmatisme politique autour de 1800 et l'internationalisme après 1945.

---

[17]	KPS IX (DgW).

« *Die Spaltung zieht sich freilich auch durch Europa und durch Amerika selbst durch. In Europa beunruhigt sie vor allem diejenigen, die sich mit Amerikas besten Traditionen – mit den Wurzeln der politischen Aufklärung um 1800, dem reichen Strom des Pragmatismus und dem nach 1945 wiederkehrenden Internationalismus – ein Leben lang identifiziert haben.* » (DgW, 7)

Pour Habermas, cette rupture avec ces traditions constitue un test. C'est qu'aujourd'hui la liaison « chimique » qui, depuis Adenauer, est à l'origine de l'orientation occidentale de l'Allemagne, s'est dissoute : le rapprochement opportuniste avec la puissance hégémonique qui, avec son parapluie nucléaire, a protégé l'Allemagne pendant la guerre froide, est rompu. Et, avec lui, le rattachement à des principes et des convictions d'une culture occidentale, à laquelle la République fédérale doit son identité.

« *In Deutschland wirkt die ungeschminkte Abkehr von diesen Traditionen wie ein Lackmustest. Heute zerfällt die chemische Verbindung, aus der die Westorientierung der Bundesrepublik seit Adenauer bestanden hat, in ihre beiden Elemente. Unverkennbar scheidet sich die opportunistische Anpassung an die hegemoniale Macht, die Europa während des Kalten Krieges unter seinen Schirm genommen hat, von der intellektuellen und moralischen Bindung an Prinzipien und Grundüberzeugungen einer westlichen Kultur, der sich das normative Selbstverständnis einer schließlich liberal gewordenen Bundesrepublik verdankt.* » (DgW, 7)

8.2.2. L'Allemagne « à l'avant-garde » dans le « noyau dur européen » (Kerneuropa), dans la « locomotive »

Un moment important du recueil est constitué par le manifeste intitulé : « Le 15 février ou ce qui relie les Européens » (Der 15. Februar oder: « Was die Europäer verbindet), publié conjointement avec le philosophe français Jacques Derrida. Le sous-titre annonce un « plaidoyer en faveur d'une politique extérieure commune, tout d'abord dans le « noyau dur européen » (Plädoyer für eine gemeinsame Aussenpolitik – zunächst im Kerneuropa).

Ce manifeste fait partie d'une « initiative » à laquelle ont participé des intellectuels européens – Umberto Eco, Adolf Muschg, Fernando Savater et Gianni Vattimo – et un Américain – Richard Rorty. Elle a été publiée dans différents journaux européens. En fait, l'éditeur fait remarquer que le texte est de Habermas : Derrida, empêché, l'a approuvé et signé.

C'est très certainement une première : un intellectuel allemand à la tête d'une campagne d'opinion internationale – on se rappelle que c'est un intellectuel français, J.-P. Sartre qui, près de trente ans plus tôt, le 4 décembre 1974, a rendu visite à Andreas Baader, « chef » de la fraction armée rouge en détention préventive dans la prison de Stuttgart-Stammheim, et y a lancé un appel aux intellectuels allemands pour qu'ils participent à un comité international pour la défense des prisonniers politiques !

« *Vorspann: Jacques Derrida und Jürgen Habermas liegt es am Herzen, diese Analyse, die zugleich ein Aufruf ist, gemeinsam zu unterzeichnen. Sie halten es heute für notwendig und dringend, dass ungeachtet der Auseinandersetzungen, die sie in der Vergangenheit getrennt haben mögen, deutsche und französische Philosophen ihre Stimme gemeinsam erheben. Dieser Text wurde – man wird es leicht erkennen – von Jürgen Habermas verfasst. Jacques Derrida konnte aufgrund persönlicher Umstände keinen eigenen Text schreiben, obwohl er es gern getan hätte. Er hat gleichwohl Jürgen Habermas vorgeschlagen, diesen Aufruf mitzu- unterzeichnen, und teilt dessen maßgebliche Prämissen und Perspektiven… » (avant-propos de l'éditeur). » (DgW, 43)*

Pour ce qui est de l'Allemagne dans l'Europe, Habermas met en avant l'appartenance de celle-ci au « noyau dur européen », pleinement assumée, tout particulièrement face aux nouveaux arrivés, impatients, qui ne doivent pas se sentir exclus, mais il faut une locomotive : l'Allemagne est donc devenue un moteur de l'Europe et, à terme, de l'indispensable redistribution des ressources.

« Einstweilen sind nur die kerneuropäischen Mitgliedsstaaten bereit, der EU gewisse staatliche Qualitäten zu verleihen. Was tun, wenn sich nur diese Länder auf eine Definition "eigener Interessen" einigen können? Wenn Europa nicht auseinanderfallen soll, müssen diese Länder jetzt von dem in Nizza beschlossenen Mechanismus der "verstärkten Zusammenarbeit" Gebrauch machen, um in einem "Europa der verschiedenen Geschwindigkeiten" mit einer gemeinsamen Aussen-, Sicherheits- und Verteidigungspolitik den Anfang zu machen. Davon wird eine Sogwirkung ausgehen, der sich die anderen Mitglieder – zunächst in der Eurozone – nicht auf Dauer werden entziehen können. Im Rahmen der künftigen europäischen Verfassung darf und kann es keinen Separatismus geben. Vorangehen heisst nicht ausschliessen. Das avantgardistische Kerneuropa darf sich nicht zu einem Kleineuropa verfestigen; es muss – wie so oft – die Lokomotive sein. » (DgW, 45)

« Wenn die Mitgliedstaaten in einem gemeinsamen Währungsraum auch politisch zusammenwachsen sollen, werden wir nicht ohne Harmonisierung der Steuerpolitik und nicht einmal ohne eine Abstimmung der verschiedenen sozialpolitischen Regime auf die Dauer auskommen. Weil damit Umverteilungen verbunden sein werden , ist das die härteste Nuss. Und die werden wir nicht knacken, solange nicht Portugiesen und Deutsche, Österreicher und Griechen bereit sind, sich gegenseitig als Bürger desselben politischen Gemeinwesens anzuerkennen. Auch auf nationaler Ebene ist ja die abstrakte, weil allein rechtlich vermittelte Solidarität unter Staatsbürgern relativ dünn. Aber in der Bundesrepublik hat dieser Boden auch nach 40 Jahren der Trennung die Belastung massiver und immer noch andauernder Transferzahlungen von West nach Ost ausgehalten. In Europa wird eine noch viel "dünnere" Solidarität ausreichen – aber diese Art von staatsbürgerlichem Zusammengehörigkeitsgefühl ist schon nötig; dafür waren vielleicht die gewaltigen Demonstrationen, die am 15. Februar gleichzeitig in London, und Rom, Madrid und Berlin, Barcelona und Paris, ein Schrittmacher. » (DgW, 57)

Ce noyau dur – au contour maintenant précisé – comprendrait la France, l'Allemagne et les pays du Benelux, auxquels pourraient se rajouter l'Italie, avec l'accord de la Grèce. Il serait appelé à jouer un « rôle moteur » en matière de politique étrangère face à la « vision hégémonique » et l'action du gouvernement américain. Habermas se fait ici le porte-parole de cette nouvelle Europe dans ses affrontements diplomatico-politiques.

> *« Europa muss sich profilieren – nicht gegen "den" Westen, der wir selber sind, auch nicht gegen die liberalen Traditionen der ältesten Demokratie, die ja ihre Wurzeln in Europa haben. Es muss sich gegen die gefährliche Weltanschauungspolitik von Leuten wenden, die unter ziemlich kontingenten, ja zweifelhaften Umständen, an die Regierung gekommen sind und hoffentlich bald wieder abgewählt werden [...].*

> *Das "rollende" Projekt, mit einer symbolkräftigen und mentalitätsbildenden, übrigens leicht zu institutionalisierenden gemeinsamen Aussenpolitik Ernst zu machen, müsste von Frankreich, Deutschland und den Benelux-Staaten ausgehen. Als Nächste müsste Italien umworben werden. Nicht die Bevölkerungen, die Regierungen sind einstweilen das Problem. Die griechische Regierung dürfte für ein gemeinsames Vorgehen offen sein. »* (DgW, 54)

La question se trouve ensuite posée sur les craintes des Européens de l'Est. Habermas affirme avec force qu'il ne s'agit nullement d'exclure qui que ce soit. D'ailleurs, dit-il, dans le passé, le tempo de l'unification européenne a déjà été donné par l'entente entre la France et l'Allemagne – en ce moment, celle-ci stagne du fait de la mésentente entre Schroeder et Jospin ! Et lors de la création de la « Zone euro », la Grande-Bretagne a décidé de ne pas s'associer à l'Union monétaire, sans qu'il ait été question d'exclusion ! En tout cas, une politique extérieure commune s'impose comme une nécessité !

> *« Aber wie kann, wenn doch die Türen zum Beitritt in dieser Hinsicht weit offenstehen, von "Ausschluss" die Rede sein? [...] Das ist doch nicht gleichbedeutend mit "Exklusion"! Hier sind drei Tatsachen zu berücksichtigen. Erstens ist das wechselnde Tempo der Einigung Europas immer von dem lokomotiven Einverständnis zwischen Frankreich und Deutschland bestimmt worden. Beispielsweise stagniert zwischen Schröder und Jospin der ganze Prozess. Zweitens gibt es bereits, wie die Eurozone zeigt, ein Europa der verschiedenen Geschwindigkeiten. Grossbritannien wird sich auf absehbare Zeit und aus freien Stücken der Währungsunion nicht anschliessen. Schliesslich ist die Forderung nach einer gemeinsamen Aussenpolitik weniger eine Initiative als eine aus der Not geborene Reaktion. »* (DgW, 54-55)

À la question de la place de l'Angleterre dans l'Europe à venir, Habermas répond que les Anglais divergent des positions allemandes et françaises et qu'il faut en débattre !

> *« Die Engländer haben eine andere Vorstellung von der künftigen EU als Deutsche oder Franzosen. Diese Differenz besteht unabhängig von Bush-Doktrin und Irak-Krieg. Nach meiner Meinung tut es Europa nicht gut, diesen Konflikt weiterhin unter den Teppich zu kehren. »* (DgW, 55)

Ainsi donc, la guerre en Irak divise l'Occident et touche plus particulièrement l'Union européenne. Elle a aussi fait prendre conscience aux Européens du naufrage de leur politique extérieure commune. La crise de l'Irak a été un catalyseur : le fossé qui sépare, d'un côté, les pays continentaux et les pays anglo-saxons, et, de l'autre, la « vieille Europe » et les candidats à l'adhésion est désormais un peu plus profond, dit-il ! – ces derniers ne sont d'ailleurs pas disposés à voir leur souveraineté récente à nouveau limitée !

Il reste que seuls les États du « noyau dur » européen sont disposés à renforcer l'UE ! Or, pour éviter que l'Europe ne se désagrège, ces pays doivent utiliser les mécanismes de « coopération renforcée », prévus par les « Accords de Nice », afin d'initier, dans une « Europe à plusieurs vitesses », non seulement une politique étrangère commune, mais également une politique de sécurité et de défense commune.

Habermas précise qu'il ne s'agit pas de séparatisme ni d'exclusion ! L'avant-garde du noyau dur ne doit pas se figer en « petite Europe », mais doit être une locomotive !

Ainsi donc, Habermas voit l'Allemagne comme faisant partie de l'avant-garde du « noyau dur » européen, de la « locomotive » !

« *Europa muss sein Gewicht auf internationaler Ebene und im Rahmen der UNO in die Waagschale werfen, um den hegemonialen Unilateralismus der Vereinigten Staaten auszublancieren. Auf Weltwirtschaftsgipfeln und in den Institutionen der Weltbank und des internationalen Währungsfonds sollte es einen Einfluss bei der Gestaltung des Designs einer künftigen Weltinnenpolitik zur Geltung bringen.* » (DgW, 45)

Cela étant, une politique capable d'assumer une mise en forme de l'avenir – ce qui implique que les États membres accèdent à une volonté commune – ne peut se fonder que sur les citoyens eux-mêmes. Selon Habermas, ce sont les « populations » qui doivent, en quelque sorte « faire monter d'un cran » leurs identités nationales pour les faire accéder à une dimension européenne et étendre à l'avenir la solidarité civique aux citoyens des autres nations européennes. Or, selon Habermas, une « vision attrayante de l'Europe à naître », capable d'être contagieuse, ne tombera pas du ciel. Mais elle pourrait surgir d'une situation inextricable, difficile à supporter, dans laquelle les Européens sont renvoyés à eux-mêmes. Elle doit aussi trouver à s'articuler à l'espace public, et ce avec l'aide des intellectuels !

« *Die Politik eines weiteren Ausbaus der EU stösst heute allerdings an die Grenzen der Mittel administrativer Steuerung. Bisher haben die funktionalen Imperative der Herstellung eines gemeisamen Wirtschafts- und Währungsgebietes Reformen vorangetrieben. Diese Antriebskräfte sind erschöpft. Eine gestaltende Politik ist auf die Motive und die Gesinnungen der Bürger selbst angewiesen. […] das setzt aber ein Gefühl der politischen Zusammengehörigkeit voraus. Die Bevölkerungen müssen ihre nationalen Identitäten gewissermassen « aufstocken » und um eine europäische Dimension erweitern […]. Das bringt die Frage der europäischen Identität ins Spiel […]. Eine attraktive, ja ansteckende Vision für ein künftiges Europa fällt nicht vom Himmel. Heute kann sie nur aus einem beunruhigenden Empfinden der Ratlosigkeit geboren werden. Aber sie kann aus der Bedrängnis einer Situation hervorgehen, in der wir Europäer auf uns selbst zurückgeworfen sind. Und sie muss sich in der wilden Kakophonie einer vielstimmigen Öffentlichkeit artikulieren. Wenn das Thema bisher nicht einmal auf die Agenda gelangt ist, haben wir Intellektuelle versagt.* » (DgW, 45-46)

8.2.3. Forger une « identité européenne » à partir des citoyens (eine europäische Identität der Bürger ersinnen)

À la question de savoir comment forger une « identité européenne », Habermas répond que cela ne peut se faire de façon administrative : la capacité motrice qui a existé lors de la création d'un espace économique et monétaire et qui a servi à promouvoir les réformes est maintenant épuisée. Or une « vision attrayante » de l'Europe à venir, capable d'être contagieuse, ne tombera pas du ciel, dit-il. C'est pourquoi il revient aux motivations et aux convictions des citoyens eux-mêmes d'accéder à une dimension européenne. Cela suppose un sentiment d'appartenance politique : les populations doivent, en quelque sorte, « faire monter d'un cran » leurs identités nationales pour les faire accéder à une dimension européenne de « solidarité civique ». Les manifestations imposantes du 15 février y ont certainement contribué !

> *« Wenn die Mitgliedstaaten in einem gemeinsamen Währungsraum auch politisch zusammenwachsen sollen, werden wir nicht ohne Harmonisierung der Steuerpolitik und nicht einmal ohne eine Abstimmung der verschiedenen sozialpolitischen Regime auf die Dauer auskommen. Weil damit Umverteilungen verbunden sein werden, ist das die härteste Nuss. Und die werden wir nicht knacken, solange nicht Portugiesen und Deutsche, Österreicher und Griechen bereit sind, sich gegenseitig als Bürger desselben politischen Gemeinwesens anzuerkennen. Auch auf nationaler Ebene ist ja die abstrakte, weil allein rechtlich vermittelte Solidarität unter Staatsbürgern relativ dünn. Aber in der Bundesrepublik hat dieser Boden auch nach 40 Jahren der Trennung die Belastung massiver und immer noch andauernder Transferzahlungen von West nach Ost ausgehalten. In Europa wird eine noch viel "dünnere" Solidarität ausreichen – aber diese Art von staatsbürgerlichem Zusammengehörigkeitsgefühl ist schon nötig; dafür waren vielleicht die gewaltigen Demonstrationen, die am 15. Februar gleichzeitig in London, und Rom, Madrid und Berlin, Barcelona und Paris, ein Schrittmacher. » (DgW, 57)*

8.2.4. Assurer une présence de l'Europe dans les instances internationales politiques, militaires et économiques (Europa in den internationalen Gremien) / L'Europe dans « l'espace public mondial »

Pour peser davantage dans les instances économiques et financières mondiales (au Fonds Monétaire International, à la Banque mondiale…), l'Europe doit mutualiser ses participations.

> *« Die Staaten der Eurozone könnten ihre Anteile am Weltwährungsfond, an der Weltbank und an der Bank für Internationalen Zahlungsausgleich bündeln, um ihren Einfluss in vielen Fragen – von der Ordnung auf den globalen Finanzmärkten angefangen, über Handelskonflikte bis zu einer Angleichung von Parametern der Steuerpolitik – zur Geltung zu bringen. Auf diesem Gebiet bin ich kein Experte [...]. Aber es ist nicht so, dass es zur neoliberalen Vernunft des bestehenden Weltwirtschaftssystems keine vernünftige Alternative gäbe. » (DgW, 58)*

Cela étant, une « vision attrayante » peut également surgir de l'« espace public mondial » *(Weltöffentlichkeit)*, comme lors des manifestations du 15 février.

Cet « espace public mondial » s'est manifesté ponctuellement autour de thématiques différentes depuis la guerre du Vietnam, la plupart du temps à l'occasion de guerres et de massacres. Habermas en conclut que ce sur quoi les humains s'accordent le plus, c'est l'indignation spontanée contre la violation indiscutable des droits de l'homme.

« Und eine punktuelle – also um bestimmte Themen zeitweise zentrierte – Weltöffentlichkeit hat sich seit dem Vietnamkrieg immer wieder hergestellt, interessanterweise meistens aus Anlass von Kriegen oder Massakern. Worin sich die Menschen über kulturelle Grenzen hinweg am ehesten einig zu sein scheinen, ist die spontane Empörung über die sichtbare Verletzung von Menschenrechten. » (DgW, 58)

8.2.5. Le tournant politico-culturel du 8 mai 1995 avec le discours du président Richard von Weizsäcker : « die Wende vom 8. Mai 1995 »

Les années qui ont suivi l'unification ont été marquées par un accès de violence politico-sociale sans précédent en RFA : en 1992-1993, les locaux abritant des demandeurs d'asile sont incendiés et une nouvelle droite intellectuelle promeut un révisionnisme sous le slogan « une nation fière d'elle-même » ! Mais le spectre d'un déraillement nationaliste s'évanouit au plus tard le 8 mai 1995 quand, sous l'impulsion du président Weizsäcker, une majorité d'Allemands accepte de considérer la capitulation – rétrospectivement et contre sa perception historique – comme une libération !

« Die Wiedervereinigung hat zu mentalen Verwerfungen geführt. 1992-1993 brannten die Asylantenheime und eine intellektuelle Rechte, die es bis dahin nicht gegeben hatte, betrieb Revisionismus unter dem Titel "Eine Entgleisung war spätestens am 8. Mai1995" gebannt, als die Masse der deutschen Bevölkerung die Kapitulation vom 8. Mai 1945 rückwirkend (und entgegen der historischen Erfahrung der damaligen Zeitgenossen) als "Tag der Befreiung" akzeptiert hat. » (DpW, 62)

8.2.6. Susceptibilités germano-polonaises (Deutsch-polnische Empfindlichkeiten)

Habermas, interrogé par une journaliste de la *Gazeta* de Varsovie (DgW, 59-67) sur les relations germano-polonaises, présentées par elle comme étant en crise continue depuis 2002, dit comprendre l'attitude des Polonais qui, de par leur histoire, sont devenus sceptiques face aux traités internationaux, mais regrette la défection des intellectuels polonais, par ailleurs très engagés, face au gouvernement postcommuniste, proaméricain et qui s'ouvre aux nationalistes.

« Gewiss viele Polen finden in den geschichtlichen Erfahrungen ihrer Nation gute Gründe, um gegenüber internationalen Verträgen und Organisationen, gegenüber einer seit 1945

fortschreitenden Konstitutionalisierung des Völkerrechts skeptisch zu sein. Aber die Vergangenheit ist nicht immer ein guter Ratgeber für die Zukunft. Vor allem wundert mich die merkwürdige Koalition einer schwachen und opportunistischen, um ihre Reputation besorgten postkommunistischen Regierung mit den sonst so prinzipienstarken Intellektuellen der ehemaligen Opposition. Dieses Bündnis hat einer durchsichtigen amerikanischen Spaltungspolitik in die Hände gearbeitet – und ist heute unter Akklamation der Nationalisten bereit, die europäische Verfassung scheitern zu lassen. » (DpW, 59-60)

Il dit aussi comprendre leurs craintes face à une position dominante de l'Allemagne ou du tandem Allemagne-France en Europe, ou encore face à « la nouvelle mentalité allemande » qui se manifeste dans le projet de créer à Berlin un « Centre contre les expulsions » – Habermas propose de l'implanter à Breslau ! Selon les Polonais, l'attitude des Allemands face à leur histoire à eux a changé depuis deux ou trois ans : alors que pendant des années le débat a porté sur le nazisme, il est maintenant focalisé sur les souffrances endurées par les Allemands pendant la guerre et plus particulièrement sur les drames provoqués par l'exode des populations allemandes de l'Est. Habermas confirme les constats faits par son interlocutrice sur le changement de mentalité intervenu, mais affirme qu'ils sont en train de refluer, que la mentalité de la population s'est libéralisée au cours des années, et que l'actuel gouvernement Schroeder-Joschka Fischer est le garant d'un apaisement.

« Damals [nach dem zweiten Weltkrieg] herrschte in der deutschen Bevölkerung die Larmoyanz über die eigenen Leiden vor. Man sah sich selbst in der Opferrolle und vergass lange Zeit die wirklichen Opfer. Diese Stimmung, die Alexander und Margarethe Mitscherlich auf Verdrängung zurückgeführt haben, begann sich erst Ende der 50er Jahre zu ändern. Seitdem erleben wir eine Wellenbewegung: Versuche der Aufarbeitung der NS-Vergangenheit und Rufe nach Wiederherstellung der "Normalität" lösen einander ab. Inzwischen hat sich jedoch die Signatur der Schoah zu einem weltweiten Memento entwickelt – die Auseinandersetzung nachgeborener Generationen mit Massenkriminalität und vergangener Komplizenschaft ist heute in vielen Ländern eine Normalität. [...] andererseits hat sich die politische Denkungsart der Bevölkerung im Laufe der Jahrzehnte tatsächlich liberalisiert. » (DgW, 60-61)

Après avoir ainsi rassuré son auditoire polonais sur l'état de la culture politique allemande, il affirme avec force que, dans la situation actuelle de division de l'Europe, il n'existe d'autre solution qu'une « Union européenne à plusieurs vitesses » – il s'agit de la procédure de « coopération renforcée » par laquelle certains États peuvent aller de l'avant sans attendre les autres pays, procédure introduite par le Traité d'Amsterdam (1997) et reprise dans le Traité de Nice (2002). Notons que cette procédure devait permettre de faire face à l'agrandissement de l'Union qui passe de 15 à 25 membres ! Cela étant, la procédure reste ouverte à tous les membres !

Quant à la crainte et au refus d'une prééminence allemande en Europe, Habermas se veut tout aussi rassurant. Il dit les comprendre, compte tenu de ce que l'Allemagne a fait endurer à la Pologne, mais reste néanmoins sur la position de l'UE.

> « *Auf polnischer Seite sind es verständlicherweise die historischen Erfahrungen, die erneut den Argwohn gegen die europäische Vormachtstellung der Bundesrepublik schüren. Das deutsche Reich hat im Osten einen Vernichtungskrieg geführt.* » *(DgW, 60)*

> « *Ich verstehe die polnischen Ängste vor einem Wiederaufleben alter Mentalitäten in Deutschland. Ich habe sie bis in den Anfang der 80er Jahre hinein geteilt. Aber heute sehe ich keine dramatischen Anzeichen für einen Rückfall. Die rot-grüne Regierung mag unbefangener reagieren, aber nicht geschichtsvergessen. In dieser Hinsicht können sich die Polen einen skrupulöseren Aussenminister als Joshka Fischer doch kaum wünschen.* » *(DgW, 63-64)*

Notons que certains passages de son texte laissent à penser que, pour Habermas, l'élargissement de l'Union européenne vers l'Est a été une erreur : l'UE ainsi élargie a été rendue « ingouvernable » ! Cette ingouvernabilité est devenue patente dans l'échec du projet d'une Constitution européenne, pris en tenaille par la Grande-Bretagne, l'Espagne et la Pologne, ainsi que lors des débats budgétaires maintenant dominés par les égoïsmes nationaux. Elle pourrait mener à l'éclatement de l'Europe !

> « *Das Szenario von Brüssel hat uns soeben vor Augen geführt, wie ein unregierbar geworde-nes Europa unter dem Zangendruck von Grossbritannien, Spanien und Polen zerfallen könnte. Niemals zuvor hat der Europäische Rat ein so wichtiges Projekt [die Verfassung] so leichtfertig scheitern lassen. Und auf das absurde Ausleben nationaler Egoismen in Brüssel folgt nun der fiskalisch erpresserische Umgang miteinander. Dieses fatale Ergebnis ist nicht durch irgendwelche Kerneuropa-Pläne heraufbeschworen worden, sondern gerade durch den energischen Versuch, das Europa der 25 im gleichen Schritt zusammenzuhalten.* » *(DgW, 66)*

Ainsi donc, Habermas se fait le porte-parole de l'UE et défend une certaine pré-éminence du « noyau dur », dont l'Allemagne et la France. Il ne peut que prendre acte de la sensibilité de la société polonaise et de ses problèmes *(Befindlichkeiten)*. Du début à la fin de son propos, face à la journaliste qui plaide pour une Europe « ouverte » sur l'Est, il démontre l'absolue nécessité d'une Europe à plusieurs vitesses, avec un noyau dur à dominante franco-allemande, redoutée à Varsovie !

> « *Bei uns hat der hegemoniale Unilateralismus der Vereinigten Staaten die Einsicht verstärkt, dass Europa lernen muss, mit einer Stimme zu sprechen. Aus dieser Sackgasse führt nur ein sich vielfältig überlappendes "Europa der verschiedenen Geschwindigkeiten" heraus.* » *(DgW, 66)*

C'est que, confrontée à l'unilatéralisme américain et à l'échec du projet de Constitution, l'Europe, selon lui, ne peut faire autrement, même s'il redit, en conclusion, qu'il comprend les appréhensions polonaises !

> « *Wenn ich Sie recht verstehe, sind viele Polen zwischen den Befürchtungen hin- und hergerissen, von Deutschland und Frankreich entweder unterdrückt oder abgehängt zu werden.* » *(DgW, 66)*

8.3. Oh, l'Europe ! (*Ach, Europa*, 2008)[18]

8.3.1. *L'Europe « déchirée » par la guerre en Irak et par la « Constitution pour l'Europe »* (Europa durch den Irakkrieg und die « Verfassung für Europa » gespalten)

En 1987, Hans Magnus Enzensberger publie son *Ach Europa!*, où il célèbre la diversité de l'Europe qu'il vient de parcourir ! Près de vingt ans plus tard, Habermas publie, avec une ponctuation modifiée, son *Ach, Europa* à lui, moins optimiste ! Mais l'Europe n'est pas le seul sujet du recueil.

Sa première partie, intitulée « Portraits », propose cinq biographies, où les philosophes (et juristes) américains, Richard Rorty et Ronald Dworkin, avec le Français Derrida, sont en première ligne ! La seconde partie traite de l'Europe, du rôle qu'ont à y jouer les intellectuels et de la place réservée à ses immigrants. La troisième partie traite des médias et de leur impact sur l'espace public et la démocratie. L'ensemble est donc relativement composite !

Habermas a une double raison de se plaindre de l'Europe. Elle est en effet doublement déchirée : par la guerre menée en Irak par les États-Unis que soutiennent une partie des États de l'Union européenne, d'une part ; d'autre part du fait de la rupture intervenue à l'intérieur de l'UE, suite au rejet, en 2005, du traité établissant une Constitution pour l'Europe. Le texte de Habermas, de novembre 2007, est contemporain du Traité de Lisbonne, censé pallier la non-ratification du traité de 2004. Il débute par une série de « portraits », des biographies liées à des événements culturels (commémorations, remises de prix…).

8.3.2. *Portraits*

8.3.2.1. *Le philosophe américain Richard Rorty*

Il constitue le point fort du fascicule, comme l'indique la jaquette (arrière) : il s'agit du regard que porte l'Europe, en l'occurrence l'Allemagne, sur les États-Unis ; regard qui, selon Habermas, doit être critique, mais qui doit éviter tout anti-américanisme.

Habermas commence par évoquer sa rencontre avec Richard Rorty à San Diego, lors d'une réunion d'anciens élèves de Heidegger, réunion considérée par les participants comme un « hommage apolitique » à celui-ci. La réunion, introduite par Marcuse – que Habermas trouve « très indulgent ! » –, et qui a lieu deux ans avant la mort de Heidegger, a fortement indigné Habermas !

« Damit war zu meinem Ärger der Ton einer unpolitischen Heidegger Verehrung angeschlagen, der die ganze Konferenz beherrschte. Allein Marjorie Green, die ebenfalls vor 1933 in Freiburg studiert hatte, machte eine unwirsche Bemerkung: Damals habe sich

---

allenfalls der Kreis der engeren Heideggerschüler, zu dem auch Marcuse gehört habe, über die miese Gesinnung des Meisters täuschen können. » (AE, 24).

Habermas est impressionné par l'intervention d'un professeur de Princeton, Richard Rorty – tenant du néo-pragmatisme – qui, lors de cette réunion, a tenté une synthèse « provocatrice » entre Dewey – un démocrate radical, tenant lui aussi du pragmatisme –, Heidegger et Wittgenstein. Il dit avoir été choqué par cette juxtaposition et avoue avoir « piqué une crise ». Il n'empêche : Rorty l'invite à son séminaire à Princeton ! Finalement, l'ambiguïté est levée : Dick (RH) pensait davantage au Heidegger pragmatiste de *Sein und Geist* qu'au penseur ésotérique qui s'est mis à l'écoute de l'« être » ! Rorty apparaît ainsi comme étant un libéral de gauche, tenant d'une sorte d'« utopie libérale », un démocrate fondamentalement pragmatique, sensible aux problèmes sociaux et à l'exercice de la tolérance.

> « *Der radikale Demokrat Dewey, der politischste unter den Pragmatisten, trat in diesem Orchester Seite an Seite mit Heidegger auf, einer exemplarischen Verkörperung der arroganten deutschen Mandarine. Der Dritte in dem ungleichen Bunde war Wittgenstein, aus dessen Philosophischen Untersuchungen ich gewiss Aufregendes gelernt hatte; aber auch er war ja von den geistfetischistischen Vorurteilen nicht ganz frei und machte als Genosse von Dewey eine seltsame Figur.*
>
> *Aus der Perspektive von Humboldt und der philosophischen Hermeneutik stiftet der Blick auf die welterschliessende Funktion der Sprache eine originelle Verwandtschaft zwischen Heidegger und Wittgenstein. Und dieser Blick muss Rorty [...] fasziniert haben. Aber wie passte Dewey zu dieser Konstellation – die Verkörperung jenes radikaldemokratischen Flügels des Junghegelianismus, der uns in Europa so dringend gefehlt hatte? Im Denkhabitus bildete gerade diese Figur einen schrillen Kontrast zu Heideggers deutsch-griechischer Prätention, zum vornehmen Ton und elitären Gestus der Wenigen, die gegenüber den Vielen auf einen privilegierten Zugang zur Wahrheit pochen.*
>
> *Damals fand ich die Zusammenstellung so obszön, dass ich in der Diskussion ausgeflippt bin. Überraschenderweise war jedoch der bedeutete Kollege aus Princeton über den robusten Protest aus der deutschen Provinz keineswegs pikiert, sondern lud mich freundlich in sein Seminar ein [...]. Was Heidegger angeht, war die erste Aufregung übrigens unbegründet. Auch Dick hatte mehr mit dem pragmatischen Heidegger von Sein und Zeit im Sinn als mit dem esoterischen Denker, der auf die Stimme des Seins lauscht.* » (AE, 24-26)

L'évocation du philosophe Rorty peut apparaître comme l'antithèse de George W. Bush. En tout cas, le pragmatisme de Rorty représente, selon Habermas, une « ressource culturelle » pour interpréter la situation du monde présent dans toute sa diversité, et ce en ayant recours aux grands écrivains et philosophes de son pays : Emerson et Whitman, James et Dewey, les tenants d'un progressisme pragmatique américain, animé par le souci de l'éducation et de la politique sociale.

> « *Was zählt, ist der Beitrag, den die philosophische und die wissenschaftliche Praxis zu einem immer umfassenderen Konsens über die Grundbedürfnisse der Menschen – sowie über die Mittel zur Befriedigung der individuellen Vielfalt konkurrierender Bedürfnisse - leisten.* » (AE, 34)

« *Als Pragmatist kann Rorty den Bürgern und den Eliten der weltpolitischen Führungs-macht "die eigene Tradition" in Erinnerung rufen – mit Stolz auf unser Land. In der politischen Öffentlichkeit empfiehlt er diese kulturelle Ressource als Schlüssel für die Inter-prétation der gegenwärtigen Situation.*

Dieser Pragmatismus ist gleichermassen aus dem Geit grosser Schriftsteller wie grosser Phi-losophen hervorgegangen – Emerson und Whitman, James und Dewey. Und weil sich die-ser Geist seines amerikanischen Ursprungs bewusst ist und zugleich als progressiv versteht, verbindet sich mit den pragmatischen Schriftstellern und Philosophen das scharfe Profil eines linken, das heisst kosmopolitisch erweiterten Patriotismus. » *(AE, 35)*

« *In Rorty begegnen wir schliesslich dem altmodischen Typus des Linksintellektuellen, der an Erziehung und soziale Reformen glaubt. An der demokratischen Verfassung ist ihm am wichtigsten, dass sie den Beladenen und Unterdrückten Instrumente in die Hand gibt, mit denen sie sich gegen die Reichen und die Mächtigen wehren können. Vor allem geht es um die Abschaffung von Institutionen, die Ausbeutung und Erniedrigung verteidigen. Es geht um die Beförderung einer toleranten Gesellschaft, die bei wachsender Vielfalt solida-risch zusammenhält und die keine Autorität als bindend anerkennt, welche nicht auf die deliberativ herbeigeführte, aber revidierbare Zustimmung aller Betroffenen stützen kann. Rorty beschreibt sich als ein "antikommunistisches Baby in roten Windeln", als Teenager sei er ein "liberaler kalter Krieger" gewesen. [...] Mit "Stolz auf unser Land", seinem persönlichsten und bewegendsten Buch, hat sich Richard Rorty zu einem amerikanischen Patriotismus bekannt, vor dem die Welt nicht zu zittern braucht. In der Melodie dieses Textes verbindet sich der Exzeptionalismus der ältesten Demokratie, die auf den norma-tiven Gehalt ihrer Prinzipien stolz sein kann, mit der Sensibilität für die neue, nunmehr weltweite Vielfalt und Vielstimmigkeit der Kulturen.*

[...] Bertold Brecht macht die gegenseitige Perspektivenübernahme zur Bedingung des wahren Patriotismus: "Und weil wir dies Land verbessern/ Lieben und beschirmen wir's./ Und das liebste mag's uns scheinen/ So wie andere Völkern ihrs."

Dick kannte diese Zeilen der berühmten "Kinderhymne" und wusste, dass auch für eine Supermacht Kosmopolitismus etwas anderes ist als der weltweite Export der eigenen Lebensform. Er wusste, dass eine Demokratie ihren robusten, ihren "athletischen" Cha-rakter nur durch Selbstkritik erhält. In einem Interview vom 11. September 2001 warnte er vor [W.] Bushs "arrogantem Anti-Internationalismus" und erinnerte stattdessen an die Idee, die nach dem Zweiten Weltkrieg die Initiative eines amerikanischen Präsidenten zur Gründung der Vereinten Nationen bestimmt hat. » *(AE, 37-38)*

Richard Rorty, que Habermas présente ainsi comme l'exemple même du patriote américain, fait partie de l'« opposition intérieure » américaine à la poli-tique du président George W. Busch. Sa place, dans ce fascicule, est à mettre en relation avec cette autre préoccupation politico-culturelle habermassienne des années 1980 : la montée préoccupante de l'antiaméricanisme en Allemagne. On peut rappeler à ce sujet le passage de *Der gespaltene Westen* dans lequel il évoque l'importance stratégique pour l'Allemagne, aujourd'hui (en 2004), comme à l'époque de la guerre du Vietnam, de s'allier avec une « opposition intérieure amé-ricaine » !

« Antiamerikanismus ist in Europa selbst eine Gefahr. In Deutschland hat er sich stets mit den reaktionären Bewegungen verbunden. Daher ist es wichtig für uns, wie damals, zur Zeit des Vietnamkrieges, gegen die amerikanische Regierungspolitik Seite an Seite mit einer inneramerikanischen Opposition Front machen zu können. Wenn wir uns auf eine Protestbewegung in den Vereinigten Staaten selbst beziehen können, geht auch der kontraproduktive Vorwurf des Antiamerikanismus, dem wir hier begegnen, ins Leere. » (DgW, 109)

8.3.2.2. Ronald Dworkin : « un solitaire parmi les juristes »

Un second portrait de la série est consacré à un autre juriste, anglo-américain, défenseur des droits individuels face au positivisme juridique dominant.

C'est d'abord à l'« intellectuel public » Dworkin – dans le sillage de Rorty et de son projet brechtien de « rendre son propre pays meilleur » – que Habermas rend hommage, à l'auteur de *Is Democracy possible here?*

Mais, plus marquant, c'est à l'occasion des manifestations contre l'installation des fusées Pershing, auxquelles il a été invité par le SPD, qu'il est venu fournir à celui-ci des arguments en faveur de la désobéissance civile.

« Es war im September 1983, als die von der Bundesregierung beschlossene Raketensta-tionierung in Mutlangen und anderswo mit Sitzblockaden bekämpft wurde. Peter Glotz, damals Generalsekretär der SPD, hatte zu einer Veranstaltung über zivilen Ungehorsam nach Bonn eingeladen. Nach den engagierten Vorträgen kam Heinrich Böll auf mich zu, zeigte auf den aus London eingeflogenen amerikanischen Professor, der unserem Unternehmen argumentative Kraft, rhetorischen Glanz und internationales Flair ver-liehen hatte, und fragte neugierig; "Wer ist das eigentlich?" Ein Jurist, der einen qua-lifizierten bürgerlichen Ungehorsam rechtfertigt, war damals noch eine Rarität. Eine Ausnahmeerscheinung ist Ronald Dworking geblieben. » (AE, 65)

Habermas rend hommage au « patriotisme américain » de Dworkin qui fait appel aux fondements de la culture politique des États-Unis, pour lutter contre toutes les atteintes aux droits, dans la vie quotidienne comme en temps de guerre. C'est ainsi qu'il en appelle aux Américains de ne pas oublier « la meilleure part de leurs valeurs nationales ! ».

« Die traurigen Fakten des bestehenden Rechtszustands verraten bereits die Aspiration auf eine wohlverstandene Herrschaft des Rechts. In diesem Sinne spricht Dworkin von "aspi-rational concept of law". Darin drückt sich ein sehr amerikanischer Patriotismus aus, dessen anrührende Impulse ein anderer amerikanische Philosoph, Richerd Horty auf einen unverdächtigen Begriff gebracht hat – "achieving our country". Ronald Dworkin hat mit sei-nem jüngsten Buch "Is Democracy possible here?" von diesem Brecht'schen Impuls, das eigene Land zu verbessern, ein bewegendes Zeugnis abgelegt [...].

Dworkin lässt kein heisses Eisen aus. Er verhandelt uneingeschüchtert Guantanamo und die Weigerung von Justizgrundrechten, die terroristischen Gefahren und jene Gefolter-praktiken, die als coercitive interrogation verniedlicht werde; er diskutiert über staat-liche Sicherheitsinteressen und die Eingriffe in individuelle Bürgerfreiheiten, über die

Todesstrafe…; er spricht über den religiösen Fundamentalismus und die weltanschau-liche Neutralität des Staates, über die Homosexuellenehe […]; er erörtert die neoliberale Wirtschaftspolitik und die Frage der sozialen Gerechtigkeit, den Sozialstaat als Legitima-tionsbedingung der Demokratie und die Zerstörung der politischen Öffentlichkeit durch die Medienmacht der privaten Konzerne. Aber dieses Mal zeichnet sich seine Argumen-tation dadurch aus, dass er als Patriot über sehr tiefe Gräben hinweg die Grundlagen der gemeinsamen politischen Kultur beschwört. Hier appelliert einer im Tenor von "We Americans" an die Gegenseite, den besseren Teil der nationalen Werte nicht zu vergessen. » (AE, 73-74).

Ces deux figures du pragmatisme américain témoignent de l'importance, aux yeux de Habermas, de ce mouvement de pensée pour l'Allemagne de l'après-guerre, et pour son propre cheminement intellectuel.

8.3.3. Le rôle des intellectuels dans le débat sur l'Europe après 2005 (die Rolle der Intellektuellen in der Europa-Debatte nach 2005)

C'est le moment où l'Union européenne connaît un grave revers avec l'échec des référendums français et néerlandais et se trouve à nouveau livrée aux jeux de pouvoir des gouvernements nationaux, lesquels sont « au bout de leur latin », selon l'expression de Habermas.

C'est aussi le moment où les États-Unis, confrontés à la montée en puissance de la Chine, ont besoin d'un allié loyal et sûr. C'est pourquoi il faut, selon lui, surmonter la division « mentale » de l'Occident et y réaliser une union bipolaire.

« Aus diesem Grunde empfiehlt es sich, die bestehende mentale Spaltung des Westens zugunsten der "bipolaren" Gemeinsamkeit eines Westens zu überwinden, der fortan bemüht ist, seine angeschlagene normative Glaubwürdigkeit nicht noch weiter zu ver-spielen. Eine solche "bipolare" Gemeinsamkeit des Westens verlangt von Europa einen unbefangen selbstbewussten Blick auf die USA, der zugleich selbstkritisch genug ist, um auch den leisesten Regungen von Antiamerikanismus zu widerstehen. » (AE, 122)

La partie débute par la remise à Habermas du « prix Bruno Kreisky » – du nom de l'ancien chancelier de la jeune République autrichienne, prix qui lui a été remis dans le « Karl-Renner Institut » de Vienne. C'est aussi pour lui l'occasion de rendre hommage à la grande tradition théorique de l'austro-marxisme, représen-tée par Otto Bauer, Rudolf Hilferding, Karl Renner et Max Adler, qui prônent un réformisme radical, tout en manifestant leur fidélité à l'État de droit. Habermas leur doit, selon ses termes, son passage d'un « marxisme hégélien » – à la Lukacs – à un « kantisme pragmatique ».

Il évoque un autre aspect de ces « intellectuels de partis », en citant l'exemple de Bruno Kreisky qui, à son retour d'émigration de Scandinavie, n'est plus le même qu'à son départ d'Autriche, tout comme Willy Brandt l'a été de son côté ! Pour Habermas, l'émigration en Scandinavie les a idéologiquement transfor-més : leur objectif initial de gagner la « lutte des classes » consiste dès lors à « paci-fier la société de classe » pour en faire une « société de citoyens ».

« Otto Bauer und Rudolf Hilferding, Karl Renner und Max Adler verstanden sich trotz aller Wissenschaftlichkeit als Parteiintellektuelle [...]. Als Demokraten hatten sie allerdings über die Rolle der Partei eine ganz andere Auffassung als der leninistische Lukacs in "Geschichte und Klassenbewusstsein". Wie dem auch sei, die Figur des Parteienintellektuellen gehört zu dem historisch gewordenen Milieu linker Weltanschauungsparteien. Nach 1945 konnte es diesen Typus im Westen nicht mehr geben. Wie Willy Brandt ist auch Bruno Kreisky aus Skandinavien als ein anderer zurückgekehrt. Es ist auch das Verdienst dieser aus der Emigration zurückgekehrten Sozialdemokraten, dass die Klassengesellschaft sozialstaatlich befriedet und in eine Bürgergesellschaft transformiert worden ist. Die nach 1945 auftretenden Intellektuellen – wie Camus und Sartre, Adorno und Marcuse, Max Frisch und Heinrich Böll – ähneln eher den älteren Vorbildern der parteinehmenden, aber parteipolitisch ungebundenen Schriftsteller und Professoren. Sie lassen sich aus gegebenem Anlass dazu provozieren, ungefragt, also ohne Auftrag und Abstimmung von ihrem beruflichen Wissen jenseits ihrer Profession einen öffentlichen Gebrauch zu machen. Ohne Anspruch auf einen elitären Status können sie sich auf keine andere Legitimation berufen als die Rolle eines demokratischen Staatsbürgers. » (AE, 79-80)

Habermas fait ensuite un historique des générations successives d'intellectuels allemands.

Une première génération, celle de Feuerbach, Heine et Börne, de Bruno Bauer, Max Stirner et Julius Fröbel, de Marx, Engels, et du Kierkegaard d'avant 1848, quand le parlementarisme et la presse sont apparus, sous l'égide du premier libéralisme.

Le libéralisme moderne commence à s'affirmer en s'appuyant sur une sphère publique bien informée. Se développe alors ce que Habermas appelle « une culture politique de la contradiction » susceptible de mobiliser les citoyens.

Il passe ensuite aux intellectuels de l'après-1945 : les manifestes du Groupe 47, les interventions d'Alexandre Mitscherlich ou de Helmut Gollwitzer ; les prises de position de Michel Foucault, Jacques Derrida et Pierre Bourdieu ; les textes prenants d'Erich Fried et de Günter Grass – il déplore la perte d'audience récente de G. Grass !

Il incrimine une société dominée par les médias de masse et va jusqu'à se demander si un nouveau changement structurel de l'espace public, défavorable aux intellectuels, n'est pas en train de s'opérer !

C'est que le nouveau fonctionnement de l'information – le basculement de l'imprimé et de la presse écrite sur la télévision et l'internet – change la donne. D'une part, il produit une extension de l'espace public médiatique et une densification sans pareille des réseaux de communication : l'espace public, dans lequel les intellectuels étaient comme des poissons dans l'eau, s'est ouvert à tout un chacun, les échanges d'informations sont devenus plus intenses que jamais. D'autre part, les conséquences de cette ouverture ont fait que les intellectuels se sentent étouffés par ce trop-plein. Ce qui a été reçu comme un don du ciel par le grand public est devenu pour eux une malédiction : l'espace public se trouve tout à la fois élargi et fragmenté – « déformalisé » – par l'utilisation de l'internet ; les différents rôles sont « dédifférenciés ». Du coup, les avancées de l'espace public traditionnel sont remises en question : Habermas déplore l'apparition de contri-butions « non rédigées » et le fait qu'on ne se focalise plus sur les contributions des intellectuels. Or ceux-ci, par le passé, ont réussi à concentrer *(bündeln),* au sein des communautés politiques, l'attention d'un public anonyme et éclaté, sur des sujets donnés, de manière à ce que les citoyens puissent débattre de théma-tiques de façon critique !

> *« Auf der einen Seite hat die Umstellung der Kommunikation von Buchdruck und Presse auf Fernsehen und Internet zu einer ungeahnten Ausweitung der Medienöffentlichkeit und zu einer beispiellosen Verdichtung der Kommunikationsnetze geführt. Die Öffentlichkeit, in der sich Intellektuelle wie Fische im Wasser bewegt haben, ist inklusiver, der Austausch intensi-ver geworden denn je zuvor. Andererseits scheinen die Intellektuellen am Überborden dieses lebenspendenden Elements wie an einer Überdosierung zu ersticken. Der Segen scheint sich in Fluch zu verwandeln. Die Gründe dafür sehe ich in einer Entformalisierung der Öffent-lichkeit und in einer Entdifferenzierung entsprechender Rollen.*
>
> *Die Nutzung des Internets hat die Kommunikationszusammenhänge zugleich erweitert und fragmentiert. Deshalb übt das Internet zwar eine subversive Wirkung auf autoritäre Öffentlichkeitsregime aus. Aber die horizontale und entformalisierte Vernetzung der Kommunikationen schwächt zugleich die Errungenschaften traditioneller Öffentlich-keiten. Diese bündeln nämlich innerhalb politischer Gemeinschaften die Aufmerksamkeit eines anonymen und zerstreuten Publikums für ausgewählte Mitteilungen, sodass sich die Bürger zur gleichen Zeit mit denselben kritisch gefilterten Themen und Beiträgen befassen können. Der begrüssenswerte Zuwachs an Egalitarismus, der uns das Internet beschert, wird mit der Dezentrierung der Zugänge zu unredigierten Beiträgen bezahlt. In diesem Medium verlieren die Beiträge von Intellektuellen die Kraft, einen Fokus zu bilden. »* (AE, 81-82)

Habermas focalise sa « critique culturelle » du nouvel espace public sur les nouveaux acteurs, en particulier ceux qui officient dans les émissions-débats *(Talkshow) :* les « animatrices fabuleuses » et leurs invités , des « politiques », des « experts » et des « journalistes », dont la fonction principale consiste à « s'autopré-senter » *(Selbstdarstellung)* devant un public passif *(ein zuschauendes Publikum).*

> *« Weil das Fernsehen ein Medium ist, das etwas sichtbar macht, verschafft es denen, die öffentlich auftreten, Prominenz im Sinne von Bekanntheit. Vor der Kamera stellen sich Akteure, was immer sie sonst zum Inhalt des Programms beisteuern, selbst dar. Bei zufäl-ligen Begegnungen erinnert sich deshalb der Zuschauer, das Gesicht schon einmal gesehen zu haben. Das Fernsehen lädt die Beteiligten, auch wenn es dem Inhalt nach um eine diskursive Veranstaltung geht, zur Selbstdarstellung ein – wie in den vielen Talkshows. Das Moment der Selbstdarstellung der Akteure verwandelt unvermeidbar das urteilende Publikum, das sich vor dem Bildschirm am Streit über Themen von allgemeinem Interesse beteiligt, auch in ein zuschauendes Publikum. »* (AE, 82)

Pour ce qui est de la politique internationale, le retour d'une politique de puis-sance hégémonique, l'affrontement de l'Occident avec l'Islam, une décolonisation manquée : tout cela fait que seule une Union européenne capable d'agir au plan mondial, aux côtés des États-Unis, de la Chine, de l'Inde et du Japon, est capable de trouver une alternative économique au « Consensus de Washington » et de faire avancer la réforme de l'ONU, bloquée en ce moment par Washington.

S'ajoute à cela la division du monde occidental, consécutive au « *Kulturkampf* », qui est en train de diviser la nation américaine en deux moitiés équivalentes.

D'où la conclusion tirée par Habermas : il faut opérer un changement de paradigme. Dans cette situation critique, « nous les Européens », devons sortir de la dépendance de partenaires dominants. C'est pourquoi l'Union européenne doit se doter de ses propres forces armées !

Notons que dans toute cette partie Habermas ne parle plus de l'Allemagne, laquelle est remplacée par la forme pronominale « nous ».

Jusqu'à présent, lors des interventions de l'OTAN, dit-il, les Européens ont dû se plier aux ordres du commandement américain. C'est pourquoi, à l'avenir, « nous », nous devons pouvoir rester fidèles à nos propres conceptions du droit international, de l'interdiction de la torture et du droit pénal de guerre.

Sur tous ces points, Habermas dit être en accord avec les conceptions du ministre-président belge libéral Guy Verhofstadt, un libéral, mais ne fait pas référence aux gouvernants allemands !

« *Die weltwirtschaftlichen Bedingungen, die sich im Zuge der Globalisierung verändert haben, verwehren heute dem Nationalstaat einen Zugriff auf die Steuerressourcen, ohne die er die Nachfrage nach kollektiven Gütern und öffentlichen Dienstleistungen nicht mehr in gebotenem Umfang befriedigen kann. Andere Herausforderungen wie die demographische Entwicklung und eine verstärkte Migration verschärfen die Situation, aus der es nur einen offensiven Ausweg gibt: die Zurückgewinnung der politischen Gestaltungskraft auf supranationaler Ebene. [...]*

Die seit dem Irakkrieg sichtbar gewordene Spaltung des Westens hat ihre Ursache auch in einem Kulturkampf, der die amerikanische Nation selbst in zwei fast gleich grosse Lager teilt. Als Folge der mentalen Verschiebung verrutschen die bisher geltenden normativen Massstäbe der Regierungspolitik. Das kann die engsten Verbündeten der USA nicht gleichgültig lassen. Gerade in kritischen Fällen des gemeinsamen Handelns müssen wir uns aus der Abhängigkeit vom überlegenen Partner lösen. Auch deshalb braucht die Europäische Union eigene Streitkräfte. Bisher haben sich die Europäer bei Einsätzen der NATO den Anweisungen und Regeln des amerikanischen Oberkommandos untergeordnet. Nun müssen wir uns in die Lage versetzen, auch bei einem gemeinsamen Vorgehen, unserer eigenen Vorstellungen von Völkerrecht, Folterungsverbot und Kriegsstrafrecht treu bleiben. » *(AE, 85-87)*

8.3.4. La question de l'intégration des immigrants

Dans le chapitre 8 de *Ach, Europa*, Habermas revient sur la question des immigrants, le sujet déjà traité dans *Einbeziehung des Anderen* de 1996.

L'idée mise en exergue ici, c'est que l'intégration des immigrants implique de la part du pays d'accueil un infléchissement du mode de vie, un élargissement de son propre horizon, que ce soit dans la vie quotidienne où il faudra apprendre à supporter de nouvelles odeurs et de nouveaux modes de pensée, ou dans les pratiques religieuses, où la rencontre avec la vitalité de religions étrangères peut être féconde pour les croyants comme pour les non-croyants.

Cela étant, une intégration réussie nécessite un processus d'apprentissage des deux côtés. L'État libéral demande à toutes les confessions religieuses d'accepter le pluralisme religieux, la compétence de la science officielle pour la connaissance profane et les fondements universalistes du droit moderne. Il garantit les droits fondamentaux également à l'intérieur de la famille : il combat la violence, également sous la forme de la contrainte morale envers les propres membres de la famille.

« *In den säkularisierten Gesellschaften West- und Nordeuropas kommt die Begegnung mit der Vitalität fremder Religionen hinzu. Sie verschafft auch den einheimischen Konfessionen eine neue Resonanz. Die eingewanderten Andersgläubigen sind ein Stimulus für die Gläubigen nicht weniger als für die Nichtgläubigen […].*

Die gelingende Integration ist ein Lernprozess auf Gegenseitigkeit. Bei uns stehen die Muslime unter dem größten Zeit- und Anpassungsdruck. Der liberale Staat verlangt von allen Religionsgemeinschaften ohne Ausnahme, dass sie die Tatsache des religiösen Pluralismus, die Zuständigkeit der institutionalisierten Wissenschaft für säkulares Wissen und die universalistischen Grundlagen des modernen Rechts anerkennen. Er garantiert die Grundrechte, auch innerhalb der Familie. Er ahndet Gewalt, auch in der Form des Gewissenszwangs gegenüber eigenen Mitgliedern. Aber der Bewusstseinswandel, der die Verinnerlichung dieser Normen erst möglich macht, verlangt gleichzeitig eine selbstreflexive Öffnung unserer nationalen Lebensformen. » (AE, 93-94)

Habermas évoque la tension culturelle croissante apparue entre le christianisme et l'Islam, laquelle s'est manifestée récemment en Allemagne, et qui a déclenché une sorte de compétition entre les religions sur la question de la compatibilité entre la foi et la science. Pour sa part, dans son ouvrage de 2005 – *Zwischen Naturalismus und Religion* –, il défend l'idée que l'État libéral se doit de promouvoir la compatibilité en question, qui doit s'appliquer à toutes les religions et non pas rester l'apanage des religions liées à la tradition occidentale.

« *Die seit 2001 zunehmende kulturelle Spannung zwischen Christentum und Islam hat jüngst in Deutschland einen aufregenden, auf hohem Niveau geführten Wettstreit der Konfessionen ausgelöst. Gestritten wird über die Verträglichkeit von Glauben und Wissen. Der Papst führt die Vernünftigkeit des Glaubens auf die Hellenisierung des Christentums zurück, Bischof Huber auf die nachreformatorische Begegnung des Evangeliums mit dem nachmetaphysischen Denken Kants und Kierkegaards.*

Auf beiden Seiten verrät sich im Eifer des Gefechts ein Quäntchen Zuviel an Vernunftstolz. Der liberale Staat muss jedenfalls darauf bestehen, dass die Verträglichkeit des Glaubens mit der Vernunft allen religiösen Bekenntnissen zugemutet wird. Diese Qualität darf nicht als die exklusive Eigenschaft einer bestimmten, an eine westliche Traditionslinie gebundene Religion beansprucht werden. » (AE, 95)

8.3.5. La politique européenne dans l'impasse à la fin de la décennie

Pour répondre aux défis qui se posent en 2009, Habermas fait un retour en arrière aux dernières années du gouvernement Rouge-Vert, quand celui-ci, avec Joschka Fischer comme vice-chancelier et ministre des Affaires étrangères, opère un virage dans sa politique européenne, et ce en sollicitant, comme troisième État européen, un siège permanent au Conseil de sécurité pour la RFA. Habermas voit dans ce geste un changement de cap : le gouvernement montre par là qu'il ne croit déjà plus en une politique extérieure et de défense commune européenne.

> « *Der Entschluss der rotgrünen Bundesregierung sich im Zuge der von Kofi Annan betriebenen (und gescheiterten) UN-Reform – neben Indien, Brasilien und Japan – als dritter europäischer Staat um einen permanenten Sitz im Sicherheitsrat zu bewerben, signalisierte noch während der Amtszeit Joschka Fischers einen Kurswechsel in der Europapolitik. Offensichtlich hat die Bundesregierung die Hoffnung auf eine gemeinsame europäische Außen- und Sicherheitspolitik schon damals aufgegeben. Umso geringere Erwartungen dürften sich heute mit der institutionelle Aufwertung des Amtes des EU-Beauftragten für die gemeinsame Außen- und Sicherheitspolitik verbinden.* » (AE, 109-110)

Un second grand reproche concerne les marchés financiers internationaux que, selon Habermas, il est urgent de soumettre à des règles plus rigoureuses. Or le SPD, dans son nouveau programme, propose de contenir les risques de la globalisation sur le marché du travail et les systèmes de sécurité sociale, et ce dans le cadre national. Habermas se demande si ces objectifs ne sont pas plus facilement atteignables en harmonisant les politiques concernées dans le cadre du grand espace économique de l'Eurozone.

> « *Trotz der europapolitischen Bekenntnisse im neuen Parteiprogramm (der SPD) und dem vereinzelten Hinweis auf die Notwendigkeit, die internationalen Finanzmärkte strengeren Regeln zu unterwerfen, versucht die SPD die Risiken der wirtschaftlichen Globalisierung für den Arbeitsmarkt und die sozialen Versicherungssysteme im Rahmen des Nationalstaates aufzufangen. Wäre dieses Ziel nicht besser dadurch zu erreichen, dass die entsprechenden Politiken innerhalb des Großen europäischen Wirtschaftsraumes, mindestens aber innerhalb der Eurozone aufeinander abgestimmt würden?* » (AE, 126)

De manière plus générale, il faut que le SPD voie plus loin que le bout de son nez, qu'il élargisse sa perspective, et ce pour une autre raison. La force du SPD, dit-il, a toujours résidé dans son programme et, s'il perd ses adhérents, c'est qu'il n'arrive plus à leur proposer des perspectives de réformes et de justice sociale. Il lui faut dépasser les sempiternels problèmes d'âge de départ à la retraite, de crèches et de réforme de santé. Il rajoute toutefois qu'il ne sous-estime pas cette préoccupation, dans la situation socio-économique brillante dans laquelle se trouve l'Allemagne d'aujourd'hui : il trouve absolument scandaleux la montée de la pauvreté concernant les enfants, la croissance des inégalités en termes de revenus et de fortune, le nombre croissant de bas salaires, tout comme le nombre grandissant de gens qui se sentent inutiles.

Il tempère toutefois ses accusations à l'adresse du SPD en concluant qu'on ne pourra trouver de solutions à ce scandale que si on arrive à inverser la tendance mondiale qui fait que les possibilités de réformes sont à la remorque des marchés, donc hors d'atteinte pour le SPD !

> « *Die Erweiterung der Perspektive über den Tellerrand des Nationalstaates hinaus, empfiehlt sich noch aus einem anderen Grunde. Die SPD war immer eine Programmpartei und verliert ihr Klientel, weil sie diesem keine umfassende, zukunftsgestaltende und das klassische Gerechtigkeitsbedürfnis befriedigende Perspektive mehr eröffnet – eine Perspektive die über die Details von Rentenalter, Kinderkrippe und Gesundheitsreform hinausgreift. Nicht als ob ich mich aus der Position eines Besserverdienenden über die sozialpolitischen Mühen der Ebene hinwegsetzte. Inmitten eines der glänzendsten Wohlstandsmilieus empfinde ich die wachsende Kinderarmut, die wachsenden Disparitäten in der Verteilung von Einkommen und Eigentum, einen wachsenden Niedriglohnsektor mit unsicheren Beschäftigungsverhältnissen, das wachsende Segment von Menschen, die sich überflüssig fühlen – alles das empfinde ich als einen Skandal. Aber dieser Skandal sollte als Teil der Probleme begriffen werden, die wir nur lösen können, wenn wir den weltweiten Trend, dass die Märkte den politischen Gestaltungsmöglichkeiten davonlaufen, umkehren.* » *(AE, 127)*

8.3.6. La « *raison de la sphère publique* » (Zur Vernunft der Öffentlichkeit)

L'article intitulé « *Medien, Märkte und Konsumieren. Die seriöse Presse als Rückgrat der politischen Öffentlichkeit* », publié dans la *Süddeutsche Zeitung* en 2007, est un écrit de circonstance : le grand quotidien connaît des difficultés financières en 2002, suite à la baisse de ses recettes publicitaires, et allait être repris par des investisseurs privés ou par des grands groupes de presse. Entretemps il a réussi à se redresser !

Cet exemple d'une « crise de presse » *(Zeitungskrise)* est l'occasion pour Habermas de faire le point sur ce qu'il appelle la « presse sérieuse » – ou « presse de qualité » – et son apport à l'espace public politique. Il se félicite du « système dual allemand » qui a réussi à limiter les dégâts, modèle qu'il oppose au système américain où les médias de masse électroniques sont aux mains du seul marché !

> « *So meinte man (in den USA) die Herstellung und den Konsum von Fernsehprogrammen getrost dem Markt allein überlassen zu können. Seitdem stellen Medienunternehmer für Zuschauer Programme her und verkaufen die Aufmerksamkeitsressourcen ihres zuschauenden Publikums an Auftraggeber von Werbeeinlagen. Dieses Organisationsprinzip hat [...] politisch-kulturelle Flurschäden angerichtet, die in der Bundesrepublik durch ein "duales" Fernsehsystem begrenzt worden sind. In den Mediengesetzen der Bundesländer, den einschlägigen Urteilen des Bundesverfassungsgerichts und in den Programmgrundsätzen der öffentlich-rechtlichen Anstalten spiegelt sich jedenfalls die Auffassung,*

dass die elektronischen Massenmedien nicht nur die leichter kommerzialisierbaren Unter-
rhaltungs- und Ablenkungsbedürfnisse von Konsumenten befriedigen sollen. Hörer und
Zuschauer sind nicht nur Konsumenten, also Marktteilnehmer, sondern gleichzeitig
Bürger mit einem Recht auf kulturelle Teilhabe, Beobachtung des politischen Geschehens
und Beteiligung an der politischen Meinungsbildung. Auf Grund dieses Rechtsanspruchs
dürfen die Programme, die eine entsprechende Grundversorgung der Bevölkerung sichers-
tellen, nicht von ihrer Werbewirksamkeit und der Unterstützung von Sponsoren abhängig
gemacht werden. » (AE, 133-134)

Pour lui, le « *Dualsystem* » ne doit pas rester l'apanage des médias électroniques : il pourrait servir d'exemple à la forme d'organisation des journaux
« sérieux » comme la *Süddeutsche Zeitung* ou la *Frankfurter Allgemeine*, des heb-
domadaires comme *Die Zeit* ou *Der Spiegel*. C'est que, selon lui, la « presse de
qualité » joue dans le domaine de la communication politique, pour les lecteurs
en tant que citoyens, le rôle de « média directeur » *(Leitmedium)*. La radio et
la télévision ainsi que le reste de la presse sont tributaires des thématiques et
des contributions de ce type de presse « sérieuse ». Habermas se demande si
le modèle d'organisation adopté pour les médias électroniques ne pourrait pas
s'appliquer à des journaux « sérieux » comme la *Süddeutsche* ou la *Frankfur-*
ter Allgemeine, die Zeit ou *der Spiegel*. Des études faites par les sciences de la
communication ont fait apparaître que la « presse de qualité » fonctionne pour
les lecteurs-citoyens comme des « médias de référence », tout comme pour le
reste de la presse, dont les reportages et les commentaires politiques dépendent
fortement des thèmes traités pas la « presse qui réfléchit » *(die « räsonierende »*
Publizistik) !

> « *Nun mag ein öffentlich-rechtliches Reservat für die Rolle der elektronischen Medien*
> *schön und gut sein. Aber kann es im Notfall ein Beispiel sein für die Organisationsform*
> *seriöser Zeitschriften wie die Süddeutsche, die Frankfurter Allgemeine, die Zeit oder der*
> *Spiegel? [...] Die Qualitätspresse spielt zumindest im Bereich der politischen Kommu-*
> *nikation – also für die Leser als Staatsbürger – die Rolle von "Leitmedien". Auch Rund-*
> *dfunk und Fernsehen sowie die übrige Presse sind in ihrer politischen Berichterstattung*
> *und Kommentierung weitgehend abhängig von den Themen und Beiträgen, die ihnen die*
> *"räsonierende" Publizistik vorschießt.* » (AE, 134-135)

S'il devait arriver que l'une ou l'autre de ces rédactions tombent aux mains
d'investisseurs qui recherchent le profit et travaillent sur le court terme, qu'elles
opèrent une réorganisation et veulent réaliser des économies, c'est tout l'espace
public qui en souffrirait. C'est que la communication publique nécessite une
arrivée permanente d'informations alimentées par des recherches, ainsi que des
arguments, qui la nourrissent ; leur perte la priverait de la « vitalité discursive ».
L'espace public ne résistera plus aux tendances populistes et ne pourra plus remplir
les fonctions qui sont les siennes dans l'État de droit démocratique.

> « *Nehmen wir einmal an, dass einige dieser Redaktionen unter dem Druck von Finanzin-*
> *vestoren geraten, die auf schnelle Profite aus sind. [...] Wenn dann in diesem Kernbereich*
> *Umorganisation und Einsparung, die gewohnten journalistischen Standards gefährden,*
> *wird die politische Öffentlichkeit im Mark getroffen. Denn die öffentliche Kommunikation*

büsst ohne den Zufluss von Informationen, die sich aufwendiger Recherche verdanken, und ohne die Belebung durch Argumente, die auf einer nicht gerade kostenlosen Expertise beruhen, ihre diskursive Vitalität ein. Die Öffentlichkeit würde den populistischen Tendenzen keinen Widerstand entgegensetzen und könnte die Funktion nicht mehr erfüllen, die sie im Rahmen eines demokratischen Rechtsstaates erfüllen müsste. » (AE, 135)

Or notre société pluraliste ne peut intégrer ses membres que si elle inclut tous les citoyens et permet à tous de participer aux débats publics. C'est ainsi que se forge une opinion publique, au moyen de discussions et de polémiques, dont les dissonances sont « filtrées » par les informations pertinentes et les arguments – alors que la démoscopie ne peut fournir que des données brutes latentes !

« *Die demokratische Meinungs- und Willensbildung hat eine epistemische Dimension, weil es auch um die Kritik falscher Behauptungen und Bewertungen geht. Daran ist eine diskursiv vitale Öffentlichkeit beteiligt. Das kann man sich intuitiv an dem Unterschied klarmachen, der zwischen konkurrierenden öffentlichen Meinungen und der Veröffentlichung demoskopisch erfasster Meinungsverteilungen besteht. Die öffentlichen, durch Diskussion und Polemik erzeugten Meinungen, sind bei aller Dissonanz durch einschlägige Informationen und Gründe gefiltert, während die Demoskopie gewissermassen latente Meinungen in ihrem Roh- und Ruhezustand nur abruft.* » (AE, 135-136)

Certes, les flux communicationnels spontanés d'une sphère publique dominée par les mass media ne sont pas du même ordre que les discussions qui se déroulent dans les tribunaux ou les commissions parlementaires. Mais cela n'est pas nécessaire, car la sphère publique politique n'est qu'un maillon d'une chaîne : elle fait le lien entre les discours et les négociations qui se déroulent dans les arènes du système de pouvoir d'un côté, et de l'autre côté les discussions quotidiennes informelles d'électeurs potentiels.

La sphère publique apporte sa contribution à la légitimation démocratique de l'action de l'État en ce qu'elle choisit les sujets politiquement pertinents et les problématise. Ces thématiques vont finalement s'amalgamer *(bündeln)* avec des prises de position plus ou moins informées et fondées pour constituer une opinion publique dans laquelle celles-ci rivalisent.

Dans ces conditions, la communication en vue de la formation de l'opinion à l'intérieur de la sphère publique politique se trouve renforcée et stimulée. En même temps, elle oblige le système politique à une plus grande transparence et à plus de souplesse. Sans les impulsions d'une presse d'opinion qui informe correctement et commente avec soin, la sphère publique ne peut plus dispenser l'énergie requise.

Or, quand il s'agit des besoins en énergie, en gaz, en électricité ou en eau, l'État est dans l'obligation de garantir ceux-ci.

On peut se demander s'il n'est pas tout aussi obligé d'intervenir quand il s'agit d'« une sorte d'énergie » sans laquelle des pannes peuvent intervenir qui risquent de menacer le bon fonctionnement de l'État démocratique. On ne peut pas accuser l'État de porter atteinte au « système » quand il essaie, dans ce cas particulier, de protéger le bien public de la presse de qualité, d'une manière ou d'une autre !

Habermas insiste sur le rôle de la sphère publique qui légitime le travail gouvernemental par le choix qu'elle fait de sujets politiques pertinents qu'elle problématise et qu'elle fusionne avec diverses prises de position pour aboutir à des actions publiques efficaces.

> *« Die Öffentlichkeit leistet zur demokratischen Legitimation des staatlichen Handelns ihren Beitrag, indem sie die politisch entscheidungsrelevanten Gegenstände auswählt, zu Problemstellungen verarbeitet und zusammen mit mehr oder weniger informierten und begründeten Stellungnahmen zu konkurrierenden öffentlichen Handlungen bündelt.*
>
> *Auf diese Weise entfaltet die öffentliche Kommunikation für die Meinungs- und Willensbildung der Bürger eine stimulierende und zugleich orientierende Kraft, während sie das politische System gleichzeitig zu Transparenz und Anpassung nötigt. Ohne die Impulse einer meinungsbildenden Presse, die zuverlässig informiert und sorgfältig kommentiert, kann die Öffentlichkeit diese Energien nicht mehr spenden. Wenn es um Gas, Elektrizität oder Wasser geht, ist der Staat verpflichtet die Versorgung der Bevölkerung sicherzustellen. Sollte er dazu nicht ebenso verpflichtet sein, wenn es um jene Art von "Energie" geht, ohne deren Zufluss Störungen auftreten, die den demokratischen Staat selbst beschädigen? »* (AE, 136)

Habermas conclut *Ach, Europa* en lançant une idée. Il existe, dit-il, une solution pour remédier aux difficultés de la « presse de qualité » : elle ne devrait pas traiter les thèmes européens en tant que tels, mais en même temps informer sur les prises de position et les controverses que ces mêmes thèmes suscitent dans les autres pays.

> *« Die bestehende Qualitätspresse könnte ihre ökonomisch bedrohte Existenz unter anderem dadurch retten, dass sie auf diesem transnationalen Wege eine Pfadfinderrolle für die fällige Kapazitätserweiterung der nationalen Öffentlichkeiten übernimmt. Sie müsste die europäischen Themen nicht nur als solche präsent machen und behandeln, sondern zugleich über die politischen Stellungnahmen und Kontroversen, die dieselben Themen in den anderen Mitgliedsstaaten auslösen, informieren. »* (AE, 191)

8.4. « L'état d'esprit de l'Europe en crise » (*Zur Verfassung Europas*, 2011)

8.4.1. *L'Europe en crise : l'« échec » / la « défaite » de la « chancelière »*

L'essai intitulé *Zur Verfassung Europas* peut se lire comme un texte consacré à la « Constitution pour l'Europe », laquelle s'est trouvée au centre des débats des années 2000, ou se rapporter à « l'état de l'Europe en crise » : depuis le rejet en 2005 du Traité établissant une Constitution pour l'Europe. Le titre de l'essai mentionne effectivement « la crise de l'Union européenne ». Dans cette crise, la chancelière tient un rôle central. Habermas en fait une critique acerbe en la présentant comme une personne mesquine, insensible aux pays en difficulté financière, et qui, après une nuit de débats acharnés du Conseil européen, a été obligée de rendre les armes !

Cela étant, le Conseil européen est présenté, ici comme précédemment, comme une instance technocratique qui se joue des Traités européens.

« *[...] die technokratische Selbstermächtigung eines kerneuropäischen Rates, der mit seinen informellen Beschlüssen an den Verträgen vorbeiregierte.* » *(ZVE, 42).*

Habermas reproche à Merkel de s'être alliée à Sarkozy pour renforcer l'emprise du Conseil européen au détriment du Parlement européen et des Parlements nationaux, et ce contrairement aux décisions du Traité de Lisbonne, qui vise une union politique et sociale de l'Europe. Or l'« arrangement » entre les chefs de gouvernement risque de transformer le projet européen en son contraire : un « pouvoir post-démocratique et bureaucratique » !

« *A. Merkel und N. Sarkozy haben am 22. Juli 2011 einen [...] Kompromiss zwischen deutschem Wirtschaftsliberalismus und französischem Etatismus geschlossen [...]. Alle Zeichen deuten darauf hin, dass beide den im Lissabon-Vertrag angelegten Exekutivföderalismus zu einer – dem Geiste des Vertrags zuwiderlaufenden – intergouvernementalen Herrschaft des europäischen Rates, ausbauen möchten. Auf diesem Weg einer zentralen Steuerung durch den Europäischen Rat könnten sie die Imperative der Märkte an die nationalen Haushalte weitergeben. Dabei müssten intransparent getroffene und rechtlich formlose Vereinbarungen mithilfe von Sanktionsandrohungen und Pressionen gegenüber den entmachteten nationalen Parlamenten durchgesetzt werden. Die Regierungschefs würden auf diese Weise das europäische Projekt in sein Gegenteil verkehren. Aus dem ersten demokratisch verrechtlichen supranationalen Gemeinwesen würde ein Arrangement zur Ausübung postdemokratisch-bürokratischer Herrschaft.* » *(ZVE, 81)*

L'alternative à cette dérive aurait consisté, selon Habermas, à poursuivre la « juridisation démocratique » de l'Union européenne en éliminant les inégalités sociales structurelles entre les États de l'UE.

« *Die Alternative besteht in der konsequenten Fortführung der demokratischen Verrechtlichung der Europäischen Union. Eine europäische Bürgersolidarität kann sich nicht herausbilden, wenn sich zwischen den Mitgliedstaaten, [...] soziale Ungleichheiten strukturell verstetigen. Die Union muss gewährleisten, was das Grundgesetz der Bundesrepublik Deutschland in Art. 106 Abs. 3 die "Einheitlichkeit der Lebensverhältnisse" nennt. Diese Einheitlichkeit bezieht sich nur auf eine Variationsbreite sozialer Lebenslagen, die unter Gesichtspunkten der Verteilungsgerechtigkeit akzeptabel ist, nicht auf die Einebnung kultureller Unterschiede. Vielmehr ist der sozial unterfütterte politische Zusammenhalt nötig, damit die nationale Vielfalt und der unvergleichliche kulturelle Reichtum des Biotops "Alteuropa" inmitten einer rasant fortschreitenden Globalisierung überhaupt vor Einebnung geschützt werden kann.* » *(ZVE, 81-82)*

La partie de l'ouvrage intitulée « Appendice : L'Europe de la République fédérale » *(Anhang: Das Europa der Bundesrepublik)* est en fait un réquisitoire des plus sévères contre la chancelière, confrontée à la crise financière.

ll s'agit d'abord d'une interview avec Thomas Assheuer parue en novembre 2008 dans *Die Zeit*, deux mois après la faillite de Lehman Brothers, au début de la crise financière. Habermas reproche à Angela Merkel et Peer Steinbrück – son ministre des Finances SPD – lors d'une réunion à Paris avec Nicolas Sarkozy et Jean Junker, en pleine crise financière, d'avoir refusé de s'associer à une action concertée des membres de l'UE : Habermas fustige le « cavalier seul » de l'Allemagne !

> *« Als damals die Finanzkrise ausbrach, haben sich Angela Merkel und Peer Steinbrück bei dem entscheidenden Treffen in Paris der Forderung von Nicolas Sarkozy und Jean-Claude Junker nach einem gemeinsamen europäischen Vorgehen der EWU-Länder widersetzt. Hier zeichnete sich das Reaktionsmuster des nationalen Alleingangs schon deutlich ab. »* (ZVE, 97)

La seconde partie de l'annexe, un article de Habermas publié également dans *Die Zeit*, sous le titre « Après la banqueroute », se rapporte à la séance de nuit du Conseil européen, du 7 au 8 mai 2010, quand un plan de sauvetage est organisé dans le cadre de la zone Euro pour venir au secours de la Grèce surendettée. C'est l'article le plus acéré, voire humiliant, pour la chancelière.

Angela Merkel y apparaît totalement dépassée par les événements. Préoccupée, dit-il, par des problèmes de politique intérieure allemande – que Habermas juge mineurs *(Klein-Klein !)* –, elle a été rattrapée par la force des marchés financiers. C'est qu'elle n'a pas pris conscience de la disproportion entre l'urgence de l'aide à apporter à la Grèce, démesurément surendettée, et l'attention « opportuniste » qu'elle porte à ses problèmes intérieurs, électoraux et autres […]. Ses hésitations lui ont fait perdre un temps précieux, de telle manière qu'elle s'est retrouvée « penaude » *(kleinlaut)* face aux impératifs, de plus en plus exigeants, du marché !

Ce faisant, selon Habermas, elle a mis l'UE en danger : le gouvernement fédéral a ainsi entamé en catimini un virage dans sa politique européenne en faisant insidieusement basculer la politique économique vers les « chefs de l'euro-club », c'est-à-dire vers le Conseil européen, au détriment des autres instances !

> *« Den darauffolgenden Zeit-Aufsatz habe ich in Reaktion auf jene historische Nachtsitzung vom 7 zum 8. Mai 2010 geschrieben, in der Angela Merkel von der Gewalt der Finanzmärkte eingeholt wurde. Sie hatte die Proportionen zwischen der unausweichlichen Hilfe für das überschuldete Griechenland und der opportunistischen Rücksichtnahme auf das innenpolitische Klein-Klein (der ohnehin verlorenen Landtagswahlen in NRW) verkannt und musste sich nach langen Wochen des Zögerns den immer kostspielerischen Imperativen des Marktes kleinlaut unterwerfen. Damals ist mir zum ersten Mal die reale Möglichkeit eines Scheiterns des europäischen Projektes zu Bewusstsein gekommen. »* (ZVE, 97)

> *« Denn hinter der spektakulären Wende der Bundesregierung in der Atompolitik ist damals die schwerwiegende Bedeutung einer lautlos vollzogenen Wende in der Europapolitik nicht wahrgenommen worden. Die Bundesregierung hatte sich vom wirtschaftspolitischen Glauben an die untrügliche Wirkung selbsttätiger "Mechanismen" verabschiedet und den Kurswechsel zum politisierten Intergouvernementalismus der im Hintergrund wirkenden Chefs des Euro-Clubs eingeleitet. »* (ZVE, 98)

Dans l'interview qui s'intitule « Après la faillite » *(Nach dem Bankrott. Ein Interview)*, datée du 6 novembre 2008, réalisée deux mois après la faillite de la banque Lehman Brothers, Habermas revient sur la conférence qui a suivi « la nuit » de Bruxelles, laquelle a marqué l'«échec», la « défaite » d'une Merkel pitoyable : une « lobbyiste » défendant les intérêts du pays le plus puissant de l'Union et qui a retardé l'accord qui devait sauver la Grèce !

> « *Das Bild von jener Pressekonferenz, auf der die Entscheidung der EU-Regierungschefs über einen gemeinsamen Rettungsfonds für den angeschlagenen Euro bekanntgemacht wurde, verrät die verkrampfte Mentalität nicht des neuen, sondern des heutigen Deutschlands. Das knirschende Foto hält die versteinerten Gesichter von Merkel und Sarkozy fest – abgekämpfte Regierungschefs, die sich nichts mehr zu sagen hatten. Wird es zum ikonographischen Dokument des Scheiterns einer Vision, die über ein halbes Jahrhundert die europäische Nachkriegsgeschichte geprägt hat?*

> *[Merkel] hatte an diesem 8. Mai in Brüssel den wochenlangen Kampf einer Lobbyistin für die nationalen Interessen des wirtschaftlich stärksten Mitgliedsstaates hinter sich. Mit Appellen an das Vorbild deutscher Haushaltsdisziplin hatte sie ein gemeinsames Handeln der Union, das die Kreditwürdigkeit Griechenlands gegen eine auf Staatsbankrott abzielende Spekulation rechtzeitig gestützt hätte, blockiert.* » (ZVE, 112)

> « *Erst nach dem jüngsten Börsenschock hatte die Kanzlerin tonlos eingelenkt, mürbe gemacht durch die kollektive Seelenmassage der Präsidenten der USA, des Internationalen Währungsfonds und der Europäischen Zentralbank. Aus Furcht vor den Massenvernichtungswaffen der Boulevardpresse schien sie den Blick für die Durchschlagskraft der Massenvernichtungswaffen der Finanzmärkte verloren zu haben. Sie wollte partout keine Eurozone, von der der EU-Kommissionspräsident José Manuel Barroso in den nächsten Tagen sagen würde: Wer die wirtschaftspolitische Einigung nicht wolle, müsse auch die Währungsunion vergessen.* » (ZVE, 113)

Pour Habermas l'effondrement du système financier international est dû à des facteurs multiples :

– L'effet de la théorie économique de l'École de Chicago – qui a évincé les politiques économiques de type keynésien, lesquelles ont eu la faveur de Habermas.
– Le « consensus de Washington » : un ensemble de mesures datant de la « période Reagan » aux États-Unis comme solution-type à la dette de l'État et la récession que celle-ci entraîne.
– La doctrine Bush de l'automne 2002 qui a ouvert la voie à l'invasion de l'Irak, et qui tient du social-darwinisme, lequel a infiltré la politique intérieure, puis la politique extérieure américaine.
– L'influence des idées néo-conservatrices de Robert Kagan, dans la mouvance de Carl Schmitt.

En République fédérale, c'est le calme plat après l'« agenda 2010 » – mis en œuvre par le gouvernement rouge-vert entre 2003 et 2005 pour lutter contre l'augmentation du chômage et des dépenses publiques, en favorisant « outrageu-sement » les investisseurs et en affaiblissant l'État, tout en s'accommodant de la montée des inégalités.

> « *In der Bundesrepublik herrscht ja noch eine eigentümliche Windstille. Blamiert hat sich die Agenda, die Anlegerinteressen eine rücksichtslose Dominanz einräumt, die ungerührt wachsende soziale Ungleichheit, das Entstehen eines Prekariats, Kinderarmut, Nie-driglöhne und so weiter in Kauf nimmt, die mit ihrem Privatisierungswahn Kernfunk-tionen des Staates aushöhlt, die die deliberativen Reste der politischen Öffentlichkeit an renditesteigernde Finanzinvestoren verscherbelt, Kultur und Bildung von den Interessen und Launen konjunkturempfindlicher Sponsoren abhängig macht.* » (ZVE, 100-101)

8.4.2. Retour sur la crise et propositions de réformes : quel rôle pour l'Europe ?

Habermas reproche aux gouvernements successifs d'avoir caché la dangero-sité de la situation des marchés financiers et de s'être soumis au « Consensus de Washington » – lequel désigne, on l'a vu, un ensemble de mesures destinées à relancer la croissance économique ; mesures d'inspiration libérale – voir néo-li-bérales – datant de la fin des années 1980 et qui ont inspiré le FMI et la Banque mondiale jusqu'à 2007-2008, le recours à l'État se trouvant finalement solli-cité ! La CDU et le SPD font de leur côté des propositions que Habermas juge insuffisantes : c'est que, selon lui, les États doivent se penser désormais comme membres de la communauté internationale et se faire à l'idée qu'ils ne peuvent plus exister en tant qu'entités souveraines, dans leurs « minuscules principautés » (*Duodezfürstentümer*).

> « *Stimmt, das ist natürlich symbolische Politik und eignet sich zum Ablenken vom Versa-gen der Politiker und ihrer wirtschaftswissenschaftlichen Berater. [Diese] wussten seit lan-gem über den Regelungsbedarf der Finanzmärkte Bescheid. […] Alle wussten es. Aber in Amerika und Grossbritannien haben die politischen Eliten die ungezügelten Spekulationen, solange es eben gut ging, für nützlich gehalten. Und auf dem europäischen Kontinent hat man sich dem Washington-Konsens gebeugt. […]. Auch SPD und CDU machen Vorschläge zu Bilanzpflicht und Eigenkapitalbildung, zur persönlichen Haltung der Manager, zur Verbes-serung der Transparenz, der Börsenaufsicht und so weiter. Von einer Börsenumsatzsteuer, die schon ein Stück globaler Steuerpolitik wäre, ist freilich nur gelegentlich die Rede. Die voll-mundig angestrebte neue "Architektur des Finanzsystems" wird gegen Widerstände aus den USA ohnehin nicht einfach durchzusetzen sein. Aber ob sie angesichts der Komplexität die-ser Märkte und der weltweiten Interdependenz der wichtigsten Funktionssysteme überhaupt genügen würde?[…].*
>
> *Die Nationalstaaten müssten sich zunehmend, und zwar im eigenen Interesse als Mitglie-der der internationalen Gemeinschaft verstehen. Das ist das dickste Brett, das in den nächsten Jahrzehnten zu bohren wäre. Wenn wir mit dem Blick auf diese Bühne von "Politik" reden, meinen wir oft noch das Handeln von Regierungen, die das Selbstverstän-dnis von souverän entscheidenden kollektiven Akteuren geerbt haben. Doch dieses Sel-bstverständnis eines Leviathans, das sich seit dem 17. Jahrhundert zusammen mit dem*

europäischen Staatensystem entwickelt hat, ist schon heute nicht mehr ungebrochen. Was wir bis gestern "Politik" nannten, ändert täglich seinen Aggregatzustand. » (ZVE, 106-107)

Habermas évoque à nouveau le management de la crise en critiquant les atermoiements du gouvernement allemand face à l'initiative anglaise soutenue par les Américains et les Français ! Il se plaint de manière plus générale du manque d'engagement de l'ensemble des pays européens en matière économico-politique et de politique extérieure, la République fédérale en tête : celle-ci semble avoir oublié les leçons que l'ancienne République fédérale a su tirer de l'histoire ! Les Européens peuvent-ils continuer leurs jeux de pouvoir dans leurs « mini-principautés » ?

« *[Der englische Premierminister] Gordon Brown konnte mit seiner denkwürdigen Entscheidung den amerikanischen Finanzminister Paulson zu einer Kehrtwende in der Interprétation des mühsam beschlossenen bail-out bewegen, weil er über den französischen Präsidenten und gegen das anfängliche Widerstreben von Merkel und Steinbrück die wichtigsten Spieler der Eurozone an Bord geholt hat.* » (ZVE, 108)

« *Der weitere Verlauf der Krise macht ja den Makel der europäischen Konstruktion offenbar. Jedes Land reagiert mit eigenen wirtschaftspolitischen Maßnahmen [...].*

Und jedes Land betreibt seine eigene Außenpolitik, allen voran die Bundesrepublik. Die Berliner Republik vergisst bei aller sanften Diplomatie die Lehren, die die alte Bundesrepublik aus der Geschichte gezogen hatte. Die Regierung reckt sich mit Wohlgefallen in ihrem seit 1989-1990 erweiterten außenpolitischen Handlungsspielraum und fällt zurück ins bekannte Muster der nationalen Machtspiele Zwischen Staaten, die doch längst auf das Format von Duodezfürsten geschrumpft sind. » (ZVE, 109)

Le gouvernement allemand s'oppose également au projet de Sarkozy pour un gouvernement économique de l'UE, qui entraînerait une collaboration plus étroite en politique extérieure, une initiative que soutient Habermas. Il ajoute que même le SPD n'y est pas favorable : il est incapable de sortir de sa « cage nationale » ; tout comme l'ensemble des partis sociaux-démocrates européens. Habermas finit par affirmer que, seuls, les États européens ne font plus le poids : ils risquent de finir comme les « caniches de l'Oncle Sam », et ce dans un monde chaotique !

« *Da ich [Habermas] die abgestufte Integration nach Lage der Dinge für den einzig möglichen Weg zu einer handlungsfähigen Europäischen Union halte, bietet auch Sarkozys Vorschlag zu einer Wirtschaftsregierung der Eurozone als Anknüpfungspunkt an [...]; der engeren Zusammenarbeit auf wirtschaftspolitischem Gebiet würde dann eine in der Außenpolitik folgen müssen. Und beides könnte nicht länger über die Köpfe der Bevölkerungen hinweg ausgekungelt werden.*

[...] In ganz Europa stehen die sozialdemokratischen Parteien mit dem Rücken zur Wand, weil sie bei schrumpfenden Einsätzen Nullsummenspiele betreiben müssen. Warum ergreifen sie nicht die Chance, aus ihren nationalstaatlichen Käfigen auszubrechen und sich auf europäischer Ebene neue Handlungsspielräume zu erschließen? [...] nur gemeinsam

könnten die Euro-Länder ein weltpolitisches Gewicht erlangen, das ihnen eine vernün-
ftige Einflussnahme auf die Agenda der Weltwirtschaft erlaubt. Sonst liefern sie sich als
Onkel Sams Pudel an eine ebenso gefährliche wie chaotische Weltlage aus. » (ZVE, 109-
110)

8.4.3. L'Europe face aux États-Unis dans un « monde dangereux et chaotique » : vers un « Occident bipolaire » ? (ein bipolarer Westen)

À la question de *Die Zeit*, qui demande à Habermas s'il n'est pas déçu par « l'Oncle Sam », les États-Unis ayant été pour lui le moteur du nouvel ordre mondial, il répond que certes les États-Unis vont sortir affaiblis de la double crise actuelle, mais il n'y a pas de moteur de rechange ! C'est qu'ils sont pour le moment la « superpuissance libérale » capable de réviser radicalement sa conception d'un paternalisme néo-conservateur dont la mission consiste à faire le bonheur du monde ! Il est dans l'intérêt des États-Unis de renoncer à sa position contre-productive face aux Nations Unies et de prendre la tête du mouvement de réforme de l'ordre mondial.

Pour ce faire elle dispose de trois atouts :

– C'est une superpuissance.
– C'est la plus ancienne démocratie du monde.
– Elle est en passe d'avoir un président (Barack Obama) dont on peut penser, dit-il, qu'il est libéral et visionnaire avec une culture politique réceptive aux orientations normatives.

Or on peut se demander, selon Habermas, si les États-Unis qui, aujourd'hui, sont insécurisés par l'échec de leur aventure unilatéralement déclenchée, par l'autodestruction du néo-libéralisme et le mauvais usage de leur exceptionnalité, sont capables de se ressaisir comme ils l'ont si souvent fait et d'intégrer les actuelles grandes puissances dans un ordre international qui ne nécessite plus de leader !

C'est une chance historique que le nouveau président devrait raisonnablement saisir, dit-il !

Habermas conclut que, pour prendre ce virage serré, les États-Unis auraient besoin d'un partenaire loyal, mais sachant s'affirmer. C'est ainsi que pourrait naître un « Occident bipolaire », à condition, ajoute-t-il, que l'UE, le partenaire en question, apprenne à parler d'une seule voix et à anticiper. Et qu'on prenne conscience du fait qu'en période de crise on a très certainement besoin de perspectives plus larges – et quelque peu utopiques ! – que l'opinion dominante et la « débrouille » !

Die Zeit: *« Stichwort Onkel Sam – Sie müssten doch von den USA tief enttäuscht sein. Für Sie waren die USA das Zugpferd der neuen Weltordnung?*

Habermas : *« Was bleibt uns anderes übrig, als auf dieses Zugpferd zu setzen?
Die USA werden aus der jetzigen Doppelkrise geschwächt her-
vorgehen. Aber sie bleiben einstweilen die liberale Supermacht und
befinden sich in einer Lage, die es ihnen nahelegt, das neokonservative Selbstverständnis des paternalistischen Weltbeglückers gründlich zu revidieren. [...] Es liegt im eigenen Interesse der USA, nicht
nur ihre kontraproduktive Einstellung gegenüber den Vereinten
Nationen aufzugeben, sondern sich an die Spitze der Reformbewe-
gung zu setzen. Historisch gesehen bietet das Zusammentreffen von
vier Faktoren eine unwahrscheinliche Konstellation: Supermacht –
Älteste Demokratie auf Erden –Amtsantritt eines, wie ich hoffe,
liberalen und visionären Präsidenten – Eine politische Kultur, in
der normative Orientierungen einen bemerkenswerten Resonanzboden finden [...].*

*Amerika ist heute tief verunsichert durch das Scheitern des unila-
teralistischen Abenteuers, durch die Selbstzerstörung des Neoliberalismus und den Missbrauch seines exzeptionalistischen Bewusstseins.*

*Warum sollte sich diese Nation nicht, wie so oft, wieder aufrappeln
und versuchen, die konkurrierenden Grossmächte von heute – die
Weltmächte von Morgen – rechtzeitig in eine internationale Ordnung einzubinden, die keine Supermacht mehr nötig hat? Warum
sollte ein Präsident, der – aus einer Schicksalswahl hervorgegangen – im Inneren nur noch einen minimalen Handlungsspielraum
vorfindet, nicht wenigstens aussenpolitisch, diese vernünftige
Chance, diese Chance der Vernunft ergreifen wollen? »* (ZVE, 110)

Die Zeit trouve irréaliste l'idée d'unir les grandes puissances concurrentes – les
puissances mondiales de demain – dans « un ordre mondial qui pourra se passer
d'une superpuissance » !

*« Und die USA würden für eine derart radikale Kehrtwende den freundschaftlichen
Antrieb eines loyalen, aber selbstbewussten Bündnispartners brauchen. Einen im krea-
tiven Sinne "bipolaren" Westen kann es freilich nur geben, wenn die EU lernt, zivilisierten Nationen – von Adenauer und Heinemann über Brandt und Helmut Schmidt bis
zu Weizsäcker und Kohl – jahrzehntelanger Anstrengungen bedurfte. Ein taktisch kluger
Genscherismus und eine Westorientierung aus Gründen der Opportunität waren nicht
genug. Nötig war ein unendlich mühsamer Mentalitätswandel in der Breite der Bevölkerung. Was unsere europäischen Nachbarn am Ende versöhnlich gestimmt hat, waren
in erster Linie die gewandelten normativen Überzeugungen und die Weltoffenheit der
Jüngeren in der Bundesrepublik herangewachsenen Generationen. Und natürlich haben
im diplomatischen Umgang die glaubwürdigen Überzeugungen der seinerzeit aktiven
Politiker den Ausschlag gegeben [...]; die Westdeutschen schienen sich mit der nationalen
Teilung ohnehin abfinden zu müssen [...]. Ihnen konnte es in Erinnerung an ihre nationa-
listischen Exzesse nicht schwerfallen, auf die Wiedererlangung von Souveränitätsrechten*

zu verzichten, in Europa die Rolle des grossten Nettozahlers zu übernehmen und erfor-
derlichenfalls Vorleistungen zu erbringen, die sich sowieso für die Bundesrepublik aus-
zahlten. Das deutsche Engagement musste, wenn es überzeugen sollte, normativ verankert
sein. » (ZVE, 115-116)

Or tout cela a été bouleversé par l'unification, qui a provoqué un changement de perspective avec l'émergence de l'idée d'une « Allemagne élargie ». Une chose grave est survenue par la suite : la rupture de mentalité intervenue après Helmut Kohl.

À l'exception du cas de Joschka Fischer – qui s'est d'ailleurs très vite fatigué ! –, l'Allemagne, depuis l'arrivée au pouvoir de Gerhard Schroeder, s'est trouvée gouvernée par une génération « normativement désarmée », qui, dans un monde de plus en plus complexe, se laisse absorber par la gestion du quotidien. Comme s'ils avaient pris conscience de l'étroitesse de leur marge de manœuvre, les politiques de cette nouvelle génération renoncent à se lancer dans des projets novateurs, à commencer par celui de l'Unification européenne !

Les élites allemandes d'aujourd'hui, dit-il, se complaisent dans l'idée d'une normalité nationale retrouvée. Arrivés au terme de leur « long cheminement vers l'Ouest », elles pensent avoir décroché leur examen en matière de démocratie et croient pouvoir « être comme les autres ».

En outre, ils ont abandonné l'esprit critique et finissent par donner dans l'égocentrisme, comme en témoignent les jugements du Tribunal constitutionnel fédéral d'Allemagne relatifs aux Traités de Maastricht et de Lisbonne.

« Schon mit der Wiedervereinigung hatte sich die Perspektive eines grösser gewordenen und
mit eigenen Problemen beschäftigten Deutschlands verändert. Wichtiger war der Bruch
der Mentalitäten, der nach Helmut Kohl eingetreten ist. Abgesehen von einem zu schnell
ermatteten Joschka Fischer, regiert seit dem Amtsantritt von Gerhard Schöder eine normativ
abgerüstete Generation, die sich von einer immer komplexer werdenden Gesellschaft einen
kurzatmigen Umgang mit den von Tag zu Tag auftauchenden Problemen aufdrängen lässt.
Sie verzichten im Bewusstsein der schrumpfenden politischen Handlungsspielräume auf Ziele
und politische Gestaltungsabsichten, ganz zu schweigen von einem Projekt wie der Einigung
Europas.

Heute genießen die deutschen Eliten ihre wiedergefundene nationalstaatliche Normalität.
Am Ende eines "langen Weges nach Westen" (H.A. Winkler), haben sie ihr demokratisches
Reifezeugnis erworben und dürfen wieder "so sein wie die anderen". Verschwunden ist die
nervöse Bereitschaft eines auch moralisch besiegten und zur Selbstkritik genötigten Volkes,
sich in der postnationalen Konstellation schneller zurechtzufinden. In einer globalisierten
Welt müssen alle lernen, die Perspektive der anderen in die eigene einzubeziehen, statt sich
auf die egozentrische Mischung aus Ästhetisierung und Nutzenoptimierung zurückzuzie-
hen. Ein politisches Symptom für nachlassende Lernbereitschaft sind die Maastricht- und
die Lissabon-Urteile des BVG, die sich an überholten rechtsdogmatischen Vorstellungen
von Souveränität festkrallen. » (ZVE, 116-117)

8.4.4. La gravité de la crise « évacuée » par les gouvernements et les partis politiques (Das entschärfte Krisenbewusstsein)

Habermas détecte chez les politiques allemands une sorte de nouvelle indifférence face aux nouveaux défis, une indifférence qui résulte d'un changement de mentalité et qui n'est pas sans hypothéquer l'avenir. Il se demande si quelqu'un est prêt à tirer la leçon de la crise bancaire et à se battre !

C'est là certes un problème complexe, dû principalement à la pusillanimité des gouvernements nationaux. Leur combat est perdu d'avance parce qu'ils rejettent d'entrée toute collaboration internationale qui aurait pour but d'élaborer des stratégies pour agir, que ce soit à l'échelle mondiale ou, pour commencer, dans la zone euro. Aussi, les banquiers et les spéculateurs tablent moins sur Merkel, « gênée » en ce qui concerne l'aide à la Grèce, que sur Ackermann, le président de la *Bundesbank*.

« Ein Mentalitätswandel ist kein Grund zum Vorwurf, aber die neue Indifferenz hat Folgen für die politische Herausforderung. Wer ist denn wirklich bereit aus der Bankenkrise jene Lehren zu ziehen […] und dafür zu kämpfen ?

Im Hinblick auf die Zähmung des wildgewordenen Finanzkapitalismus kann sich niemand über den majoritären Willen der Bevölkerungen täuschen. Zum ersten Mal in der Geschichte des Kapitalismus konnte im Herbst 2008 das Rückgrat des finanzmarktgetriebenen Weltwirtschaftssystems nur noch mit den Garantien von Steuerzahlern von dem Zusammenbruch gerettet werden. Und diese Tatsache, dass sich der Kapitalismus nicht mehr aus eigener Kraft reproduzieren kann, hat sich seitdem im Bewusstsein von Staatsbürgern festgesetzt, die als Steuerbürger für das Systemversagen haften müssen. » (ZVE, 117)

« Nicht als wäre die Regulierung der Finanzmärkte eine einfache Sache […] Aber die guten Absichten scheitern weniger an der "Komplexität der Märkte" als am Kleinmut und der mangelnden Unabhängigkeit der nationalen Regierungen. Sie scheitern am vorauseilenden Verzicht auf eine internationale Zusammenarbeit, die sich zum Ziel setzt, die fehlenden politischen Handlungskapazitäten aufzubauen – weltweit, in der EU und zunächst einmal in der Eurozone. Devisenhändler und Spekulanten glauben in Sachen Griechenlandhilfe eher an Ackermanns geschäftstüchtigen Defaitismus als an Merkels klamme Zustimmung zum Euro-Rettungsfonds; realistischerweise trauen sie den Euroländern eine entschlossene Kooperation nicht zu. […]

Unsere schlappen politischen Eliten, die lieber den Schlagzeilen der Bild-Zeitung folgen, dürfen sich auch nicht darauf hinausreden, dass es die Bevölkerungen seien, die sich einer tiefergehenden europäischen Einigung in den Weg stellen. Sie wissen doch am besten, dass die demoskopisch erfasste Meinung der Leute nicht dasselbe ist wie das Ergebnis eines deliberativ gebildeten demokratischen Willens der Staatsbürger. Bisher hat es in keinem Land auch nur eine einzige Europawahl oder ein einziges Referendum gegeben. » (ZVE, 118)

*Même les partis de gauche, comme d'ailleurs l'ensemble des partis, ont manqué
à leur devoir d'« éclairer » l'opinion publique ! Peut-être qu'avec un peu de courage
politique la crise de l'euro contribuera à l'avènement d'une politique extérieure commune capable de faire émerger une conscience transnationale.*

*« Ganz zu schweigen von der nationalstaatlichen Borniertheit der Linken (und damit meine
ich nicht nur "Die Linke"), sind uns bisher alle politischen Parteien den Versuch schuldig
geblieben, die öffentliche Meinung durch eine offensive Aufklärung politisch zu gestalten.*

*Mit ein bisschen politischem Rückgrat kann die Krise der gemeinsamen Währung das
herbeiführen, was sich manche einmal von einer gemeinsamen europäischen Aussenpolitik
erhofft hatten: dass über nationale Grenzen hinausgreifende Bewusstsein, ein gemeinsames politisches Schicksal zu teilen. » (ZVE, 118-119)*

8.4.5. La redécouverte de l'État national allemand et l'émergence d'une « mentalité néo-allemande » (Die Wiederentdeckung des deutschen Nationalstaates: « zum neudeutschen Mentalitätswandel »)

Habermas rappelle et développe ici ce qu'il appelle l'apparition d'une « mentalité néo-allemande », qui s'opère depuis les années 1990 et se caractérise par une
prise de conscience d'une Allemagne devenue une puissance militaire de taille
moyenne, pouvant se faire entendre sur la scène politique mondiale, et ce en rupture avec la « culture de la retenue » manifestée jusqu'alors.

Cette mutation apparaît avec le changement de gouvernement de 2005 et
affecte aussi la politique européenne : la politique extérieure préconisée antérieu-
rement par Genscher d'une « vocation européenne » d'une Allemagne « coopé-
rative », cède la place à la tentation hégémonique d'une « Allemagne européenne
dans une Europe marquée par l'Allemagne ». Cela s'est manifesté chez Angela
Merkel qui, exception faite d'Israël, n'a cessé de donner la priorité aux intérêts
nationaux allemands, comme dans le cas de l'aide à la Grèce et, plus récemment,
lors des négociations sur le « mécanisme de stabilisation ». Le « jugement de Lisbonne » du Tribunal constitutionnel fédéral allemand, peu amical à l'égard de
l'Europe, va d'ailleurs dans le même sens !

*« Die nationale Einigung hat in Deutschland einen Mentalitätswandel in Gang gesetzt der
(wie politikwissenschaftliche Untersuchungen belegen), auch das Selbstverständnis und die
Orientierung der deutschen Aussenpolitik erfasst und in Richtung einer stärkeren Selbstzen-
trierung verändert hat. Seit den neunziger Jahren wächst allmählich das Selbstbewusstsein
einer militärisch gestützten Mittelmacht, die als Spieler auf weltpolitischer Bühne agiert. Dieses
Selbstverständnis verdrängt die bis dahin gehegte Kultur der Zurückhaltung einer Zivilmacht,
die vor allem einen Beitrag zur Verrechtlichung des Systems der ungezügelten Staatenkonkur-
renz leisten wollte. Der Wandel zeigt sich insbesondere seit dem Regierungswechsel von 2005
auch in der Europapolitik. Genschers Vorstellung von der "europäischen Berufung" eines koo-
perativen Deutschlands spitzt sich immer stärker auf einen unverhohlenen Führungsanspruch*

eines "europäischen Deutschlands in einem deutsch geprägten Europa" zu. Nicht als wäre die Einigung Europas nicht von Anfang an im deutschen Interesse gewesen. Aber das Bewusstsein eines verpflichtenden historisch-moralischen Erbes sprach für diplomatische Zurückhaltung und für die Bereitschaft, auch für die Perspektiven der anderen einzunehmen, normativen Gesichtspunkten Gewicht einzuräumen und gelegentlich Konflikt durch Vorleistungen zu entschärfen.

Für Angela Merkel mag das im Umgang mit Israel noch eine Rolle spielen. Aber der Vorrang nationaler Rücksichten ist nie zuvor so blank in Erscheinung getreten wie im robusten Widerstand einer Kanzlerin, die vor ihrem Debakel vom 8. Mai 2010 die europäische Hilfe für Griechenland und den Rettungsschirm für den Euro wochenlang blockierte. Auch das jetzige Paket ist vom wirtschaftspolitischen Musterknaben mit so wenig Sensibilität geschnürt worden, dass die Nachbarländer bei geeignetem Anlass nicht länger auf "Brüssel", sondern auf das "deutsche" Politikmuster zeigen werden, das sie sich nicht überstülpen lassen wollen. Zum neudeutschen Mentalitätswandel passt übrigens das Europa-unfreundliche Lissabon-Urteil des BVGs, das sich gegen weitere Integrationsbestrebungen mit einer willkürlichen Festlegung unverrückbarer nationaler Zuständigkeiten zum Hüter der nationalstaatlichen Identität aufwirft. Staatsrechtler haben das Urteil unter der sarkastischen Überschrift "Das deutsche Verfassungsgericht sagt 'ja' zu Deutschland" trefflich kommentiert. » (ZVE, 124-125)

8.4.6. La démocratie selon Merkel : un opportunisme fondé sur la démoscopie (demoskopiegeleiteter Opportunismus)

La politique d'Angela Merkel est présentée par Habermas comme étant tributaire des sondages d'opinion et, par voie de conséquence, délestée de considérations normatives : il s'agit, selon lui, d'un opportunisme gouverné par les sondages. Il cite le cas du moratoire nucléaire qui a eu la faveur de l'opinion et, plus spectaculaire, le cas de Karl-Theodor zu Guttenberg, ministre de la Défense du gouvernement Merkel II, accusé de plagiat, mais maintenu à son poste du fait de sa grande popularité. Habermas emprunte à ce sujet au *New York Times* sa formule assassine de « *post-truth democracy* » appliquée à la politique de Merkel, qui ne permet pas aux partis politiques de jouer leur rôle. Il rappelle à ce sujet l'article 21 de la Loi fondamentale qui dit que les partis politiques participent à la « formation de la volonté politique du peuple », l'un des rares éloges de Habermas à l'adresse des partis politiques, insuffisamment sollicités dans le cas présent !

« Dem liegt ein Verständnis von Demokratie zugrunde, das die "New York Times" nach der Wiederwahl von George W. Bush auf die Formel von der post-truth democracy gebracht hat. In dem Masse, wie die Politik ihr gesamtes Handeln von der Konkordanz mit Stimmungslagen abhängig macht, denen sie von Wahltermin zu Wahltermin hinterher hechelt, verliert das demokratische Verfahren seinen Sinn. Eine demokratische Wahl ist nicht dazu da, ein naturwüchsiges Meinungsspektrum bloss abzubilden; vielmehr soll sie das Ergebnis eines öffentlichen Prozesses der Meinungsbildung wiedergeben. Die in der Wahlkabine abgegebenen Stimmen erhalten das institutionelle Gewicht demokratischer

Mitbestimmung erst in Verbindung mit den öffentlich artikulierten Meinungen, die sich im kommunikativen Austausch von themenrelevanten Stellungnahmen, Informationen und Gründen herausgebildet haben. » (ZVE, 126)

L'absence de perspective de la politique allemande, sa fixation sur l'occasionnel, est attribuée par ailleurs aux médias allemands, jugés tout aussi « opportunistes », si ce n'est nihilistes, que la politique : ils se laissent tenter par les facilités de l'« autoprésentation » et par les présentatrices fringantes des nombreux *Talkshows* qui proposent aux téléspectateurs une pléthore d'informations qui les dispensent de toute réflexion ! Mais si la presse allemande est parfois contaminée par cette « bouillie » médiatique, Habermas reconnaît sa valeur – sans pour autant accepter qu'un journal « libéral » puisse soutenir la chancelière dans l'affaire Guttenberg, où elle s'est incontestablement « berlusconisée » !

« Die Medien sind am beklagenswerten Geisteswandel der Politik nicht unbeteiligt. Einerseits lassen sich die Politiker vom sanften Zwang der Medien zu kurzatmigen Selbstinszenierungen verführen. Andererseits lässt sich die Programmgestaltung der Medien von der Hast des Okkasionalismus anstecken. Die munteren Moderator(inn)en der zahlreichen Talkshows richten mit ihrem immer gleichen Personal einen Meinungsbrei an, der dem letzten Zuschauer die Hoffnung nimmt, es könne bei politischen Themen noch Gründe geben, die zählen. Manchmal zeigt der ARD-Presseclub, dass es auch anders geht.

Zwar stehen wir mit unserer Qualitätspresse im internationalen Vergleich gar nicht so schlecht da. Aber auch diese Leitmedien bleiben nicht unberührt von dem Umstand, dass die mediale mit der politischen Klasse zusammenwächst.

Ein Beispiel dafür ist der verblüffende Applaus der anspruchsvollen « liberalen » Wochenzeitung für die Kanzlerin, als diese in der Causa Guttenberg die politische Kultur des Landes berlusconisierte. » (ZVE, 127)

Ce qui, par contre, manque aujourd'hui, conclut-il, ce sont des hommes et des femmes politiques de la trempe de ceux qui ont ouvert des perspectives à l'opinion publique de la RFA, comme l'ont fait :

- Adenauer, qui a visé le rattachement à l'Ouest,
- Brandt, qui s'est fixé comme but la *Ostpolitik* et le tiers-monde,
- Schmitt, qui a porté son regard sur l'économie mondiale,
- Kohl, qui a réussi à concilier l'Unité allemande et l'Union européenne,
- tandis que Schroeder, quant à lui, a davantage réagi qu'il n'a agi, et ce bien que Joschka Fischer ait eu à cœur de réaliser l'unité européenne !

Or, depuis 2005, avec le retour au pouvoir de la CDU, les contours sont devenus totalement flous. On ne sait plus à quoi s'en tenir, si ce n'est, dit-il, à l'objectif de gagner les prochaines élections ! Les citoyens ressentent que cette politique est sans consistance normative *(entkernt)* et expriment leur « manque » en s'abstenant d'aller voter ou en allant protester. L'un ou l'autre parti pourrait retrousser les manches, dit-il, et se battre sur les marchés pour l'Unité de l'Europe !

> *« Früher liessen sich die Politiken der Bundesrepublik aus einer nachvollziehbaren Perspektive bündeln : Adenauer war auf die Bindung an den Westen fixiert; Brandt auf die Ostpolitik und die Dritte Welt; Schmitt relativierte das Schicksal des kleinen Europas aus dem Blickwinkel der Weltökonomie; Kohl wollte die nationale in die europäische Einigung einbinden. Alle wollten noch etwas!*
>
> *Schroeder hat schon eher reagiert als gestaltet; immerhin wollte Joschka Fischer eine Entscheidung über die Finalität, wenigstens die Richtung der europäischen Einigung herbeiführen.*
>
> *Seit 2005 zerfliessen die Konturen vollends. Man kann nicht mehr erkennen, worum es geht, ob es überhaupt noch um mehr geht als um den nächsten Wahlerfolg. Die Bürger spüren, dass ihnen eine normativ entkernte Politik etwas vorenthält. Dieses Defizit drückt sich sowohl in der Abwendung von der organisierten Politik aus wie in jener neuen Protestbereitschaft der Basis, für die "Stuttgart 21" die Chiffre ist. Für die eine oder andere politische Partei könnte es sich lohnen, die Ärmel hochzukrempeln, um offensiv für die europäische Einigung zu kämpfen. »* (ZVE, 128-129)

Pour finir, Habermas évoque les grands défis à relever : le changement climatique, les risques du nucléaire, la nécessité de réguler le capitalisme financier, ou encore la propagation des droits de l'homme ; ce sont là autant de domaines auxquels la communauté internationale ne peut se soustraire. Et face à la gravité de ceux-ci, nos problèmes européens sont de taille raisonnable !

> *« Mit dem Verzicht auf "grosse Projekte" ist es noch nicht getan. Dem Klimawandel, den Weltweiten Risiken der Kerntechnik, dem Regelungsbedarf des finanzmarktgetriebenen Kapitalismus oder der Durchsetzung der Menschenrechte auf internationaler Ebene kann sich die internationale Gemeinschaft nicht entziehen. Und gegenüber der Grössenordnung dieser Probleme hat die Aufgabe, die wir in Europa losen mussen, fast schon ein uberdurchschnittliches Format. »* (ZVE, 129)

Aussi, Habermas se met à rêver, tout comme Heine ! Il se demande si la motivation, qui fait actuellement défaut dans la crise européenne, ne peut pas surgir d'en bas, de la société civile, à l'image de ce qui s'est passé pour la sortie du nucléaire, préparée de longue date par un « travail de taupe ». Ou, plus récemment, par le surgissement de nouvelles formes de protestation, comme « Stuttgart 21 » !

> *« Anderes Beispiel: schwaches Gegengewicht gegen eine perspektivlose Politik in Sache Euro- Krise. [...] Für ein so grosses Projekt wie die Einigung Europas ist der Politik die Luft ausgegangen [...]. Vielleicht können die einstweilen fehlenden Motivationen nur von unten, aus der Zivilgesellschaft selbst, erzeugt werden. Der Ausstieg aus der Atomenergie ist ein Beispiel dafür, dass sich die politisch-kulturellen Selbstverständlichkeiten und damit die Parameter der öffentlichen Diskussion nicht ohne die zähe Maulwurfarbeit sozialer Bewegungen verschieben. »* (ZVE, 128)

8.5. Dans le sillage de la technocratie (*Im Sog der Technokratie*, 2013)[19]

8.5.1. *Le retour d'émigration de philosophes et de sociologues juifs*

Le retour d'émigration des intellectuels, philosophes et sociologues a déjà été plusieurs fois traité par Habermas : en 1977 dans un entretien avec Gad Freundenthal à Jérusalem (KPS I-IV, 467-490) ; puis, en 1990 (DNR, 12-13), quand il évoque le retour d'exil de l'« intelligentsia germano-juive » *(deutsch-jüdische Intelligenz)*. La nouveauté ici, c'est que la question se trouve traitée de façon approfondie en ouverture du recueil sous le titre « Juifs allemands, Allemands et Juifs » sur une cinquantaine de pages. Dans sa rétrospective, il commence par évoquer le retour des philosophes et des sociologues juifs dans la jeune République fédérale, qui prennent rapidement une place importante pour la génération de Habermas et les générations suivantes, dit-il, du fait de leur sensibilité pour les « éléments sombres de nos traditions corrompues ».

> *« Wir waren durch den Zivilisationsbruch gegenüber dem spezifisch Deutschen in der Tiefe, oder besser in den Untiefen der deutschen Traditionen argwöhnisch geworden. Mindestens intuitiv war uns klar: Wer, wenn nicht sie, die "rassisch aussortiert" worden waren, während ihre Kollegen munter weitermachten, wer sonst konnte eine schärfere Sensibilität für die dunklen Elemente in den besten unserer moralisch korrumpierten Überlieferungen ausgebildet haben? » (ISdT, 14)*

Suit une brève liste des philosophes – les « rares qui sont revenus » entre 1949 et 1953.

> *« So kamen […] die Philosophen Theodor W. Adorno, Max Horkheimer, Helmuth Kuhn, Michael Landmann, Karl Löwith und Helmuth Plessner aus dem Exil nach Frankfurt, Erlangen bzw. München. Von ihnen gewannen in den frühen fünfziger Jahren vor allem Karl Löwith (Weltgeschichte und Heilsgeschehen) und Helmuth Plessner (Die Stufen des Organischen und der Mensch; Lachen und Weinen) einen über ihre unmittelbare Wirkungsstätte hinausreichenden Einfluss. » (ISdT, 15-16)*

8.5.2. *« Le retour de ceux qui ne sont pas revenus »*

Sous un titre plaisant – « Le retour de ceux qui ne sont pas revenus » –, Habermas évoque le cas des philosophes « juifs-allemands », dont « l'influence intellectuelle » a été plus importante encore que celle des « revenants ». C'est le cas de Ludwig Wittgenstein *(Philosophische Untersuchungen)*, de Walter Benjamin, mort en exil, et d'autres philosophes qu'il qualifie de « solitaires influents » : Hannah Arendt *(The Human Condition)*, Hans Jonas, Leo Strauss et Gershom Scholem – *« ein*

---

[19]   KPS XII (ISdT).

jüdischer Jude », dont il dit qu'il est le seul à avoir rendu manifestes les éléments authentiquement juifs dans la productivité culturelle des juifs allemands *(Die jüdische Mystik in ihren Hauptströmungen)*.

En faisant le point sur la situation de la philosophie allemande de la fin des années 1950, Habermas mentionne trois courants animés par des « rémigrants » juifs : la phénoménologie et l'herméneutique avec Karl Löwith et Helmuth Kühn *(Philosophische Rundschau)* d'une part, et deux autres courants concurrents : la « Théorie critique » et la « Théorie analytique ». La première – implantée à l'Institut de recherche sociale de Francfort – a du mal à s'imposer, selon Habermas, du fait d'une certaine « étrangeté » de son initiateur Adorno, due en particulier au style « archaïsant » de ses interventions, comme au Congrès de philosophie de 1962 ! Quant à la seconde, l'École de philosophie analytique, avec à sa tête Ernst Tugendhat, elle connaît aussi des débuts difficiles, mais s'imposera dans les années 1970, grâce à l'apport américain et anglais, et deviendra la référence dans le domaine de l'argumentation.

Contrairement à la philosophie, la sociologie, qui a connu une hémorragie plus forte que la philosophie, est obligée de se réorganiser. Sous l'impulsion de Horkheimer, trois centres se constituent, formant le « triangle » Cologne, Münster et Francfort, où se déroulent les principales controverses de la première décennie de l'après-guerre. Selon Habermas, la controverse entre Adorno et Popper révèle l'influence prise par les émigrés juifs.

Habermas finit par évoquer deux événements universitaires qui montrent l'influence de l'intelligentsia juive en Allemagne : une série de conférences commémorant le centième anniversaire de Sigmund Freud à Francfort et à Heidelberg en 1956, ainsi qu'un exposé de Herbert Marcuse au Congrès des sociologues à Heidelberg en 1964. Il y voit deux moments « déclencheurs » pour l'Université allemande, ainsi que pour la culture politique ouest-allemande : Freud et la psychanalyse sont maintenant pris au sérieux, ainsi que le « marxisme occidental » (cf. déjà dans DnR, 12-13).

« *Um die Proportionen des öffentlichen Einflusses jüdischer Emigranten zu erkennen, bedarf es eines Blickes über die Mauern der Universität hinaus. Allerdings sind in dem diffusen Milieu der Öffentlichkeit Indikatoren, an denen man sich orientieren könnte, noch viel undeutlicher als intra muros. Daher erwähne ich nur zwei Veranstaltungen, die ich rückblickend als Initialzündungen für folgenreiche Schube in der politischen Kultur der Bundesrepublik betrachte. Ich kann [...] zwei akademische Ereignisse hervorheben, zum einen die "Ringvorlesungen", die 1956 aus Anlass des 100. Geburtstages von Sigmund Freud parallel an den Universitäten Frankfurt und Heidelberg stattfanden, und zum anderen das Referat von Herbert Marcuse auf dem deutschen Soziologentag in Heidelberg im Sommersemester 1964. Nach meinem Empfinden geht die Relevanz dieser beiden Veranstaltungen über das bloss biographische meiner persönlichen Eindrücke hinaus.* » (ISdT, 23).

8.5.3. « *Notre contemporain Heine : il n'existe plus de nations en Europe* »

En conclusion du chapitre « *Jüdische Philosophen und Soziologen als Rückkehrer in der frühen Bundesrepublik* », Habermas cite le cas de Heinrich Heine, un émigré d'il y a deux siècles – pour lui l'Européen avant la lettre – et son cri du cœur, quand il arrive dans sa nouvelle patrie : « il n'existe maintenant plus de nations en Europe ; il n'y a plus que des partis ! », s'exclame-t-il en arrivant à Gênes. Notons que c'est l'une des premières fois que Habermas accorde une telle importance aux « partis » !

> « *Im Jahre 1828 notiert Heine auf seiner Reise nach Genua: "Täglich verschwinden mehr und mehr die törichten Nationalvorurteile, alle schroffen Besonderheiten gehen unter in der Allgemeinheit der europäischen Zivilisation. Es gibt jetzt in Europa keine Nationen mehr, sondern nur Parteien und es ist ein wundersamer Anblick, wie diese [...] trotz der vielen Sprachverschiedenheiten sich sehr gut verstehen."* » (ISdT, 47)

En évoquant l'émigration de Heine, dont les espoirs de révolution et de retour dans son pays ont été déçus, Habermas affirme pouvoir espérer qu'aujourd'hui on peut obtenir des changements, et ce sans révolution, mais en faisant progresser l'Europe !

> « *In seinen schwärzesten Momenten mag der alte Heine gedacht haben, dass nicht einmal die bestehende schäbige Balance zwischen Gut und Schlecht erhalten bleibt, wenn wir nicht ohne die Angst, uns zu blamieren, das Äußerste versuchen, um die Welt trotz allem besser zu machen. "Weltverbesserung" hat in Deutschland immer einen pejorativen Klang gehabt. Heute, in einer Zeit des rasenden Stillstands, hat dieses Wort erst recht einen schrillen Beiklang. Unter dem Gewicht der lähmenden Komplexität eines "zu Geld gewordenen Gottes" (Heine) verbreitet sich die resignative Stimmung, dass sich zwar alles ändert, aber nichts mehr geht. Jeder über den Tag hinausgreifende Gedanke steht unter Verdacht. Und doch haben wir hundert Jahre nach Heines verunglückter Revolution von 1848 gesehen, dass es Fortschritte, wenigstens solche in der Legalität, gibt. Heines vorauseilende Vorstellungen von einer Demokratie in Deutschland haben sich durchgesetzt. Warum sollten nicht auch seine europäischen Vorstellungen von der Überwindung der Nationalvorurteile mit Hilfe der List der ökonomischen Vernunft wahr werden können?* » (ISdT, 63)

8.5.4. *Plaidoyer pour une* « *solidarité européenne* »

L'« Union monétaire européenne » (UME), mise en œuvre à partir de juillet 1990, a introduit la libre concurrence par-delà les frontières nationales entre les participants à l'UME, et ce afin de stimuler l'économie et d'aboutir à des coûts salariaux unitaires et à un niveau de vie équivalent dans les différents participants. Mais, selon Habermas, l'UME est un échec.

> « *Die Wirtschafts- und Währungsunion (WWU) ist in den neunziger Jahren nach den ordoliberalen Vorstellungen des Stabilitäts- und Wachstumspaktes gestaltet worden. Sie wurde als tragendes Element einer Wirtschaftsverfassung konzipiert, welche die freie Konkurrenz unter*

den Marktteilnehmern über nationale Grenzen hinweg stimulieren und nach allgemeinen, für alle Mitgliedstaaten verbindlichen Regeln, organisieren sollte.

Auch ohne das in einer Währungsgemeinschaft fehlende Instrument der Abwertung nationaler Währungen sollten sich die Unterschiede, die im Niveau der Wettbewerbsfähigkeit bestanden, allmählich ausgleichen. Aber die Annahme, dass eine nach fairen Regeln entfesselte Konkurrenz zu ähnlichen Lohnstückkosten und gleichmässigem Wohlstand führen und daher eine gemeinsame politische Willensbildung über fiskal-, haushalts- und wirtschaftspolitische Massnahmen erübrigen würde, hat sich als falsch erwiesen. » (ISdT, 86-87)

C'est que les réformes ont laissé intacte la souveraineté des États membres qui sont restés maîtres du jeu (Herren der Verträge).

C'est pour remédier à ces défauts de construction que la Commission a été chargée de concevoir une « réforme » qui, à terme, devrait transformer l'Union monétaire européenne en « Union politique ». Trois objectifs sont proposés :

- coordonner les politiques fiscales, budgétaires et économiques des différents États ;
- prévoir des aides spécifiques en fonction des besoins des États ;
- envisager des emprunts européens et un fonds spécial qui serait l'amorce d'une communautarisation des dettes.

Mais ce système suppose que l'on s'accorde sur l'existence, dans l'Union monétaire, de transferts financiers avec un effet redistributeur, et que l'on passe ainsi d'une « Union monétaire » à une « Union politique » !

« [...] am Ende sollen drei Ziele erreicht sein:

Erstens eine gemeinsame politische Willensbildung auf EU-Ebene über "integrierte Leitlinien für die Koordinierung der einzelstaatlichen Fiskal-, Haushalts- und Wirtschaftspolitiken".

Zweitens ist für länderspezifische Förderprogramme ein EU-Haushalt auf der Basis von Steuerhoheit und eigener Finanzverwaltung vorgesehen.

Drittens sollen Euro-Anleihen und ein Schuldentilgungsfond die teilweise Vergemeinschaftung staatlicher Schulden ermöglichen. » (ISdT, 88)

« Diese Ziele liessen sich nur verwirklichen, wenn in der Währungsunion grenzüberschreitende Transferzahlungen mit den entsprechenden transnationalen Umverteilungseffekten in Kauf genommen würden. Unter Gesichtspunkten der verfassungsrechtlichen Legitimation müsste deshalb die Währungsgemeinschaft zu einer politischen Union ausgebaut werden. » (ISdT, 89)

Ces propositions de « réforme » vont visiblement dans les sens de Habermas, qui commence toutefois à énumérer les obstacles à surmonter. Il faudra l'accord du Parlement européen, mais celui-ci ne suffit pas. La Commission doit aussi tenir compte des réserves des chefs d'État et se couler dans le moule du traité de Lisbonne, qui ne prévoit pas de transfert de souveraineté du niveau national au niveau européen !

Aussi, si elle ne peut pas prendre appui sur la dynamique d'un espace public et de citoyens mobilisables, la « réforme » paraît vouée à l'échec. C'est qu'elle est dépendante d'une « technocratie qui n'est pas arrimée à la démocratie » et qui, de surcroît, se « conforme au marché » et se trouve dans l'incapacité de répondre à la demande de justice sociale.

> *« Ohne Rückkoppelung mit der Dynamik einer politischen Öffentlichkeit und einer mobilisierten Bürgergesellschaft [...]. » (ISdT, 91)*

C'est ainsi que Habermas qualifie les instances européennes jugées « non démocratiques » – tout particulièrement le « Conseil européen » ! C'est que, pour lui, une technocratie qui n'est pas arrimée à la démocratie reste dépendante du marché et des « égoïsmes nationaux ».

> *« Dieser Weg birgt die Gefahr, dass sich die Schere zwischen einer Konsolidierung der Steuerungsfähigkeit einerseits und der gebotenen demokratischen Legitimation dieser gewachsenen Kompetenzen andererseits noch weiter öffnet.*
>
> *In diesem technokratischen Sog könnte sich die EU vollends dem zweifelhaften Ideal einer marktkonformen Demokratie angleichen, die ohne Verankerung in einer politisch mobilisierbaren Gesellschaft den Imperativen der Märkte umso widerstandsloser ausgesetzt wäre. Dann würden die nationalen Egoismen, welche die Kommission zähmen möchte, zusammen mit der von "Vertrauenspersonen der Märkte" ausgeübten technokratischen Herrschaft ein explosives Gemisch bilden. (thèse de Wolfgang Streeck : "Von der Demokratie zur Marktgesellschaft"). » (ISdT, 92)*

Habermas, visiblement favorable aux propositions de la commission, est cependant obligé de reconnaître qu'elles ont peu de chances d'aboutir face à ce qu'il appelle un « pouvoir technocratique » – qu'il appelle aussi « fédéralisme d'exécution ». Pour sa part, il propose comme alternative la réalisation d'une « Union politique », vers laquelle l'Union monétaire devrait évoluer.

En tout cas, il veut bannir l'expression « maîtres des traités » dont les États nationaux se prévalent. Ce qu'il préconise, c'est faire évoluer l'Union monétaire en direction de cette « Union politique » ; mais il ne veut pas d'une Europe confédérale ni d'un État fédéral européen. Quant à la fonction de pilotage macroéconomique pour la zone euro, elle devrait pouvoir s'exercer démocratiquement dans un cadre supranational. Pour ce qui est des États nationaux concernés, ils garderaient leur fonction d'États de droits démocratiques.

> *« Die einstweilen fehlenden [...] Steuerungskompetenzen könnten und sollten vielmehr im Rahmen eines überstaatlichen und gleichwohl demokratischen Gemeinwesens zentral ausgeübt werden. Innerhalb einer supranationalen Demokratie sollten die Nationalstaaten in der freiheitssichernden Funktion von demokratischen Rechtsstaaten erhalten bleiben.*

Die Vorstellung, dass die Nationalstaaten "die Herren der Verträge" sind, müsste aufgegeben werden. Wie sich in der politischen Rolle des europäischen Rates im Laufe der gegenwärtigen Krise [...] zeigt, ist diese Vorstellung mehr als eine Fiktion. Andererseits ist es unnötig den Schritt zur supranationalen Demokratie als Übergang zu den "Vereinigten Staaten von Europa" zu begreifen. Staatenbund oder europäischer Bundesstaat ist die falsche Alternative [...]. » (ISdT, 94-95)

« Auf der Verfahrunsebene schliesslich bedeutet die Entthronung eines heute noch über dem Gesetzgebungsprozess stehenden Europäischen Rates die Umstellung vom Intergouvernementalismus auf die Gemeinschaftsmethode. » (ISdT, 95)

« Die Gemeinschaftsmethode dient gleichzeitig der Effektivität, weil sie den nationalstaatlichen Partikularismus überwinden hilft [...].

Im Rat, aber auch in interparlamentarischen Ausschüssen, müssen Repräsentanten, die zur Wahrnehmung nationaler Interessen verpflichtet sind, Kompromisse zwischen schwer beweglichen Interessenlagen herbeiführen.

Deshalb kann die politische Willensbildung im Europäischen Parlament in dem Masse, wie sich ein europäisches Parteiensystem herausbildet, schon auf der Grundlage von europaweit verallgemeinerten Interessenlagen stattfinden. » (ISdT, 96).

Habermas ne définit pas explicitement ce qu'il entend par « Union politique », sinon que l'« Union politique » a, dans l'ordre politique, un statut équivalent à l'« Union économique » réformée. Il s'agirait d'une instance de pilotage, de coordination et de « formation de l'opinion », d'où devrait sortir une « volonté politique ».

Du côté du « Conseil européen », Habermas trouve la situation bloquée, et ce tout particulièrement par le gouvernement allemand qui impose aux États – même à ceux financièrement et socialement en difficulté – une politique d'austérité budgétaire. Or c'est la République fédérale qui a en main le destin de l'Union européenne. Elle est la seule à pouvoir prendre l'initiative d'un changement des Traités, ce qui d'ailleurs est dans son intérêt !

« Vorerst beharrt die deutsche Bundesregierung auf dem Vorrang der Sanierung der einzelstaatlichen Haushalte in nationaler Regie und zu Lasten der sozialen Sicherungssysteme, der öffentlichen Dienstleistungen und kollektiven Güter, das heisst zu Lasten der ohnehin benachteiligten Schichten der Bevölkerung. Zusammen mit einigen kleineren "Geberländern" blockiert Deutschland die Forderung. » (ISdT, 96-97)

C'est pourquoi il se demande si la République fédérale ne doit pas se montrer solidaire, non seulement par intérêt, mais aussi pour des raisons normatives.

« Darüber hinaus stellt sich die Frage, ob die Bundesrepublik nicht nur eigene Interessen an der Verfolgung einer solidarischen Politik hat, sondern dazu auch aus normativen Gründen verpflichtet ist. » (ISdT, 99)

Or les raisons normatives sur lesquelles se fonde la « politique solidaire » ne sont pas de l'ordre du droit ou de la justice, mais de l'ordre de la moralité publique

(Sittlichkeit), de l'éthique, qui font que quelqu'un se porte garant pour quelqu'un d'autre.

> « *Es ist in diesem Fall – wenn ein entfernter Vetter nach Jahrzehnten wieder Kontakt zu der überraschten Cousine aufnimmt und diese wegen einer Notlage zu einer erheblichen finanziellen Zuwendung bittet, kann er wohl kaum an eine moralische, das heisst allgemein gültige Verpflichtung appellieren, sondern bestenfalls an eine aus Verwandtschaft resultierende Bindung "sittlichen" Charakters (wir Hegel gesagt hätte). […]*
>
> *Es ist in diesem Fall die Vertrauen stiftende Sittlichkeit eines informell eingewöhnten Zusammenlebens, die unter der Bedingung voraussehbar reziproken Verhaltens verlangt, dass einer für den anderen einsteht.* » (ISdT, 103)

Mais en RFA, la presse conservatrice ignore ce « sujet brûlant » et Merkel, pour sa part, s'évertue à le « dé-thématiser » dans sa campagne électorale.

> « *In der Bundesrepublik bestärkt ausserdem eine unsäglich merkelfromme Medienlandschaft alle Beteiligten darin, das heisse Eisen der Europapolitik im Wahlkampf nicht anzufassen und Merkels clever-böses Spiel der Dethematisierung mitzuspielen.* » (ISdT, 157)

En conclusion, Habermas résume sa solution pour maîtriser la crise financière dans la zone euro : pour y parvenir, dit-il, il ne suffit plus de faire crédit aux États surendettés, pour qu'ils puissent redevenir compétitifs. C'est devenu impossible, compte tenu du fossé structurel qui s'est creusé entre les économies nationales : sans aide de la part de l'Union monétaire aucun de ces États ne peut y parvenir. C'est pourquoi, si l'on veut maintenir l'Union monétaire, il faut promouvoir la croissance et la compétitivité dans la totalité de la zone Euro. Mais, rajoute-t-il, un tel effort exigera de la République fédérale qu'elle soit prête à accepter, à court et à moyen terme, un effort financier de sa part – cela serait un bel exemple de solidarité politique !

> « *Wenn man die Währungsunion erhalten will, genügt es angesichts der strukturellen Unterschiede zwischen den nationalen Ökonomien nicht mehr, überschuldeten Staaten Kredite zu gewähren, damit jeder von ihnen aus eigener Kraft seine Wettbewerbsfähigkeit steigert. Stattdessen bedarf es einer kooperativen, aus einer gemeinsamen politischen Perspektive unternommenen Anstrengung, um Wachstum und Wettbewerbsfähigkeit in der Eurozone insgesamt zu fördern. Eine solche Anstrengung würde von der Bundesrepublik verlangen, im längerfristigen Eigeninteresse kurz und mittelfristig negative Umverteilungseffekte in Kauf zu nehmen – das wäre im dargelegten Sinne ein exemplarischer Fall von politischer Solidarität.* » (ISdT, 110-111)

Notons que Habermas reprend ici son projet pour une « Europe politique » déjà abordé auparavant : comme si sa répétition lui conférait le statut d'un testament en politique européenne, laquelle est venue prendre le relais des « préoccupations allemandes » et marquer la fin de l'engagement « postfasciste ».

À la série de « portraits » d'intellectuels marquants de *Ach, Europa* – Richard Rorty, Derrida, Ronald Dworkin – on peut rajouter ici Ralf Dahrendorf, auquel il rend hommage, en conclusion de « Im Sog der Technokratie ».

8.5.5. *Hommage à Ralf Dahrendorf pour son 80ᵉ anniversaire*

Ralf Dahrendorf est présenté comme un « intellectuel d'avant-garde » qui, dans les années 1950 et 1960, a débarrassé la sociologie de ses « vieilleries » sur tout un ensemble de thèmes : la théorie du rôle, la théorie du positivisme, les classes sociales et les conflits de classe dans la société industrielle. Habermas met en avant sa familiarité avec le débat anglo-saxon, en particulier autour de Talcott Parsons.

Son ouvrage majeur *Gesellschaft und Demokratie in Deutschland* de 1965 porte sur « le long chemin menant l'Allemagne à elle-même ». C'est, dit Habermas, un diagnostiqueur qui décèle les maux de son époque, l'équivalent de ce que lui-même pratique !

> « *1965 erscheint das Werk "Gesellschaft und Demokratie in Deutschland" – wahrscheinlich der wichtigste mentalitätsbildende Traktat auf dem langen Weg der Bundesrepublik zu sich selbst, zu einer Demokratie, die sich erst im Laufe von drei bis vier Jahrzehnten von den Schlacken autoritärer Mentalitäten gelöst hat.* » (ISdT, 163)

Habermas fait de lui le penseur libéral par excellence : avec Kant et Max Weber, contre Rousseau et Marx ; il récuse la social-démocratie et voit dans le fonctionnement du marché le fondement de la liberté et de l'égalité des chances – qu'il oppose à l'égalité des conditions.

> « *Die erste These wendet Kant und Max Weber gegen Rousseau, wobei Marx die Zielscheibe ist. Soziale Ungleichheiten erklären sich nicht primär aus der ungleichen Verteilung des Eigentums, sondern aus der Notwendigkeit, normgemässes Sozialverhalten durch Sanktionen zu erzwingen. Sie sind die Nebenfolge einer Herrschaftsstruktur, die jeder Gesellschaft als solcher inhärent ist.*
>
> *Die zweite These richtet sich gegen die klassische Sozialdemokratie und rechtfertigt den Marktverkehr als zentralen Mechanismus der Freiheit. Die rechtliche Gleichheit des staatsbürgerlichen Status muss in erster Linie als Gleichheit der Chancen und nicht als eine der Teilhabe verstanden werden. Die Freiheit der privaten Selbstverwirklichung ist im Konfliktfall wichtiger als die soziale Ungleichheit. Allerdings wird Dürkheim nicht ganz vergessen: wenn die soziale Welt auf die vielfältigen opportunities zusammenschrumpft, zwischen denen wir mehr oder weniger rational wählen können, reisst das soziale Band.* » (ISdT, 163)

Après s'être montré réservé par principe au « libéralisme de marché », du fait de son manque d'utopie, Habermas change d'avis. C'est que, au regard de l'histoire de son pays, il est obligé de reconnaître que les questions majeures y ont été généralement les questions nationales et sociales, et non pas les questions libérales et démocratiques des peuples épris de liberté.

> « *Mir ging damals der antiutopische Zug eines wie auch immer demokratisch – egalitär verankerten Marktliberalismus gegen den Strich. Aber dann hat mich doch wieder der aufklärerische Impuls des leidenschaftlich engagierten Wissenschaftlers und*

Volkspädagogen mitgerissen. Der redete seinen Landsleuten dahingehend ins Gewissen, dass deutsche Fragen meist nationale und soziale Fragen gewesen sind – und nicht die liberalen und demokratischen Fragen der freiheitsliebenden Völker. Der Linksliberale hat auch mit dem ambivalenten Erbe des deutschen Nationalliberalismus aufgeräumt. » (ISdT, 163)

C'est donc par cette double profession de foi « libérale de gauche » et « anti-nationale-libérale » que s'achèvent 32 années de *Kleine Politische Schriften* !

9.

Conclusion : l'Allemagne de Habermas

Habermas, âgé de 16 ans au moment de la défaite de l'Allemagne, se trouve confronté aux informations données par la radio et les actualités cinématographiques sur le procès de Nuremberg intenté contre les principaux responsables nazis de novembre 1945 à janvier 1946. Ces révélations bouleversantes sur les crimes commis par l'Allemagne l'ont amené, dit-il, à promettre de se battre pour que cela ne puisse plus se reproduire à l'avenir dans son pays, pour lui éviter ce qu'il appelle les « rechutes dans le post-fascisme ». Ce sera, dans les décennies après 1945, le fil rouge de son engagement politique, de l'Allemagne d'Adenauer jusqu'aux années 1990, reliant la quinzaine de recueils d'articles et d'interviews – près de 200 – qui constituent les *Petits écrits politiques* de notre corpus, lequel couvre un demi-siècle d'histoire allemande contemporaine – de 1960 à 2013.

Pour éviter le morcellement chronologique qu'aurait produit une approche thématique, nous avons choisi l'approche chronologique qui nous permet de mettre en évidence l'avènement et l'évolution des thématiques politico-culturelles de cette période

C'est donc l'« après-Auschwitz » qui est au centre des *Petits écrits politiques*, à commencer par l'« Ère Adenauer ».

On ne peut pas véritablement parler de « rechute » à propos de la politique d'Adenauer. Habermas reproche plutôt au chancelier d'avoir retardé la nécessaire « rupture dans les mentalités » : il subsiste des « continuités néfastes », mais finalement peu actives, dit-il, comme dans le cas de la mouvance « jeunes conservateurs » dans laquelle Habermas fait figurer Heidegger, Carl Schmitt, Ernst Jünger ou encore Arnold Gehlen : il y détecte le « syndrome de Weimar », un danger pour la jeune République.

Par contre, une véritable « rechute » aura lieu en 1972 avec la fin du gouvernement Brandt-Scheel. Pour Habermas, c'est là une date pivot qui met un terme à « l'ère des réformes » – lesquelles ont résulté de la « convergence » entre les intellectuels libéraux et de gauche et le gouvernement – et « ouvre la voie à la réaction ». Habermas parle à ce sujet d'un « renversement de tendance » *(Tendenzwende)*.

C'est la fin de cette période faste, causée par le glissement à droite du spectre politique : le SPD et le FDP se coupent chacun de leur aile gauche. Les effets de cette rupture se manifestent tout particulièrement dans le domaine juridico-politique avec le durcissement du Code pénal.

Avec la fin de l'ère des réformes, c'est le « compromis social-démocrate », qui est le grand perdant. Les gagnants sont, à côté de la « réaction » – largement traitée par Habermas –, les « mouvements de protestation », appelés aussi « contre-mouvements », cités ici pour la première fois, lesquels fonctionnent comme des groupes de pression susceptibles d'empêcher les partis classiques d'agir normalement – on est au début des années 1970 avec un gouvernement SPD-FDP !

On peut rappeler que Habermas ne cesse de critiquer les partis politiques pour s'être laissés « étatiser » *(verstaatlicht)* – tout comme les médias qui ont été asservis aux puissances financières *(vermachtet)*. D'où l'importance qu'il accorde à ces mouvements de protestation qui constituent, selon lui, un nouveau potentiel politique, un groupe de pression *(Vetodruck)*, baignant dans une culture politique démocratique. Marcuse, cité ici par Habermas, parle de « peuple », composé de toutes les couches sociales, qui ont pris le relais des travailleurs censés être les moteurs de la résistance sociale.

Notons que, dans ce bouleversement, c'est le SPD qui est visé en premier lieu par Habermas : critiqué pour son intolérance envers son aile gauche, systématiquement écartée du pouvoir, tout comme envers les étudiants socialistes du SDS. Le FDP, dont l'aile droite ne cesse de dériver vers le libéral-conservatisme *(liberal-konservativ)*, est pareillement critiqué.

C'est donc autour de 1972 que Habermas date l'émergence concomitante du « néo- conservatisme » et des « nouveaux mouvements sociaux » qu'il dit avoir ignorés jusque-là. L'avènement de ces nouveaux acteurs va de pair avec l'affaiblissement de l'État social, victime, dit-il, de la globalisation.

La période qui s'ouvre est une période des plus troublée de la RFA, que Habermas place sous le signe d'une contradiction. D'un côté, dit-il, notre système, l'un des plus capitalistes qui soient, est relativement stable, et ce non seulement économiquement, mais aussi dans l'attribution des libertés politiques. D'un autre côté, cette société génère des symptômes qui lui font peur. Ce qui lui fait dire que quelque chose dysfonctionne : des conflits divers couvent sous cette mécanique bien huilée – Habermas renvoie ici à son *« Strukturwandel der Öffentlichkeit »* de 1962 qui a abordé le problème.

Les années 1970 sont un bel exemple de cette dichotomie, tant les « craintes » de Habermas sont sérieuses. Pour lui, les intellectuels néo-conservateurs (Gehlen, Schelsky, Topitsch, Lübbe, Konrad Lorenz…) ouvrent le « chemin de la réaction », suivis par les « jeunes conservateurs de Weimar » (Ritter, Forsthoff…) ou encore par les tenants de l'« idéologie du milieu » (Stürmer, Hillgruber).

En 1977, Habermas participe aux « Lettres de défense de la République », qui constituent une réplique des intellectuels libéraux et de gauche aux néo-conservateurs concernant l'attitude face au terrorisme. Sont visés tout particulièrement les leaders politiques Strauss et Kohl : ce dernier, par son appel à la mobilisation générale, risque, selon Habermas, la « guerre civile » en RFA et l'« écroulement fasciste de sa culture politique » ! Dans le long débat avec l'historien néo-conservateur

Kurt Sontheimer sur l'origine du terrorisme, que l'un situe à gauche, l'autre à droite, il est question d'une « terreur totale » qui attend l'Allemagne !

Dans les années 1980, on assiste par contre à un apaisement : le catastrophisme de la décennie précédente a disparu, l'invective a fait place au débat. Même le « *Historikerstreit* », lancé par Habermas en réponse à un article de *Die Zeit*, se passe paisiblement. Tout compte fait, il ne s'agit pas d'un affrontement mais d'un débat, d'une « querelle » sur l'interprétation du phénomène » national-socialiste. De fait, l'objectif des historiens conservateurs consiste à élaborer un passé historique « positif » pour l'Allemagne, et ce en enlevant à Auschwitz son « exceptionnalité » par une comparaison avec le goulag qui, selon eux, l'a précédé, voire « provoqué » !

C'est la « normalité allemande » qui constitue après l'unification le nouveau sujet de crainte pour Habermas dans les années 1990 : après la réunification, les historiens conservateurs sont en quête d'une « normalité » pour la « République de Berlin », laquelle doit devenir une « grande puissance en Europe centrale ».

Dans ce contexte, une interview avec des journalistes français s'intitule « Incertitudes allemandes » : c'est la nouvelle crainte pour Habermas, une « crainte française », qu'il partage ! C'est que la nouvelle Allemagne se laisse aller à des « fantasmes de grande puissance en Europe centrale », dit-il. Ce qui nous vaut un titre cinglant : « L'exceptionnalité allemande se régénère d'heure en heure » ! Cela étant, Habermas ne semble plus prendre ces propos trop à cœur : la confrontation avec l'« héritage du passé » a perdu de sa vigueur.

Les nouvelles problématiques sont, d'une part, l'Europe : Habermas est incontestablement pro-européen, mais critique l'excès de pouvoir du Conseil européen et la faiblesse de l'engagement européen de la RFA, tout particulièrement des gouvernements Schroeder et Merkel. D'autre part, les relations transatlantiques : la politique extérieure des États-Unis sous la présidence de George W. Busch et son intervention en Irak – qui a divisé l'Europe *(Ach, Europa)* le préoccupe, tout comme l'impossibilité de parvenir à une « union bipolaire Europe-États-Unis ». Mais ces nouvelles problématiques ne concernent plus la seule Allemagne !

Ce qui est spécifiquement allemand, ce sont les « nouveaux mouvements de protestation » qui occupent une place centrale chez Habermas et auxquels va sa sympathie. Les premiers sont issus des mouvements pacifistes des années 1950 contre le réarmement *(ohne mich Bewegungen)*. À ces mouvements de caractère politico-militaire se rajoutent des mouvements d'opposition au nucléaire civil : depuis la seconde moitié des années 1970, de nouvelles formes d'action forment le « mouvement anti-nucléaire » *(anti Atomkraft-Bewegung)*, qui opère avec des blocages de chantiers et des « méga-manifestations » à Brockdorf et à Gorleben *(Grossdemonstrationen)*.

Habermas parle d'un « amalgame d'initiatives » dans tous les secteurs de la société : ceux concernant la paix, l'environnement, les femmes *(Frauenbewegungen)*, les étudiants *(Studentenbewegungen)* – initiatives qu'il qualifie de « néopopulistes ».

Dans tous ces cas de figure, il s'agit d'initiatives et d'actions de masses spontanées – Habermas parle de « structures pulsionnelles émancipatrices ». Celles-ci sont décentrées – Alain Touraine emploie le terme de « communautés locales » – issues spontanément de la base *(Basisinitiativen)*, du milieu de la population, et ont pour objectif la réalisation d'une « société auto-organisée » *(eine sich selbst organisierende Gesellschaft)*. Ces actions forment un « réseau d'associations libres », situées en dessous du niveau organisationnel des partis politiques, lesquels, selon Habermas, se sont « étatisés », et qui sont dès lors, à ses yeux, hors jeu !

Cette mise à l'écart des partis politiques annonce un conflit inévitable avec les institutions existantes. Habermas en est conscient mais, pour lui, il existe des moments où la substitution des mouvements sociaux aux institutions défaillantes s'impose. C'est ainsi qu'il affirme que « le peuple est meilleur que ses politiciens » ou encore « que si la démocratie représentative est déficiente, le peuple, et même le simple citoyen, peut être appelé à endosser le rôle de souverain ». Habermas qualifie cette substitution de « fondamentalement démocratique » *(fundamental demokratisch)*.

Notons l'apparition dans ce contexte de la notion de « démocratie radicale » – ou « démocratie fondamentale » – à laquelle Habermas recourt depuis les années 1970 dans les KPS en liaison avec les nouveaux mouvements sociaux. C'est là une thématique importante de la science politique internationale qui a été popularisée en France par la politologue belge Chantal Mouffe et le philosophe argentin Ernesto Laclau, avec « L'itinéraire de la démocratie radicale » de 1984 (cf. *Raisons politiques*, n° 35, 2009/3, pp. 207-220) – suivie en 2004 par les écrivains et politologues américains Joshua Cohen et Archon Fung avec « Radical Democracy » (cf. *Raisons politiques*, n° 42, 2011/2, pp. 115-130). Par contre, elle est peu présente dans la sociologie et la politologie française.

Habermas recourt souvent à cette notion sans toutefois la développer, sans l'expliciter – contrairement à ce qu'il a fait avec la « désobéissance civile ». Il recourt également à des synonymes : « nouveau socialisme » et « populisme de gauche ».

En France, « radical » équivaut à « extrême » : une « démocratie radicale » s'y situe indéniablement à l'extrême gauche. Le journal *Le Monde* du 15 mars 2022 en fournit un exemple type : dans un article consacré à Alain Krivine, le fondateur de la « ligue communiste révolutionnaire », celui-ci est présenté comme étant « une figure historique de la gauche radicale ». Ailleurs, il est aussi présenté comme un tenant de la « gauche extrême » !

Pour Mouffe et Laclau, la politique ne fonctionne pas comme représentation d'une réalité préexistante, naturelle ou sociale, mais comme constitution de cette réalité par articulation de différents acteurs au sein de mouvements à prétentions hégémoniques. Il s'agit d'une « hégémonie démocratique » où la décision est un choix entre différents possibles, avec pour critère le nombre de volontés que chacun arrive à mobiliser, la volonté du plus grand nombre devenant volonté collective. Les auteurs parlent d'une « révolution démocratique » ou « plurielle » – au même titre que les « nouveaux mouvements sociaux » – et qui marque une extension de celle-ci à un nouvel ensemble de relations sociales. Pour eux, la « démocratie radicale » aboutit ainsi à un « pluralisme agonistique » – qui recommande la lutte – dans lequel tous les antagonismes peuvent s'exprimer. Ainsi donc, le « changement pour la démocratie s'effectue par la démocratie » : cela suppose de renoncer au concept classique de révolution qui implique le caractère « fondationnel » de l'acte révolutionnaire, l'institution d'un point de concentration du pouvoir depuis lequel la société pourrait être rationnellement réorganisée. Les tenants de la démocratie radicale affirment au contraire le caractère « processuel » du changement démocratique. On pourrait parler de « révolution permanente » ! Les deux auteurs ajoutent que la multiplication des espaces politiques et le fait d'empêcher la concentration du pouvoir sont les « préconditions » de toute « transformation vraiment démocratique de la société », laquelle implique une dissémination du pouvoir effectivement « radical » (cf. *Raisons politiques*, 2009/3).

La « démocratie radicale » selon Habermas diffère de celle de Mouffe-Laclau, laquelle constitue une révolution « silencieuse », qui ne dit pas son nom. Rappelons que Habermas est associé d'entrée, dès les années 1950, à des luttes, mais il ne s'agit pas de luttes contre le pouvoir en tant que tel, mais contre des décisions de celui-ci concernant le réarmement de la RFA, puis, au début des années 1970, avec les « marches de Pâques », contre la dotation de la Bundeswehr en armes nucléaires tactiques, réclamée par Adenauer, et ensuite contre le nucléaire civil.

Sa conception se rapproche davantage de la « Radical Democracy » des politologues américains J. Cohen et A. Fung (2004), qui visent une démocratie à la fois plus participative et plus délibérative, afin de résoudre certains problèmes pratiques, et ce en identifiant mieux les problèmes et en créant une coopération entre acteurs, en adaptant les solutions au contexte local et en s'inspirant des solutions mises en œuvre ailleurs. Leur démarche « radicale » est on ne peut plus pragmatique, et proche de celle de Habermas.

Pour Habermas, la « démocratie radicale » est un mouvement qui mobilise la « base » *(Basisbewegung)* et recourt, s'il le faut, à la « désobéissance civile » : Habermas plaide pour que la désobéissance civile soit acceptée comme composante de la culture politique d'une démocratie développée. Car, dit-il, si la démocratie représentative se révèle impuissante, par exemple face à la perte de contrôle dans la course aux armements, ce sont les citoyens qui doivent pouvoir immédiatement entrer dans le rôle du souverain et se permettre de renier l'obéissance civile afin de réaliser les corrections et les innovations qui s'imposent. Ces citoyens, initialement « non organisés », sont ainsi appelés à suppléer les représentants élus dans les instances constitutionnelles, lesquels peuvent être sujets au « faillibilisme » !

Cela étant, ces nouveaux modes d'organisation de l'espace public, apparus dans les années 1960, auront du mal à survivre à l'unification allemande avec ses urgences politiques et socio-économiques. À tel point que Habermas est interrogé par un de ses intervieweurs sur l'échec probable de l'« expérimentation d'un gouvernement fondé sur la base ».

Il n'empêche ! L'attention portée aux « nouveaux mouvements sociaux », en particulier aux « Verts », est devenue la marque de fabrique de Habermas, sa conception de la « démocratie radicale » à laquelle il a conféré son empreinte « libérale de gauche », non révolutionnaire et non conservatrice.

Certes, Habermas n'en a pas le monopole, mais l'emploi qu'il en fait est singulier. Alors que, chez ses compétiteurs, entre autres chez Mouffe et Laclau, le terme « radical » vise l'intensité de la démocratie, son caractère absolu, pouvant aller jusqu'à la révolution, pour Habermas l'idéal démocratique réside, au contraire, dans sa modération et dans son extension à tous les secteurs de la vie *(alle Lebensbereiche)*, dit-il, avec le tenant des réformes, Willy Brandt, qu'il a très certainement inspiré !

Au reste, il lève les ambiguïtés qui peuvent entourer sa conception de la « démocratie radicale » – en particulier concernant son éventuel débouché révolutionnaire – en ayant recours à une locution concurrente, celle de « réformisme radical » – employée d'abord par Habermas pour désigner le SDS et son leader Rudi Dutschke comme étant le moteur d'un « réformisme radical » face aux « actionnistes » qui s'opposent aux réformes –, mais le SDS ne va pas tarder à rejoindre le camp des révolutionnaires (KpS I-IV, 266 sv.) !

Dans un texte de 1980, Habermas définit le « réformisme radical » comme la seule voie de transformation structurelle d'un État-providence organisé de façon autoritaire, ce qui revient à dire qu'il faut y mener des réformes « préalablement discutées », et ce même si les effets secondaires sont en contradiction avec le système.

D'ailleurs, la conclusion du chapitre est conciliante, quand Habermas se réfère à Rosa Luxemburg, qui dit que les changements politiques restent sans effet si les conséquences des changements censés abolir des injustices ne s'accompagnent pas de « subtiles libérations, de moments de satisfaction et de bonheur » (KpS I-IV, 303) !

En 1990, dans sa réflexion sur la transformation de l'État social en relation avec l'unification, Habermas exprime la nécessité de maîtriser l'État interventionniste en trouvant une nouvelle relation entre les « espaces publics autonomes » et les secteurs financiers et administratifs. L'on aboutit ainsi à ce « réformisme radical » qui implique de nouveaux modes de fonctionnement censés permettre à l'exigence de solidarité – émanant de ces « espaces publics autonomes » en faveur des « besoins sociaux » – de s'imposer face aux puissances de l'argent et de l'administration. On peut dire que le « réformisme radical » est pour Habermas un équivalent du « socialisme ». Il s'agit d'adresser aux intellectuels est-allemands un message : traduire les idées socialistes dans l'autocritique radicale-réformiste d'une société capitaliste (DnR, 210).

Habermas se veut ainsi un « réformateur radical », de l'Allemagne mais aussi de l'Europe et de l'ordre mondial.

Pour ce qui est de l'Allemagne de l'Ouest, Habermas apparaît d'ailleurs d'entrée de jeu, dans son travail au sein de l'ISF, comme un les « réformateurs » du système scolaire et universitaire. Entre 1957 et 1969, deux cents pages des KPS sont consacrées à leurs propositions *(Schul- und Hochschulreform)*. Mais c'est principalement l'appareil judiciaire et législatif que Habermas veut faire évoluer, dans deux cas de figure : celui des « interdictions professionnelles » et celui de la « désobéissance civile », pour lesquels il réclame une réforme juridico-politique.

On peut rajouter le « débat sur le droit d'asile », en cours depuis la fin des années 1970, dans lequel Habermas intervient régulièrement – et qui se prolonge au niveau européen dans les années 1920 sous l'appellation « *Asylreform* ».

Dans tous ces domaines, Habermas ne cesse de polémiquer avec les intellectuels et les juristes conservateurs adversaires des réformes.

En ce qui concerne l'organisation de l'Europe, il affirme sa préférence pour un « noyau dur européen » appelé à jouer un rôle moteur – sans exclure pour autant les « nouveaux arrivants » des pays de l'Est ! – mais en insistant fermement sur l'appartenance de l'Allemagne à ce « noyau dur ». Sa demande de réforme institutionnelle pour l'Europe concerne principalement le Conseil européen, institution qu'il juge non démocratique et dont il voudrait transférer le pouvoir, qu'il juge « exorbitant », au « Parlement de Strasbourg ». Il rend par contre hommage au travail préparatoire de la « Commission ».

Mais son espoir réside dans « les populations » – et leurs intellectuels – pour forger une « identité européenne » qui devrait aboutir à transformer l'« Union monétaire » en « Union politique ». Son souhait : faire « monter d'un cran » les identités nationales pour les faire accéder à « une dimension européenne de solidarité civique » ; les manifestations du 15 février 2003 y ont certainement contribué, pense-t-il, ainsi que l'institution d'un « emprunt européen » qui a fait avancer la solidarité européenne, pour laquelle il n'a cessé de militer, en demandant à l'Allemagne de se montrer – financièrement – plus généreuse !

Parallèlement à ces préoccupations intra-européennes, Habermas imagine une évolution future de l'Europe en direction des États-Unis. Il commence par faire le point sur la situation respective des deux entités, qui se trouvent être toutes deux en difficulté en ce début du XXe siècle : l'Europe bloquée politiquement et les États-Unis affaiblis militairement et économiquement. D'où l'idée habermassienne d'un *deal* : créer un « Occident bipolaire », censé constituer une « perspective », mais que *Die Zeit* trouve « irréaliste » !

Ainsi donc, Habermas est resté fidèle pendant les 40 années couvertes par les *Petits écrits politiques* à sa promesse d'adolescent, au sortir de la guerre, de préserver l'Allemagne du « post-fascisme ». Il l'a fait selon des modalités diverses, dictées par les étapes de l'histoire allemande, européenne, voire occidentale et mondiale ! En tout cas, dans les derniers recueils des KPS, on est loin des « interventions » du « professeur-citoyen » Habermas des années 1960 et de son « rôle d'accoucheur d'une culture politique de la contradiction » !

Liste des publications de la collection Convergences

Michel Grunewald (éd./Hrsg.) en collaboration avec Helga Abret et Hans Manfred Bock : *Le discours européen dans les revues allemandes (1871–1914) / Der Europadiskurs in den deutschen Zeitschriften (1871–1914).* Berne : Peter Lang (Convergences, vol. /Bd. 1) 1996.

Paul Distelbarth : *Das andere Frankreich. Essays zur Gesellschaft, Politikund Kultur Frankreichs und zu den deutsch-französischen Beziehungen 1932 bis 1945.* Eingeleitet und mit Anmerkungen versehen von Hans Manfred Bock. Berne : Peter Lang (Convergences, Bd. 2) 1997.

Michel Grunewald (éd./Hrsg.) en collaboration avec Hans Manfred Bock : *Le discours européen dans les revues allemandes (1918–1933) / Der Europadiskurs in den deutschen Zeitschriften (1918–1933).* Berne : Peter Lang (Convergences, vol./ Bd. 3) 1997.

Pierre-André Bois, Roland Krebs et Jean Moes (éds/Hrsg.) : *Les lettres françaises dans les revues allemandes du XVIII e siècle / Die französische Literatur in den deutschen Zeitschriften des 18. Jahrhunderts.* Berne : Peter Lang (Convergences, vol./Bd. 4) 1997.

Catherine Julliard : *Gottsched et l'esthétique théâtrale française : la réception allemande des théories françaises.* Berne : Peter Lang (Convergences, vol. 5) 1998.

Helga Abret et Ilse Nagelschmidt (Hrsg.) : *Zwischen Distanz und Nähe. Eine Autorinnengeneration in den 80er Jahren.* Berne : Peter Lang (Convergences, Bd. 6) 1998, 2000.

Michel Grunewald (éd./Hrsg.) : *Le problème d'Alsace-Lorraine vu par les périodiques (1871–1914) / Die elsaß-lothringische Frage im Spiegel der Zeitschriften (1871–1914).* Berne . Peter Lang (Convergences, vol./Bd. 7) 1998.

Charles W. Schell et Damien Ehrhardt (éds/Hrsg.) : *Karl Ristenpart et l'orchestre de chambre de la Sarre (1953–1967) / Karl Ristenpart und das Saarländische Kammerorchester (1953–1967).* Berne : Peter Lang (Convergences, vol./Bd. 8) 1999.

Frédérique Colombat-Didier : *La situation poétique de Peter Rühmkorf.* Berne : Peter Lang (Convergences, vol. 9) 2000.

Jeanne Benay et Gilbert Ravy (éds/Hrsg.) : *Ecritures et langages satiriques en Autriche (1914–1938) / Satire in österreich (1914–1938).* Berne : Peter Lang (Convergences, vol./Bd. 10) 1999.

Michel Grunewald (éd./Hrsg.) en collaboration avec Hans Manfred Bock : *Le discours européen dans les revues allemandes (1933–1939) / Der Europadiskurs in den deutschen Zeitschriften (1933–1939).* Berne : Peter Lang (Convergences, vol. 11) 1999.

Hans Manfred Bock und Ilja Mieck (Hrsg.) : *Berlin-Paris (1900–1933) – Begegnungsorte, Wahrnehmungsmuster, Infrastrukturprobleme im Vergleich*. Berne : Peter Lang (Convergences, Bd. 12) 2006.

Pierre-André Bois, Raymond Heitz et Roland Krebs (éds) : *Voix conservatrices et réactionnaires dans les périodiques allemands de la Révolution française à la Restauration*. Berne : Peter Lang (Convergences, vol. 13) 1999.

Ilde Gorguet : *Les mouvements pacifistes et la réconciliation franco-allemande dans les années vingt (1919–1931)*. Berne : Peter Lang (Convergences, vol. 14) 1999.

Stefan Woltersdorff : *Chronik einer Traumlandschaft : Elsaßmodelle in Prosatexten von René Schickele (1899–1932)*. Berne : Peter Lang (Convergences, Bd. 15) 2000.

Hans-Jürgen Lüsebrink et Jean-Yves Mollier (éds), avec la collaboration de Susanne Greilich : *Presse et événement : journaux, gazettes, almanachs (XVIIIe XIXe siècles). Actes du colloque international « La perception de l'événement dans la presse de langue allemande et française » (Université de la Sarre, 12–14 mars 1998)*. Berne : Peter Lang (Convergences, vol. 16) 2000.

Michel Grunewald: *Moellervanden Brucks Geschichtsphilosophie : « Ewige Urzeugung», « Ewige Anderswerdung », « Ewige Weitergabe »*. Band I. Michel Grunewald (Hrsg.) : *Moeller van den Brucks Geschichtsphilosophie : Rasse und Nation, Meinungen über deutsche Dinge, Der Untergang des Abendlandes. Drei Texte zur Geschichtsphilosophie*. Band II. Berne : Peter Lang (Convergences, Bd. 17) 2001.

Michel Grunewald (éd./Hrsg.) en collaboration avec Hans Manfred Bock : *Le discours européen dans les revues allemandes (1945–1955) / Der Europadiskurs in den deutschen Zeitschriften (1945–1955)*. Berne : Peter Lang (Convergences, vol./ Bd. 18) 2001.

Patricia Brons : *Erich Kästner, un écrivain journaliste*. Berne : Peter Lang (Convergences, vol. 19) 2002.

Dominique Lingens : *Hermann Hesse et la musique*. Berne : Peter Lang (Convergences, vol. 20) 2001.

Valérie Chevassus : *Roman original et stratégies de la création littéraire chez Joseph Roth*. Berne : Peter Lang (Convergences, vol. 21) 2002.

Raymond Heitz et Roland Krebs (éd./Hrsg.) : *Théâtre et « Publizistik » dans l'espace germanophone au XVIIIe siècle / Theater und Publizistik im deutschen Sprachraum im 18. Jahrhundert*. Berne : Peter Lang (Convergences, vol. 22) 2001.

Jeanne Benay und Gerald Stieg (Hrsg.) : *Österreich (1945–2000). Das Land der Satire*. Berne : Peter Lang (Convergences, Bd. 23) 2002.

Michel Grunewald (éd./Hrsg.) en collaboration avec Hans Manfred Bock : *Le milieu intellectuel de gauche en Allemagne, sa presse et ses réseaux (1890–1960) / Das linke Intellektuellenmilieu in Deutschland, seine Presse und seine Netzwerke (1890– 1960)*. Berne : Peter Lang (Convergences, vol./Bd. 24) 2002.

Martine Carré : *Les Elégies de Duino, tomes 1 et 2. Essai de lecture*. Berne : Peter Lang (Convergences, vol. 25) 2002.

Michel Durand und Volker Neuhaus (Hrsg./éd.) : *Die Provinz des Weiblichen. Zum erzählerischen Werk von Clara Viebig / Terroirs au féminin. La province et la femme dans les récits de Clara Viebig.* Berne : Peter Lang (Convergences, Bd./ vol. 26) 2004.

Michel Grunewald et Uwe Puschner (éds/Hrsg.) en collaboration avec Hans Manfred Bock : *Le milieu intellectuel conservateur en Allemagne, sa presse et ses réseaux (1890– 1960) / Das konservative Intellektuellenmilieu in Deutschland, seine Presse und seine Netzwerke (1890–1960).* Berne : Peter Lang (Convergences, vol./ Bd. 27) 2003.

Christina Stange-Fayos : *Lumières et obscurantisme en Prusse. Le débat autour des édits de religion et de censure (1788–1797).* Berne : Peter Lang (Convergences, vol. 28) 2003.

Jeanne Benay, Alfred Pfabigan und Anne Saint-Sauveur (Hrsg.) : *Österreiche Satire (1933–2000). Exil – Reemigration – Assimilation.* Berne : Peter Lang (Convergences, Bd. 29) 2003.

Régine Battiston-Zuliani (Hrsg./éd.) : *Funktion von Natur und Landschaft in der österreichischen Literatur / Nature et paysage : un enjeu autrichien.* Berne : Peter Lang (Convergences, Bd./vol. 30) 2004.

Pierluca Azzaro : *Deutsche Geschichtsdenker um die Jahrhundertwende und ihr Einfluss in Italien. Kurt Breysig, Walther Rathenau, Oswald Spengler.* Berne : Peter Lang (Convergences, Bd. 31) 2005.

Michel Durand: *Michael Georg Conradà Paris(1878–1882).« Annéesd'apprentissage» d'un intellectuel critique.* Berne : Peter Lang (Convergences, vol. 32) 2004.

Maurice Godé et Michel Grunewald (éds) : *La volonté de comprendre. Hommage à Roland Krebs.* Berne : Peter Lang (Convergences, vol. 33) 2005.

Jeanne Benay und Alfred Pfabigan (Hrsg.) : *Hermann Bahr – Für eine andere Moderne. Anhang : Hermann Bahr,* Lenke. *Erzählung (1909) / Korrespondenz von Peter Altenberg an Hermann Bahr (1895–1913) (Erstveröffentlichung).* Berne : Peter Lang (Convergences, Bd. 34) 2004.

Claire Moreau Trichet : *Henri Pichot et l'Allemagne de 1930 à 1945.* Berne : Peter Lang (Convergences, vol. 35) 2004.

Friedrich Albrecht : *Bemühungen. Arbeiten zum Werk von Anna Seghers 1965– 2004.* Berne : Peter Lang (Convergences, Bd. 36) 2005.

Anne Feuchter-Feler : *Le drame militaire en Allemagne au XVIIIe siècle. Esthétique et Cité.* Berne : Peter Lang (Convergences, vol. 37) 2005.

Pierre Béhar et Michel Grunewald (éds) : *Frontières, transferts, échanges transfrontaliers et interculturels. Actes du XXXVIe Congrès de l'Association des Germanistes de l'Enseignement Supérieur.* Berne : Peter Lang (Convergences, vol. 38) 2005.

Jeanne Benay et Jean-Marc Leveratto (éds) : *Culture et histoire des spectacles en Alsace et en Lorraine. De l'annexion à la décentralisation (1871–1946).* Berne : Peter Lang (Convergences, vol. 39) 2005.

Michel Grunewald et Uwe Puschner (éds/Hrsg.) en collaboration avec Hans Manfred Bock : *Le milieu intellectuel catholique en Allemagne, sa presse et ses réseaux (1871–1963) / Das katholische Intellektuellenmilieu in Deutschland, seine Presse und seine Netzwerke (1871–1963)*. Berne : Peter Lang (Convergences, vol./Bd. 40) 2006.

Stéphanie Dalbin : *Visions croisées franco-allemandes de la Première Guerre mondiale. Etude de deux quotidiens :* la Metzer Zeitung et L'Est Républicain. Berne : Peter Lang (Convergences, vol. 41) 2007.

Raymond Heitz et Roland Krebs (éd./Hrsg.) : *Schiller publiciste / Schiller als Publizist*. Berne : Peter Lang (Convergences, vol. 42) 2007.

Stefanie Müller : *Ernst Robert Curtius als journalistischer Autor (1918–1932). Auffassungen über Deutschland und Frankreich im Spiegel seiner publizistischen Tätigkeit*. Berne : Peter Lang (Convergences, Bd. 43) 2008.

Julia Schroda : *Nationaler Anspruch und regionale Identität im Reichsland Elsass Lothringen im Spiegel des französischsprachigen Elsassromans (1871–1914)*. Berne : Peter Lang (Convergences, Bd. 44) 2008.

Jean Schillinger et Philippe Alexandre (éds) : *Le Barbare. Images phobiques et réflexions sur l'altérité dans la culture européenne*. Berne : Peter Lang (Convergences, vol. 45) 2008.

Françoise Lartillot und Axel Gellhaus (Hrsg.) : *Dokument / Monument. Textvarianz in den verschiedenen Disziplinen der europäischen Germanistik – Akten des 38. Kongresses des französischen Hochschulgermanistikverbandes*. Berne : Peter Lang (Convergences, Bd. 46) 2008.

Michel Grunewald und Uwe Puschner (Hrsg.) in Zusammenarbeit mit Hans Manfred Bock : *Das evangelische Intellektuellenmilieu in Deutschland, seine Presse und seine Netzwerke (1871–1963) / Le milieu intellectuel protestant en Allemagne, sa presse et ses réseaux (1871–1963)*. Berne : Peter Lang (Convergences, Bd./ vol. 47) 2008.

Sabine Kremser-Dubois : *Dramaturgie de la provocation. Carl Sternheim*. Berne : Peter Lang (Convergences, vol. 48) 2008.

Christian Bank Pedersen : *Le suicide de Don Quichotte. Récits de Franz Kafka*. Berne : Peter Lang (Convergences, vol. 49) 2009.

Olivier Dard et Michel Grunewald (éds) : *Charles Maurras et l'étranger – L'étranger et Charles Maurras. L'Action française – culture, politique, société II*. Berne : Peter Lang (Convergences, vol. 50) 2009.

Friedrich Albrecht : *Klaus Mann der Mittler. Studien aus vier Jahrzehnten*. Berne : Peter Lang (Convergences, vol. 51) 2009.

Françoise Lartillot et Axel Gellhaus (éds/Hrsg.) : *Années vingt – Années soixante. Réseau du sens – Réseaux des sens / Zwanziger Jahre – Sechziger Jahre. Netzwerk des Sinns – Netzwerke der Sinne*. Berne : Peter Lang (Convergences, Bd./vol. 52) 2009.

Didier Musiedlak (éd.) : *Les expériences corporatives dans l'aire latine.* Berne : Peter Lang (Convergences, vol. 53) 2010.

Christine Aquatias et Catherine Desbois (Hrsg./éds) : *Turbulenzen in Deutschland zu Beginn des 21. Jahrhunderts : Was bleibt von der deutschen wirtschaftlichen Identität ? / Allemagne, début XXIe siècle : une identité économique en pleine transformation.* Berne : Peter Lang (Convergences, Bd./ vol. 54) 2010.

Michel Grunewald und Uwe Puschner (Hrsg.) : *Krisenwahrnehmungen in Deutschland um 1900. – Zeitschriften als Foren der Umbruchszeit im wilhelminischen Reich / Perceptions de la crise en Allemagne au début du XXe siècle. – Les périodiques et la mutation de la société allemande à l'époque wilhelmienne.* Berne : Peter Lang (Convergences, Bd./vol. 55) 2010.

Philippe Alexandre et Reiner Marcowitz (éd./Hrsg.) : *La revue « Die Hilfe », un laboratoire d'idées en Allemagne, 1894–1944 / Die Zeitschrift « Die Hilfe », ein Ideelabor in Deutschland, 1894–1944.* Berne : Peter Lang (Convergences, Bd./ vol. 56) 2011.

Olivier Dard et Michel Grunewald (éd.) : *Jacques Bainville – Profils et réceptions.*

Berne : Peter Lang (Convergences, vol. 57) 2010.

Olivier de Lapparent : *Raymond Aron et l'Europe. Itinéraire d'un Européen dans le siècle.* Berne : Peter Lang (Convergences, vol. 58) 2010.

Olivier Dard (éd.) : *Georges Valois : itinéraire et réceptions.* Berne : Peter Lang (Convergences, vol. 59) 2011.

Jean Bonnet : *Dé*kant*ations. Fonctions idéologiques du kantisme dans le XIXe siècle français.* Berne : Peter Lang (Convergences, vol. 60) 2011.

Dorle Merchiers et Gérard Siary (éd./Hrsg.) : *Transmission de la mémoire allemande en Europe centrale et orientale depuis 1945 / Spuren deutscher Identität in Mittel- und Osteuropa seit 1945.* Berne : Peter Lang (Convergences, vol. 61) 2011.

Olivier Dard, Michel Grunewald, Michel Leymarie et Jean-Michel Wittmann (éds) : *Maurice Barrès, la Lorraine, la France et l'étranger.* Berne : Peter Lang (Convergences, vol. 62) 2011.

Michel Grunewald, Roland Krebs, Jean Mondot, Roger Sauter (éd.) : *Visages de la modernité. Hommage à Maurice Godé.* Berne : Peter Lang (Convergences, vol. 63) 2011.

Michel Grunewald, Hans-Jürgen Lüsebrink, Reiner Marcowitz, Uwe Puschner (éd./ Hrsg) : *France-Allemagne au XXe siècle – La production de savoir sur l'Autre (vol. 1) / Deutschland und Frankreich im 20. Jahrhundert – Akademische Wissensproduktion über das andere Land (Bd. 1).* Berne : Peter Lang (Convergences, Bd./vol. 64) 2011.

Ulrich Pfeil (éd./Hrsg) : *Mythes et tabous des relations franco-allemandes au XXe siècle / Mythen und Tabus der deutsch-französischen Beziehungen im 20. Jahrhundert.* Berne : Peter Lang (Convergences, vol. 65) 2011.

Olivier Dard (éd.) : *Le corporatisme dans l'aire francophone au XXe siècle.* Berne: Peter Lang (Convergences, vol. 66) 2011.

Roland Krebs : *De Gottsched à Goethe. 24 études sur le théâtre allemand / Von Gottsched bis Goethe. 24 Untersuchungen zur Geschichte des deutschen Theaters.* Berne : Peter Lang (Convergences, Bd./vol. 67) 2012.

Olivier Dard (éd.) : *Doctrinaires, vulgarisateurs et passeurs des droites radicales au XXe siècle (Europe-Amériques).* Berne : Peter Lang (Convergences, vol. 68) 2012.

Michel Grunewald, Hans-Jürgen Lüsebrink, Reiner Marcowitz, Uwe Puschner (éd./ Hrsg) : *France-Allemagne au XXe siècle – La production de savoir sur l'Autre (vol. 2) / Deutschland und Frankreich im 20. Jahrhundert – Akademische Wissensproduktion über das andere Land (Bd. 2).* Berne : Peter Lang (Convergences, Bd./vol. 69) 2012.

Anne-Laure Briatte-Peters : *Citoyennes sous tutelle. Le mouvement féministe « radical » dans l'Allemagne wilhelmienne.* Berne : Peter Lang (Convergences, vol. 70) 2013.

Françoise Lartillot et Ulrich Pfeil (éd.). *Constructions de l'espace dans les cultures d'expression allemande.* Berne : Peter Lang (Convergences, vol. 71) 2013.

Landry Charrier, Karine Rance, Friederike Spitzl-Dupic (éd.). *Circulations et réseaux transnationaux en Europe (XVIIIe-XXe siècles). Acteurs, pratiques, modèles.* Berne : Peter Lang (Convergences, vol. 72) 2013.

Olivier Dard (éd.) : *Supports et vecteurs des droites radicales au XXe siècle (Europe Amériques).* Berne : Peter Lang (Convergences, vol. 73) 2013.

Ana Maria Alves : *Guerre et exil chez Louis-Ferdinand Céline.* Berne : Peter Lang (Convergences, vol. 74) 2013.

Michel Grunewald, Hans-Jürgen Lüsebrink, Reiner Marcowitz, Uwe Puschner (éd./ Hrsg.) : *France-Allemagne au XXe siècle – La production de savoir sur l'Autre (vol. 3)*

/ Deutschland und Frankreich im 20. Jahrhundert – Akademische Wissensproduktion über das andere Land (Bd. 3). Berne : Peter Lang (Convergences, Bd./vol. 75) 2013.

Ingrid Lacheny, Henning Fauser, Bérénice Zunino (éd./Hrsg.) : *« Le passage ». Esthétique du discours, écritures, histoires et réceptions croisées / « Der Übergang ». Diskursästhetik, Schreibverfahren, Perspektiven und Rezeptionen.* Peter Lang (Convergences, Bd./vol. 76) 2014.

Gabriela Antunes, Sonia Goldblum, Noémi Pineau (Hrsg.) : *Rationalität und Formen des Irrationalen. Vom Mittelalter bis zur Gegenwart.* Peter Lang (Convergences, Bd. 77) 2013.

Jean-René Maillot : *Jean Luchaire et la revue* Notre Temps *(1927–1940).* Peter Lang (Convergences, vol. 78) 2013.

Friedrich Albrecht : *Streiflichter. Deutsche Literatur und Publizistik zwischen Kaiserreich und sechziger Jahren.* Peter Lang (Convergences, Bd. 79) 2014.

Reiner Marcowitz et Andreas Wilkens (éd.) : *Une « Europe des citoyens ». Société civile et identité européenne de 1945 à nos jours.* Peter Lang (Convergences, vol. 80) 2014.

Cécilia Fernandez & Olivier Hanse (éds./Hrsg.) : *A contre-courant. Résistances souterraines à l'autorité et construction de contrecultures dans les pays germanophones au XXe siècle / Gegen den Strom. Untergrundbewegungen und Gegenkulturen in den deutschsprachigen Ländern des 20. Jahrhunderts.* Peter Lang (Convergences, vol./ Bd. 81) 2014.

Michel Grunewald, Hans-Jürgen Lüsebrink, Reiner Marcowitz, Uwe Puschner (éd./ Hrsg.) : *France-Allemagne au XXe siècle – La production de savoir sur l'Autre (vol. 4) / Deutschland und Frankreich im 20. Jahrhundert – Akademische Wissensproduktion über das andere Land (Bd. 4).* Berne : Peter Lang (Convergences, Bd./vol. 82) 2014.

Olivier Dard (éd.) : *Références et thèmes des droites radicales au XXe siècle (Europe/ Amériques).* Berne : Peter Lang (Convergences, vol. 83) 2015.

Michel Hau : *France-Allemagne : la difficile convergence.* Berne : Peter Lang (Convergences, vol. 84) 2015.

Christine Aquatias : *Entre conventions collectives et salaire minimum. Syndicats, patronat et conventions collectives en Allemagne de 1992 à 2008.* Berne : Peter Lang (Convergences, vol. 85) 2015.

Dard, Olivier (éd.) : *Organisations, mouvements et partis des droites radicales au XXe siècle (Europe-Amériques).* Berne : Peter Lang (Convergences, vol. 86) 2016.

Silvia Richter & Maude Williams (Hrsg./dir.) : *Zum Phänomen des Austauschs in den Geistwissenschaften/Les phénomènes de l'échange dans les sciences humaines.* Bruxelles : Peter Lang (Convergences, vol. 87) 2016.

Michel Grunewald, Olivier Dard et/und Uwe Puschner (dir./Hrsg.) : *Confrontations au national-socialisme dans l'Europe francophone et germanophone (1919–1949). Volume 1 : Introduction générale – Savoirs et opinions publiques / Auseinandersetzungen mit dem Nationalsozialismus im deutsch-und* französischsprachigen Europa (1919–1949). Band 1 : Allgemeine historische und methodische Grundlagen. Bruxelles : Peter Lang (Convergences, vol. 88) 2017.

Jean El Gammal (dir.) : *La France, l'Allemagne, l'Europe. Mélanges en l'honneur de Chantal Metzger.* Bruxelles : Peter Lang (Convergences, vol. 89) 2017.

Olivier Dard et Ana Isabel Sardinha-Desvignes : *Célébrer Salazar en France (1930– 1974). Du philosalazarisme au salazarisme français.* Bruxelles : Peter Lang (Convergences, vol. 90) 2017.

Jean-Noël Grandhomme (dir.) : *1866, une querelle d'Allemands ? Perceptions croisées et mémoire(s) d'un moment clé de l'histoire européenne.* Bruxelles : Peter Lang (Convergences, vol. 91) 2018.

Olivier Hanse, Annette Lensing, Birgit Metzger (dir./Hrsg.) : *Mission écologie. Tensions entre conservatisme et progressisme dans une perspective franco-allemande /*

Auftrag Ökologie Konservativ-progressive Ambivalenzen in deutsch-französischer Perspektive. Bruxelles : Peter Lang (Convergences, vol. 92) 2018.

Michel Grunewald, Olivier Dard et/und Uwe Puschner (dir./Hrsg.) : *Confrontations au national-socialisme dans l'Europe francophone et germanophone (1919–1949). Volume 2 : Les libéraux, modérés et européistes / Auseinandersetzungen mit dem Nationalsozialismus im deutsch- und französischsprachigen Europa (1919–1949). Band 2 : Die Liberalen,* modérés *und Proeuropäer.* Bruxelles : Peter Lang (Convergences, vol. 93) 2018.

Constant Kpao Sarè : *Le philosophe noir des Lumières Anton Wilhelm Amo, vu à travers la fiction littéraire.* Bruxelles : Peter Lang (Convergences, vol. 94) 2018.

Stéphanie Bertrand et Sylvie Freyermuth (dir.) : *Le Nationalisme en littérature. Des idées au style (1870–1920).* Bruxelles : Peter Lang (Convergences, vol. 95) 2019.

Marc Bergère et Marie-Bénédicte Vincent (dir.) : *Pour une histoire connectée et transnationale des épurations en Europe.* Bruxelles : Peter Lang (Convergences, vol. 96) 2019.

Michel Grunewald, Olivier Dard et/und Uwe Puschner (dir./Hrsg.) : *Confrontations au national-socialisme dans l'Europe francophone et germanophone (1919–1949). Volume 3 : Les gauches face au national-socialisme / Auseinandersetzungen mit dem Nationalsozialismus im deutsch- und französischsprachigen Europa (1919–1949). Band 3 : Die Linke und der Nationalsozialismus.* Bruxelles : Peter Lang (Convergences, vol. 97) 2019.

Sebastian Moll : *Albert Schweitzer. Autobiographie et réalité historique.* Bruxelles : Peter Lang (Convergences, vol. 98) 2020.

Stéphanie Bertrand et Jean-Michel Wittmann (dir.): *Le Nationalisme en littérature (II). Le « génie de la langue française » (1870–1940).* Bruxelles : Peter Lang (Convergences, vol. 99) 2020.

Michel Grunewald, Olivier Dardet/und Uwe Puschner(dir./Hrsg.): *Confrontationsau national-socialisme dans l'Europe francophone et germanophone (1919–1949). Volume 4 : Conservateurs, nationalistes, anciens nationaux-socialistes / Auseinandersetzungen mit dem Nationalsozialismus im deutsch- und französischsprachigen Europa (1919– 1949). Band 4 : Konservative, Nationalisten, ehemalige Nationalsozialisten.* Bruxelles : Peter Lang (Convergences, vol. 100) 2020.

Michel Grunewald, Olivier Dard und/et Uwe Puschner (Hrsg./dir.) : *Confrontations au national-socialisme dans l'Europe francophone et germanophone (1919–1949) / Auseinandersetzungen mit dem Nationalsozialismus im deutsch- und französischsprachigen Europa (1919–1949). Band 5.1: Protestanten und Katholiken aus dem deutschsprachigen Europa.* Bruxelles: Peter Lang (Convergences, vol. 101) 2021.

Michel Vanoosthuyse : *De Kleist à Döblin. Littérature, Histoire, Politique.* Bruxelles : Peter Lang (Convergences, vol. 102) 2021.

Valérie Dubslaff, Jasmin Nicklas, Maude Williams (Dir./Hrsg.) : *Émotions, politique et médias aux xxe et xxie siècles. Perspectives franco-allemandes pour une histoire européenne des émotions / Emotionen, Politik und Medien im 20. und 21. Jahrhundert. Ein deutsch-französischer Blick auf eine europäische Emotionsgeschichte.* Bruxelles: Peter Lang (Convergences, vol. 103) 2022.

Anne-Catherine Schmidt-Trimborn : *La ligue d'Action française (1905–1936). Organisations, lieux et pratiques militantes.* Bruxelles : Peter Lang (Convergences, vol. 104) 2022.

Paul Dirkx (dir.) : *Le nationalisme en littérature (III). Écritures « françaises » et nations européennes dans la tourmente (1940–2000).* Bruxelles : Peter Lang (Convergences, vol. 105) 2022.

Béatrice Fleury and Jacques Walter (Eds.) : *Understanding Publics: Theories, Practices, Transformations.* Bruxelles : Peter Lang (Convergences, vol. 106) 2022.

Michel Grunewald et Olivier Dard (dir./Hrsg.) : *Confrontations au national-socialisme dans l'Europe francophone et germanophone (1919-1949)/ Auseinandersetzungen mit dem Nationalsozialismus im deutsch- und französischsprachigen Europa (1919-1949): Volume 5.2/ Band 5.2 Catholiques et protestants francophones – juifs allemands et français / Französischsprachige Christen, deutsche und französische Juden und der Nationalsozialismus.* Bruxelles : Peter Lang (Convergences, vol. 107) 2022.

Benjamin Pinhas : *Au-delà du Sonderweg: L'historiographie de la République fédérale d'Allemagne entre l'historisme et les sciences sociales (1949-1989).* Bruxelles : Peter Lang (Convergences, vol. 108) 2024.

George Gomes : *António Sardinha (1887-1925), la contre-révolution et l'Alliance péninsulaire: Le penseur et ses héritages.* Bruxelles : Peter Lang (Convergences, vol. 109) 2024.

Cécile Chamayou-Kuhn, Ingrid Lacheny, Romana Weiershausen, Dirk Weissmann (éd./Hrsg.): *Exil, migration et transferts culturels : Perspectives franco-allemandes. Exil, Migration und Kulturtransfer : Deutsch-französische Perspektiven.* Bruxelles : Peter Lang (Convergences, vol. 110) 2024.

Denis Goeldel : *Le souci de l'Allemagne chez Habermas: l'incessante peur d'une "rechute". Culture et politique dans les "Petits Ecrits Politiques" (Kleine Politische Schriften 1957-2012).* Bruxelles : Peter Lang (Convergences, vol. 111) 2024.

Milton Keynes UK
Ingram Content Group UK Ltd.
UKHW030107251024
450061UK00021B/50